Paris 2016

UNE SÉLECTION
DE RESTAURANTS
À PARIS ET DANS
SES ENVIRONS

Sommaire

Index thématiques

Se **restaurer à Paris...**

... et **autour de Paris**

Les engagements du Guide MICHELIN

L'expérience au service de la qualité... et du plaisir de la table

Qu'il soit au Japon, aux États-Unis, en Chine ou en Europe, l'inspecteur du guide MICHELIN respecte exactement les mêmes critères pour évaluer la qualité d'une table ou d'un établissement hôtelier, et il applique les mêmes règles lors de ses visites. Car si le guide peut se prévaloir aujourd'hui d'une notoriété mondiale, c'est notamment grâce à la constance de son engagement vis-à-vis de ses lecteurs. Un engagement dont nous voulons réaffirmer ici les principes :

→ La visite anonyme

Première règle d'or, les inspecteurs testent les établissements de façon anonyme et régulière, afin d'apprécier pleinement le niveau des prestations offertes au client. Ils paient donc leurs additions ; après quoi ils pourront révéler leur identité pour obtenir des renseignements complémentaires. Le courrier des lecteurs nous fournit par ailleurs de précieux témoignages, pris en compte lors de l'élaboration de nos itinéraires de visites.

→ L'indépendance

Pour garder un point de vue parfaitement objectif – dans le seul intérêt du lecteur –, la sélection des établissements s'effectue en toute indépendance, et leur inscription dans le guide est totalement gratuite. Les décisions sont discutées collégialement par les inspecteurs et le rédacteur en chef, les plus hautes distinctions faisant l'objet d'un débat au niveau européen.

→ Le choix du meilleur

Loin de l'annuaire d'adresses, le guide se concentre sur une sélection des meilleurs établissements, dans toutes les catégories de standing et de prix. Un choix qui résulte de l'application rigoureuse d'une même méthode par tous les inspecteurs, quel que soit le pays où ils œuvrent.

→ Une mise à jour annuelle

Toutes les informations pratiques, tous les classements et distinctions sont revus et mis à jour chaque année afin d'offrir l'information la plus fiable.

→ Une sélection homogène

Les critères de classification sont identiques pour tous les pays couverts par le guide MICHELIN. à chaque culture sa cuisine, mais la qualité se doit de rester un principe universel.

→ Et un seul objectif

Tout mettre en œuvre pour vous aider dans chacun de vos déplacements, afin qu'ils soient toujours sous le signe du plaisir et de la sécurité. « L'aide à la mobilité » : c'est la mission que s'est donnée Michelin.

Cher lecteur,

Avec près d'une centaine de nouveaux inscrits et pas moins de 637 tables en tout – dont 103 étoilées ! – ce guide MICHELIN Paris 2016 s'installe d'ores et déjà parmi nos plus grands millésimes. Bistrots parigots, restaurants de palaces, tables de poche, maisons historiques au majestueux décor, assiettes créatives ou célébration de la grande tradition... Dans cette ville-monde, qui inventa jadis le concept même de restaurant, la belle cuisine est une seconde nature et se décline à toutes les sauces. On comprend donc l'afflux régulier de ces chefs, français ou étrangers, venus mettre leur grain de sel dans cette marmite bouillonnante et colorée ! Quelle belle image, par exemple, que celle de ces chefs japonais venus récolter ici des étoiles ô combien méritées. Kei, Passage 53, Sola, ES, Nakatani, Neige d'Eté, Hiramatsu, Pages... Forts d'une technique limpide et d'un vrai sens de l'épure, ils réalisent le mariage parfait entre la cuisine de leur archipel natal et la belle tradition hexagonale, nous rappelant ainsi – joie ! – la richesse et la vivacité de notre propre héritage.

La saison dernière, la valse des grands chefs avait laissé entrevoir un avenir plein de promesses. Aujourd'hui, nous en récoltons les fruits : Alain Ducasse, au Plaza Athénée, et Christian Le Squer, au Cinq, obtiennent chacun une troisième étoile, un aboutissement presque logique pour ces deux travailleurs passionnés – et passionnants. Quant à Guy Savoy, désormais installé dans le magnifique cadre de l'Hôtel de la Monnaie, quai de Conti, on peut dire qu'il n'a rien perdu de sa superbe ! Partout ailleurs, une myriade de talents continuent de s'épanouir : Jean-François Piège, dans le Grand Restaurant dont il a si longtemps rêvé, Sylvestre Wahid qui lui a brillamment succédé chez Thoumieux, mais aussi Jérôme Banctel au Gabriel, Christophe Moret à L'Abeille, ou encore Mathieu Pacaud – fils de l'illustre Bernard –, qui décroche une étoile pour son restaurant Hexagone... et deux autres pour ses captivantes Histoires.

Enfin, ce petit tour d'horizon ne serait pas complet sans évoquer les Bib gourmand ®, ces bonnes tables à l'excellent rapport qualité-prix, qui s'engagent à proposer un menu complet à moins de 36€. On en a déniché 19 nouvelles cette année... et, là aussi, la variété est au rendez-vous. Plus que jamais, les tables parisiennes vous invitent à vous régaler !

Suivez-nous sur Twitter : @guideMichelinFR
et écrivez-nous à : leguidemichelin-france@tp.michelin.com

Mode d'emploi...

Catégories de standing (en rouge : les adresses les plus agréables)	X Confort simple	XXX Très chic et confortable	XXXXX Grand luxe et tradition
	XX De bon confort	XXXX Grand standing	

À Paris...

Choisir le quartier

Deux couleurs d'onglets en alternance, pour repérer chaque arrondissement

Numéro de l'arrondissement et principaux quartiers

Les tables étoilées

De 1 à 3 étoiles ✿✿✿ ...et les plats qui évoquent le mieux leur cuisine.

Situer sur le plan

Coordonnées de l'établissement sur le plan de l'arrondissement

Les équipements et services

- Belle carte des vins
- Table en extérieur
- Ouvert tard le soir
- Ouvert en août
- Vue agréable
- Parc ou jardin
- Aménagements pour personnes handicapées
- A/C Air conditionné
- Salon privé
- Voiturier
- Parking
- Cartes de credit :non acceptée

2e Bourse · Sentier

Frenchie

Cuisine moderne

▶ Plan : D2

5 r. du Nil
✆ 01 40 39 96 19 (réservation conseillée)
www.frenchie-restaurant.com
Ⓜ Sentier

Fermé 22 juillet-23 août, 24 décembre-4 janvier, samedi, dimanche et le midi

X

Menu 68 € – Carte 45/76 €

A/C Drôlement *Frenchy*, le jeune chef Grégory Marchand, lui qui a fait ses classes dans plusieurs grandes tables anglo-saxonnes (Gramercy Tavern à New York, Fifteen – par Jamie Oliver – à Londres, Mandarin Oriental à Hong Kong...). Il a aujourd'hui pris ses quartiers dans ce restaurant de poche, au cœur du Sentier : ses ... poutres, pierres apparentes, vue sur les

Liz... Li... 14 r. ... ✆ 01... www... Ⓜ Bo... For... A/C

102

1er Palais-Royal · Louvre · Tuileries · Les Halles

Le Baudelaire ✿

Cuisine moderne

▶ Plan : ...

Hôtel Le Burgundy,
6-8 r. Duphot
✆ 01 71 19 49 11
www.leburgundy.com
Ⓜ Madeleine

Fermé le midi en a... samedi midi et diman...

Menu 54 € (déjeuner)/105 € – Carte 90/130 €

XX...

A/C

Le Burgundy - Le Baudelaire

Ici, nulle raison d'être envahi par le spleen baudelairien : on se s... si bien dans ce restaurant raffiné, niché au cœur d'un jeune pal... arty et feutré (né en 2010) célébrant le nouveau chic parisi... La salle s'ordonne autour de la cour intérieure de l'établissem... un beau jardin d'hiver où il fait bon lire *Les Fleurs du mal* de... un thé. Reflets du dehors sur les tables en laque noire, con... douillet des fauteuils camel ou chocolat, grandes verrières, m... immaculés : un havre de paix... dédié à la gastronomie.
En cuisine, le chef joue une belle partition classique, rehaus... de subtiles touches contemporaines : l'harmonie des saveurs... qualité des produits, le soin apporté à l'exécution, tout sédui... au dessert, on se régale de belles gourmandises en se remémo... cette phrase du poète : "La terre est un gâteau plein de douc... Quand gastronomie rime avec poésie...

Entrées	Plats	Desserts
• Saint-Jacques de plongée, sésame noir, mouron des oiseaux et marmelade de citron • Huître, framboise et balsamique, raifort	• Filet de bœuf de Galice, grosse frite, condiment d'échalote et olives taggiasche • Homard bleu de casier, courgette, tempura et jus des têtes	• Crémeux chocolat guanaja, sphère cara... et biscuit cacao • Pêche de vigne en vacherin glacé, meringue craquante et crème chantilly à la vanille fumée

68

... Et autour de Paris

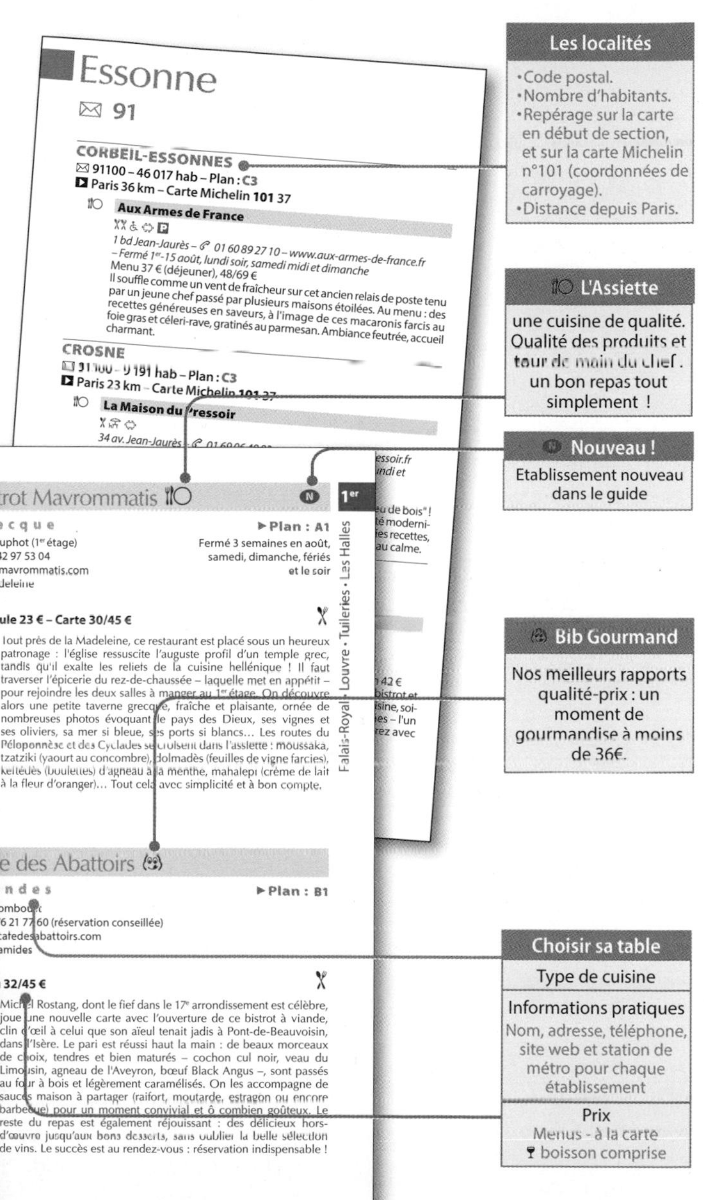
Essonne
91
CORBEIL-ESSONNES
91100 – 46 017 hab – Plan : C3
Paris 36 km – Carte Michelin 101 37
Aux Armes de France
1 bd Jean-Jaurès – 01 60 89 27 10 – www.aux-armes-de-france.fr
– Fermé 1er-15 août, lundi soir, samedi midi et dimanche
Menu 37 € (déjeuner), 48/69 €
Il souffle comme un vent de fraîcheur sur cet ancien relais de poste tenu par un jeune chef passé par plusieurs maisons étoilées. Au menu : des recettes généreuses en saveurs, à l'image de ces macaronis farcis au foie gras et céleri-rave, gratinés au parmesan. Ambiance feutrée, accueil charmant.
CROSNE
91560 – 9 191 hab – Plan : C3
Paris 23 km – Carte Michelin 101 37
La Maison du Pressoir
34 av. Jean-Jaurès
istrot Mavrommatis
1er
recque
Plan : A1
Duphot (1er étage)
1 42 97 53 04
w.mavrommatis.com
Madeleine
Fermé 3 semaines en août, samedi, dimanche, fériés et le soir
rmule 23 € – Carte 30/45 €
Tout près de la Madeleine, ce restaurant est placé sous un heureux patronage : l'église ressuscite l'auguste profil d'un temple grec, tandis qu'il exalte les reliefs de la cuisine hellénique ! Il faut traverser l'épicerie du rez-de-chaussée – laquelle met en appétit – pour rejoindre les deux salles à manger au 1er étage. On découvre alors une petite taverne grecque, fraîche et plaisante, ornée de nombreuses photos évoquant le pays des Dieux, ses vignes et ses oliviers, sa mer si bleue, ses ports si blancs... Les routes du Péloponnèse et des Cyclades se croisent dans l'assiette : moussaka, tzatziki (yaourt au concombre), dolmadès (feuilles de vigne farcies), keftédès (boulettes) d'agneau à la menthe, mahalepi (crème de lait à la fleur d'oranger)... Tout cela avec simplicité et à bon compte.
Palais-Royal • Louvre • Tuileries • Les Halles
afe des Abattoirs
andes
Plan : B1
Gombouf
1 76 21 77 60 (réservation conseillée)
w.cafedesabattoirs.com
yramides
nu 32/45 €
Michel Rostang, dont le fief dans le 17e arrondissement est célèbre, joue une nouvelle carte avec l'ouverture de ce bistrot à viande, clin d'œil à celui que son aïeul tenait jadis à Pont-de-Beauvoisin, dans l'Isère. Le pari est réussi haut la main : de beaux morceaux de choix, tendres et bien maturés – cochon cul noir, veau du Limousin, agneau de l'Aveyron, bœuf Black Angus –, sont passés au four à bois et légèrement caramélisés. On les accompagne de sauces maison à partager (raifort, moutarde, estragon ou encore barbecue) pour un moment convivial et ô combien goûteux. Le reste du repas est également réjouissant : des délicieux hors-d'œuvre jusqu'aux bons desserts, sans oublier la belle sélection de vins. Le succès est au rendez-vous : réservation indispensable !
69
Les localités
•Code postal.
•Nombre d'habitants.
•Repérage sur la carte en début de section, et sur la carte Michelin n°101 (coordonnées de carroyage).
•Distance depuis Paris.
L'Assiette
une cuisine de qualité. Qualité des produits et tour de main du chef. un bon repas tout simplement !
Nouveau !
Etablissement nouveau dans le guide
Bib Gourmand
Nos meilleurs rapports qualité-prix : un moment de gourmandise à moins de 36€.
Choisir sa table
Type de cuisine
Informations pratiques
Nom, adresse, téléphone, site web et station de métro pour chaque établissement
Prix
Menus - à la carte
boisson comprise

Paris pratique

Quand venir à Paris

Les fêtes de fin d'année, Pâques et la saison estivale attirent les touristes à Paris. Même phénomène lors des grands salons professionnels (voir encadré). Il est donc prudent de réserver son séjour longtemps à l'avance. Bon à savoir, certains hôtels proposent des tarifs promotionnels sur leur site Internet.

Circuler dans Paris

→ Métro et bus

Le métro reste le meilleur moyen de se déplacer dans Paris pour être à l'heure à ses rendez-vous. Les 14 lignes de métro fonctionnent entre 5h30 et 00h45 (01h45 vendredi, samedi et veille de fêtes). Les touristes préféreront le réseau de bus pour profiter de l'animation urbaine. La nuit, les bus Noctiliens prennent le relais. Horaires, titres de transport et itinéraires sur www.ratp.fr et www.transilien.com

→ Taxi !

On peut prendre un taxi soit directement à l'une des nombreuses stations, soit les héler dans la rue – les véhicules libres se repèrent à leur plaque verte ou blanche allumée –, soit appeler l'une des sociétés de taxis suivantes :

Alpha Taxis, ✆ 01 45 85 85 85

Les Taxis Bleus, ✆ 3609

Taxis G7, ✆ 3607

→ En voiture

Se déplacer en voiture à Paris ? A condition d'avoir une bonne dose de patience et de prendre quelques précautions, comme par exemple, évitez les heures de pointe et consultez l'état du trafic : www.viamichelin.fr ou www.sytadin.tm.fr ou www.bison-fute.equipement.gouv.fr ou www.infotrafic.com

Les horodateurs n'acceptent pas les pièces de monnaie. Il vous faut donc acheter une Paris-Carte, en vente dans presque tous les bureaux de tabac et dans certains points de vente presse, ou bien utiliser la carte Monéo.

Trouver un parking :

www.infoparking.com ou www.parkingsdeparis.com

▶ *Foires et salons*

Salon International de l'Agriculture, *Porte de Versailles, 27 février-6 mars.*

Salon du Livre, *Porte de Versailles, 17-20 mars.*

Foire de Paris, *Porte de Versailles, 29 avril-8 mai.*

Maison et Objet, *Paris-Nord Villepinte, 2-6 septembre.*

Salon Nautique, *Porte de Versailles, 2-11 décembre.*

En cas de disparition de votre véhicule, contactez d'abord la Fourrière : Préfecture de Police, ✆ 0891 01 22 22.

→ À vélo ou en auto...

Velib' - Sport ou transport ? Avec le vélo, on combine les deux ! Grâce à la présence de pistes cyclables et à Vélib', le système de location de vélo en libre service, il est possible de circuler à Paris à vélo. Pour une somme modique, vous pouvez emprunter un vélo dans l'une des nombreuses stations aménagées partout et le redéposer dans une autre. Utilisez la carte Michelin n°61 Paris Velib' ou rendez-vous sur www.velib.paris.fr (✆ 01 30 79 79 30).

Autolib' - Après le succès de Vélib', la version auto est née au cours de l'été 2009. Le principe est assez proche : le conducteur s'abonne (durée de 1 jour à 1 an suivant ses besoins), il réserve sa Bleucar, l'emprunte dans l'une des nombreuses stations réparties sur 46 communes, circule en Île-de-France, puis ramène le véhicule électrique dans la station de son choix. Plus détails sur www.autolib.eu/fr

Vivre Paris

→ Musées & monuments

En règle générale, les musées nationaux sont fermés le mardi, ceux de la Ville de Paris le lundi. Par ailleurs, les grands musées restent ouverts jusqu'à 21h au moins une fois par semaine (tous les jours sauf le mardi pour le Centre Georges Pompidou).

Pour gagner du temps, sachez que la carte Musées et monuments (1,3 ou 5 jours) sert de coupe-file; on peut également acheter à l'avance son billet pour le Louvre et de nombreux autres musées (TicketNet, Fnac, grands magasins, etc.). Le billet combiné RATP-Louvre (en vente dans certaines stations de métro et les Offices de Tourisme de Paris) permet un accès prioritaire aux collections permanentes.

Office du Tourisme et des Congrès de Paris : www.parisinfo.com

▶ *Places Discount*

www.ticketac.com et www.billetreduc.com recensent une sélection de spectacles à prix réduits. Pensez aussi aux kiosques de la place de la Madeleine et de l'Esplanade de la Tour Montparnasse, qui vendent des places de théâtre à moitié prix pour le jour même.

→ Balades...

Open Tour (bus à impériale), ✆ 01 42 66 56 56 ou www.parislopentour.com

Paris City Vision, ✆ 01 42 60 30 01 ou www.pariscityvision.com.fr

Batobus (descente et montée possibles à chaque escale), ✆ 0 825 05 01 01, ou www.batobus.com

Bateaux parisiens, ✆ 0 825 01 01 01 ou www.bateauxparisiens.com

Vedettes du Pont Neuf, ✆ 01 46 33 98 38 ou www.vedettesdupontneuf.fr

Les Bateaux-Mouches, ✆ 01 42 25 96 10 ou www.bateaux-mouches.fr

➜ Sortir

Côté spectacles, la programmation parisienne est aussi dense qu'éclectique : des lieux les plus mythiques aux salles les plus intimes, chaque soir la «ville Lumière» lève le rideau sur une multitude de représentations théâtrales, d'opéras, de ballets et de concerts. Pour ne citer qu'eux : l'Opéra-Bastille, l'Opéra national de Paris Palais Garnier, la salle Pleyel, le Casino de Paris, la Cigale, le Bataclan, le Palais des Congrès de Paris, le New Morning, le Zenith de Paris, l'Olympia, les Folies Bergère, le Lido, le Moulin Rouge, Le Paradis Latin, etc.

➜ Shopping

Les magasins parisiens sont habituellement ouverts du lundi au samedi, de 9h à 19h, ou 20h pour les grands magasins (Bon Marché, Galeries Lafayette, Printemps) ; ainsi que le dimanche dans certains quartiers touristiques. Les boutiques gourmandes sont souvent fermées le lundi, mais ouvertes le dimanche matin.

Chaque semaine, près de 70 marchés animent les rues et les halles parisiennes. Jours et horaires sur www.paris.fr

➜ Se restaurer

Si brasseries et bistrots demeurent emblématiques de la restauration parisienne, la capitale fourmille d'autres bonnes adresses, de la table simple à la plus grande, et dans tous les styles de cuisine. Les meilleures adresses, à tous les prix, sont justement réunies dans ce guide, et les index thématiques vous aideront à choisir celle que vous recherchez, suivant votre envie, votre humeur... ou la circonstance. Bon appétit !

▶ Santé et urgences

Numéro d'urgence, ✆ 112
Police-secours, ✆ 17
Pompiers, ✆ 18 • Samu, ✆ 15
SOS Médecin, ✆ 3624
Centre anti-poison (hôpital Fernand-Widal), ✆ 01 40 05 48 48
SOS dentaire, ✆ 01 43 37 51 00
Pharmacies 24h/24 :
84 av. des Champs-Élysées, 8e, ✆ 01 45 62 02 41
6 pl. de Clichy, 9e, ✆ 01 48 74 65 18
6 pl. Félix-Eboué, 12e, ✆ 01 43 43 19 03

▶ Autres numéros utiles

Objets trouvés, ✆ 0 821 00 25 25
Perte/vol carte Visa, ✆ 0 892 705 705
Perte/vol carte Master Card, ✆ 0 800 90 13 87
Perte/vol carte American Express, ✆ 01 47 77 72 00
Poste du Louvre, ouverte 24h/24, 52 rue du Louvre, ✆ 3631

S. Segura/nemis.fr

Index **thématiques**

Index alphabétique des restaurants

A

B

C

G

H

I

J

K

L

M

N

O

P

Y

Z

Les tables étoilées

Vaut l'étape, vaut le détour, vaut le voyage : la simple définition des étoiles MICHELIN – une, deux ou trois – dit tout... ou presque ! Et ce depuis que le guide a lancé l'idée, il y a de nombreuses décennies, de distinguer les meilleurs restaurants par des « étoiles de bonne table ».
Partant du principe qu'il « n'existe qu'une cuisine, la bonne », tous les styles culinaires peuvent sans restriction prétendre aux récompenses attribuées par les inspecteurs du guide, explorateurs anonymes à la fourchette et aux papilles éprouvées. Leurs invariables critères ? La qualité des produits, la maîtrise des cuissons et des saveurs, la constance de la prestation et la personnalité des préparations.
Parmi les capitales de la gastronomie, Paris occupe une place de choix tant les tentations gourmandes y sont nombreuses. Variées et changeantes, aussi. Vous avez-vous-même apprécié un restaurant, découvert un nouveau talent ? Vous adhérez à nos choix ou, au contraire, restez sceptique ? N'hésitez pas à nous en faire part ; le courrier de nos lecteurs nous est précieux.

▶ **N**... comme "nouveau", pour repérer les établissements bénéficiant d'une nouvelle distinction.

✿✿✿

Trois étoiles Michelin : une cuisine unique. Vaut le voyage !

La signature d'un très grand chef ! Produits d'exception, pureté et puissance des saveurs, équilibre des compositions : la cuisine est ici portée au rang d'art. Les assiettes, parfaitement abouties, s'érigent souvent en classiques.

Deux étoiles Michelin : une cuisine d'exception. Vaut le détour !

Les meilleurs produits magnifiés par le savoir-faire et l'inspiration d'un chef de talent, qui signe, avec son équipe, des assiettes subtiles et percutantes, parfois très originales.

Une étoile Michelin : une cuisine d'une grande finesse. Vaut l'étape !

Des produits de première qualité, une finesse d'exécution évidente, des saveurs marquées, une constance dans la réalisation des plats.

▶ **N**... comme "nouveau", pour repérer les établissements bénéficiant d'une nouvelle distinction.

Bib Gourmand

Repas soignés à prix modérés (menus jusqu'à 36 €).

Menus à moins de 30 €

Restaurants par type de cuisine

Cuisine classique

Cuisine du Sud-Ouest

Cuisine moderne

Cuisine traditionnelle

Danoise

Espagnole

Flamande

Grecque

Indienne

Italienne

Portugaise

Russe

Terroir

Thaïlandaise

Tibétaine

Viandes

Vietnamienne

Le plat que vous recherchez

Tables en terrasse

Restaurants avec salons particuliers

Restaurants ouverts samedi et dimanche

Restaurants ouverts en août

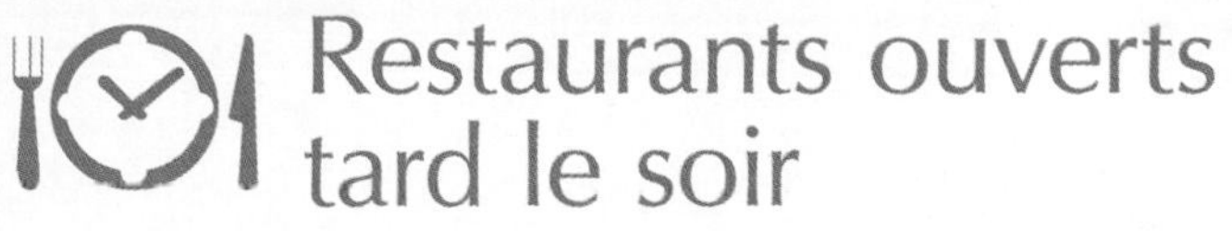

Restaurants ouverts tard le soir

Heure de la dernière commande entre parenthèses

Restaurant	Arrondissement	Dernière commande	Page
Alcazar	(6e)	(23 h30)	156
L'Atelier de Joël Robuchon - Étoile	(8e)	(0 h)	224
L'Atelier de Joël Robuchon - St-Germain	(7e)	(0 h)	187
Atelier Maître Albert	(5e)	(23 h30)	141
Atelier Vivanda - Cherche Midi	(6e)	(23 h30)	157
Bistrot Augustin	(14e)	(23 h30)	345
Brasserie Gallopin	(2e)	(0 h)	97
Brasserie Thoumieux by Sylvestre	(7e)	(23 h30)	190
Café de l'Esplanade	(7e)	(0 h)	191
Chez Michel	(10e)	(0 h)	291
La Coupole	(14e)	(23 h30)	350
Diep	(8e)	(0 h)	232
Drouant	(2e)	(23 h30)	101
Fouquet's	(8e)	(23 h30)	236
Il Vino d'Enrico Bernardo	(7e)	(23 h30)	205
Mer de Chine	(13e)	(0 h)	336
Mori Venice Bar	(2e)	(23 h30)	104
La Plantxa	(Boulogne-Billancourt)	(23 h30)	479
La Rotonde	(6e)	(0 h30)	173
Vaudeville	(2e)	(0 h)	112

Se restaurer à Paris

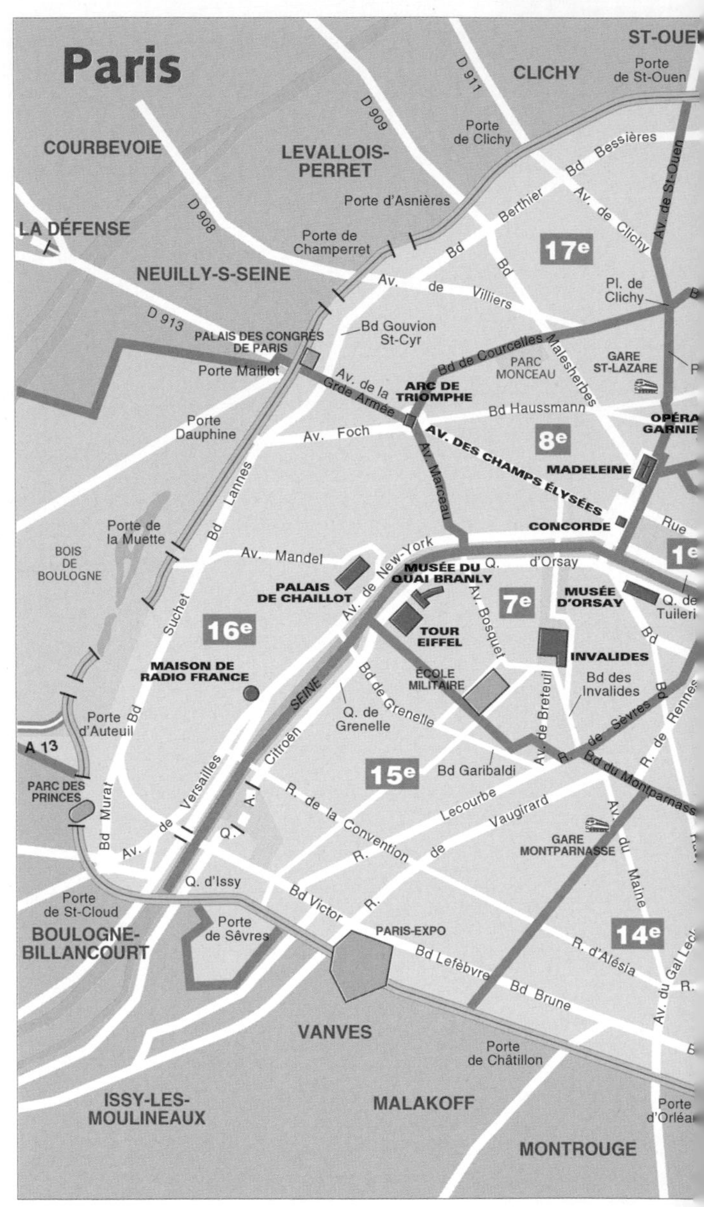
Paris
CLICHY
ST-OUEN
Porte de St-Ouen
COURBEVOIE
LEVALLOIS-PERRET
Porte de Clichy
Porte d'Asnières
LA DÉFENSE
Porte de Champerret
NEUILLY-S-SEINE
17e
Pl. de Clichy
PALAIS DES CONGRÈS DE PARIS
Porte Maillot
Bd Gouvion St-Cyr
PARC MONCEAU
GARE ST-LAZARE
ARC DE TRIOMPHE
Bd Haussmann
Porte Dauphine
Av. Foch
8e
AV. DES CHAMPS ÉLYSÉES
MADELEINE
CONCORDE
Porte de la Muette
BOIS DE BOULOGNE
Av. Mandel
MUSÉE DU QUAI BRANLY
PALAIS DE CHAILLOT
TOUR EIFFEL
7e
MUSÉE D'ORSAY
INVALIDES
16e
MAISON DE RADIO FRANCE
ÉCOLE MILITAIRE
Bd des Invalides
Porte d'Auteuil
Q. de Grenelle
A 13
15e
Bd Garibaldi
PARC DES PRINCES
GARE MONTPARNASSE
Q. d'Issy
Porte de St-Cloud
Porte de Sèvres
PARIS-EXPO
BOULOGNE-BILLANCOURT
14e
Bd Lefèbvre
Bd Brune
VANVES
Porte de Châtillon
ISSY-LES-MOULINEAUX
MALAKOFF
MONTROUGE

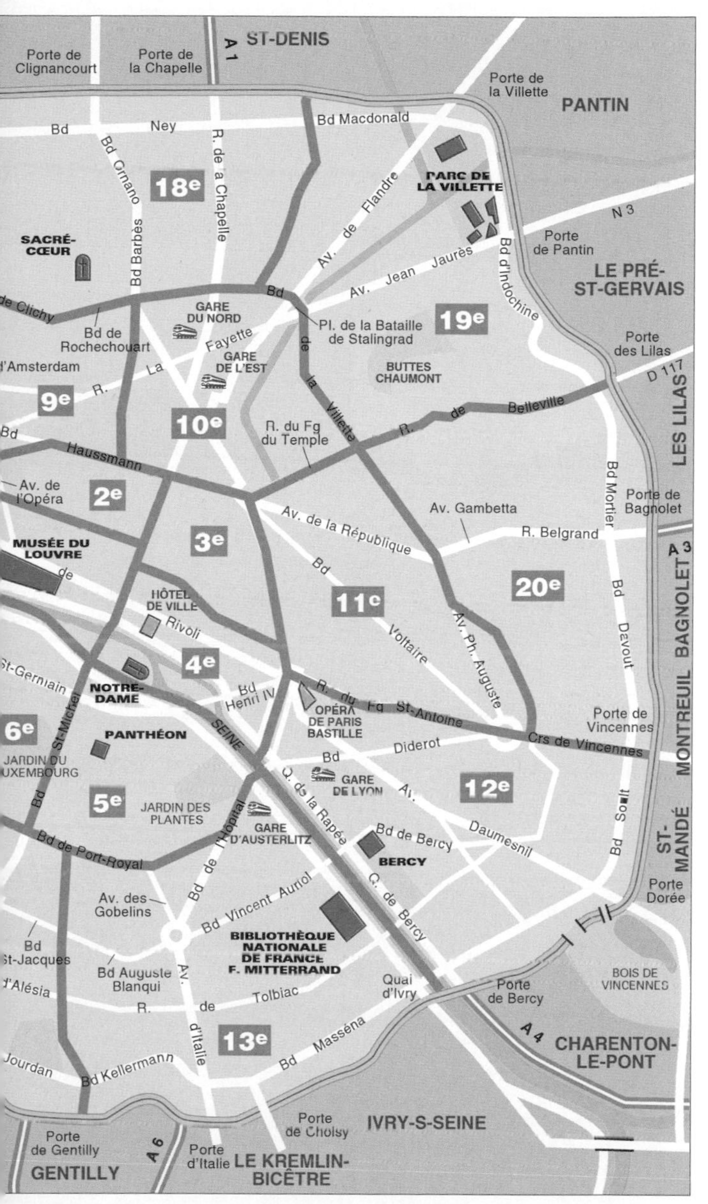
ST-DENIS
A 1
Porte de Clignancourt
Porte de la Chapelle
Porte de la Villette
PANTIN
Bd Ney
Bd Macdonald
Bd Ornano
R. de la Chapelle
18e
PARC DE LA VILLETTE
Av. de Flandre
N 3
SACRÉ-CŒUR
Bd Barbès
Porte de Pantin
Av. Jean Jaurès
Bd d'Indochine
LE PRÉ-ST-GERVAIS
Bd de Clichy
GARE DU NORD
Bd de la Villette
Pl. de la Bataille de Stalingrad
19e
Bd de Rochechouart
R. La Fayette
GARE DE L'EST
BUTTES CHAUMONT
Porte des Lilas
R. d'Amsterdam
D 117
9e
10e
R. de Belleville
LES LILAS
R. du Fg du Temple
Bd Haussmann
Bd Mortier
Av. de l'Opéra
2e
Porte de Bagnolet
Av. Gambetta
R. Belgrand
Av. de la République
MUSÉE DU LOUVRE
3e
A 3
Bd Voltaire
20e
11e
HÔTEL DE VILLE
R. de Rivoli
Bd Davout
BAGNOLET
Av. Ph. Auguste
4e
Bd St-Germain
NOTRE-DAME
Bd Henri IV
R. du Fg St-Antoine
OPÉRA DE PARIS BASTILLE
Porte de Vincennes
Crs de Vincennes
6e
Bd St-Michel
PANTHÉON
SEINE
MONTREUIL
Bd Diderot
JARDIN DU LUXEMBOURG
GARE DE LYON
12e
Q. de la Rapée
5e
JARDIN DES PLANTES
Bd de l'Hôpital
GARE D'AUSTERLITZ
Bd de Bercy
Av. Daumesnil
Bd Soult
ST-MANDÉ
Bd de Port-Royal
BERCY
Porte Dorée
Av. des Gobelins
Bd Vincent Auriol
Q. de Bercy
Bd St-Jacques
BIBLIOTHÈQUE NATIONALE DE FRANCE F. MITTERRAND
Bd Auguste Blanqui
BOIS DE VINCENNES
R. d'Alésia
Quai d'Ivry
Porte de Bercy
R. de Tolbiac
Av. d'Italie
13e
Bd Masséna
A 4
CHARENTON-LE-PONT
Bd Jourdan
Bd Kellermann
Porte de Choisy
IVRY-S-SEINE
Porte de Gentilly
A 6
Porte d'Italie
LE KREMLIN-BICÊTRE
GENTILLY

1er

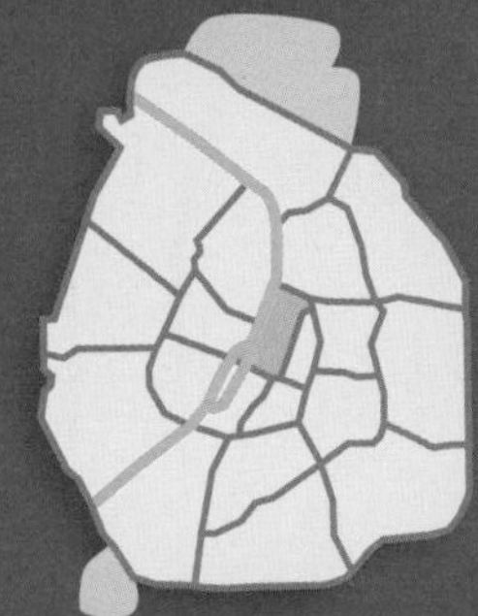

Palais-Royal · Louvre · Tuileries · Les Halles

H. Hughes / hemis.fr

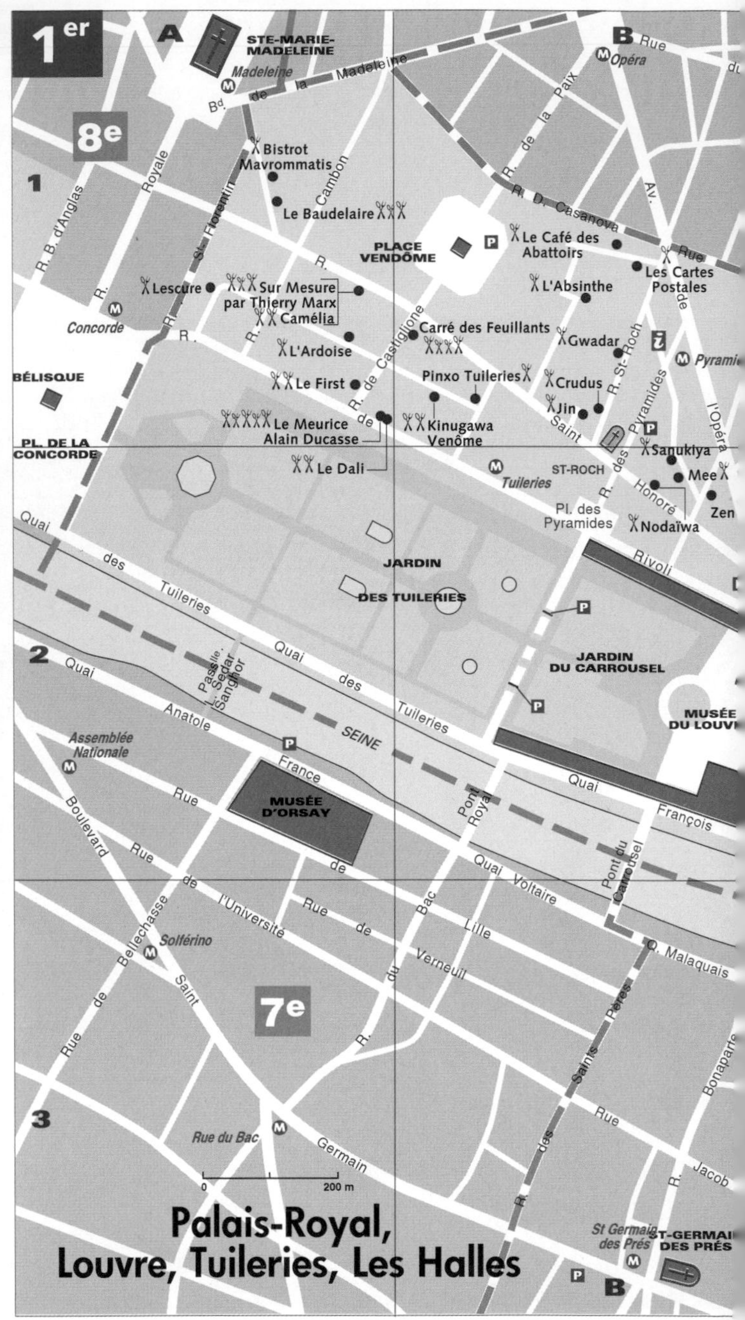

1er
8e
7e
A
B
1
2
3
STE-MARIE-MADELEINE
Madeleine
Bd. de la Madeleine
Opéra
R. de la Paix
R. D. Casanova
Royale
R. B. d'Anglas
St-Florentin
Cambon
Bistrot Mavrommatis
Le Baudelaire
PLACE VENDÔME
Le Café des Abattoirs
Les Cartes Postales
Lescure
Sur Mesure par Thierry Marx
Camélia
L'Absinthe
Concorde
Carré des Feuillants
Gwadar
L'Ardoise
R. de Castiglione
R. St-Roch
Pyramides
BÉLISQUE
Le First
Pinxo Tuileries
Crudus
Jin
Le Meurice Alain Ducasse
Kinugawa Venôme
PL. DE LA CONCORDE
Le Dali
Sanukiya
Mee
Zen
Tuileries
ST-ROCH
Saint Honoré
Pl. des Pyramides
Nodaïwa
Av. de l'Opéra
Rivoli
Quai des Tuileries
JARDIN DES TUILERIES
JARDIN DU CARROUSEL
MUSÉE DU LOUVRE
Pass.lle. L. Sedar Senghor
Quai Anatole France
SEINE
Assemblée Nationale
MUSÉE D'ORSAY
Pont Royal
Quai François
Boulevard
Rue de l'Université
Rue de Lille
Quai Voltaire
Pont du Carrousel
Rue de Verneuil
R. du Bac
Q. Malaquais
Solférino
Rue de Bellechasse
Saint Germain
R. des Saints Pères
Rue Jacob
Bonaparte
Rue du Bac
0
200 m
St Germain des Prés
ST-GERMAIN DES PRÉS
Palais-Royal, Louvre, Tuileries, Les Halles

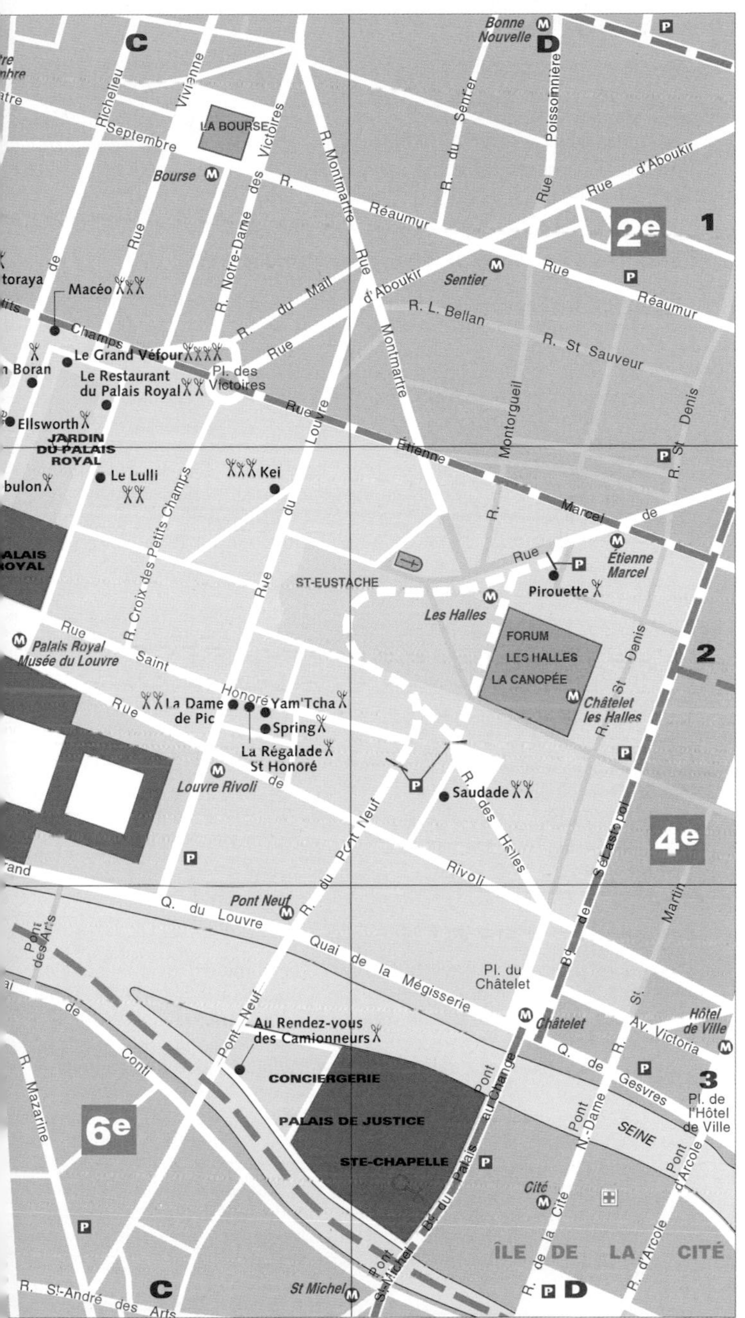

C
D
1
2
3
2e
4e
6e
LA BOURSE
Bourse
Bonne Nouvelle
Sentier
Maceo
Le Grand Véfour
Le Restaurant du Palais Royal
Ellsworth
JARDIN DU PALAIS ROYAL
Le Lulli
Kei
PALAIS ROYAL
ST-EUSTACHE
Les Halles
Pirouette
Étienne Marcel
FORUM LES HALLES LA CANOPÉE
Châtelet les Halles
Palais Royal Musée du Louvre
La Dame de Pic
Yam'Tcha
Spring
La Régalade St Honoré
Louvre Rivoli
Saudade
Pont Neuf
Pl. du Châtelet
Châtelet
Hôtel de Ville
Pl. de l'Hôtel de Ville
Au Rendez-vous des Camionneurs
CONCIERGERIE
PALAIS DE JUSTICE
STE-CHAPELLE
SEINE
Cité
ÎLE DE LA CITÉ
St Michel
Pl. des Victoires
Rue Réaumur
Rue d'Aboukir
R. Montmartre
R. du Sentier
Rue Poissonnière
R. Notre-Dame des Victoires
R. du Mail
R. L. Bellan
R. St Sauveur
R. Montorgueil
R. St Denis
Rue Étienne Marcel
Rue du Louvre
R. Croix des Petits Champs
Rue Saint Honoré
Rue de Rivoli
R. des Halles
Bd. de Sébastopol
R. du Pont Neuf
Q. du Louvre
Quai de la Mégisserie
Av. Victoria
Q. de Gesvres
Pont au Change
Pont N.-Dame
Pont d'Arcole
Pont des Arts
Pont Neuf
Pont St-Michel
Bd. du Palais
R. de la Cité
R. d'Arcole
R. Mazarine
R. St-André des Arts
Rue Richelieu
Rue Vivienne

L'Absinthe

Cuisine traditionnelle ▶ **Plan : B1**

24 pl. Marché-St-Honoré
01 49 26 90 04
www.restaurantabsinthe.com
Ⓜ Pyramides

Fermé samedi midi et dimanche

Formule 25 € – Menu 45/50 € – Carte environ 50 €

A/C

Non, vous n'avez pas été happé par les vapeurs de la "fée verte"... Dans ce néobistrot, vous êtes bien au 19e s. ! Carrelage et plancher anciens, comptoir en zinc, murs en brique, horloge monumentale et vieilles portes vitrées récupérées dans une gare : entre grande époque des chemins de fer et souvenir d'une certaine bohème, ce décor fleure bon le temps passé. Et sur la place du Marché-St-Honoré, la grande terrasse semble avoir échappé au sacre de l'automobile, ce qui est bien agréable… Quant à l'assiette, elle offre de fort jolies réminiscences bistrotières, à travers des plats de saison, frais et légers (pâté en croûte et foie gras, ravioles de Romans à la crème de langoustines, etc.). Une adresse de la constellation Michel Rostang.

L'Ardoise

Cuisine traditionnelle ▶ **Plan : A1**

28 r. du Mont-Thabor
01 42 96 28 18
www.lardoise-paris.com
Ⓜ Concorde

Fermé dimanche midi

Formule 34 € – Menu 38 €

A/C

Avec ses murs recouverts d'ardoise à la manière d'un grand tableau noir, ce restaurant porte bien son nom... Nul doute : voilà un bel hommage contemporain rendu à cette ardoise qui symbolise tant les gargotes parisiennes et leurs recettes incontournables ! On ne s'étonnera donc pas que l'adresse joue résolument la carte du bistrot gourmand. Filet de bœuf sauce bordelaise et pommes anna ; galettes croustillantes d'escargot, poitrine fumée et champignons ; tarte au citron vert meringuée ; mousse au chocolat... Tout est généreux, frais et savoureux ! Le soir, le maître des lieux a la bonne idée d'ouvrir dès 18h30, ce qui ne manquera pas de séduire ceux qui crient famine avant l'heure. Touristes de passage ou habitués sont donc nombreux à se presser dans la petite salle ; il est préférable d'avoir réservé...

Au Rendez-vous des Camionneurs 

Cuisine traditionnelle ▶ **Plan : C3**

72 quai des Orfèvres
✆ 01 43 29 78 81
www.aurdvdescamionneurs.com
Ⓜ Cité

Fermé 1 semaine mi-août, dimanche et lundi

Formule 24 € – Menu 32 € – Carte 39/52 €

Banquette bleu électrique, tables en formica orange, vieux carrelage... Avis aux amateurs : ce bistrot cultive la nostalgie des années 1950 ! Ses patrons revendiquent qu'il aurait été le seul "routier" de Paris. Coquetterie de camionneurs ou non, l'adresse sait jouer la carte du revival... Au menu : une cuisine de bistrot qui va à l'essentiel, tels ce risotto de girolles, parfumé à souhait, ou cette crème brûlée à la pistache, au goût bien marqué. Ultime clin d'œil vintage, on renoue aussi avec la tradition des plats du jour : le lundi c'est agneau, le mardi cochon, le mercredi veau, etc. Autres atouts : un service sans interruption de 12h à 23h, une ambiance décontractée et... une situation exceptionnelle, sur l'île de la Cité, à deux pas du Pont-Neuf !

Baan Boran

Thaïlandaise ▶ **Plan : C1**

43 r. Montpensier
✆ 01 40 15 90 45
www.baan-boran.com
Ⓜ Palais Royal

Fermé samedi midi et dimanche

Menu 16 € (déjeuner)/40 € – Carte 30/45 €

Entre tableaux naïfs et orchidées, le Baan Boran affiche un cadre à la fois contemporain et exotique, tout en sobriété. Destination : la Thaïlande. En cuisine, l'équipe s'affaire autour des woks. Perpétuant un savoir-faire ancestral, elle réalise des plats plus ou moins épicés (selon votre goût), légers ou végétariens. Soupe de crevettes et citronnelle, soupe de poulet épicée, crevettes sautées aux herbes thaïes et sauce au curry rouge, poulet au curry vert et lait de coco, etc. D'alléchants fumets envahissent rapidement la salle. Enfin, les plats arrivent sur les sets de bambou, servis par un personnel charmant et en costume traditionnel. Le voyage peut vraiment commencer...

Le Baudelaire ✿

Cuisine moderne ▶ **Plan : A1**

Hôtel Le Burgundy,
6-8 r. Duphot
01 71 19 49 11
www.leburgundy.com
Ⓜ Madeleine

Fermé le midi en août,
samedi midi et dimanche

Menu 54 € (déjeuner)/105 € – Carte 90/130 €

Le Burgundy - Le Baudelaire

Ici, nulle raison d'être envahi par le spleen baudelairien : on se sent si bien dans ce restaurant raffiné, niché au cœur d'un jeune palace arty et feutré (né en 2010) célébrant le nouveau chic parisien... La salle s'ordonne autour de la cour intérieure de l'établissement, un beau jardin d'hiver où il fait bon lire *Les Fleurs du mal* devant un thé. Reflets du dehors sur les tables en laque noire, confort douillet des fauteuils camel ou chocolat, grandes verrières, murs immaculés : un havre de paix... dédié à la gastronomie.

En cuisine, le chef joue une belle partition classique, rehaussée de subtiles touches contemporaines : l'harmonie des saveurs, la qualité des produits, le soin apporté à l'exécution, tout séduit. Et au dessert, on se régale de belles gourmandises en se remémorant cette phrase du poète : "La terre est un gâteau plein de douceur." Quand gastronomie rime avec poésie...

Entrées

- Saint-Jacques de plongée, sésame noir, mouron des oiseaux et marmelade de citron
- Huître, framboise et balsamique, raifort

Plats

- Filet de bœuf de Galice, grosse frite, condiment d'échalote et olives taggiasche
- Homard bleu de casier, courgette, tempura et jus des têtes

Desserts

- Crémeux chocolat guanaja, sphère caramel et biscuit cacao
- Pêche de vigne en vacherin glacé, meringue craquante et crème chantilly à la vanille fumée

Bistrot Mavrommatis

Grecque ▶ **Plan : A1**

18 r. Duphot (1er étage)
01 42 97 53 04
www.mavrommatis.com
Madeleine

Fermé 3 semaines en août, samedi, dimanche, fériés et le soir

Formule 23 € – Carte 30/45 €

A/C

Tout près de la Madeleine, ce restaurant est placé sous un heureux patronage : l'église ressuscite l'auguste profil d'un temple grec, tandis qu'il exalte les reliefs de la cuisine hellénique ! Il faut traverser l'épicerie du rez-de-chaussée – laquelle met en appétit – pour rejoindre les deux salles à manger au 1er étage. On découvre alors une petite taverne grecque, fraîche et plaisante, ornée de nombreuses photos évoquant le pays des Dieux, ses vignes et ses oliviers, sa mer si bleue, ses ports si blancs… Les routes du Péloponnèse et des Cyclades se croisent dans l'assiette : moussaka, tzatziki (yaourt au concombre), dolmadès (feuilles de vigne farcies), keftédès (boulettes) d'agneau à la menthe, mahalepi (crème de lait à la fleur d'oranger)… Tout cela avec simplicité et à bon compte.

Café des Abattoirs

Viandes ▶ **Plan : B1**

10 r. Gomboust
01 76 21 77 60 (réservation conseillée)
www.cafedesabattoirs.com
Pyramides

Menu 32/45 €

A/C

Michel Rostang, dont le fief dans le 17e arrondissement est célèbre, joue une nouvelle carte avec l'ouverture de ce bistrot à viande, clin d'œil à celui que son aïeul tenait jadis à Pont-de-Beauvoisin, dans l'Isère. Le pari est réussi haut la main : de beaux morceaux de choix, tendres et bien maturés – cochon cul noir, veau du Limousin, agneau de l'Aveyron, bœuf Black Angus –, sont passés au four à bois et légèrement caramélisés. On les accompagne de sauces maison à partager (raifort, moutarde, estragon ou encore barbecue) pour un moment convivial et ô combien goûteux. Le reste du repas est également réjouissant : des délicieux hors-d'œuvre jusqu'aux bons desserts, sans oublier la belle sélection de vins. Le succès est au rendez-vous : réservation indispensable !

Camélia

Cuisine moderne ▶ **Plan : A1**

Hôtel Mandarin Oriental,
251 r. St-Honoré
01 70 98 74 00
www.mandarinoriental.fr/paris/
Concorde

Formule 52 € – Carte 72/120 €

Faire simple, se concentrer sur la saveur de très beaux produits, s'inspirer des classiques de la gastronomie française et les rehausser d'une touche d'Asie : telle était la volonté de Thierry Marx, chef du très raffiné Sur Mesure au sein de l'hôtel Mandarin Oriental, mais également directeur des cuisines de ce beau Camélia. Dans ce lieu tout en fluidité, apaisant, zen et très élégant, on se régalera par exemple d'une crème de châtaigne accompagnée d'un boudin de volaille et de champignons des bois, ou encore d'une dorade à la japonaise et ses ravioles de navets au citron. L'exécution est soignée, précise et même millimétrée ; le service efficace. Pourquoi faire compliqué quand on peut... faire simple ?

Les Cartes Postales

Cuisine traditionnelle ▶ **Plan : B1**

7 r. Gomboust
01 42 61 02 93
Pyramides

Fermé 3 semaines en août, vacances de Noël, lundi soir, samedi midi et dimanche

Formule 30 € – Menu 70 € – Carte 45/80 €

Les cartes postales sont bien là : couvrant tout un mur, elles représentent des tableaux d'art moderne, mais c'est bien la seule coquetterie du décor, qui reste fort simple. On le sait, en matière de cartes postales, l'enveloppe ne compte pas ! On se focalisera donc sur l'adresse du chef, Yoshimasa Watanabe, arrivé du Japon voici une trentaine d'années et formé auprès d'Alain Dutournier (Carré des Feuillants). Amateur de produits frais, il écrit un message savoureux, dans un parfait français relevé de quelques idéogrammes nippons : galette de crabe à la vinaigrette de pamplemousse, turbot mi-cuit mi-cru façon japonaise, croustillant de marron glacé... La formule déjeuner offre un bon rapport qualité-prix et, à la carte, on peut opter pour des demi-portions propices à redoubler de plaisir.

Carré des Feuillants ✿✿

Cuisine moderne ▶ **Plan : B1**

14 r. de Castiglione
01 42 86 82 82
www.carredesfeuillants.fr
Ⓜ Tuileries

Fermé août, samedi midi et dimanche

Menu 60 € (déjeuner)/188 € – Carte 130/180 €

Carré des Feuillants

Il est rare qu'un restaurant marie si parfaitement ambiance et style culinaire. Indéniablement, le Carré des Feuillants réussit cette osmose. Point d'exubérance ou d'élans démonstratifs, tout dans la mesure et la maîtrise : c'est la première impression qui se dégage de cet ancien couvent (bâti sous Henri IV). Conçu par l'artiste plasticien Alberto Bali, ami d'Alain Dutournier – pour qui il a également signé les décors de ses Pinxo –, le décor n'est que lignes épurées, presque minimalistes, et matériaux naturels, dans une veine contemporaine.

Un cadre baigné de sérénité, pour un service impeccable et une cuisine à la hauteur. Marquée par la générosité et les racines landaises du chef, elle fait preuve de caractère et d'inventivité. Composées à la manière d'un triptyque – "le basique, son complice végétal et le révélateur" –, les assiettes ont l'art de valoriser l'authenticité du produit tout en sublimant le "futile". Quant à la cave, elle recèle de vrais trésors.

Entrées

- Huîtres "perles de l'impératrice" en nage infusée et rafraîchie, caviar
- Langoustines royales marinées, citron caviar, fleurette de légumes et noisettes grillées

Plats

- Agneau de lait des Pyrénées rôti, confit dans l'argile
- Lièvre à la royale, truffe noire et foie gras au vin de Sauternes

Desserts

- Framboises en croquembouche, cédrat en zigzag et caillé de brebis
- Perles de mangoustan, marrons glacés mont-blanc

Crudus

Italienne ►Plan : B1

21 r. St-Roch
01 42 60 90 29 (réservation conseillée)
Pyramides

Fermé août, samedi, dimanche et fériés

Formule 28 € – Carte 38/60 €

Une recette toute simple, mais aboutie : ce petit restaurant italien cuisine essentiellement des produits issus de l'agriculture biologique. À la carte ou sur l'ardoise du jour, rien que des plats aux saveurs pétillantes et bien relevées, qui donnent envie de deviser sur les bienfaits de la nature : poêlée de calamars et de courgette, risotto au safran et légumes à la truffe, gnocchis à la sauge, linguine aux palourdes, tagliatelles au ragoût de bœuf, tiramisu… Le décor aussi joue la carte des fondamentaux : murs immaculés, vieux parquet, chaises de bistrot, tables en plexiglas (made in Italy), petit buffet rétro – et, sur un panneau, une imposante masse noire qui représenterait une truffe. Une adresse assez discrète, presque pour initiés.

Le Dali

Cuisine moderne ►Plan : A1

Hôtel Le Meurice,
228 r. de Rivoli
01 44 58 10 44
www.lemeurice.com
Tuileries

Formule 54 € – Carte 80/124 €

La "deuxième" table du Meurice, au centre névralgique de l'établissement, semble autant un restaurant qu'un point de passage ou un lieu de rendez-vous. Les "beautiful people" aiment à se montrer dans ces lieux chargés d'histoire, tout en pilastres et fenêtres miroirs. Au plafond, une fresque originale, signée Ara Starck, rend hommage au génie de Salvador Dalí. Çà et là, d'autres détails – lampe à tiroirs, chaise aux pieds en forme d'escarpins – rappellent la créativité iconoclaste du maître espagnol de la peinture surréaliste. La carte revisite la cuisine de palace non sans une touche ludique : terrine de volaille et foie gras aux chanterelles, sole meunière façon grenobloise, longe de veau glacée dans son jus, soufflé au citron... Une cantine chic et mondaine, au cœur de la vie du palace !

La Dame de Pic

Créative ▶ **Plan : C2**

20 r. du Louvre
01 42 60 40 40
www.ladamedepic.fr
Louvre Rivoli

Menu 59 € (déjeuner en semaine), 95/125 €

François Goizé

Un bel atout dans la cartographie des bonnes tables parisiennes : Anne-Sophie Pic a créé en 2012, à deux pas du Louvre, cette table... capitale. À 550 km de Valence, où son nom a tant marqué l'histoire de la cuisine (ses père et grand-père y conquirent eux aussi trois étoiles Michelin), mais au cœur de sa griffe originale.

Un travail en finesse, en précision, doublé d'une inspiration pleine de vivacité : telle est la signature de cette grande dame de la gastronomie. On retrouve son sens de l'harmonie des saveurs, de la fraîcheur et de l'exactitude, avec toujours ces cuissons et assaisonnements au cordeau, le tout décliné ici autour d'un leitmotiv original : celui des arômes et du parfum. Dans la ville de la mode et de l'élégance, la chef a en effet voulu jouer pleinement la carte de la suavité, en association avec le "nez" Philippe Bousseton : chaque menu développe un thème olfactif différent – la vanille ou les sous-bois, par exemple. Éminemment féminin lui aussi, le décor du restaurant mêle tons blancs et motifs de fleurs. De quoi piquer votre sensibilité...

Entrées

- Berlingots de chèvre fumés, tomates de toutes les couleurs en marinade
- Huître spéciale, crémeux réglisse, fenouil et pickles de concombre

Plats

- Agneau de l'Aveyron mariné à la vodka et bourgeon de sapin, asperges vertes et lard de Colonnata
- Canard de Challans, épinard, oseille, fruits rouges et poivre

Desserts

- Palet de chocolat illanka, premières cerises
- Vacherin aux fraises gariguette

Le First

Cuisine moderne ▶ Plan : A1

Hôtel The Westin Paris,
234 r. de Rivoli
✆ 01 44 77 10 40
www.lefirstrestaurant.com/fr/
Ⓜ Tuileries

Carte 60/70 €

Une douce lumière baigne le jardin des Tuileries... Après une visite au musée de l'Orangerie, il est légitime de vouloir cultiver encore ce sentiment de quiétude. Au sein de l'hôtel Westin, le First se donne des allures de boudoir – éclairages tamisés, banquettes de velours sombre –, griffé Jacques Garcia. Aux beaux jours, la terrasse, très prisée, investit la cour de l'hôtel et c'est dans ce cadre verdoyant que l'on s'installe pour dîner au calme. La carte, conçue par Gilles Grasteau, mise sur les bons produits, sans ostentation, pour une cuisine française revisitée dans l'esprit du moment. Les menus, quant à eux, proposent des variations autour du miel, du champagne, etc. Enfin, le dimanche, le brunch "b3" impose sa formule : brunch, buffet, bien-être !

Ellsworth

Cuisine moderne ▶ Plan : C1

34 r. de Richelieu
✆ 01 42 60 59 66
www.ellsworthparis.com
Ⓜ Pyramides

Fermé dimanche soir et lundi

Formule 18 € – Menu 24 € (déjeuner en semaine) – Carte 29/47 €

Dans la rue de Richelieu, la devanture discrète mène dans une salle claire et épurée, décorée à la façon d'un bistrot parisien : tables en marbre, chaises en bois... Une simplicité que l'on retrouve dans l'assiette : la jeune chef canadienne compose une cuisine aux multiples influences, bien dans l'air du temps, avec une parfaite maîtrise des saveurs et des assaisonnements. Encornet grillé, poivron rouge et poireau ; merlan, tomates anciennes, céleri et beurre noisette ; glace au malt, chocolat et espuma de café... Elle dessine le menu du jour selon l'inspiration et les produits du moment, et c'est une réussite ! Pour couronner le tout, les assiettes sont servies avec décontraction et convivialité : on passe un excellent moment.

Le Grand Véfour ✿✿

Créative

17 r. de Beaujolais
✆ 01 42 96 56 27
www.grand-vefour.com
Ⓜ Palais Royal

► **Plan : C1**
Fermé 3 semaines en août, samedi et dimanche

Menu 115 € (déjeuner)/315 € – Carte 215/285 €

Le Grand Véfour

Bonaparte et Joséphine, Lamartine, Hugo, Mac-Mahon, Sartre… Depuis plus de deux siècles, l'ancien Café de Chartres est un vrai bottin mondain ! Repaire des rendez-vous galants, des révolutionnaires et des intellectuels, le plus vieux restaurant de Paris (1784-1785) connut, d'un propriétaire à l'autre, grandeur et décadence. Incendie, attentat, fermeture… Il entre dans la légende en 1820 avec Jean Véfour, qui lui donne son nom. Quelques guerres plus tard, en 1948, Raymond Oliver lui rend son éclat en lui apportant ses premières étoiles, que Guy Martin entretiendra à sa suite. Voilà pour l'histoire, tracée à grands traits.

Reste le lieu, unique en son genre, restauré comme à l'origine et classé monument historique. Ouvertes sur le jardin par des arcades, deux magnifiques salles Directoire : miroirs, lustres en cristal, dorures, toiles peintes fixées sous verre inspirées de l'Antiquité. Quant à la cuisine, influencée par les voyages et la peinture – couleurs, formes, textures, le chef atypique "croque" ses plats comme un artiste –, c'est un juste équilibre entre grands classiques et recettes créatives.

Entrées

- Ravioles de foie gras, crème foisonnée truffée
- Caviar osciètre à la cuillère, blinis à la farine de blé noir

Plats

- Parmentier de queue de bœuf aux truffes
- Pigeon Prince Rainier III

Desserts

- Palet noisette et chocolat au lait, glace au caramel brun et sel de Guérande
- Crème brûlée aux artichauts, légumes confits et sorbet aux amandes amères

Gwadar

Indienne ▶ **Plan : B1**

39 r. St-Roch
Fermé dimanche
01 42 96 28 24
www.restaurantgwadar.com
Ⓜ Pyramides

Menu 16 € (déjeuner), 21/26 € – Carte 25/40 € 

A/C Gwadar-Paris ? Pour rejoindre cette ville portuaire du sud-ouest du Pakistan, deux options s'offrent à vous : plusieurs heures d'avion... ou bien un voyage express via de belles saveurs épicées, très évocatrices du pays. Un parfait ticket donc que ce charmant restaurant à la fois cosy et douillet... Du velours, des banquettes, des tons chauds et le doux parfum de bons petits plats indo-pakistanais : butter chicken (poulet grillé et sauce tomatée), poulet tikka masala (dans une sauce aux épices), kulfi (glace à la pistache), etc., le tout accompagné d'un nan, ce petit "pain" incontournable. Bon à savoir : vous pouvez demander à ce que votre plat soit plus ou moins épicé, selon votre goût... Enfin, l'accueil se montre charmant. Ladies and gentlemen, embarquez dès maintenant sur Gwadar Airlines !

Kinugawa Vendôme

Japonaise ▶ **Plan : B1**

9 r. du Mont-Thabor
Fermé 8-21 août
01 42 60 65 07
www.kinugawa.fr
Ⓜ Tuileries

Formule 45 € – Menu 65/89 € – Carte 40/110 € 

A/C  Cette table japonaise bien connue – elle fut fondée en 1984 – s'est métamorphosée sous l'égide de ses propriétaires. Le fameux tandem d'architectes parisiens Gilles & Boissier en a repensé le décor, en mêlant caractère contemporain et esthétique nippone : c'est une incontestable réussite, tout en sobres tonalités et lignes épurées... Voilà qui sied bien à la cuisine, qui porte une authentique et élégante signature japonaise. Le chef, Toyofumi Ozuru, est issu d'une longue lignée de restaurateurs nippons. Sashimis, bœuf teriyaki et autres recettes kaiseki – avec un bar à sushis à l'étage – mêlent fraîcheur et saveurs ; les jeux sur les textures, la subtilité des marinades et des fritures (comme celles des tempuras de crevettes) : tout évoque joliment la cuisine japonaise contemporaine.

Jin ✿

Japonaise

▶ **Plan : B1**

6 r. de la Sourdière

✆ 01 42 61 60 71 (réservation conseillée)
Ⓜ Tuileries

Fermé 2 semaines en août, vacances de Noël, lundi midi, mardi midi et dimanche

Menu 65 € (déjeuner)/145 €

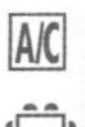

Jin

Un écrin pour la gastronomie japonaise en plein cœur de Paris, près de la rue St-Honoré ! Jin, c'est d'abord – et surtout – le savoir-faire d'un homme, Takuya Watanabe, chef originaire de Niseko, ayant d'abord travaillé avec succès au Japon... avant de succomber aux charmes de la capitale française, comme nombre de ses talentueux compatriotes. Comment ne pas être saisi par l'étonnante dextérité avec laquelle il prépare, sous les yeux des clients, sushis et sashimis ? En provenance de Bretagne, d'Oléron ou d'Espagne, le poisson est soigneusement maturé pour être servi au meilleur moment. Des ingrédients de premier ordre pour une cuisine de haut vol : telle est la promesse du repas. De l'entrée – tel ce velouté de potiron aux algues et aux ormeaux – au final – un délicieux bouillon de coquillages et un dé d'omelette aérien et légèrement sucré, à la manière japonaise –, l'interprétation est tout simplement superbe... Jin, c'est aussi un décor très agréable, zen et intime, relayé par un accueil aimable et souriant. Sous le Soleil-Levant exactement !

Spécialités

- Cuisine du marché

Kei ✿

Cuisine moderne

► **Plan : C2**

5 r. du Coq-Héron
✆ 01 42 33 14 74
www.restaurant-kei.fr
Ⓜ Louvre Rivoli

Fermé vacances de printemps, 3 semaines en août, vacances de Noël, jeudi midi, dimanche et lundi

Menu 52 € (déjeuner), 99/188 €

A/C

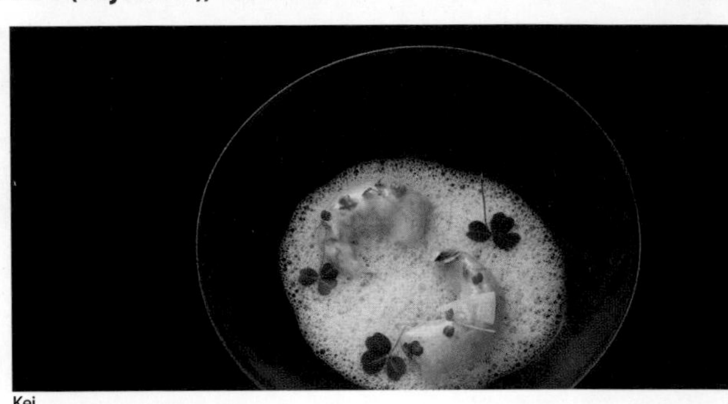

Kei

La gastronomie, Kei Kobayashi est tombé dedans quand il était petit ! Il passe son enfance à Nagano, dans une famille très sensible au sujet : son père est cuisinier dans un restaurant traditionnel kaiseki. Mais sa véritable vocation naît... en regardant la télévision, grâce à un documentaire sur la cuisine française. Il étudie trois ans au Japon avant de partir pour l'Hexagone, afin de parfaire sa formation chez les plus grands. Le voilà désormais chez lui, dans cet établissement d'une sobre élégance.

Sa cuisine est bien digne d'un passionné : il y a quelque chose de natif dans ses réalisations. L'influence nippone affleure par petites touches délicates – avec une purée d'agrumes, des fleurs, des lamelles de pomme verte... –, tout en préservant les saveurs de produits de qualité. Certaines associations hautes en couleur surprennent, d'autres ravissent par leur harmonie et leur limpidité ; les jeux autour des textures et des ingrédients font mouche. Cerise sur le gâteau : le chef fait évoluer régulièrement ses menus (sans choix) au fil de son inspiration... Inventif et raffiné.

Entrées

- Jardin de légumes croquants
- Asperges blanches du Val de Loire

Plats

- Bar de ligne rôti et son écaille croustillante
- Langoustine cuite au foin

Desserts

- Vacherin fraise, miso et sésame
- Cerises, sorbet au fromage blanc

Kunitoraya

Japonaise ▶ **Plan : C1**

5 r. Villedo
01 47 03 07 74
www.kunitoraya.com
Ⓜ Pyramides

Fermé 2 semaines en août, vacances de Noël, dimanche soir et lundi

Formule 23 € – Menu 32 € (déjeuner en semaine), 70/100 € – Carte environ 40 €

Un mariage Tokyo-Paname très réussi ! Vieux zinc, boiseries, grands miroirs, murs en faïence façon métro et carrelage à l'ancienne : ça c'est Paris, le parfait Paris des brasseries et des soupers 1900. Le chef japonais, séduit par ce décor "so french", a investi la place en avril 2010. Il nous y régale d'une cuisine nippone copieuse et soignée, essentiellement à base d'udon, pâtes maison fabriquées avec une farine de blé directement importée du Japon ! Elles se dégustent chaudes, servies dans un bouillon au parfum de poisson séché et de viande, accompagnées de crevettes en tempura et de grandes feuilles de maki (algue verte séchée) ; froides, on les apprécie notamment avec de l'igname, du soja ou des radis... Le pays du Soleil-Levant flamboie en plein cœur de la Ville Lumière, éternelle et gouailleuse !

Lescure

Cuisine traditionnelle ▶ **Plan : A1**

7 r. Mondovi
01 42 60 18 91
www.lescure1919.fr
Ⓜ Concorde

Fermé août, 23 décembre-3 janvier, samedi et dimanche

Menu 26 € (semaine) – Carte 26/46 €

Planqué derrière l'ambassade des États-Unis, le Lescure fait partie de ces lieux qui se bonifient avec le temps, comme le vin. Depuis sa création en 1919, les patrons, corréziens d'origine, se relaient de père en fils et ont su fidéliser une clientèle d'amis qui se transmettent l'adresse en toute confiance. Il faut dire que l'atmosphère ancienne et "campagnarde" joue beaucoup : tables rustiques – pas plus d'une trentaine de couverts – surplombées par des salaisons et des tresses d'oignon et d'ail. Dans l'assiette, on retrouve les essentiels de la cuisine limousine, copieux et alléchants, ainsi que les traditionnels bœuf bourguignon et poule au pot farcie. Au dessert, craquez pour le fondant aux trois chocolats ! Dernière particularité : la convivialité de l'équipe, volontiers gouailleuse...

Le Lulli

Cuisine moderne ▸ **Plan : C2**

Grand Hôtel du Palais Royal,
4 r. de Valois
01 42 96 15 35
www.grandhoteldupalaisroyal.com
Ⓜ Palais Royal

Fermé 31 juillet-28 août, samedi, dimanche et fériés

Formule 29 € – Menu 38 € (déjeuner en semaine) – Carte 52/80 €

A/C

On connaît bien ce quartier pour l'incroyable richesse de son patrimoine, auréolé de ces multiples monuments qui ont marqué l'histoire de France... mais il ne faudrait pas en oublier les hôtels et restaurants ! Le Lulli, niché au rez-de-chaussée du Grand Hôtel du Palais-Royal, en est un bel exemple. Décoration végétale, peintures contemporaines et autres sculptures y composent un intérieur très agréable, qui incite à profiter de l'instant. En cuisine, on trouve Clément Le Norcy, chef au beau parcours : il compose une cuisine franche, au plus près des saisons et des produits, qui met son savoir-faire et son expérience en évidence. Quant au service, aimable et professionnel, il rend notre passage encore plus doux : on se promet, au moment de régler l'addition, de revenir bien vite.

Macéo

Cuisine moderne ▸ **Plan : C1**

15 r. Petits-Champs
01 42 97 53 85
www.maceorestaurant.com
Ⓜ Bourse

Fermé samedi midi, dimanche et fériés

Formule 28 € – Menu 30 € (déjeuner)/40 € – Carte 50/56 €

A/C

En reprenant ce restaurant fondé en 1880, Mark Williamson s'est offert un lieu chargé d'histoire. Tant par son décor Second Empire que par les personnalités qui l'ont fréquenté : Colette, Eisenhower, etc. Rebaptisée Macéo, en hommage au jazzman Maceo Parker, l'adresse reste courue et le nouveau chef, venu d'Italie, y réalise une belle cuisine, attentive aux produits comme aux saisons... À noter, un menu asperge (en saison), un menu 100 % végétarien, et une incomparable cave – la passion du patron, également propriétaire du Willi's Wine Bar voisin – où s'illustrent quelque 250 vins du monde entier.

Le Meurice Alain Ducasse ✿✿

Cuisine moderne ▶ **Plan : A1**

Hôtel Le Meurice,
228 r. de Rivoli
✆ 01 44 58 10 55
www.alainducasse-meurice.com/fr
Ⓜ Tuileries

Fermé 22 février-7 mars, 1er-29 août, samedi et dimanche

Formule 85 € – Menu 110 € (déjeuner)/380 € – Carte 225/280 €

Pierre Monetta

Ce restaurant est le lieu de rencontre entre un palace mythique (né au début du 19e s. face au jardin des Tuileries) et un chef que l'on ne présente plus, Alain Ducasse. L'endroit, tout bonnement somptueux, mériterait à lui seul un roman : plafond blanc paré de dorures, lustres en cristal, mosaïques... Dans ce décor digne du château de Versailles, les serveurs vont et viennent avec leurs plateaux d'argent, en un ballet parfaitement synchronisé : une vision qui suscite l'admiration des fortunes étrangères venues chercher ici l'âme parisienne.

Dans l'assiette, la griffe Ducasse est mise en œuvre par Christophe Saintagne, chef originaire de Normandie, qui ne se montre nullement intimidé par l'aura des lieux : ses assiettes, bien conçues, mettent en valeur de beaux produits et rendent un hommage sincère à la tradition française. L'histoire continue !

Entrées
- Pâté chaud de pintade
- Légumes de saison

Plats
- Bar, fenouil et citron
- Homard, pommes de mer

Desserts
- Chocolat de notre manufacture
- Baba au rhum

Mee

N

Coréenne ▶ **Plan : B2**

5 r. d'Argenteuil
01 42 86 11 85
www.mee.paris
Palais Royal

Fermé dimanche

Formule 15 € – Carte 22/29 €

C'est le fils des propriétaires du Gwon's Dining (dans le 15e arrondissement) qui a ouvert, à 26 ans à peine, ce bistrot coréen à deux pas des Tuileries. Son objectif : proposer des plats de qualité à prix serrés, tout simplement ! Les entrées se présentent sous forme de bouchées (ravioles, beignets), et l'on trouve aussi des soupes et de bons plats réalisés avec des produits de qualité : basse-côte de bœuf, échine de porc, seiche... Le jeune chef a fréquenté l'une des plus prestigieuses écoles de cuisine de Corée, et cela se sent : ses créations sont à la fois goûteuses et relevées, et les desserts se révèlent également savoureux, comme en témoigne ce punch gingembre-cannelle avec morceaux de poire !

Nodaïwa

Japonaise ▶ **Plan : B2**

272 r. St-Honoré
01 42 86 03 42
www.nodaiwa.com
Palais Royal

Fermé 1er-20 août, 30 décembre-10 janvier et dimanche

Formule 20 € – Menu 24/78 €

A/C

Je suis la spécialité de ce restaurant. Levée en filets, passée au gril puis cuite à la vapeur, je suis ensuite plongée dans un bain de sauce soja, saké et sucre (auquel s'ajoute le secret du chef…), avant d'être de nouveau grillée et nappée de sauce. On me déguste sur du riz, dans un bol ou une boîte laquée. Les clients me choisissent au poids (à partir de 180 g) et peuvent parfaire mon assaisonnement avec du soja ou du sancho (épice japonaise). On me propose aussi en gelée ou au gingembre. La salle, tout en longueur et minimaliste, me ressemble. Qui suis-je ? L'anguille ! C'est elle, la championne de cette table nippone, filiale d'une maison bien implantée à Tokyo. La grande majorité de la clientèle est japonaise, ce qui dit tout de la qualité.

Pinxo - Tuileries

Cuisine moderne ▶ **Plan : B1**

9 r. d'Alger
01 40 20 72 00
www.pinxo.fr
Tuileries

Fermé août, samedi midi et dimanche

Carte 35/59 €

A/C

Dans ce décor minimaliste noir et blanc, les cuisines font leur show au centre de la salle, bordées d'un joli bar en granit. Au menu, de succulentes créations façon tapas, salées et sucrées, qu'une clientèle chic s'amuse à "pinxer" (prendre avec les doigts) ou à piocher dans l'assiette du voisin. C'est Alain Dutournier – du Carré des Feuillants – qui a imaginé ce concept : celui d'un nouveau partage gourmand pour appétits "zappeurs" ! Sous l'impulsion de ce Landais féru d'Espagne, l'équipe vous propose chipirons sautés, tartare de bœuf esprit Rossini, tourtière landaise et glace pruneau-armagnac... À noter : le grand chef a créé une seconde adresse dans le 6e arrondissement, Pinxo St-Germain.

Pirouette

Cuisine traditionnelle ▶ **Plan : D2**

5 r. Mondétour
01 40 26 47 81
www.restaurantpirouette.com
Châtelet Les Halles

Fermé août et dimanche

Formule 20 € – Menu 42/62 € – Carte 36/51 €

A/C

"Il était un petit homme, Pirouette"... À l'image de la célèbre comptine, voici une table enjouée et un tantinet espiègle ! Créée en 2012 à deux pas de la nouvelle "canopée" des Halles, elle croque la tradition avec gourmandise et liberté. Passé par le Meurice et Taillevent, son jeune chef, Tomy Gousset, s'empare des classiques sans faux-semblants ni cabrioles : tête de veau, chou braisé et câpres ; pigeon rôti et feuille de romaine farcie aux lardons et aux oignons ; ou encore ce délicieux riz au lait, caramel et beurre salé – un incontournable de la carte... Côté décor règne un sympathique esprit contemporain, avec une devanture traitée à la manière d'une verrière d'atelier, un mur couvert de bouteilles de vin, et du parquet au sol... En bref, une adresse où tradition et invention ne tournent pas en rond !

La Régalade St-Honoré

Cuisine traditionnelle ►**Plan : C2**

106 r. St-Honoré
01 42 21 92 40 (réservation conseillée)
Louvre Rivoli

Fermé août, 24 décembre-4 janvier, samedi et dimanche

Menu 37 €

A/C Ne soyez pas surpris : l'adresse a déménagé en 2015 de l'autre côté de la rue, passant du 123 au 106... En revanche, pas de changement de programme en vue pour Bruno Doucet, qui régale toujours les épicuriens du quartier des Halles ! Le décor annonce la couleur, minimaliste comme il se doit pour un bistrot chic. La recette est la même, une carte assez courte et des suggestions à l'ardoise, privilégiant le terroir et le marché dans un souci d'authenticité. On se régale donc de la terrine du patron en guise d'amuse-bouche, d'une dorade ultrafraîche saisie à la plancha accompagnée de chipirons grillés et de jus de viande, ou d'une belle pièce de bœuf, sans oublier l'emblématique riz au lait. Le "ventre de Paris" apprécie !

Restaurant du Palais Royal 

Créative ►**Plan : C1**

110 Galerie de Valois
01 40 20 00 27
www.restaurantdupalaisroyal.com
Palais Royal

Fermé dimanche et lundi

Menu 48/140 € – Carte 70/96 € 

C'est dans le cadre idyllique des jardins du Palais Royal, à deux pas du ministère de la Culture, qu'on trouve cet élégant restaurant qui ne cache pas ses ambitions gastronomiques. Aux fourneaux officie le jeune Philip Chronopoulos, ancien chef exécutif de l'Atelier de Joël Robuchon-Étoile. Il signe une cuisine créative, percutante, d'une vivifiante maturité – en témoignent ces langoustines justes saisies, girolles et amandes fraîches –, dont on se délecte dans un cadre contemporain, au luxe discret (assiettes en porcelaine, couverts Christofle). L'été, la terrasse sous les arcades offre à vos agapes un décor à la hauteur de l'assiette. Avis aux amateurs : les petits clafoutis maison aux fruits de saison, offerts avant le café, sont un délice... Un adresse très recommandable.

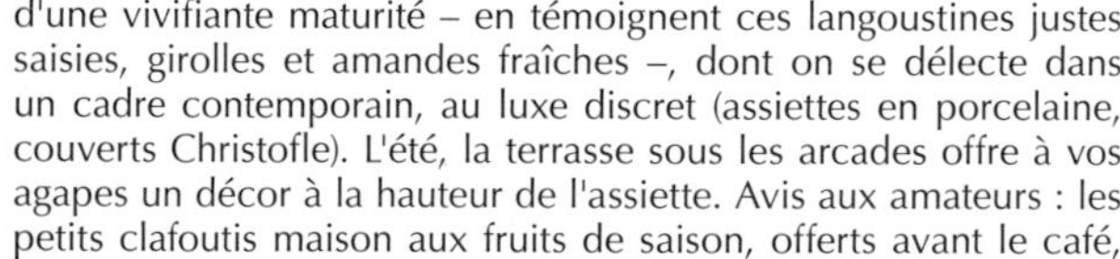

Sanukiya

Japonaise ▶ **Plan : B2**

9 r. d'Argenteuil
01 42 60 52 61
Pyramides

Fermé 2 semaines en août et 31 décembre-5 janvier

Formule 15 € – Carte 15/24 €

Savez-vous ce que sont les *udon* ? Pour le découvrir, rendez-vous chez Sanukiya : ces nouilles japonaises à base de farine de blé sont la spécialité de cette petite table nippone créée début 2012 ! Perché sur l'un des tabourets, face au comptoir, on s'initie aux subtilités de ce plat typiquement nippon : toutes les préparations obéissent à un rituel précis, l'une s'arrosant d'une sauce chaude, l'autre se trempant dans une sauce froide, etc. De quoi devenir incollable sur le sujet... Toutes les nouilles sont confectionnées sur place, avec de la farine importée du Japon, et s'accompagnent au choix de galettes de légumes et crevettes, d'algues, de beignets nature, etc. Simple, bon et authentique.

Saudade

Portugaise ▶ **Plan : D2**

34 r. des Bourdonnais
01 42 36 03 65
www.restaurantsaudade.com
Pont Neuf

Fermé août et dimanche

Menu 24 € (déjeuner en semaine) – Carte 31/52 € 

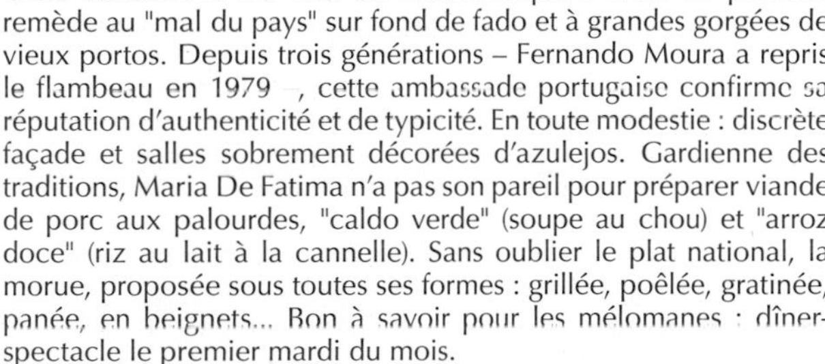

Cette Saudade-là n'a rien de mélancolique ! C'est un puissant remède au "mal du pays" sur fond de fado et à grandes gorgées de vieux portos. Depuis trois générations – Fernando Moura a repris le flambeau en 1979 –, cette ambassade portugaise confirme sa réputation d'authenticité et de typicité. En toute modestie : discrète façade et salles sobrement décorées d'azulejos. Gardienne des traditions, Maria De Fatima n'a pas son pareil pour préparer viande de porc aux palourdes, "caldo verde" (soupe au chou) et "arroz doce" (riz au lait à la cannelle). Sans oublier le plat national, la morue, proposée sous toutes ses formes : grillée, poêlée, gratinée, panée, en beignets... Bon à savoir pour les mélomanes : dîner-spectacle le premier mardi du mois.

Spring

Créative ► **Plan : C2**

6 r. Bailleul
01 45 96 05 72 (réservation conseillée)
www.springparis.fr
Louvre Rivoli

Fermé le midi, dimanche et lundi

Menu 84 € 

Daniel Rose, originaire de Chicago, est un jeune chef décontracté, épicurien et inspiré... Il a créé un lieu à son image ! Si vous vous installez dans la salle principale (il y a aussi une cave voûtée, à l'ambiance tamisée), vous le verrez s'activer devant vous, cuisinant sur l'instant et à l'instinct, en toute transparence. Il puise son inspiration au marché, créant en fonction de ses trouvailles un menu unique pour tous les convives. Voyageuse et gourmande, sa cuisine abolit les conventions, sans jamais dérouter, car elle est toujours guidée par le souci des saveurs. Bref, elle offre un joli aperçu d'une certaine manière de travailler, cosmopolite et libérée – mais toujours exigeante –, qui n'est peut-être pas la moindre marque du monde contemporain ! Spring : pour voir la vie en rose... en toute saison.

Zébulon

Cuisine traditionnelle ► **Plan : C2**

10 r. de Richelieu
01 42 36 49 44
www.zebulon-palaisroyal.com
Palais Royal

Fermé 1er-22 août et dimanche

Formule 20 € – Menu 25 € (déjeuner)/45 € 

À deux pas du Palais-Royal et de la Comédie-Française, ce Zébulon est la deuxième adresse des associés à l'origine de Pirouette, dans le 1er arrondissement également. Le chef, Yannick Lahopgnou, a travaillé auprès de Yannick Alléno au Meurice, avant d'aller parfaire ses gammes au Japon ; il en a ramené une incontestable rigueur dans l'exécution des plats, mais aussi cette capacité à aller au plus simple pour conserver l'identité du produit. Il fait mouche avec de bonnes recettes classiques – poêlée de cèpes, palombes déclinaison de pommes de terre –, subtilement modernisées, qui sont servies dans une belle salle aux allures de loft contemporain. Une belle découverte.

Sur Mesure par Thierry Marx ✿✿

Créative

▶ Plan : A1

Hôtel Mandarin Oriental,
251 r. St-Honoré
✆ 01 70 98 73 00
www.mandarinoriental.fr/paris/
Ⓜ Concorde

Fermé août, dimanche et lundi

Menu 85 € (déjeuner en semaine), 180/210 €

Mandarin Oriental

On a tout dit, ou presque, de Thierry Marx : grand voyageur, alchimiste malicieux, maître d'œuvre plusieurs fois reconnu, hier au Château Cordeillan-Bages à Pauillac (Gironde), aujourd'hui à la tête des cuisines du Mandarin Oriental, palace parisien haute couture qui lui a imaginé un restaurant sur mesure. Ou plutôt à sa démesure ? Passé le sas d'entrée, vous voilà transporté dans un univers inédit, d'un blanc immaculé et presque monacal, qui n'est pas sans évoquer le décor avant-gardiste d'un film de Stanley Kubrick.

"Ma cuisine tient en deux mots : structure et déstructure", confie Thierry Marx ; c'est bien ce que l'on ressent en découvrant ses menus uniques, successions de plats aux saveurs étonnantes. En orfèvre minutieux, il travaille la matière, joue avec intelligence sur les transparences, les saveurs et les textures, assuré à chaque instant du soutien précieux de David Biraud, l'excellent sommelier de la maison. Sans aucun doute, on a bien affaire ici à une cuisine de créateur, pleine de caractère et de finesse... Une véritable expérience.

Entrées

- Risotto de soja aux huîtres
- Soupe à l'oignon en trompe-l'oeil

Plats

- Bœuf charbon, aubergine confite et herbes potagères
- Turbot sauvage, salsifis, lamelles de cèpes à cru

Desserts

- Sweet bento
- Pomme confite, crème battue vanillée

Yam'Tcha ✿

Créative

▶ Plan : C2

121 r. St-Honoré
✆ 01 40 26 08 07 (réservation conseillée)
www.yamtcha.com
Ⓜ Louvre Rivoli

Fermé août, vacances de Noël, mardi midi, dimanche et lundi

Menu 60 € (déjeuner en semaine)/120 €

Martin Argyroglo

Ils sont parfois magiques, les linéaments du grand art, où l'incandescence n'est que… simplicité. Adeline Grattard a reçu un don rare, celui du sens – voire de l'omniscience – du produit. Dans sa nouvelle adresse de la rue Saint-Honoré (à cinquante mètres à peine de la précédente), cette jeune chef choisit deux ou trois ingrédients, et ils occupent tout l'espace. Ni démonstration technique ni esbroufe, rien que de subtiles associations, rarement vues, et qui paraissent pourtant très naturelles. Formée auprès de Pascal Barbot (L'Astrance) et installée quelques années à Hong Kong, elle marie des produits d'une extrême qualité, principalement de France et d'Asie : le homard s'unit au tofu et au maïs, le bar s'associe aux huîtres… Le tout se déguste avec une sélection rare de thés asiatiques, autre source d'accords très convaincants (*yam'tcha*, en chinois, c'est "boire le thé"). Ni carte ni menu : de plat en plat, on se laisse surprendre par le marché et l'inspiration du jour. Limpide.

Spécialités

- Cuisine du marché

Zen

Japonaise

▶ Plan : B2

8 r. de L'Échelle
01 42 61 93 99
Palais Royal

Fermé 8-22 août, 31 décembre-5 janvier et lundi soir

Formule 18 € – Menu 20 € (déjeuner en semaine), 32/60 € – Carte 20/46 €

A/C

Zen semble incarner les deux faces du Japon tel qu'on se l'imagine ici : traditionnel et extrêmement respectueux du passé, mais à la fois moderne et résolument tourné vers l'avenir. Cette cantine nippone joue en effet sur les deux registres, conjuguant une cuisine authentique avec un cadre rafraîchissant et ludique, qui séduit par sa fluidité épurée, ses lignes courbes, sa bichromie en blanc et vert acidulé. La carte, étoffée, reste fidèle aux classiques sushis, grillades et autres tempuras, les grandes spécialités de la maison étant les gyozas (raviolis grillés) et le chirashi (poisson cru sur un bol de riz vinaigré). Deux mots enfin, l'un pour le service, empressé mais souriant, l'autre pour les prix, raisonnables, qui font de cette table l'endroit idéal pour un déjeuner sur le pouce ou un dîner plus zen.

2e

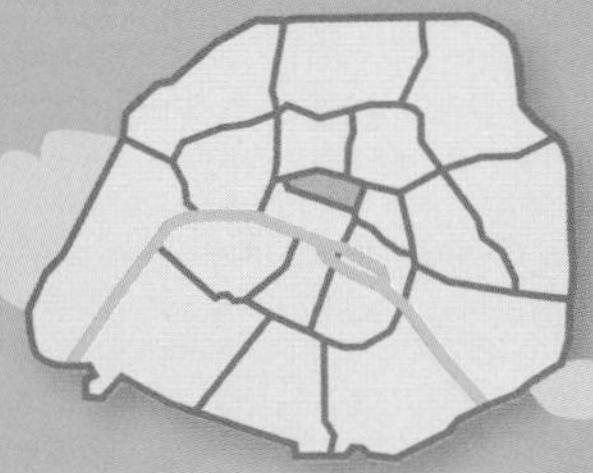

Bourse · Sentier

B. Gardel / hemis.fr

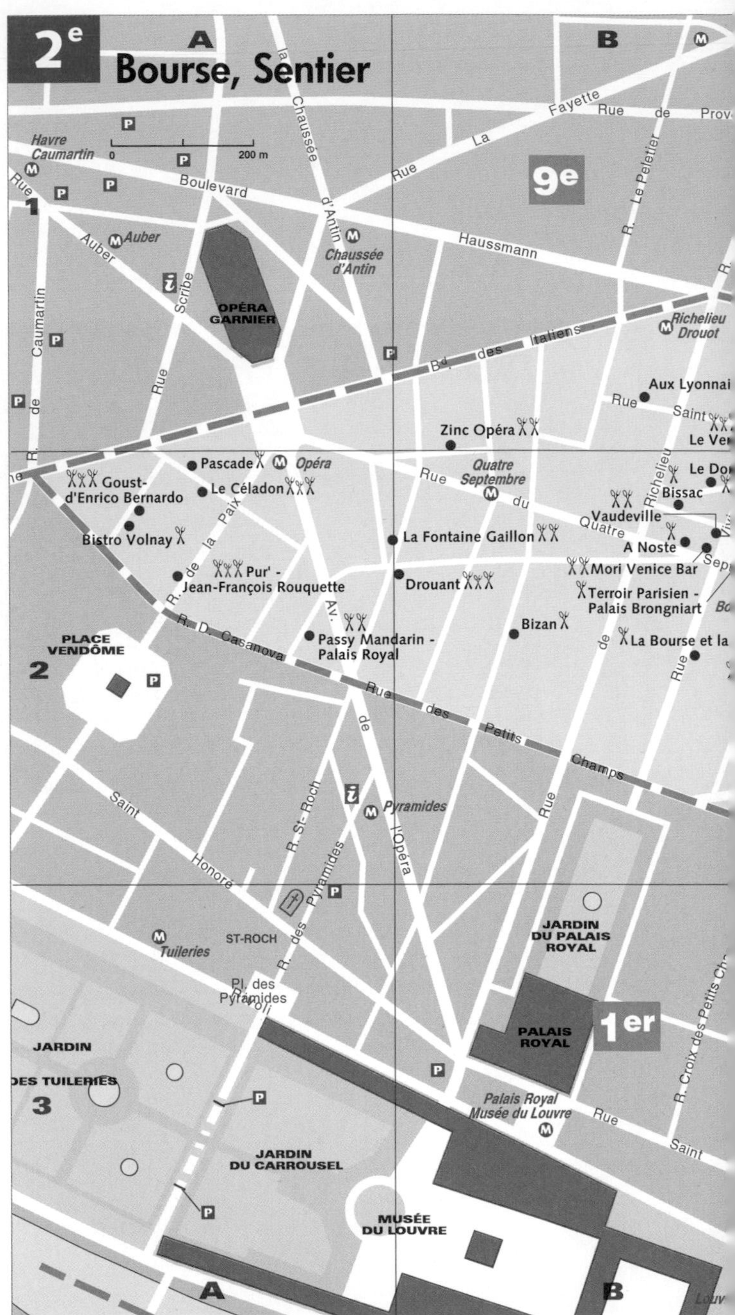

2e
Bourse, Sentier
Opéra Garnier
Place Vendôme
Jardin des Tuileries
Jardin du Carrousel
Musée du Louvre
Jardin du Palais Royal
Palais Royal
Pascade
Le Céladon
Goust-d'Enrico Bernardo
Bistro Volnay
Pur' - Jean-François Rouquette
Passy Mandarin - Palais Royal
La Fontaine Gaillon
Drouant
Zinc Opéra
Aux Lyonnai
Le Ver
Le Do
Bissac
Vaudeville
A Noste
Mori Venice Bar
Terroir Parisien - Palais Brongniart
Bizan
La Bourse et la

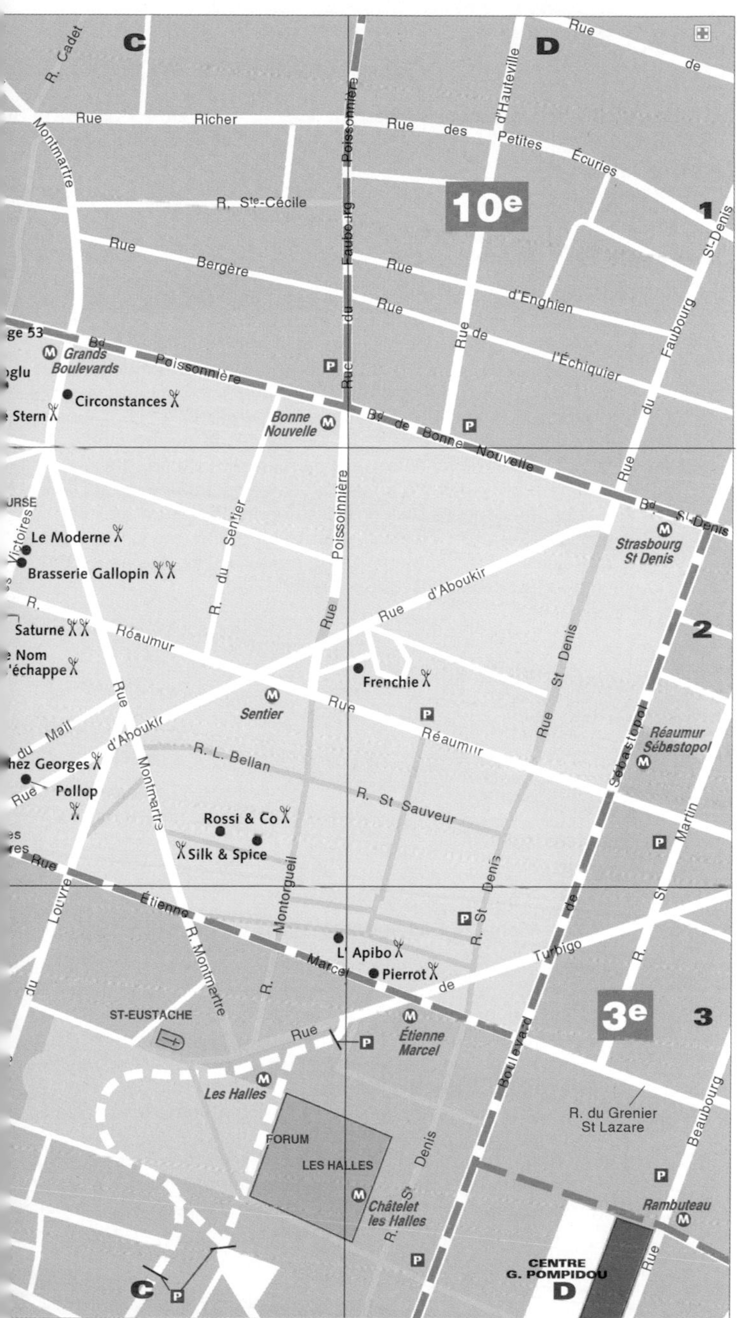
C
D
1
2
3
10e
3e
Rue Richer
Rue des Petites Écuries
R. Ste-Cécile
Rue Bergère
Rue d'Enghien
Rue de l'Échiquier
Rue du Faubourg Poissonnière
Bd Poissonnière
Bd de Bonne Nouvelle
Bd St-Denis
Grands Boulevards
Bonne Nouvelle
Strasbourg St Denis
Circonstances
Le Moderne
Brasserie Gallopin
Saturne
Frenchie
Sentier
Rue d'Aboukir
Rue Réaumur
R. du Sentier
Rue Poissonnière
Rue Montmartre
Rue St Denis
Boulevard de Sébastopol
Réaumur Sébastopol
Rue du Mail
Chez Georges
Pollop
R. L. Bellan
R. St Sauveur
Rossi & Co
Silk & Spice
Rue Étienne Marcel
Rue Montorgueil
L' Apibo
Pierrot
Rue de Turbigo
Rue du Louvre
R. Montmartre
ST-EUSTACHE
Étienne Marcel
Les Halles
FORUM
LES HALLES
Châtelet les Halles
R. St Denis
R. St Martin
R. du Grenier St Lazare
Rue Beaubourg
Rambuteau
CENTRE G. POMPIDOU

A Noste

Cuisine moderne ► **Plan : B2**

6 bis r. du Quatre-Septembre (1er étage)
01 47 03 91 91
www.a-noste.com
Bourse

Fermé 2-25 août et 24 décembre-5 janvier

Formule 29 € – Menu 38/60 €

Julien Duboué – notamment vu à l'Afaria, dans le 15e arrondissement, mais aussi à la télévision, dans l'émission Top Chef – vous invite A Noste ("chez nous", en patois gascon). Il rend hommage à son Sud-Ouest natal avec ce restaurant "2 en 1", où tout le monde trouvera son compte. Au rez-de-chaussée, on trouve un bar à tapas revisités à la landaise (planche de charcuterie, burger de cochon braisé, cœurs de canard en persillade, barbecue de poulet landais...), idéal pour se retrouver entre amis dans une ambiance conviviale et un intérieur façon table d'hôtes ; à l'étage, la Table vous accueille dans une atmosphère plus cosy et donne l'occasion au chef de laisser aller ses élans créatifs... avec aussi quelques viandes cuites à la broche. Selon l'humeur, on opte pour le rez-de-chaussée ou l'étage ; à tous les coups, on se régale !

L'Apibo

Cuisine moderne ► **Plan : C3**

31 r. Tiquetonne
01 55 34 94 50
www.restaurant-lapibo.fr
Etienne Marcel

Fermé 8-17 mai, lundi midi, samedi midi et dimanche

Formule 20 € – Menu 26 € (déjeuner), 35/55 € – Carte 45/55 €

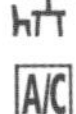

Anthony Boucher, l'ancien chef du restaurant Jean – une bonne table du 9e arrondissement –, s'est lancé dans une nouvelle aventure : ouvrir sa propre adresse ! Il a jeté son dévolu sur ce pas-de-porte du quartier Montorgueil, qui joue la carte de la simplicité : murs chaulés, tomettes, poutres au plafond, petites tables en bois et tableaux colorés... Mais l'essentiel est ailleurs : dans l'assiette, qui révèle le savoir-faire et la finesse du cuisinier. Thon rouge snacké, pâte de tomate et mangue ; joue de veau confite ; pêche pochée à la verveine et mousse mascarpone : voilà une belle cuisine de produits, originale et délicate, qui donne envie de revenir le plus vite possible. Qui plus est, l'accueil est charmant et les prix mesurés. À l'assaut de L'Apibo !

Aux Lyonnais

Lyonnaise ►**Plan : B1**

32 r. St-Marc
01 42 96 65 04 (réservation conseillée)
www.auxlyonnais.com
Richelieu Drouot

Fermé août, samedi midi, dimanche et lundi

Menu 34 € (déjeuner) – Carte 45/76 €

Ouvert en 1890, ce bistrot délicieusement rétro a vraiment belle allure avec ses miroirs, moulures, faïences, tableaux et vieux zinc. Bien calé sur les banquettes, on se sent tout de suite à son aise. La découverte de Lyon est assurée avec de savoureuses recettes locales faisant appel aux meilleurs produits régionaux : planche de charcuteries, œuf cocotte aux écrevisses, quenelles de brochet, tarte et île flottante aux pralines roses, etc. Même choix côté cave, où le Rhône et la Bourgogne s'imposent. De l'ambiance et un bon rapport qualité-prix pour le menu déjeuner (attention aux vins, toutefois, un peu chers) : un vrai "bouchon lyonnais parisien", membre du groupe Alain Ducasse.

Bissac

Cuisine traditionnelle ►**Plan : B2**

10 r. de la Bourse
01 49 27 01 90
www.bissac.fr
Bourse

Fermé 3 semaines en août, samedi midi et dimanche

Formule 24 € – Menu 30 € – Carte 47/63 €

Au pied d'un bel immeuble du quartier de la Bourse, cet ancien bar à vins a été métamorphosé en bistrot de luxe par la volonté de Damien Boudier, ancien chef du restaurant Tante Louise, à Paris. Ce passionné réalise une belle cuisine de tradition, déclinée à travers un menu d'un excellent rapport qualité-prix. Têtes de cèpes farcies, jeunes pousses de salade et jambon de Bayonne ; filet de rascasse, "échaudés" à l'encre de seiche et chanterelles ; coing poché au sirop épicé, crème vanillée et sablé au beurre... Des plats réjouissants que l'on déguste dans un élégant intérieur de bistrot, avec son comptoir de service, ses murs en pierre de taille et ses tables de bois brut et d'acier. Un cachet indéniable pour une adresse hautement recommandable !

Bistro Volnay

Cuisine moderne ▶ **Plan : A2**

8 r. Volney
01 42 61 06 65
Opéra

Fermé 1er-21 août,
samedi et dimanche

Formule 34 € – Menu 38/65 €

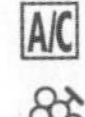

Miroirs, luminaires, comptoir en bois, murs de bouteilles et banquettes moelleuses… Cet élégant bistrot posté entre Madeleine et Opéra revisite avec bonheur le charme des restaurants des années 1930. Un état d'esprit qui perdure depuis l'arrivée du nouveau propriétaire, ancien sommelier chez Alain Senderens et au Prince de Galles, qui a su conserver la personnalité des lieux tout en apportant du nouveau. En cuisine, le chef compose des recettes dans l'air du temps, goûteuses et bien réalisées ; on accompagne son repas d'une belle sélection de vins au verre, avec près de 400 références. Déjà riche d'une longue histoire, le Bistrot Volnay commence un nouveau chapitre... pour notre plus grand plaisir !

Bizan

Japonaise ▶ **Plan : B2**

56 r. Ste-Anne
01 42 96 67 76
Quatre Septembre

Fermé dimanche,
lundi et fériés

Carte 32/53 €

Hirashimase ! Si vous ne connaissez pas encore cette table nippone, appréciée des amateurs, n'hésitez pas. Bizan – du nom d'une montagne qui se dresse au-dessus de la ville de Tokushima – ne démérite pas dans le quartier le plus japonais de la capitale. Sa spécificité ? La cuisine traditionnelle de Kyoto, avec une carte faisant la part belle aux sushis et aux sashimis. Le chef réalise des préparations plaisantes à l'œil et d'une grande fraîcheur. Vous pourrez assister à cet exercice de précision en mangeant au comptoir au rez-de-chaussée, ou choisir une table à l'étage. Comme le veut la coutume, le décor, d'un minimalisme absolu, adopte une géométrie zen, réchauffée par le bois blond.

La Bourse et la Vie

Cuisine traditionnelle ▶ Plan : B2

12 r. Vivienne
01 42 60 08 83 (réservation conseillée)
Bourse

Fermé août, samedi et dimanche

Carte 35/53 €

Ouvert en septembre 2015, ce bistrot tenu par un chef américain (déjà connu au restaurant Spring, dans le 1er) a connu un franc succès dès sa première semaine d'activité. Sa recette ? Des plats biens français, sagement revisités par le maître des lieux, des portions généreuses, des produits de qualité et des saveurs ô combien plaisantes... En guise d'amuse-bouche, on savoure une généreuse gougère au comté, joufflue et très appétissante. On peut ensuite opter pour des poireaux vinaigrette, un maquereau au vin blanc, une barbue et son jus à la moelle, ou encore un pot-au-feu de veau, sauce ravigote, tête croustillante, herbes et citron vert... Le tout se déguste dans une longue salle étroite, décorée dans un style de bistrot volontairement patiné, avec grands miroirs et banquettes en velours.

Brasserie Gallopin

Cuisine traditionnelle ▶ Plan : C2

40 r. N.-D.-des-Victoires
01 42 36 45 38
www.brasseriegallopin.com
Bourse

Formule 19 € – Menu 29 € – Carte 40/85 €

A/C

En 1876, Monsieur Gallopin ouvre ici sa première affaire et invente la fameuse chope en métal argenté (20 cl) qui porte son nom. Depuis, les "gallopins" défilent au comptoir. Après Arletty et Raimu, les Parisiens et les touristes s'y pressent, profitant ainsi du décor : vénérable zinc, boiseries victoriennes en acajou de Cuba, cuivres rutilants, miroirs et surtout superbe verrière 1900 (dans la salle Belle Époque), à voir absolument ! Historique, la carte l'est aussi, déclinant les grands classiques de la brasserie avec un maximum de goût : foie gras de canard au naturel, vinaigrette de haricots verts et champignons de Paris, sole meunière, tartare de bœuf, baba au rhum, ou encore paris-brest. Service et ambiance décontractés, pour apprécier chaque gorgée de bière... Et la suite !

Caffè Stern

N

Italienne ▶ Plan : C1

47 passage des Panoramas
01 75 43 63 10
www.caffestern.fr
Ⓜ Grands Boulevards

Fermé 1er-9 mai, 10-17 juillet, 7-29 août, 24-27 décembre, 1er-9 janvier, dimanche et lundi

Formule 38 € – Menu 65/95 € – Carte 60/91 €

A/C

Difficile de trouver endroit plus typique du Paris d'autrefois que le passage des Panoramas, l'une des rares galeries du centre de Paris à avoir été épargnées par les travaux du baron Haussmann au 19e s. L'ancien atelier de gravure Stern y a été reconverti en trattoria chic, sans rien perdre de son cachet de l'époque : parquet et miroirs, boiseries sculptées, murs ornés de cuir de Cordoue, etc. À la carte, on trouve une cuisine bien troussée, basée sur de beaux produits majoritairement importés d'Italie (et des viandes de chez Hugo Desnoyer). Entre classiques revisités avec brio et créations originales, les assiettes ne manquent pas de caractère : taglionis à l'aneth, foie "alla veneziana" et polenta croustillante, ou encore pizza à la vapeur... à accompagner d'un barbaresco ou d'un barolo !

Chez Georges

Cuisine traditionnelle ▶ Plan : C2

1 r. du Mail
01 42 60 07 11
Ⓜ Bourse

Fermé août, vacances de Noël, samedi et dimanche

Carte 34/76 €

A/C

Une institution du Sentier, fondée en 1964 et reprise en 2010 par deux jeunes associés (œuvrant déjà au Bistrot de Paris et Chez René). Zinc, banquettes, stucs et miroirs : cet authentique bistrot parisien a conservé son beau décor et toute son atmosphère, très bon enfant. L'assiette est à l'unisson, généreuse, gourmande et... immuable : terrine de foies de volaille, harengs pommes à l'huile, entrecôte grillée, profiteroles au chocolat, etc. Des produits de grande qualité – mention spéciale pour les viandes, dont le succulent pavé de bœuf –, des cuissons maîtrisées et des vins français bien choisis : on comprend que l'adresse (malgré des tarifs un peu élevés) compte de nombreux fidèles !

Le Céladon ✿

Cuisine moderne ▶ **Plan : A2**

Hôtel Westminster,
15 r. Daunou
✆ 01 42 61 77 42
www.leceladon.com
Ⓜ Opéra

Fermé août, samedi, dimanche et fériés

Formule 45 € – Menu 53 € (déjeuner)/69 € – Carte 85/120 €

Le Céladon

Tout en nuances et en raffinement : le restaurant du confidentiel hôtel Westminster, à mi-chemin entre la place Vendôme et l'Opéra Garnier, n'a rien d'un endroit tape-à-l'œil ou branché. Bien au contraire. Son sens du luxe se révèle sans ostentation, dominé par la couleur délicate et emblématique de la maison : le fameux vert céladon.

Dans cet univers feutré et cossu, mêlant style Régence, tableaux anciens et pointes d'Orient (vases en porcelaine chinoise), on voyage vers de lointains ailleurs le temps d'un repas parfumé de saveurs subtiles. Une gastronomie créative qui maîtrise totalement le répertoire français, entre tradition et modernité. Grâce au savoir-faire de Christophe Moisand (ancien du Relais de Sèvres et du Meurice), qui réalise des assiettes harmonieuses sublimées par l'accord de vins bien choisis, on passe ici un moment savoureux.

Entrées

- Fleur de courgette farcie à l'araignée de mer, émulsion de crustacés
- Tomates green zebra en gelée de gaspacho et basilic rouge

Plats

- Noix de ris de veau croustillante en voile de truffe blanche
- Turbot sauvage poêlé aux graines de sarrasin et haricots azuki

Desserts

- Framboise tulameen crue et cuite à la mélisse, biscuit sablé au gingembre
- Tarte chaude aux figues de Solliès, crème de cassis

Circonstances

Cuisine traditionnelle ▶ **Plan : C1**

174 r. Montmartre
01 42 36 17 05
www.circonstances.fr
Grands Boulevards

Fermé 3 semaines en août, lundi soir, mardi soir, samedi et dimanche

Menu 35/45 € – Carte environ 36 € déjeuner 

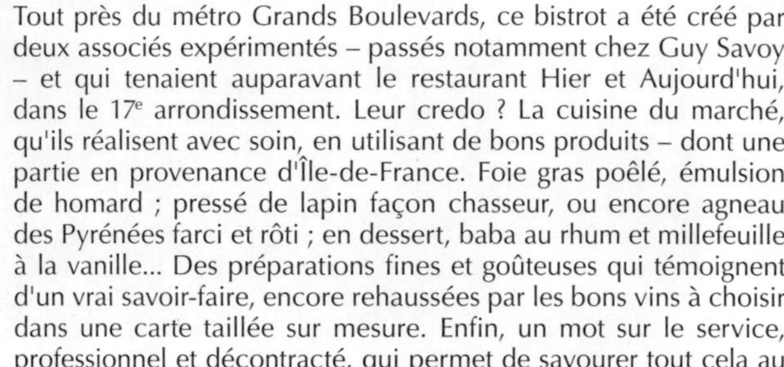

Tout près du métro Grands Boulevards, ce bistrot a été créé par deux associés expérimentés – passés notamment chez Guy Savoy – et qui tenaient auparavant le restaurant Hier et Aujourd'hui, dans le 17e arrondissement. Leur credo ? La cuisine du marché, qu'ils réalisent avec soin, en utilisant de bons produits – dont une partie en provenance d'Île-de-France. Foie gras poêlé, émulsion de homard ; pressé de lapin façon chasseur, ou encore agneau des Pyrénées farci et rôti ; en dessert, baba au rhum et millefeuille à la vanille... Des préparations fines et goûteuses qui témoignent d'un vrai savoir-faire, encore rehaussées par les bons vins à choisir dans une carte taillée sur mesure. Enfin, un mot sur le service, professionnel et décontracté, qui permet de savourer tout cela au maximum !

Le Dorcia

Cuisine moderne ▶ **Plan : B2**

24 r. Feydeau
01 42 36 09 95
Bourse

Formule 20 € – Menu 26 € (déjeuner en semaine)/35 € 

A/C

À un jet de lingot du palais Brongniart – qui n'abrite plus la Bourse depuis belle lurette ! –, ce restaurant nous replonge dans l'ambiance rétro du Palm Springs des années 1950. Un sympathique esprit vintage qui ravira les nostalgiques de cette époque et les adeptes du genre... Derrière les fourneaux, le chef privilégie les bons produits du marché, respectant ainsi les saisons. Vous pourrez, par exemple, apprécier un carpaccio de daurade, citron vert et mangue ; un magret de canard et légumes sautés ; ou encore, une pannacotta vanille, cardamome, grenade et ananas... Le tout servi par un personnel aimable et disponible. Une bonne adresse, à la déco résolument différente.

Drouant ЮO

Cuisine traditionnelle ▶ **Plan : B2**

16 pl. Gaillon
✆ 01 42 65 15 16
www.drouant.com
Ⓜ Quatre Septembre

Menu 45 € (déjeuner en semaine)/59 € – Carte 64/90 € XXX

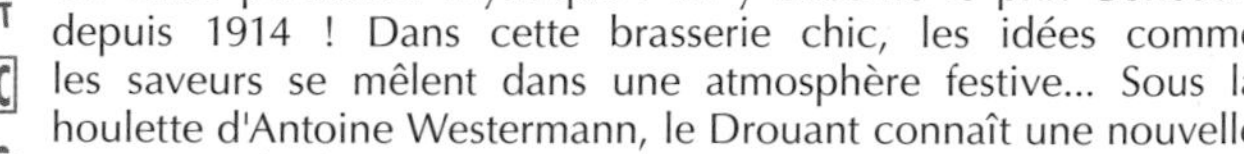

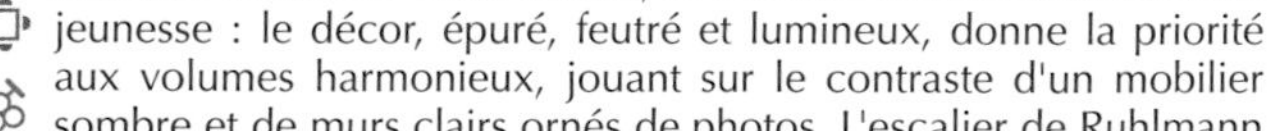

Un hôtel particulier mythique : on y décerne le prix Goncourt depuis 1914 ! Dans cette brasserie chic, les idées comme les saveurs se mêlent dans une atmosphère festive... Sous la houlette d'Antoine Westermann, le Drouant connaît une nouvelle jeunesse : le décor, épuré, feutré et lumineux, donne la priorité aux volumes harmonieux, jouant sur le contraste d'un mobilier sombre et de murs clairs ornés de photos. L'escalier de Ruhlmann mène à l'agréable mezzanine ; l'espace bar est tout paré d'or et les salons privatifs dégagent un beau cachet classique. Dans ce bien bel écrin, on déguste une cuisine associant tradition et touches fusion (la carte se décline notamment par thèmes et par produits). Mention spéciale au choix de vins, joliment étoffé.

La Fontaine Gaillon ЮO

Poissons et fruits de mer ▶ **Plan : A-B2**

pl. Gaillon
✆ 01 47 42 63 22
www.restaurant-la-fontaine-gaillon.com
Ⓜ Quatre Septembre

Fermé 3 semaines en août, samedi et dimanche

Formule 47 € – Menu 58/140 € 🍷 – Carte 65/91 €

Depuis que Gérard Depardieu a repris les rênes de cette maison, tout le monde en parle... Mais ce n'est pas là le plus fort attrait de ce bel hôtel particulier, bâti en 1672 par Jules Hardouin-Mansart. La cuisine de Laurent Audiot, un ancien de chez Marius et Janette, fait la part belle aux produits de la mer – en arrivage direct de petits ports de pêche – mais aussi aux classiques de la gastronomie française. La cave réserve de belles surprises et met à l'honneur les vignobles du célèbre acteur. Et le décorum n'est pas qu'un simple figurant : salon Empire parsemé de gravures érotiques, collection d'œuvres d'art au rez-de-chaussée, petits salons chics et intimes à l'étage, sans oublier la très agréable terrasse "à la provençale" lovée autour de la fontaine...

Frenchie

Cuisine moderne ► **Plan : D2**

5 r. du Nil
01 40 39 96 19 (réservation conseillée)
www.frenchie-restaurant.com
Ⓜ Sentier

Fermé 22 juillet-23 août, 24 décembre-4 janvier, samedi, dimanche et le midi

Menu 68 € – Carte 45/76 €

A/C Drôlement *Frenchy*, le jeune chef Grégory Marchand, lui qui a fait ses classes dans plusieurs grandes tables anglo-saxonnes (Gramercy Tavern à New York, Fifteen – par Jamie Oliver – à Londres, Mandarin Oriental à Hong Kong…). Il a aujourd'hui pris ses quartiers dans ce restaurant de poche, au cœur du Sentier : la petite salle (briques, poutres, pierres apparentes, vue sur les fourneaux) ne désemplit pas ! La "faute" à sa cuisine, qui partage tout du goût international contemporain, avec des associations de saveurs originales, centrées sur le produit. À la carte, régulièrement renouvelée : truite fumée minute ; purée de rutabaga, choux de Bruxelles et ail confit ; gnocchis maison ; agneau, piquillos et pois chiches ; tarte aux pralines roses, cheesecake. Drôlement *savoury*.

Liza

Libanaise ► **Plan : B2**

14 r. de la Banque
01 55 35 00 66
www.restaurant-liza.com
Ⓜ Bourse

Fermé samedi midi et dimanche soir

Formule 18 € – Menu 38 € (dîner)/53 € – Carte 34/63 €

La table de Liza Asseily ressemble au Liban d'aujourd'hui : moderne et métissé. Confiée à une équipe de designers du pays du Cèdre, la décoration s'affranchit des clichés en jetant des ponts entre Orient et Occident. Ainsi, les matériaux précieux et ornementaux (panneaux de nacre, bois blanc sculpté, métal martelé, cuivre, éclats de miroirs) agrémentent le mobilier épuré et contemporain. Mais l'atmosphère des lieux doit aussi beaucoup à une bande-son originale mariant oud et jazz oriental. En cuisine, la tradition est judicieusement réinterprétée et permet de découvrir des recettes moins connues : agneau aux cinq épices douces, kebbé méchouiyé (bœuf, sauce betterave et menthe), potiron confit... Le midi, sympathiques plateaux thématiques (végétarien, méditerranéen, etc.).

Goust d'Enrico Bernardo ❀

Cuisine moderne

▶ **Plan : A2**

10 r. Volney
✆ 01 40 15 20 30
www.enricobernardo.com
Ⓜ Opéra

Fermé samedi midi, dimanche et lundi

Formule 39 € – Menu 45 € (déjeuner) – Carte 80/95 €

Enrico Bernardo

Connaissez-vous Éléphant Paname ? Créé notamment à l'initiative de la danseuse Fanny Fiat, ce centre d'art et de danse s'épanouit dans un élégant hôtel particulier Napoléon III, situé à mi-chemin de la place Vendôme et de l'Opéra. C'est dans ses propres murs que se cache Goust. Déjà connu pour son restaurant Il Vino (7e arrondissement), le Meilleur Sommelier du Monde, Enrico Bernardo, mène ici également la danse, avec la complicité du chef espagnol José Manuel Miguel. C'est peu dire que les mets et les vins exécutent un suave duo ! Fort de ses origines, le cuisinier rehausse évidemment d'influences méditerranéennes une partition gastronomiquement française – savoir-faire compris –, à l'image de ces délicieuses langoustines poêlées, écume de tortilla, pommes grenaille et coulis de cresson. Quant au choix de plus de 600 vins, venus de tous les horizons, il vient parfaire l'éclat de chaque assiette... Nous voilà au cœur du sujet : celui du plaisir de la bonne chère, dans toutes ses dimensions.

Entrées

- Légumes de saison et sabayon aux truffes
- Tartare de méru, œuf de mangue et mayonnaise au wasabi

Plats

- Jarret de veau confit, jus de veau et topinambour
- Cabillaud confit, purée de chou-fleur et carottes

Desserts

- Millefeuille aux noisettes et chocolat
- Coque chocolat blanc, yaourt, cerises et vin rouge

Le Moderne

Cuisine moderne ▶ **Plan : C2**

40 r. N.-D.-des-Victoires
01 53 40 84 10
Ⓜ Bourse

Fermé 1er-29 août, samedi et dimanche

Formule 31 € – Menu 38/49 €

A/C

Business as usual... À deux pas du palais Brongniart aujourd'hui déserté par les boursicoteurs, ce Café Moderne permet de se replonger dans l'ambiance toujours très affairée du quartier : le midi, l'endroit est bondé ! Le soir venu, la clientèle troque son costume pour un autre, davantage propice aux duos et aux compagnies d'amis... À toute heure en effet, la cuisine proposée fait mouche : les produits de saison bénéficient de toutes les attentions et sont les rois d'assiettes sans chichis, cuisinées dans le souci du bon. Le tout se déguste dans un décor pour le moins... moderne, soigné et chaleureux. À la bourse des petits plaisirs, cette adresse a vraiment la cote !

Mori Venice Bar

Italienne ▶ **Plan : B2**

2 r. du Quatre-Septembre
01 44 55 51 55
www.mori-venicebar.com
Ⓜ Bourse

Fermé samedi midi et dimanche

Formule 40 € – Menu 50 € – Carte 69/113 €

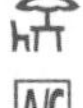

A/C

Venise et les Maures : l'enseigne évoque ces liens commerciaux séculaires qui ont fait la fortune et l'esprit de la ville, si imprégnée d'Orient... Ici, point de ciselures de marbre, mais une atmosphère feutrée signée Philippe Starck, traduisant avec sobriété le raffinement et le secret : murs habillés d'acajou, sol chocolat, lustres de Murano, masques de carnaval, jolie véranda et comptoir pour prendre un verre en savourant des antipasti ou une superbe glace maison. Si la gastronomie vénitienne est méconnue, le chef, passionné, a entrepris de la défendre – une mission déjà accomplie à New York et en Uruguay. Sa démonstration, exemplaire, s'appuie sur d'excellents produits de Vénétie et de nombreuses spécialités (*cicchetti* – amuse-bouches –, foie de veau *alla veneziana*, poissons de l'Adriatique, etc.). Des plats... envoûtants, Venise oblige.

Noglu

Cuisine moderne

▶ **Plan : C1**

16 passage des Panoramas
01 40 26 41 24
www.noglu.fr
Ⓜ Grands Boulevards

Fermé lundi soir et dimanche

Formule 24 € – Menu 37 € (dîner) – Carte 35/50 €

Gageons que le passage des Panoramas, construit en 1800 et emblématique du quartier des Grands Boulevards, n'avait jamais accueilli de restaurant de ce type. Et pour cause: comme son nom l'indique, Noglu propose une cuisine certifiée "sans gluten" ! Les intolérants et allergiques à la farine de blé seront donc à la fête, mais sans exclusivité : tout le monde peut venir se régaler de cette bonne cuisine du marché, réalisée avec de beaux produits. Asperges blanches et truite fumée, sauté de veau aux champignons ou encore parfait au chocolat et orange confite: autant de préparations soignées que l'on savoure dans un cadre branché et convivial. Et pour les plus pressés, il est même possible d'opter pour le mode "à emporter" !

Le Nom M'échappe

Cuisine moderne

▶ **Plan : C2**

28 r. N.D.-des-Victoires
09 82 20 20 41
Ⓜ Bourse

Fermé 2 semaines en août, vacances de Noël, samedi et dimanche

Formule 19 € – Carte 37/54 €

A/C Arrêtez-vous une fois ou deux dans ce sympathique bistrot du quartier de la Bourse : on vous garantit que son nom ne vous échappera plus ! Il est l'œuvre de Damien et Catherine Moeuf, que l'on avait connus au Café qui Parle, rue Caulaincourt. Le couple n'a pas perdu la main : ils proposent à l'ardoise une cuisine au goût du jour, sans chichis ni esbroufe, goûteuse et bien réalisée. Comme il se doit, les produits frais sont à la fête et se succèdent au fil d'un menu bien troussé. On ne se lasse pas des spécialités maison : côté salé, saumon gravlax, foie gras aux baies de genièvre ; côté dessert, riz au lait avec fruits rouges en été, pistaches et noisettes en hiver... Quant au service, convivial et sans prétention, il colle parfaitement à l'atmosphère des lieux. Si le nom vous échappe encore, on ne peut plus rien pour vous !

Pascade

Cuisine moderne ► **Plan : A2**

14 r. Daunou
Fermé dimanche et lundi
01 42 60 11 00
www.alexandre-bourdas.com
Opéra

Menu 32 € – Carte 37/51 €

A/C

Alexandre Bourdas, chef fameux installé à Honfleur, est l'auteur de ce concept original : à mi-chemin entre Vendôme et Opéra, une "cantine-auberge" revendiquée (déco industrielle façon bistrot chic et contemporain), où il rend hommage à sa région d'origine, l'Aveyron, à travers l'une de ses spécialités emblématiques, la pascade. Cette délicieuse crêpe soufflée, à l'origine préparée pour Pâques, est ici déclinée tout au long du menu en salé et sucré, garnie de bons produits, version gastronomique. Ainsi de celle-ci : queue de lotte marinée au citron vert, tombée d'épinard et émulsion de lait coco ; ou encore de celle-là, en dessert : mousse et glace au café corsé. Les saveurs sont bien équilibrées, marquées, et la crêpe se dévore d'autant mieux que son format prête à se laisser aller à la gourmandise !

Passy Mandarin Palais Royal

Chinoise ► **Plan : A2**

6 r. d'Antin
Fermé juillet
01 42 61 25 52
www.restaurant-passy-madarin.fr
Pyramides

Formule 17 € – Menu 49 € – Carte 35/150 €

Fondé en 1989, le deuxième Passy Mandarin de Paris (après celui du 16e arrondissement) a consacré le succès de la famille Vong dans la capitale. Le décor, d'une élégance rare, nous transporte dans l'Empire du Milieu : panneaux en bois laqué, sculptures, statues et chaises ouvragées, et de nombreux objets rapportés d'Hong Kong, de Macao, ou même... d'Europe. Mais c'est le contenu de l'assiette qui dépayse véritablement : il y a de la Chine, bien sûr, avec ces crevettes à la feuille de lotus, ce filet de bœuf au poivre noir du Sichuan ou le fameux canard laqué à la pékinoise ; mais aussi de belles spécialités thaïlandaises, qui raviront les amateurs. Les assiettes sont parfumées et respirent l'authenticité : on en redemande !

Passage 53 ✿✿

Créative ▶ **Plan : C1**

53 passage des Panoramas
✆ 01 42 33 04 35 (réservation conseillée)
www.passage53.com
Ⓜ Grands Boulevards

Fermé 2 semaines en août, dimanche et lundi

Menu 60 € (déjeuner en semaine), 140/180 €

Passage 53

Alors qu'au 19e s. les coquettes ne juraient que par eux, les passages couverts sont tombés dans une douce désuétude : celui des Panoramas (1800) porte un peu de l'histoire de ce Paris en noir et blanc. Sauf au n° 53. Iconoclaste, ce restaurant offre – tout l'annonce – l'occasion d'une expérience rare. Tel un passage dérobé vers une avant-garde discrète mais pointue, la salle est minuscule, étroite et immaculée (murs chaulés, banquettes et fauteuils crème aux reflets irisés). On s'y installe sans cérémonial, mais avec cérémonie : à la première bouchée, le "menu du marché" (annoncé de vive voix en début de repas) ouvre sur des contrées insoupçonnées. Une gageure soutenue par Shinichi Sato, jeune chef d'origine japonaise, formé notamment auprès de Pascal Barbot (L'Astrance). Il délivre une cuisine d'instinct, où l'épure le dispute à la finesse. Produits de choix, cuissons millimétrées, présentations soignées, associations de saveurs harmonieuses et saisissantes : le passage, assurément, emmène loin.

Entrées

- Calamars et chou-fleur, huître, mousse de haddock et pomme

Plats

- Pigeonneau, sauce hydromel et mousse de carotte
- Homard breton, crème de xérès et cacao

Desserts

- Dessert autour du citron, crème brûlée au sureau, glace acacia et sorbet miel

Pierrot

Cuisine traditionnelle ▶ **Plan : D3**

18 r. Étienne-Marcel
✆ 01 45 08 00 10
Ⓜ Etienne Marcel

Fermé dimanche

Menu 50 € – Carte 40/55 €

Un bistrot typique (banquettes, zinc, miroirs...) en plein quartier des Halles, avec une atmosphère à la fois chaleureuse et bon enfant : de quoi donner envie de pousser la porte. Une autre très bonne raison de le faire : découvrir les saveurs et les beaux produits de l'Aveyron. Viande fermière de l'Aubrac, confit de canard, foie gras maison, carré d'agneau rôti aux herbes, ou encore rognons de veau à la graine de moutarde... tous les petits plats francs, simples, généreux et bien faits s'alignent sur l'ardoise, ainsi que les suggestions du moment. Service convivial, souriant et rapide. Aux beaux jours, on s'installe en terrasse, pour profiter de la trépidante rue Étienne-Marcel.

Pollop

Cuisine moderne ▶ **Plan : C2**

15 r. d'Aboukir
✆ 01 40 41 00 94
www.pollop.fr
Ⓜ Sentier

Fermé 2 semaines en août, lundi soir, samedi midi et dimanche

Formule 16 € – Menu 19 € (déjeuner), 27/33 €

Les bonnes adresses à petit prix n'étant pas légion dans le Sentier, on comprend aisément le bel accueil réservé à ce Pollop au décor vintage et sans esbroufe : béton ciré et carreaux de ciment, papier peint et appliques style 1970, mobilier de récup, bibliothèque, etc. À la carte se déploie une bonne cuisine du marché aux influences thaïes (coques en vapeur de citronnelle, crème de petits pois au lait de coco ; filet de sandre au bouillon de crevettes et navets crus-cuits), préparée par un ex-comédien devenu cuisinier... et envoyée en salle par la grâce de serveurs souriants et professionnels, qui savent se faire discrets. Sans surprise, donc, l'adresse a déjà été adoptée par une bonne partie de la jeunesse branchée du quartier !

Pur' - Jean-François Rouquette ✿

Créative ▶ **Plan : A2**

Hôtel Park Hyatt,
5 r. de la Paix
✆ 01 58 71 10 60
www.paris-restaurant-pur.fr
Ⓜ Opéra

Fermé août et le midi

Menu 135/255 € – Carte 115/225 €

Park Hyatt

Deux restaurants contemporains au Park Hyatt : les Orchidées à l'heure du déjeuner et Pur', plus feutré, pour un bien agréable dîner. Ce dernier est évidemment à l'image de l'hôtel de la rue de la Paix, où luxe signifie raffinement, modernité et discrétion. Confiée à l'imagination d'Ed Tuttle, la décoration crée une atmosphère à la fois confortable et confidentielle, avec seulement 38 couverts. Une réussite, incontestablement. Tout est pensé pour concilier majesté et intimité : les harmonies de couleurs claires et foncées, les éclairages indirects diffusant une lumière tamisée... et l'espace lui-même – vaste rotonde surmontée d'une coupole et cerclée d'une colonnade abritant une grande banquette capitonnée. En chef d'orchestre, Jean-François Rouquette (Taillevent, le Crillon, la Cantine des Gourmets, les Muses) trouve ici un lieu à sa mesure pour exprimer la grande maîtrise de son talent. Sa cuisine, créative et inspirée, accorde avec finesse d'excellents produits, sans fausse note. Un "pur" plaisir !

Entrées

- Fricassée de girolles, mûres acidulées et crumble de noisettes
- Shabu shabu de foie gras de canard, soba et prune aigre-douce

Plats

- Bar de nos côtes, voile de seiche, courgette et jus de persil
- Pigeonneau de Racan cuisiné au sautoir, cuisse en salmis, betterave et poudre réglissée

Desserts

- Lait ribot glacé, crémeux vanille, pomme verte et caramel de lait au gingembre
- Fraises des bois à l'eau de rose, fromage blanc et hibiscus glacé

Rossi & Co ꟾO 

Italienne ►**Plan : C2**

10 r. Mandar
✆ 09 54 96 00 38 (réservation conseillée)
Ⓜ Sentier

Fermé août, 1 semaine vacances de Noël, dimanche et lundi

Formule 18 € – Menu 24 € (déjeuner)/48 € – Carte 43/54 € 

Ce ne sont pas les restaurants qui manquent, dans cette rue piétonnière située non loin des Halles... mais celui-ci sort incontestablement du lot. Marco Rossi, son chef napolitain, a investi cette adresse de poche en 2012 pour y réinterpréter la tradition transalpine à sa sauce. Si vous ne jurez que par les pâtes et autres pizzas "à l'ancienne", passez votre chemin : il nous régale ici de plats créatifs, parfois ébouriffants, où les mariages de saveurs sont légion... et toujours heureux : risotto à la betterave, truite de banka à l'encre de seiche, ou encore cet étonnant tiramisu vapeur ! Le chef sait choisir les meilleurs produits italiens mais aussi français (agneau des Pyrénées, poisson de l'île d'Yeu, etc.), ce qui n'est pas pour nous déplaire. Bref, une table attachante, d'autant que les prix sont plutôt mesurés.

Silk & Spice ꟾO

Thaïlandaise ►**Plan : C2**

6 r. Mandar
✆ 01 44 88 21 91
www.silkandspice.fr
Ⓜ Sentier

Fermé samedi midi et dimanche

Formule 19 € – Menu 25 € (déjeuner), 35/42 € – Carte 34/49 € 

Le raffinement en guise d'exotisme, étonnant ? Pas chez Silk & Spice, où l'atmosphère épurée, feutrée et intime remplace judicieusement le folklore en matière de dépaysement, au cœur du quartier Montorgueil. Le décor ? Dominantes sombres rehaussées de feuille d'or, bel éclairage tamisé, murmure d'une fontaine, orchidées blanches... Dans l'assiette, fine et soignée, un savant mélange de douceurs et d'épices transporte au royaume de Siam : filet de bar sauce au tamarin et légumes sautés, gambas et crevettes dans une réduction à la citronnelle, bœuf mijoté au curry vert, ou encore flan coco et sorbet aux litchis. Service discret et délicat... à l'image du lieu.

Saturne ✿

Créative

▸ Plan : C2

17 r. N.-D.-des-Victoires
✆ 01 42 60 31 90
www.saturne-paris.fr
Ⓜ Bourse

Fermé 2 semaines en août, vacances de Noël, samedi et dimanche

Menu 45 € (déjeuner)/75 € – Carte environ 60 €

Saturne

Saturne : dieu de l'agriculture et anagramme de "natures"... Une bien jolie enseigne, qui dit tout : le chef, Sven Chartier, formé auprès d'Alain Passard à l'Arpège (7e arrondissement), et son associé, Ewen Le Moigne, sommelier de son état, partagent l'amour du bon produit. Vins naturels, petits producteurs, respect des saisons : Saturne compile tout cela, et bien plus encore !

Huître et maquereau au jus de maïs acidulé ; merlan de ligne, moules, fenouil et eau de tomate ; agneau à l'artichaut, citronnelle, compote d'oignons et mozzarella fumée... Les assiettes sont pleines de saveurs, les accords mets-vins harmonieux... Quant à l'atmosphère, résolument moderne, elle affirme fièrement ses influences scandinaves (mobilier en bois blond, béton ciré). Oui, on peut faire branché et savoureux !

Spécialités

- Cuisine du marché

Terroir Parisien - Palais Brongniart

Cuisine traditionnelle ▶ **Plan : B2**

28 pl. de la Bourse
01 83 92 20 30
www.yannick-alleno.com
Ⓜ Bourse

Fermé 2 semaines en août, samedi midi et dimanche

Menu 60 € – Carte 35/60 €

C'est en 2013 que Yannick Alléno a décidé d'investir le palais Brongniart, ancien siège de la Bourse de Paris, pour y créer cet attachant Terroir Parisien. C'est dire si le concept a la cote ! On retrouve ici ces recettes franciliennes que le grand chef a à cœur de faire redécouvrir, et cuisinées avec savoir-faire : gratinée des Halles aux p'tits oignons, saucisson de ris de veau et pommes de terre tièdes à l'échalote, raie aux câpres et beurre noisette, pièce de bœuf au poivre "café de Paris", brioche Nanterre perdue et glace vanille... Sans oublier la superbe charcuterie, confectionnée sur place par un Meilleur Ouvrier de France, dont on peut découvrir les créations au "rillette bar" ! Le tout dans une ambiance stylée et conviviale. Fort indice de satisfaction en vue...

Vaudeville

Cuisine traditionnelle ▶ **Plan : B2**

29 r. Vivienne
01 40 20 04 62
www.vaudevilleparis.com
Ⓜ Bourse

Formule 25 € – Menu 35/42 € – Carte 35/65 €

À midi, c'est la "cantine" des hommes d'affaires et des journalistes (l'Agence France Presse se trouve à deux pas). Le soir, place à la foule animée débarquant des théâtres voisins. Le cadre Art déco brille alors de tous ses feux, les décibels montent et les serveurs, toujours souriants, slaloment de table en table. Pas de doute, le Vaudeville connaît son rôle sur le bout des doigts : la vraie brasserie parisienne ! À l'affiche, tous les classiques du genre agrémentés de spécialités maison, tels les fruits de mer, l'escalope de foie gras de canard poêlée, l'andouillette, la tranche de morue fraîche à la plancha, ou encore les œufs à la neige. Le tout en formules ou en menus, dont un servi à l'heure du souper – clientèle oblige. Le petit plus aux beaux jours : la terrasse face au palais Brongniart.

Le Versance

Cuisine moderne ▶ **Plan : B2**

16 r. Feydeau
01 45 08 00 08
www.leversance.fr
Ⓜ Bourse

Fermé 1er-22 août, 22 décembre-4 janvier, samedi midi, dimanche et lundi

Formule 35 € – Menu 38 € (déjeuner) – Carte 70/87 €

Un cadre où poutres, vitraux, mobilier design et tables tirées à quatre épingles font des étincelles. Dans cet écrin gris-blanc épuré, la sobriété le dispute à l'élégance, et le lieu dégage une vraie sérénité. Un coup de maître pour Samuel Cavagnis, dont c'est le premier restaurant. En cuisine, ce jeune globe-trotter formé à bonne école reste fidèle aux saveurs hexagonales. Un retour aux racines françaises illustré par des plats joliment contés et teintés d'exotisme : homard bleu rôti au curry et sa sauce au vin jaune, ris de veau et leur cake au stilton accompagné d'une poire aux épices, Saint-Jacques et ravioles au topinambour, ou encore joli dessert examinant la pomme sous toutes ses coutures...

Zinc Opéra

Cuisine traditionnelle ▶ **Plan : B1**

8 r. de Hanovre
01 42 65 58 95
www.zinc-opera.com
Ⓜ Opéra

Fermé août, samedi et dimanche

Formule 26 € – Menu 32 € (déjeuner)/35 € – Carte 37/54 €

Après le Zinc de Gennevilliers et celui de Courchevel, Paris a désormais le sien... À deux pas de l'Opéra, cet opus se révèle particulièrement séduisant. Les fourneaux ont été confiés à une équipe très solide, qui signe des recettes à la fois simples et soignées, centrées sur les produits. Ainsi ce confit de canard à la cuisson parfaite, accompagné de pommes de terre sautées et parfumées aux herbes, ou encore ce clafoutis aux cerises des plus savoureux... Des classiques parfaitement maîtrisés et pleins de parfums. Le décor, façon bistrot chic et cosy, et l'accueil, très sympathique, ajoutent à l'intérêt des lieux !

3e

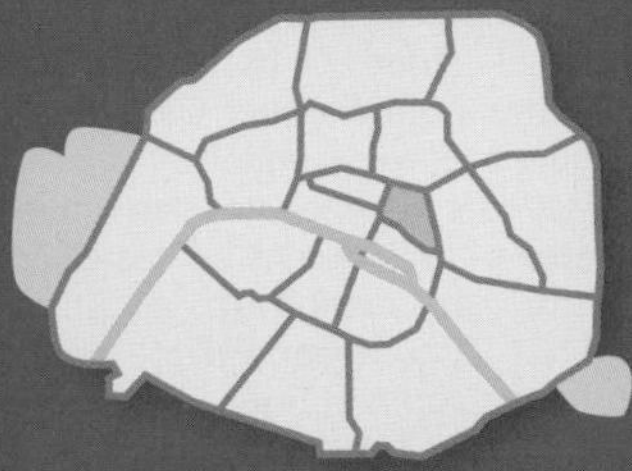

Le Haut Marais · Temple

J. Heintz / hemis.fr

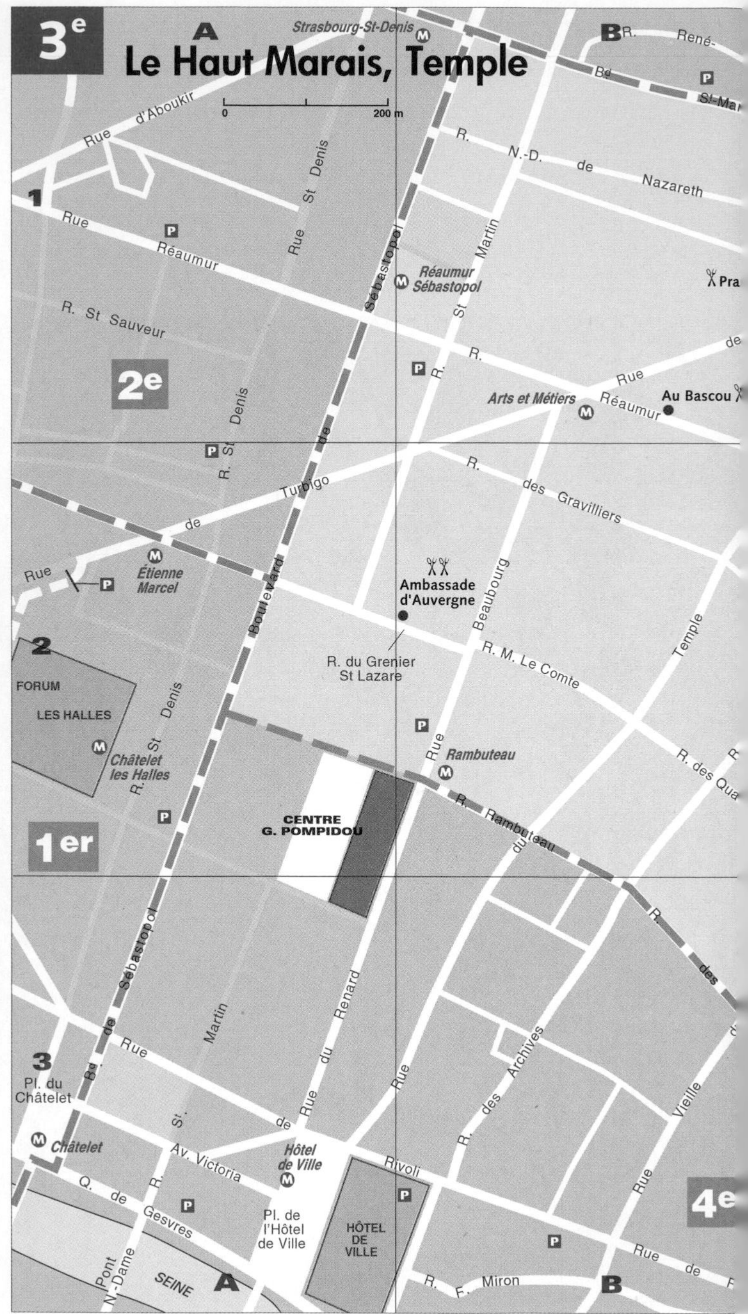
3e
A
Le Haut Marais, Temple
Strasbourg-St-Denis
B
R. René-
Bd St-Mar
0
200 m
Rue d'Aboukir
R. N.-D. de Nazareth
1
Rue Réaumur
Rue St Denis
Boulevard de Sébastopol
Réaumur Sébastopol
R. St Martin
R. St Sauveur
2e
R. Réaumur
Rue de
Arts et Métiers
Rue Réaumur
Au Bascou
R. St Denis
Rue de Turbigo
R. des Gravilliers
Étienne Marcel
Ambassade d'Auvergne
Beaubourg
Temple
2
R. du Grenier St Lazare
R. M. Le Comte
FORUM LES HALLES
R. St Denis
Châtelet les Halles
Rue Rambuteau
R. des Qua
CENTRE G. POMPIDOU
R. Rambuteau
1er
R. des
Bd de Sébastopol
Martin
Rue du Renard
3
Pl. du Châtelet
Rue de
R. St.
Rue des Archives
Vieille
Châtelet
Av. Victoria
Hôtel de Ville
Rivoli
Q. de Gesvres
R.
Pl. de l'Hôtel de Ville
HÔTEL DE VILLE
4e
Rue
Rue de
Pont N.-Dame
SEINE
R. F. Miron
B

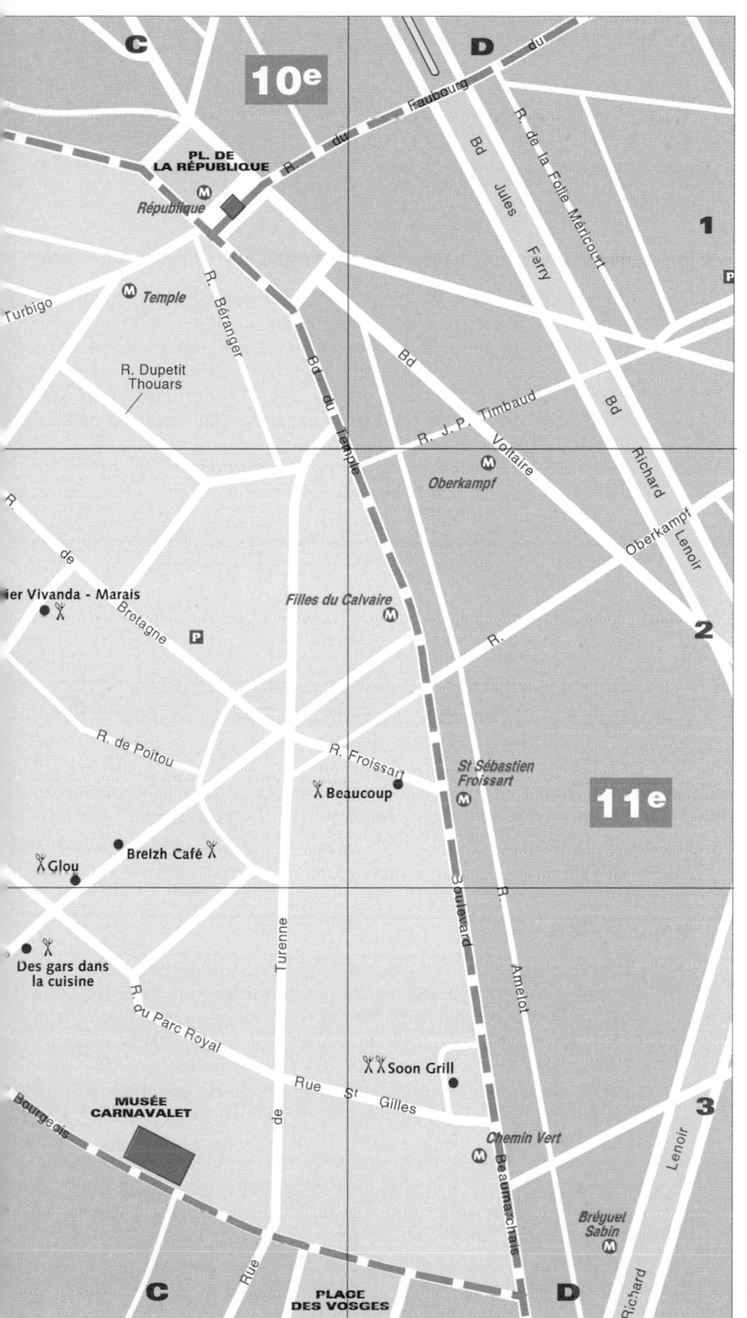
C
D
10e
PL. DE LA RÉPUBLIQUE
République
R. du Faubourg du
Bd Jules Ferry
R. de la Folie Méricourt
1
Turbigo
Temple
R. Béranger
R. Dupetit Thouars
Bd du Temple
Bd Voltaire
R. J. P. Timbaud
Oberkampf
Bd Richard Lenoir
Oberkampf
R. de Bretagne
ier Vivanda - Marais
Filles du Calvaire
2
R.
R. de Poitou
R. Froissart
Beaucoup
St Sébastien Froissart
11e
Brelzh Café
Glou
Des gars dans la cuisine
Turenne
Boulevard
R. Amelot
R. du Parc Royal
Soon Grill
Rue St Gilles
3
MUSÉE CARNAVALET
Bourgeois
de
Chemin Vert
Beaumarchais
Lenoir
Bréguet Sabin
Rue
PLACE DES VOSGES
Richard

Ambassade d'Auvergne

Terroir ▶ **Plan : B2**

22 r. du Grenier-St-Lazare
01 42 72 31 22
www.ambassade-auvergne.com
Rambuteau

Formule 23 € – Menu 33 € – Carte 36/62 €

Où mange-t-on l'un des meilleurs aligots de Paris ? À l'Ambassade d'Auvergne, bien sûr, où la cérémonie du filage en salle mérite toute votre attention. Les autres spécialités régionales ne sont pas oubliées : cochonnailles, lentilles vertes du Puy, potée de porc fermier aux choux braisés... Que des bons produits pour des recettes pleines d'authenticité et de générosité. En "ambassade" digne de ce nom, la maison ne lésine pas non plus sur la sélection de fromages (l'Aveyron est également bien représenté sur le plateau) et de vins locaux. Quatre élégantes salles à manger thématiques – Auberge, Artisans, Peintres, Rotonde – pour une délicieuse et copieuse escapade culinaire au cœur d'une province riche de traditions et de saveurs.

Atelier Vivanda - Marais

Viandes ▶ **Plan : C2**

82 r. des Archives
01 42 71 48 07 (réservation conseillée)
www.ateliervivanda.com
Arts et Métiers

Fermé 2 semaines en août, 1 semaine vacances de Noël, lundi et mardi

Menu 35/70 €

Vivanda, troisième ! Situé cette fois-ci dans une rue du Haut-Marais, proche de la mairie du 3e arrondissement, cette nouvelle adresse propose une carte similaire aux deux autres, à savoir un hommage à la viande, dans un cadre associant boucherie et bistrot (sol en mosaïque, carreaux blancs façon métro parisien, vieux miroirs piqués, tables reproduisant les établis de bouchers...). Dans l'assiette, ça persille, ça caquette (délicieuse terrine de cuisse de canard), ça mugit (en VO, avec ce cœur d'entrecôte Black Angus, provenance USA), et les commensaux se pourlèchent les babines. Les garnitures jouent la fibre classique (gratin dauphinois, pommes dauphines, purée de pomme de terre) pour mieux mettre en valeur la symphonie carnivore des mandibules sollicitées. Réservation conseillée : les 20 places sont disputées...

Au Bascou

Basque ▶ **Plan : B1**

38 r. Réaumur
01 42 72 69 25
www.au-bascou.fr
Arts et Métiers

Fermé août, 23-29 déc., samedi et dimanche

Formule 18 € – Menu 25 € (déjeuner) – Carte 35/50 €

A/C

Indéboulonnable ! La carte de cette institution basque reste fidèle à ses débuts : Bertrand Guéneron, qui œuvre aujourd'hui à la tête de la maison, aurait bien tort de toucher aux classiques qui ont fait sa réputation et son succès. Ainsi, on retrouve avec plaisir les recettes de toujours, à peine revisitées. Au choix, piperades, pimientos del piquillo, chipirons sautés au piment d'Espelette, fricassée d'escargots au jambon, soupe de châtaigne, raviole de foie gras, axoa de veau, clafoutis... D'authentiques plats aux accents euskariens, mitonnés à partir de produits en provenance directe du "pays" et servis dans un décor de bistrot convivial.

Beaucoup

Cuisine moderne ▶ **Plan : D2**

7 r. Froissart
01 42 77 38 47
www.beaucoup-resto.com
St-Sébastien Froissart

Formule 18 € – Carte 36/63 €

A/C

L'équipe de Glou (rue Vieille-du-Temple) récidive avec ce Beaucoup qui mérite en effet quelques superlatifs ! L'endroit, d'abord, offre une belle surprise, parfaitement dans le ton de ce Haut Marais aujourd'hui très en vue. Entre rue de Bretagne et boulevard Beaumarchais, il évoque un grand loft post-industriel, intégralement bordé de hautes verrières d'atelier ouvrant sur la cour d'immeuble voisine (avec un bar à cocktails à l'étage). Et si tout est soigneusement designé – fauteuils en bois, suspensions en métal, etc. –, la cuisine adopte le même parti pris ! Dans un registre international qui sied à la clientèle cosmopolite, les recettes respirent la fraîcheur et l'équilibre. Effluves de citronnelle, de galanga, de piment oiseau, etc. : comme le parfum d'une époque...

Breizh Café

Bretonne ► **Plan : C2**

109 r. Vieille-du-Temple
01 42 72 13 77
www.breizhcafe.com
Ⓜ St-Sébastien Froissart

Fermé 3 semaines en août, lundi et mardi

Carte 25/38 €

Tout commence en 1996, quand Bertrand Larcher crée à Tokyo la première crêperie bretonne du Japon. Il suffisait d'y penser : la galette de sarrasin sera un vrai sésame. L'entrepreneur fait venir de sa région natale des crêpiers expérimentés, et sélectionne les meilleurs produits (des farines bio et du beurre salé, notamment) : très vite l'affaire tourne rond à travers tout l'archipel nippon... au point qu'elle finit par faire des petits jusqu'en France, à Cancale et à Paris ! Et cette fois, ce sont des crêpiers japonais qui œuvrent au *billig*, défendant le slogan maison : "La crêpe autrement." Un exemple ? La "basquaise" : asperges, tomate, chorizo, basilic, fromage fondu et trait d'huile d'olive. Des garnitures qui ne tombent pas à plat ! Et l'on peut faire des emplettes à l'épicerie attenante...

Des Gars dans la Cuisine

Cuisine moderne ► **Plan : C3**

72 r. Vieille-du-Temple
01 42 74 88 26
www.desgarsdanslacuisine.com
Ⓜ Chemin Vert

Formule 16 € – Menu 20 € (déjeuner) – Carte 47/60 €

À deux pas du Marais gay, les gars sont aux commandes et c'est tant mieux. Une amitié de plus de vingt ans unit Gil Rosinha, le chef, et son acolyte côté salle, Jean-Jacques Delaval. Aussi enjoué que professionnel, le duo a su hisser sa table au rang des incontournables de l'arrondissement (il convient de réserver...). La qualité de la cuisine de Gil n'est pas étrangère au succès – des recettes bien fraîches, originales et parfumées, qui croquent notre époque avec gourmandise –, mais c'est la totalité du concept qui séduit. Jean-Jacques fait régner la sympathie sur la salle, au décor plutôt branché, voire glamour quand, le soir arrivant, on tamise la lumière. Habitués du quartier, stars d'un jour ou de toujours, et touristes se mêlent en toute simplicité. La belle illustration d'un restaurant fédérateur et plein de vie !

Glou

Cuisine moderne ▶ **Plan : C2**

101 r. Vieille-du-Temple
01 42 74 44 32
www.glou-resto.com
St-Sébastien Froissart

Formule 18 € – Carte 32/53 €

Deux consonnes, autant de voyelles : tel est fait Glou. Syllabe franche et revigorante, comme un verre de vin qui réchauffe les papilles. L'enseigne nous transporte, fort justement, au cœur du concept de ce bistrot où l'on porte la même attention à l'assiette et au flacon. Dans un cadre au format loft (murs en brique, abat-jour d'usine), assise sur des tabourets, la jeune clientèle décontractée, à l'image des serveurs, se délecte de bons petits plats : burger 100 % Aubrac, thon blanc fumé de l'île d'Yeu et sa crème généreuse, lard italien mariné aux herbes et aux épices, tartelette au caramel... Le tout s'accompagne de belles bouteilles, variées et de qualité, avec un choix intéressant au verre. Une adresse attachante, où être à tu et à toi semble parfaitement naturel, dès le début des agapes.

Pramil

Cuisine moderne ▶ **Plan : B1**

9 r. Vertbois
01 42 72 03 60
www.pramilrestaurant.fr
Temple

Fermé 25 avril-2 mai,
15-28 août, 19-26 décembre,
dimanche midi et lundi

Formule 24 € – Menu 33 € – Carte 38/48 €

Des pierres apparentes, un sol en béton ciré, beaucoup de sobriété : ce décor plaisant a l'élégance de se faire oublier... car on vient avant tout ici pour la cuisine d'Alain Pramil. Pour l'anecdote, ce chef autodidacte nourrit une véritable passion pour l'art culinaire, mais il a d'abord été... professeur de physique ! Depuis, il a troqué ses tubes à essai pour des casseroles rutilantes et concocte de bons plats du marché teintés d'influences contemporaines. On ne résiste pas à sa salade de ficoïde glaciale (un légume oublié !), à son onglet de veau poêlé, à son cochon de lait sauce miso ou à ses tartes aux fruits de saison. Quant à la sélection de vins, elle se révèle intéressante. De la générosité, des prix doux et un accueil chaleureux : dans le mille, Pramil !

Soon Grill

N

Coréenne ▶ **Plan : D3**

78 r. des Tournelles
01 42 77 13 56
www.soon-grill.com
Chemin Vert

Formule 18 € – Menu 25 € (déjeuner en semaine) – Carte 40/60 €

A/C

Ouvert en 2015, ce restaurant célèbre la gastronomie coréenne de bien belle manière. Les incontournables sont au rendez-vous – bibimbap servi dans un bol de pierre brûlant, raviolis grillés, bœuf mariné sauce soja – mais on trouve aussi d'autres spécialités relativement méconnues dans nos contrées : les "Moulnaengmion", une soupe de nouilles de sarrasin froides, les "Bibimnaengmion", des nouilles de sarrasin épicées, le "dwenjang tsigué", un pot au feu typique, à la pâte de soja fermentée... sans oublier le "barbecue", où le client fait griller lui-même à table des viandes de belle qualité. Une cuisine fine et parfumée, relativement peu grasse, qui sait sortir des sentiers battus et surprend à bon escient.

Le rouge est la couleur de la distinction : nos valeurs sûres ! Passé en rouge, le symbole repère donc les établissements les plus agréables.

S. Sonnet / hemis.fr

4e

Île de la Cité · Île St-Louis · Le Marais · Beaubourg

R. Mattes / hemis.fr

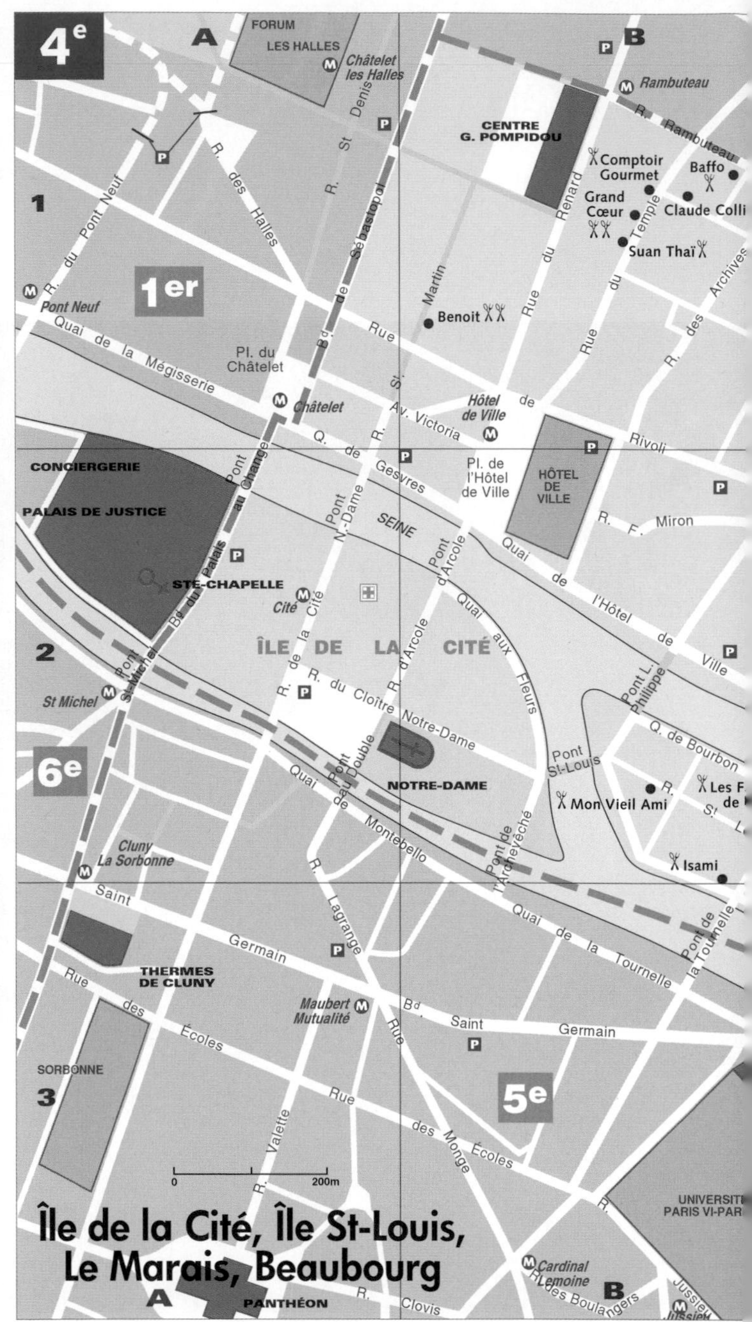
4e
A
B
1
2
3
1er
6e
5e
FORUM
LES HALLES
Châtelet les Halles
Rambuteau
CENTRE
G. POMPIDOU
Comptoir Gourmet
Baffo
Grand Cœur
Claude Colli
Suan Thaï
Benoit
R. Rambuteau
R. du Pont Neuf
R. des Halles
R. St Denis
Bd de Sébastopol
R. St Martin
Rue du Renard
Rue du Temple
R. des Archives
Pont Neuf
Quai de la Mégisserie
Pl. du Châtelet
Châtelet
Rue de Rivoli
Hôtel de Ville
Av. Victoria
Q. de Gesvres
Pl. de l'Hôtel de Ville
HÔTEL DE VILLE
R. F. Miron
CONCIERGERIE
PALAIS DE JUSTICE
Pont au Change
Pont N.-Dame
SEINE
Pont d'Arcole
Quai de l'Hôtel de Ville
STE-CHAPELLE
Cité
Bd du Palais
R. de la Cité
R. d'Arcole
Quai aux Fleurs
ÎLE DE LA CITÉ
Pont St-Michel
St Michel
R. du Cloître Notre-Dame
Pont L. Philippe
Q. de Bourbon
Pont St-Louis
NOTRE-DAME
Pont au Double
Quai de Montebello
Mon Vieil Ami
Isami
Pont de l'Archevêché
Cluny La Sorbonne
Saint Germain
R. Lagrange
Quai de la Tournelle
Pont de la Tournelle
THERMES DE CLUNY
Maubert Mutualité
Bd Saint Germain
Rue Monge
Rue des Écoles
SORBONNE
R. Valette
0
200m
UNIVERSIT
PARIS VI-PAR
Cardinal Lemoine
R. des Boulangers
R. Clovis
PANTHÉON
Jussieu
Île de la Cité, Île St-Louis,
Le Marais, Beaubourg

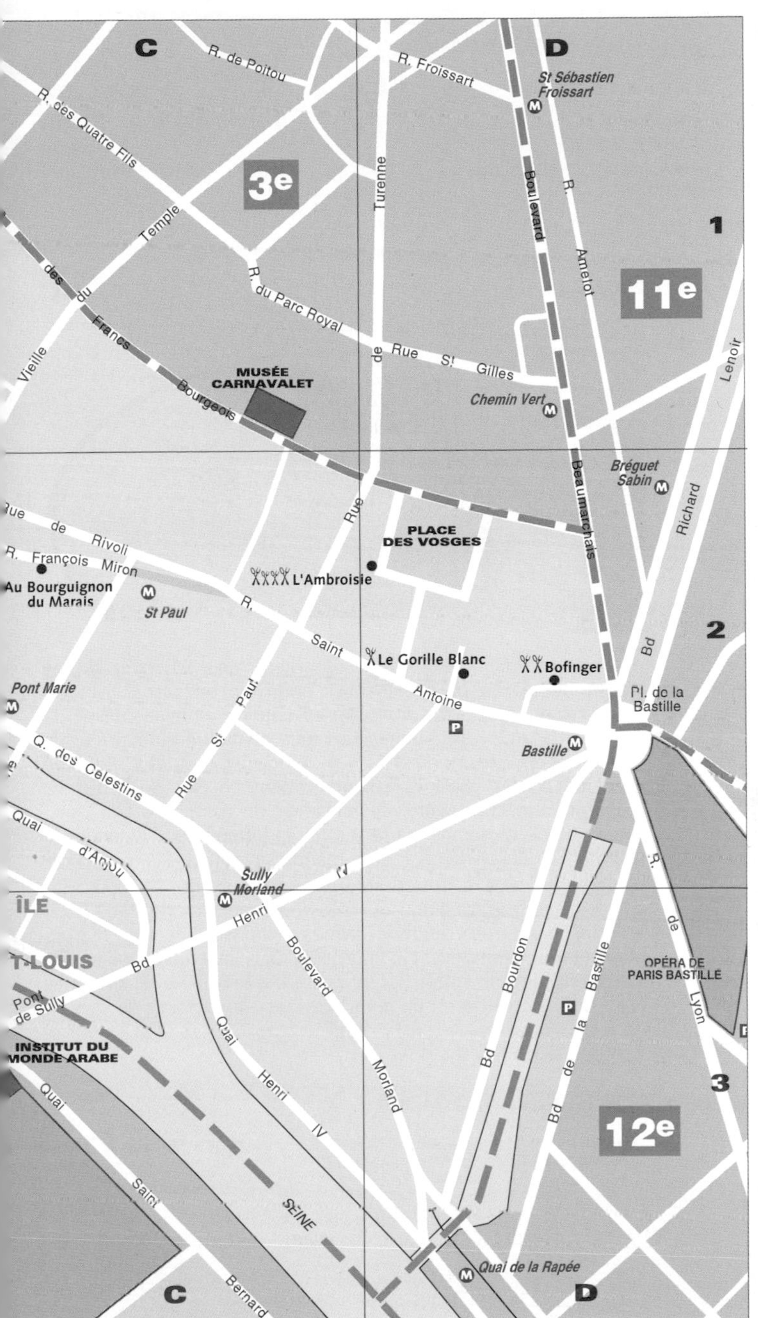
C
R. de Poitou
R. Froissart
D
St Sébastien Froissart
R. des Quatre Fils
3e
Turenne
Boulevard
R. Amelot
1
11e
Temple
des
du
Francs
Bourgeois
R. du Parc Royal
Rue de Turenne
Rue St Gilles
Vieille
MUSÉE CARNAVALET
Chemin Vert
Lenoir
Bréguet Sabin
Beaumarchais
Richard
Rue de Rivoli
R. François Miron
PLACE DES VOSGES
Au Bourguignon du Marais
St Paul
L'Ambroisie
R. Saint Antoine
Le Gorille Blanc
Bofinger
2
Bd
Pl. de la Bastille
Pont Marie
Rue St Paul
Bastille
Q. des Celestins
Quai d'Anjou
Sully Morland
ÎLE
Henri
Bd
Boulevard Morland
Bourdon
Bd
Bd de la Bastille
R. de Lyon
OPÉRA DE PARIS BASTILLE
Pont de Sully
Quai Henri IV
INSTITUT DU MONDE ARABE
Quai Saint Bernard
SEINE
3
12e
Quai de la Rapée
C
D

L'Ambroisie ✿✿✿

Cuisine classique ▶ **Plan : D2**

9 pl. des Vosges
01 42 78 51 45
www.ambroisie-paris.com
Ⓜ St-Paul

Fermé 23 février-8 mars, 3-24 août, dimanche et lundi

Carte 210/330 € XXXX

L'Ambroisie

Ambroisie : (n. f.) "nourriture des dieux de l'Olympe, source d'immortalité" et, par extension, "nourriture exquise". Tout est dit ! Que peut-on donc ajouter pour décrire la divine cuisine de Bernard Pacaud, qui culmine avec une plénitude qui n'a d'égale que sa légendaire modestie ? Un hymne à la tradition revisitée avec grâce, des produits soigneusement choisis, des cuissons d'une précision horlogère, des alliances de goûts sans faille, etc. Autant de petits détails qui font toute la différence ; l'essentiel se résumant à ceci : un classicisme maîtrisé, point.

Le cadre luxueux du restaurant – une demeure du 17e s. sous les arcades paisibles de l'une des plus belles places de Paris – est à l'unisson : miroirs anciens, immense tapisserie, sol en marbre blanc et noir, orchidées. Un vrai petit palais italien. Et la place des Vosges de devenir quasi florentine ! Conclusion : pour un repas aussi raffiné qu'élégant, un régal des sens à tous points de vue.

Entrées

- Feuillantine de langoustines aux graines de sésame, sauce curry
- Chaud-froid d'œuf mollet, sabayon cresson, caviar golden

Plats

- Escalopine de bar à l'émincé d'artichaut, nage réduite au caviar
- Carré d'agneau de Lozère en croûte de poivre gris, salmigondis de légumes de saison

Desserts

- Tarte fine sablée au cacao, glace à la vanille Bourbon
- Dacquoise au praliné, giboulée de fruits rouges en Melba

Au Bourguignon du Marais ꟾO

Cuisine traditionnelle **▶ Plan : C2**

52 r. François-Miron
✆ 01 48 87 15 40
Ⓜ St-Paul

Fermé 2 semaines en février, 3 semaines en août, dimanche et lundi

Formule 19 € – Menu 24 € (déjeuner) – Carte 33/62 €

L'enseigne dit tout... ou presque. Dans ce petit restaurant sans chichi, la Bourgogne s'invite dans l'assiette et dans le verre ! On s'installe dans une salle sobre et conviviale pour savourer des petits plats tout en générosité. Œufs pochés en meurette, jambon persillé, andouillette au bourgogne aligoté, escargots à l'ail, incontournable bœuf bourguignon et – rare détour exotique dans cet antre dédié au terroir – croustillant de gambas au chutney et salade d'herbes fraîches... L'alléchante carte est complétée par quelques suggestions faites de vive voix ; quant à la cave des vins, elle ravit les amateurs de beaux flacons 100 % bourguignons. Et dès que le temps le permet, on file en terrasse !

Baffo ꟾO

Italienne **▶ Plan : B1**

12 r. Pecquay
✆ 01 44 59 86 72
www.baffo.fr
Ⓜ Rambuteau

Fermé mardi midi, dimanche et lundi

Formule 20 € – Carte 36/85 €

Originaire de la Maremme (la région la plus méridionale de la Toscane) et passionné de cuisine, Fabien Zannier a décidé de changer de vie pour rendre hommage aux saveurs de son enfance. Le CAP en poche, il a créé au cœur du Marais cette table italienne grande comme un mouchoir de poche. Le moins que l'on puisse dire, c'est que le chef, autodidacte devenu professionnel, a plus d'un tour dans son sac ! Ne jurant que par le produit frais, sélectionné avec soin auprès de petits producteurs – idéalement en bio – en Italie ou en France (ainsi le veau aveyronnais et le bœuf d'Aubrac), il signe de belles spécialités, fortes en goût et accompagnées, pour parfaire la découverte, de crus toscans... Une occasion idéale pour, comme on dit en italien, "un pranzo con i baffi", un repas à s'en lécher les moustaches !

Benoit ✿

Cuisine classique ▶ **Plan : B1**

20 r. St-Martin
Fermé août
✆ 01 42 72 25 76
www.benoit-paris.com
Ⓜ Châtelet-Les Halles

Menu 42 € (déjeuner) – Carte 70/100 €

C. Sarramon

Pour retrouver l'atmosphère d'un vrai bistrot parisien, poussez donc la porte du 20, rue St-Martin. C'est ici, en plein cœur de Paris, que l'enseigne vit le jour dès 1912, du temps des Halles populaires. À l'origine bouchon lyonnais, le bistrot est resté dans la famille Petit pendant trois générations, lesquelles ont façonné et entretenu son charme si désuet. Belle Époque, plus exactement : boiseries, cuivres, miroirs, banquettes en velours, tables serrées les unes contre les autres... Chaque élément, jusqu'aux assiettes siglées d'un "B", participe au cachet de la maison. Rien à voir avec les ersatz de bistrots à la mode ! Et si l'affaire a été cédée au groupe Ducasse (2005), elle a préservé son âme.
Traditionnelles à souhait, les recettes allient produits du terroir, justesse des cuissons et générosité. Les habitués le savent bien : "Chez toi, Benoît, on boit, festoie en rois." Surtout si l'on pense aux plats canailles que tout le monde connaît, mais que l'on ne mange quasiment jamais... sauf ici.

Entrées

- Notre pâté en croûte cœur de laitue à l'huile de noix et chapons aillés
- Langue de veau Lucullus, cœur de romaine à la crème moutardée

Plats

- Filet de sole Nantua, épinards à peine crémés
- Sauté gourmand de ris de veau, crêtes et rognons de coq, foie gras et jus truffé

Desserts

- Profiteroles Benoit sauce chocolat chaud
- Millefeuille classique à la vanille

Bofinger ⑩

Cuisine traditionnelle ▶**Plan : D2**

5 r. de la Bastille
☎ 01 42 72 87 82
www.bofingerparis.com
Ⓜ Bastille

Formule 31 € – Menu 38/60 € – Carte 40/81 €

Succès presque immédiat lorsque Frédéric Bofinger ouvre cette brasserie en 1864 : les Parisiens y font la découverte de la bière "à la pompe", ou bière pression. Royer, Panzani, Spindler et d'autres parmi les plus grands artisans d'art ont par la suite modelé ce "lieu de mémoire" gourmand de la capitale. À l'étage, plusieurs salles offrent un cadre remarquable, dont une aux boiseries peintes par Hansi représentant pêle-mêle kougelhopf, bretzel, cigognes, coccinelles et Alsaciennes en costume. L'endroit fascine toujours autant avec sa magnifique coupole en verre à motifs floraux, ses vitraux, marqueteries, vases animaliers, tableaux... Le livre d'or ? Un vrai bottin mondain du 20e s. Au menu : fruits de mer, grillades... et choucroutes bien sûr !

Claude Colliot ⑩

Cuisine moderne ▶**Plan : B1**

40 r. des Blancs-Manteaux
☎ 01 42 71 55 45
www.claudecolliot.com
Ⓜ Rambuteau

Fermé 2 semaines en août, dimanche et lundi

Menu 62 € – Carte 40/60 €

Chez Claude Colliot, ancien chef du Bamboche (7e arrondissement), point d'énoncés pompeux, mais une cuisine de saison, qui traite les meilleurs produits avec tous les égards. Les légumes sont excellents (fondants quand il se doit, croquants s'il le faut), les cuissons maîtrisées, les jus bien aromatiques, et le menu "Carte blanche" – cinq plats – offre une jolie palette du savoir-faire de notre homme... En trois mots : léger, sain et savoureux ! Côté flacons, Chantal Colliot est aux commandes. Sa courte carte met en avant les jeunes producteurs adeptes de la biodynamie, cette culture misant sur la synergie des sols et des plantations. Quelques pierres apparentes, du parquet blond, des sièges pistache ou violets : le lieu est chaleureux et compte de vrais fidèles... Pour un dîner en ville, réservez !

Comptoir Gourmet

Italienne ▶ **Plan : B1**

51 r. du Temple
✆ 01 84 17 24 07
www.comptoirgourmet.com
Ⓜ Rambuteau

Fermé août, dimanche et lundi

Carte 31/62 € 

A/C Le comptoir est bien là, sa vocation de gourmet aussi ! À une rue du Centre Georges-Pompidou, derrière une petite devanture toute rouge, l'adresse est idéale pour découvrir la gastronomie italienne à travers ses produits phares. Ses propriétaires sillonnent la péninsule à la recherche des meilleurs d'entre eux, emblématiques comme les charcuteries régionales, les tomates séchées, le pecorino ou la mozzarella di bufala, parfois plus difficiles à dénicher comme le caciocavallo sicilien (ce fromage de lait de vache à la drôle de forme de ballon) ou la colomba di Pasqua (cette brioche aux amandes, incontournable pour fêter Pâques en Lombardie). Bref, on découvre un superbe éventail de spécialités, proposées notamment à travers des salades ou des planchas préparées minute. Le rapport qualité-prix est excellent.

Les Fous de l'Île

Cuisine traditionnelle ▶ **Plan : B2**

33 r. des Deux-Ponts
✆ 01 43 25 76 67
www.lesfousdelile.com
Ⓜ Pont Marie

Formule 19 € – Menu 25 € (déjeuner en semaine)/29 € – Carte 38/55 € 

Ce restaurant du cœur de l'Île-St-Louis est entièrement dédié à la basse-cour. Finie l'ancienne épicerie, le cadre offre désormais un joli décor de bistrot avec tableaux, affiches et une riche collection de coqs et de poules. Une bonne centaine de bibelots de toutes formes et de toutes couleurs sont perchés sur les grandes étagères qui bordent la longue salle à manger. Dans une ambiance très conviviale, sur de petites tables noires, on mange une sympathique cuisine de bistrot en cohérence avec le cadre : terrine, steak tartare, entrecôte, poule au pot, clafoutis et mousse au chocolat. La carte des vins présentée par vigneron offre un choix intéressant, tant pour les provenances, les prix que pour l'offre de vins au verre. Brunch le dimanche.

Le Gorille Blanc

Cuisine traditionnelle ▶ **Plan : D2**

4 impasse Guéménée
Fermé dimanche
✆ 01 42 72 08 45
www.legorilleblanc.fr
Ⓜ Bastille

Formule 17 € – Carte 33/58 €

Gare au Gorille Blanc, il est si gourmand ! Mais dans ce bistrot parisien pur jus, au décor rustique et rétro en diable, le chef concocte une cuisine bistrotière généreuse et bien troussée parsemée de clins d'œil au Sud-Ouest – la région natale du propriétaire –, ainsi que de bons petits plats ménagers qui savent venir à bout des appétits les plus gargantuesques... Terrine de champignons à la crème d'ail, petits chipirons sautés à l'huile d'olive et risotto à l'encre, fricassée de lapin aux oignons et aux raisins secs, confit de canard croustillant et pommes de terre sautées, agneau de lait rôti des Pyrénées, croustade aux pruneaux et à l'armagnac... Après ce bon repas, on pousserait presque la chansonnette chère à Brassens !

Grand Cœur

Ⓝ

Cuisine moderne ▶ **Plan : B2**

41 r. du Temple
Fermé dimanche soir et lundi
✆ 01 58 28 18 90 (réservation conseillée)
www.grandcoeur.paris
Ⓜ Rambuteau

Formule 23 € – Menu 30 € – Carte 42/80 €

Les poutres et la pierre, les grands miroirs et le mobilier éclectique, sans oublier l'incontournable terrasse : cette maison installée dans une cour d'immeuble impose son style d'entrée ! Le concepteur de la carte n'est autre que Mauro Colagreco (chef-patron argentin du restaurant Mirazur, doublement étoilé à Menton), qui agrémente la tradition française de quelques touches internationales : terrine de canard aux figues ; langue de veau et sucrine, salade de calamars carottes et oignons en pickles ; soupe de poisson de roche ; épaule d'agneau aux échalotes, noix, dattes et sauce au sésame noir... C'est frais et goûteux : un vrai moment de plaisir.

Isami

Japonaise ▶ **Plan : B2**

4 quai d'Orléans
01 40 46 06 97 (réservation conseillée)
Pont Marie

Fermé août, vacances de Noël, dimanche et lundi

Carte 41/88 €

A/C

On sert ici probablement l'un des meilleurs poissons crus de Paris. Voilà qui explique la renommée de l'établissement auprès des Japonais, qui savent où se rendre pour manger "comme chez eux"... Quant à la clientèle parisienne et internationale, elle ne s'y est pas trompée non plus ! Derrière son bar, Katsuo Nakamura réalise en effet des merveilles de sushis et de chirashis, démontrant une maîtrise fascinante des couteaux, au service de produits ultrafrais. Pas de folklore suranné dans le décor de la petite salle, juste quelques calligraphies et le mot "Isami" (signifiant ardeur, exaltation), gravé sur un panneau de bois, placé en évidence. Il est impératif de réserver pour pouvoir obtenir une table dans ce restaurant certes confidentiel, mais qui occupe une place à part parmi les adresses nippones de la capitale.

Mon Vieil Ami

Cuisine traditionnelle ▶ **Plan : B2**

69 r. St-Louis-en-l'Île
01 40 46 01 35
www.mon-vieil-ami.com
Pont Marie

Menu 48 € (dîner)/55 € – Carte 36/56 €

Ce Vieil Ami-là ne vous veut que du bien, parole d'Antoine Westermann ! Dans son bistrot de chef plutôt chic se pressent la clientèle étrangère et les gourmets de la capitale... preuve que le talentueux Alsacien a su lui donner la "French touch" qui fait – ou non – le succès universel de ces adresses "nouvelle génération". Sous les hauts plafonds de ces anciennes écuries (près de 5 m !), un décor tout en modernité dont les tons marron et noir épousent les murs en verre dépoli ; une longue table d'hôtes sur la gauche, de petites tables en bois joliment dressées sur la droite : des allures d'auberge tendance, en quelque sorte, où le chef vous régale de goûteuses recettes traditionnelles ponctuées de notes actuelles et de clins d'œil à l'Alsace.

Suan Thaï

Thaïlandaise ▶ **Plan : B1**

35 r. Temple
01 42 77 10 20
www.suanthai.fr
Ⓜ Rambuteau

Formule 15 € – Menu 19 € (déjeuner) – Carte 30/55 €

Voilà de nombreuses années que ce restaurant thaïlandais s'épanouit au cœur du Marais, où il compte une foule d'habitués. De la rue, la salle tout en longueur attire l'œil : au fond se devine un étonnant mur végétal, sous une lumineuse verrière, véritable promesse de fraîcheur... De fait, au menu, on découvre d'authentiques recettes thaïes, concoctées par des cuisiniers tous recrutés en Thaïlande. Ainsi, le jeune patron met un point d'honneur à ne servir que des recettes de son pays : salade de bœuf mi-cuit à la citronnelle, soupe de galanga au poulet, filet de cabillaud aux trois saveurs, salade de fruits exotiques ou encore soupe de jacquier au lait de coco, etc. Chaque plat est présenté avec soin, tandis que les parfums font voyager...

Se régaler
sans se ruiner ? Repérez
les "Bib Gourmand" :
le signe d'une bonne table
sachant marier cuisine de
qualité et prix… ajustés.

5e

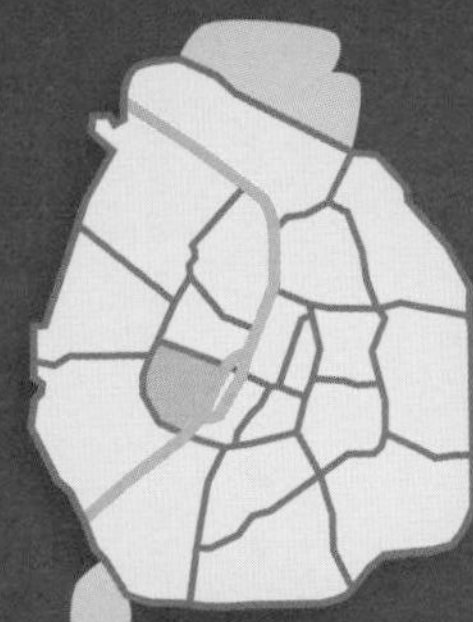

Quartier latin · Jardin des Plantes · Mouffetard

C. Pinheira / Author's Image / Photononstop

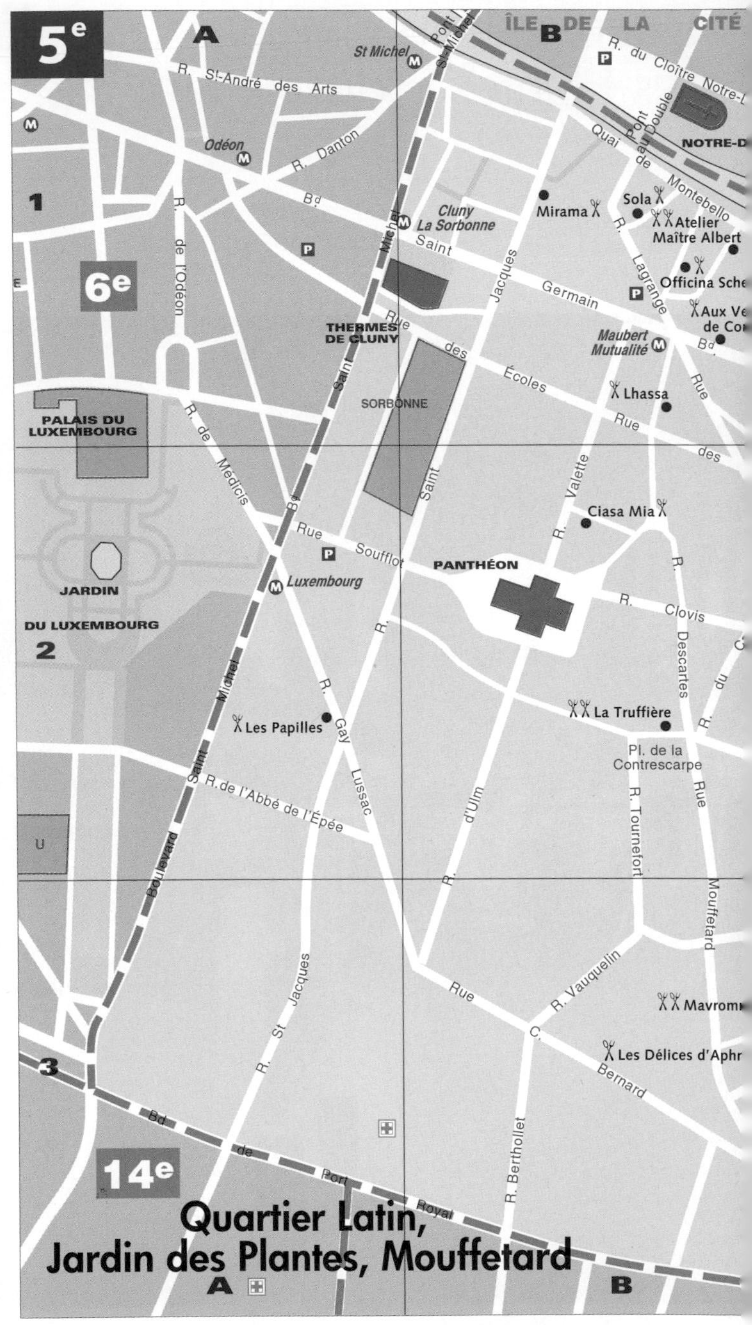
5e
A
B
ÎLE DE LA CITÉ
St Michel
Pont St-Michel
R. St-André des Arts
R. du Cloître Notre-
Odéon
R. Danton
Quai de Montebello
Pont au Double
NOTRE-D
1
Bd Saint Germain
R. de l'Odéon
Cluny La Sorbonne
Mirama
Sola
Atelier Maître Albert
R. Lagrange
Officina Sche
Aux Ve de Co
6e
R. St-Jacques
THERMES DE CLUNY
Rue des Écoles
Maubert Mutualité
Lhassa
SORBONNE
PALAIS DU LUXEMBOURG
R. de Médicis
Rue des
R. Valette
Ciasa Mia
Rue Soufflot
PANTHÉON
Luxembourg
JARDIN DU LUXEMBOURG
2
R. Clovis
R. Descartes
Bd Saint Michel
R. Gay Lussac
Les Papilles
La Truffière
Pl. de la Contrescarpe
R. de l'Abbé de l'Épée
R. Tournefort
Rue Mouffetard
R. d'Ulm
U
Boulevard Saint Michel
R. Vauquelin
Rue C. Bernard
Mavrom
Les Délices d'Aphr
R. St Jacques
3
Bd de Port Royal
14e
R. Berthollet
Quartier Latin, Jardin des Plantes, Mouffetard
A
B

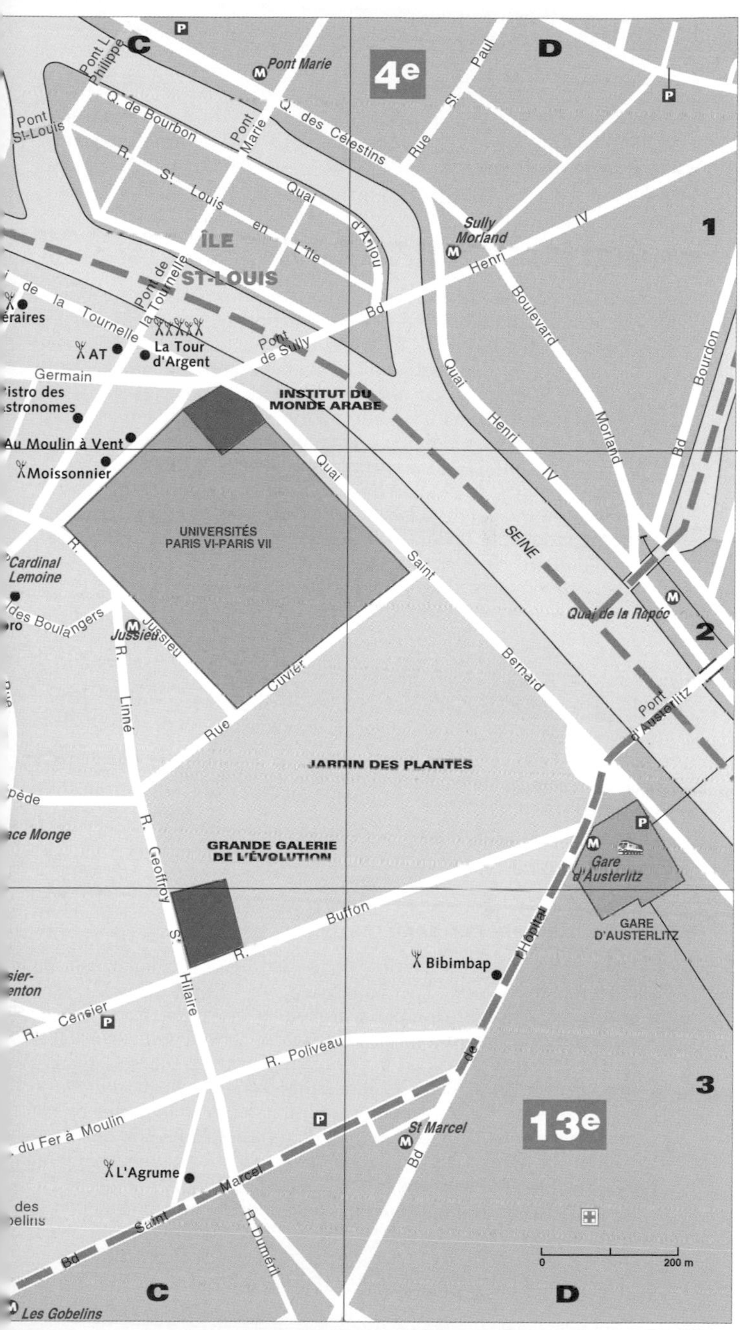
C
D
4e
Pont Marie
Pont L. Philippe
Pont St-Louis
Q. de Bourbon
Pont Marie
Q. des Célestins
Rue St. Paul
R. St. Louis en L'Île
Quai d'Anjou
ÎLE ST-LOUIS
Sully Morland
Bd Henri IV
1
Boulevard Morland
Pont de la Tournelle
Pont de Sully
de la Tournelle
La Tour d'Argent
AT
Germain
Au Moulin à Vent
Moissonnier
INSTITUT DU MONDE ARABE
Quai Henri IV
Bd Bourdon
Quai Saint Bernard
SEINE
UNIVERSITÉS PARIS VI-PARIS VII
Cardinal Lemoine
des Boulangers
Jussieu
Jussieu
R. Linné
Rue Cuvier
Quai de la Rapée
2
Pont d'Austerlitz
JARDIN DES PLANTES
ace Monge
GRANDE GALERIE DE L'ÉVOLUTION
R. Geoffroy St. Hilaire
R. Buffon
Gare d'Austerlitz
GARE D'AUSTERLITZ
Bd de l'Hôpital
Bibimbap
R. Censier
R. Poliveau
3
du Fer à Moulin
St Marcel
13e
L'Agrume
Bd Saint Marcel
R. Duméril
des belins
0
200 m
C
D
Les Gobelins

L'Agrume ¶O

Cuisine moderne ▸ **Plan : C3**

15 r. des Fossés-St-Marcel
✆ 01 43 31 86 48
www.restaurantlagrume.fr
Ⓜ St-Marcel

Fermé août, 22 décembre-6 janvier, dimanche et lundi

Formule 22 € – Menu 25 € (déjeuner)/45 € – Carte 45/65 € 

A/C

Dans la famille "bistrot de chef", demandez l'Agrume ! Grand comme un mouchoir de poche – il ne peut accueillir qu'une vingtaine de gourmands à la fois, dont quatre au comptoir avec pleine vue sur les fourneaux – et d'une sobriété reposante, il se niche dans une rue résidentielle, à deux pas des Gobelins. Franck Marchesi-Grandi, passé par de grandes maisons avant de fonder la sienne, y exécute une cuisine simple et précise, à base d'excellents produits frais. Le poisson vient de Bretagne, où le patron a officié quelque temps, et pour les primeurs, ce dernier connaît les meilleures adresses... La carte, assez courte, comme le menu, renouvelé chaque jour, sont très vitaminés ! Au déjeuner, l'addition est sans acidité aucune et, le soir venu, place à la dégustation autour de cinq plats. Un beau zeste.

AT ¶O

Créative ▸ **Plan : C1**

4 r. Cardinal-Lemoine
✆ 01 56 81 94 08
www.atushitanaka.com
Ⓜ Cardinal Lemoine

Fermé août, dimanche et lundi

Menu 35 € (déjeuner en semaine)/95 € 

A/C

Dans une rue proche des quais de Seine, à deux pas du célèbre restaurant La Tour d'Argent, cette façade sans enseigne cultive la discrétion. L'intérieur est à l'avenant ; décor minimaliste, contemporain et élégant, et surtout sans esbroufe ! Le chef, Atsushi Tanaka, formé notamment chez Pierre Gagnaire, aime la fraîcheur et la précision ; armé d'une imagination et d'une créativité sans failles, il compose des assiettes séduisantes et sait nous tenir en haleine tout au long du repas. Au sous-sol, une cave voûtée abrite un bar à vin et délivre des repas commandés. Enfin, pas d'inquiétude s'il vous prend l'envie – ô combien légitime ! – d'y retourner : le menu unique change toutes les semaines (trois formules possibles).

Atelier Maître Albert

Cuisine traditionnelle ▶ **Plan : B1**

1 r. Maître-Albert
01 56 81 30 01
www.ateliermaitrealbert.com
Maubert Mutualité

Fermé samedi midi et dimanche midi

Formule 26 € – Menu 31 € (déjeuner), 36/70 € – Carte 40/70 €

Quand le chef Guy Savoy et l'architecte Jean-Michel Wilmotte s'unissent pour relancer une maison ancienne face à Notre-Dame, cela donne un restaurant-rôtisserie chic et design qui fait le plein de touristes et d'habitués. Poutres, pierres et tons gris se déploient en trois espaces distincts : un salon aux allures de bar new-yorkais ; une salle à manger nantie d'une grande cheminée médiévale, à laquelle répondent une rôtissoire et des cuisines ouvertes ; et un coin vinothèque, plus intime. Au menu, saladier du moment servi avec des foies de volaille, selle d'agneau à la broche accompagnée d'un tian de courgettes et de tomates, volaille fermière rôtie, fondant au chocolat pralin-feuilleté. Produits, précision des cuissons, mise en scène des assiettes, professionnalisme du service... Tout y est.

Au Moulin à Vent

Cuisine traditionnelle ▶ **Plan : C1**

20 r. des Fossés-St-Bernard
01 43 54 99 37
www.au-moulinavent.com
Jussieu

Fermé août, lundi midi, samedi midi et dimanche

Formule 25 € – Menu 29 € – Carte 46/71 €

Ne vous fiez pas à sa modeste devanture : ce bistrot très "atmosphère, atmosphère" cache une jolie petite salle coquille d'œuf qui n'a pas changé depuis sa création, en 1946. Vous êtes au Moulin à Vent, autant prisé des Parisiens que des touristes en quête d'un lieu "frenchy" et authentique. Une longue rangée de tables simplement dressées : à gauche, un groupe d'habitués savoure un bœuf ficelle, un foie de veau ou un magret de canard ; à droite, un couple d'Américains découvre les délicieux escargots de Bourgogne et cuisses de grenouille "à la provençale". Goûtez, vous aussi, à ces plats intemporels sans chichi et ne faites pas l'impasse sur les viandes de race salers, spécialité de la maison, et les gibiers en saison. Desserts et vins au diapason. Classiquement bon !

Aux Verres de Contact

Cuisine traditionnelle ▶ **Plan : B1**

33 r. de Bièvre (angle du bd St-Germain)
01 46 34 58 02
www.auxverresdecontact.com
Maubert Mutualité

Fermé samedi midi et dimanche

Formule 18 € – Menu 35 € – Carte 33/49 €

L'équipe du Jadis – dans le 15e – gère ce sympathique bistrot contemporain et coloré, dont le nom emprunte à l'écrivain et journaliste Antoine Blondin (qui mentionnait "verres de contact" sur ses notes de frais...). Dans ses cuisines ouvertes sur la salle, la chef, Sarah Barandon, cisèle de savoureuses recettes du marché, propres à satisfaire les gourmets d'aujourd'hui ; on les dévore en n'oubliant pas de lever haut son verre. Et l'on conclut par un mot célèbre de Blondin (encore lui !), inscrit sur l'un des murs de la salle : "Quand on meurt de faim, il se trouve toujours un ami pour vous offrir à boire"... À la vôtre !

Bibimbap

Coréenne ▶ **Plan : D3**

32 bd de l'Hôpital
01 43 31 27 42
www.bibimbap.fr
Gare d'Austerlitz

Carte 25/35 €

Êtes-vous plutôt ssambap ou bap ? Pour en décider, faites un tour chez Bibimbap ! Le ssambap est un incontournable de la gastronomie coréenne : un grand bol de riz panaché de légumes – cuisinés avec art – et éventuellement de viande. Quant au bap, il est préparé au barbecue traditionnel : tout juste cuits, bœuf, porc, poulet ou encore fruits de mer sont roulés dans une feuille de salade bien fraîche... Vive, soignée, diététique (pour les initiés : fondée sur l'énergie), cette cuisine est un vrai plaisir ! La carte des boissons permet aussi de continuer la découverte : soju (alcool de céréales), liqueur de riz, vins de framboise ou de prune, thés et bières de Corée, etc. Et l'on se régale en oubliant la modestie du décor (murs en pierre, cave voûtée)...

Bistro des Gastronomes 

Cuisine traditionnelle ▶ **Plan : C1**

10 r. du Cardinal-Lemoine
01 43 54 62 40
Cardinal Lemoine

Fermé dimanche et lundi

Formule 24 € – Menu 30 €

A/C Avis aux gastronomes : voici une bonne cantine au cœur du Quartier latin, un bistrot comme on les aime, créé en 2011 à l'initiative d'un jeune chef pour le moins partageur ! Pourquoi changer des recettes qui marchent quand il est question de plaisirs indémodables ? Céleri rémoulade au haddock, onglet de Black Angus poêlé aux pommes grenaille et pleurotes... Bref, de généreux classiques, reproduits avec une belle sincérité dans toute la fraîcheur du dernier marché. Évidemment, le décor est à l'avenant : boiseries de bois blond, bocaux de condiments, livres de cuisine et nappes blanches.

Ciasa Mia 

Italienne ▶ **Plan : B2**

19 r. Laplace
01 43 29 19 77 (réservation conseillée)
www.ciasamia.com
Maubert Mutualité

Fermé 2 semaines en septembre, 2 semaines en janvier, samedi midi, lundi midi et dimanche

Formule 25 € – Menu 30 € (déjeuner), 55/76 € – Carte 62/80 €

Dans cette petite rue tranquille près du Panthéon, cette jolie table est une vraie découverte. C'est Francesca, la souriante et pétillante jeune patronne, qui vous reçoit, déjà enthousiaste à l'idée de vous faire découvrir la cuisine de son compagnon, Samuel Mocci. Tous deux originaires du Nord de l'Italie, ils aiment à mettre en valeur un patrimoine gustatif qui s'avère aussi savoureux que surprenant. Tout ici est fait maison, du pain jusqu'aux desserts ! En automne, par exemple, Samuel livre sa version très personnelle des produits de saison. Imaginez un consommé de poulet au foin accompagné de gnocchettis de potiron, un carpaccio de cerf, un "5 minutes" de Saint-Jacques à la fumée de vigne... le tout accompagné de vins italiens, allemands, français. Une vraie maison des délices !

Les Délices d'Aphrodite

Grecque ▶ **Plan : B3**

4 r. Candolle
01 43 31 40 39
www.mavrommatis.fr
Censier Daubenton

Formule 22 € – Carte 34/51 €

Celle que l'on prend pour l'annexe du restaurant des frères Mavrommatis est en fait leur première adresse, créée en 1981. Plus décontractée que la table gastronomique de la rue Daubenton, cette conviviale taverne régale de spécialités grecques pleines de fraîcheur et de parfums ensoleillés. Feuilleté au fromage de brebis, feuilles de vigne farcies au riz et pignons de pin, caviar d'aubergine servi avec une salade d'aubergines fumées, poêlée de poulpe à l'huile d'olive ou mahalepi (crème de lait à la fleur d'oranger) sont servis avec la générosité et l'amabilité typiques du pays. Le cadre bleu et blanc digne des paysages des Cyclades, le lierre qui dégringole du plafond, un vibrant rébétiko en fond sonore... Vous voilà en Grèce !

Kokoro

Cuisine moderne ▶ **Plan : C2**

36 r. des Boulangers
01 44 07 13 29 (réservation conseillée)
www.restaurantkokoro.blogspot.fr
Cardinal Lemoine

Fermé 2-13 juillet, mardi midi, dimanche et lundi

Formule 20 € – Menu 25/48 € – Carte 36/50 €

Kokoro ? C'est "cœur", en japonais. Cette adresse a en effet un pied au pays du Soleil-Levant, puisqu'elle a été ouverte en août 2013 par un jeune couple franco-japonais, à deux pas du métro Cardinal-Lemoine. Lui, c'est Frédéric Charrier, jeune chef originaire de Vendée qui se charge des préparations salées ; elle, c'est Sakura Mori, native du Japon, qui concocte les desserts. Le duo travaille d'arrache-pied et le résultat est formidable : leur cuisine, réglée sur les saisons, se révèle à la fois intelligente, légère et subtile, tout en réservant de belles surprises. Crevettes légèrement pimentées, melon, lait fermenté et livèche ; gnocchis cuits au foin, sauce aux algues, chips de vitelotte ; cheesecake au chèvre frais, rhubarbe et mélisse... D'un bout à l'autre, un vrai bonheur !

Itinéraires ✿

Cuisine moderne ►**Plan : C1**

5 r. de Pontoise
✆ 01 46 33 60 11 (réservation conseillée)
www.restaurant-itineraires.com
Ⓜ Maubert Mutualité

Fermé 9-21 août, 21-28 décembre, samedi midi, dimanche et lundi

Menu 50 € (déjeuner), 65/105 € – Carte 55/95 €

Itinéraires

La cuisine est-elle histoire d'itinéraires ? Sylvain Sendra n'aura pas attendu le nombre des années pour installer son restaurant parmi les bonnes tables de la capitale. Avant de créer cet établissement, le jeune trentenaire avait déjà expérimenté plusieurs concepts, en particulier dans son bistrot Le Temps au Temps, où il a été l'un des premiers à vouloir cuisiner, en toute créativité, pour un nombre limité de couverts. L'esprit d'invention et la capacité à flairer les tendances, voilà sans doute ce qui caractérise le chef, qui n'en néglige pas pour autant les fondamentaux : une chose est sûre, chez lui, on mange fort bien ! Les assiettes révèlent un vrai travail de cuisinier, soucieux des produits (les fournisseurs sont triés sur le volet), des cuissons comme des assaisonnements. Et si les recettes sont originales, elles respectent toujours l'esprit des ingrédients, sans rien laisser au hasard. De même, le décor de la salle a le bon goût d'associer esprit contemporain, luminosité et confort. Élégance, finesse, saveurs : l'itinéraire de clients gâtés.

Entrées

- Tarte à l'oignon doux des Cévennes, champignons de Paris et noix de muscade
- Capelletis à l'encre de seiche et riccota fumée

Plats

- Carré d'agneau de Lozère, cèpes, noisettes, mousseline de pomme de terre
- Lotte rôtie au beurre, légumes et bouillon de poisson à la hache

Desserts

- Tartelette mûre-framboise et basilic, parfum litchi et rose
- Ganache chocolat tiède, glace vanille Bourbon pousse de betterave et grué et cacao

Lhassa

Tibétaine ▶ **Plan : B1**

13 r. Montagne-Ste-Geneviève
01 43 26 22 19
Maubert Mutualité

Fermé lundi

Formule 14 € – Menu 16 € (déjeuner en semaine), 20/26 € – Carte 23/30 €

Pour respirer un peu d'air himalayen sans avoir à prendre trop d'altitude, vous n'avez qu'à escalader... la rue de la Montagne-Ste-Geneviève. Là se trouve l'un des rares bons restaurants tibétains de Paris : Lhassa. Éclairages tamisés, tapis anciens, broderies, poupées, objets de culte, photo du dalaï-lama... On entre ici comme dans un temple sacré, apaisé par l'atmosphère zen et la douce musique d'ambiance. L'accueil attentionné confirme le sentiment de bien-être immédiat. La cuisine ? Elle exhale des parfums d'ailleurs : vapeurs, soupe à base de farine d'orge grillé, d'épinard et de viande, raviolis de bœuf, boule de riz chaud aux raisins dans un yaourt et thé au beurre salé ! Les prix sont dans l'esprit des lieux : pleins de sagesse. Prêt pour le voyage ?

Mavrommatis

Grecque ▶ **Plan : B3**

42 r. Daubenton
01 43 31 17 17
www.mavrommatis.com
Censier Daubenton

Fermé août, mardi midi, mercredi midi, dimanche et lundi

Menu 42/75 € – Carte 50/72 €

A/C

Si, pour vous, manger grec se réduit au régime "souvlaki-tzatziki-moussaka", rendez-vous chez Andreas et Evagoras Mavrommatis pour un irrésistible cours de rattrapage. Leur pari ? Marier les terroirs grecs avec la richesse de la tradition culinaire française. Objectif atteint ! Pour débuter en beauté, un verre d'ouzo s'impose, à siroter sur la terrasse bordée d'oliviers et de vignes... Puis vient la cuisine, qui ne mise pas sur le folklore – à l'image du décor, très sobre – mais sur la tradition et une qualité de produits irréprochable. Poulpes marinés, céleri, aubergine fumée, vinaigrette kumquat ; soupe de topinambour à la Mastiha ; dégustation de cochon de lait de Bigorre et ibérique, pomme kolokassi et céleri-rave... Des plats raffinés pour une belle expérience au carrefour des saveurs !

Mirama

Chinoise ► Plan : B1

17 r. St Jacques
01 43 54 71 77
Cluny La Sorbonne

Carte 20/30 €

A/C À deux pas du boulevard St-Michel, juste derrière l'église St-Séverin, impossible de manquer Mirama avec ses canards suspendus derrière la vitrine et les vapeurs de bouillons que l'on voit s'échapper au-dessus des fourneaux ! Le ton est donné : nous voici dans un restaurant chinois... et même l'un des meilleurs de l'arrondissement. Le décor est tout simple, mais on retiendra la salle en sous-sol, un étonnant caveau au plafond duquel pendent... de petites stalactites. La cuisine joue la carte de l'authenticité et de la générosité : le canard laqué est la spécialité de la maison – cuisiné sans chichi, avec une chair tendre et savoureuse –, et les incontournables soupes (aux ravioles de crevettes et de nouilles, par exemple) sont parfumées à souhait. Bon rapport qualité-prix.

Moissonnier

Lyonnaise ► Plan : C2

28 r. des Fossés-St-Bernard
01 43 29 87 65
Jussieu

Fermé dimanche et lundi

Carte 35/68 €

Un typique bouchon lyonnais face à l'Institut du Monde Arabe. L'adresse n'est pas nouvelle, le décor non plus, mais le plaisir reste intact. Ce bistrot "pur jus" met à l'aise avec son zinc rutilant, ses grandes banquettes en moleskine, ses tables en bois, et – touches d'originalité – ses luminaires en forme de cep, ses fûts et sa hotte de vendangeur... Pas de doute, la convivialité et la bonne humeur sont ici la règle. Autour de quelques pots de beaujolais et de vins franc-comtois, Philippe Mayet prépare ses "lyonnaiseries" et autres spécialités avec une réjouissante générosité : queue de bœuf en terrine, tablier de sapeur sauce gribiche, rognons de veau, quenelle de brochet soufflée, poulet au vin jaune et aux morilles... Une adresse tout en tradition, qu'on aurait tort d'oublier.

Officina Schenatti

Italienne ►**Plan : B1**

15 r. Frédéric-Sauton
01 46 34 08 91
www.officinaschenatti.com
Ⓜ Maubert Mutualité

Fermé 3 semaines en août, 24-27 décembre, lundi midi et dimanche

Formule 19 € – Menu 35 € – Carte 48/74 €

Ivan Schenatti, originaire de Lombardie (et ayant un parcours dans de bons établissements de la péninsule et en France), a choisi cette rue proche de la Seine pour y installer son "officina" – son atelier –, tout à la gloire de la gastronomie à l'italienne. Dans la salle, murs en pierres apparentes, banquettes de velours aux formes langoureuses et mobilier design créent un cadre chaleureux et cosy, parfait pour déguster une savoureuse cuisine où se mêle le meilleur des régions de la Botte : fleurs de courgette farcies au crabe frais en tempura, raviolis maison à la ricotta et à la girolle hachée... entre autres spécialités incontournables, réalisées avec un soin certain, voire un vrai tour de main de *mamma* ! Le tout accompagné de bons vins transalpins...

Les Papilles

Cuisine traditionnelle ►**Plan : A2**

30 r. Gay-Lussac
01 43 25 20 79
www.lespapillesparis.com
Ⓜ Luxembourg

Fermé 20 juillet-20 août, vacances de Noël, dimanche et lundi

Formule 29 € – Menu 35 € – Carte 40/55 €

Sur place ou à emporter ? Non, vous n'êtes pas dans un fast-food anonyme – loin de là ! – mais aux Papilles, le restaurant-cave-épicerie fine de Bertrand Bluy, situé à proximité du jardin du Luxembourg. Mode d'emploi... De grands casiers à vins, où l'on se sert soi-même contre un droit de bouchon, des étagères garnies d'appétissantes conserves de terrines, foie gras, confitures et autres produits soigneusement sélectionnés, et, au centre, des tables en bois pour savourer une cuisine bistrotière plutôt contemporaine. Quelques exemples de plats à choisir sur la carte à midi ou le soir au menu : gaspacho froid de concombre à la menthe, magret de canard au madère pommes de terre grenaille, et pour finir crème brûlée au café.

Sola ✿

Cuisine moderne ► **Plan : B1**

12 r. de l'Hôtel-Colbert
✆ 01 43 29 59 04
www.restaurant-sola.com
Ⓜ Maubert Mutualité

Fermé 2 semaines en août, 30 décembre-7 janvier, dimanche et lundi

Menu 48 € (déjeuner), 78/98 €

© www.tibo.org

Dans ce très vieil immeuble près des quais, il faut tirer une lourde porte en bois pour entrer dans ce qui ressemble à un vénérable restaurant parisien, avec plafond bas et poutres apparentes. Or, c'est un décor zen qui se présente à vous. Un cadre particulièrement étonnant au sous-sol où, dans la cave voûtée, les tables à même le sol figurent un tatami. La cuisine de Hiroki Yoshitake participe de cette même inspiration, à mi-chemin entre exigence et précision de la gastronomie nippone, richesses du terroir français et saveurs d'Extrême-Orient. On se laisse capter avec plaisir par des menus surprises où le chef imagine des tempura de maïs aux trompettes de la mort, un millefeuille de chou chinois à l'aubergine confite, des pêches au granité de vin rosé et à la gelée de vin rouge… Une cuisine harmonieuse et raffinée, profondément personnelle, que l'on ne saurait réduire à ces simples adjectifs, si élogieux soient-ils.

Spécialités

- Cuisine du marché

La Tour d'Argent ✿

Cuisine classique

▶ Plan : C1

15 quai de la Tournelle
✆ 01 43 54 23 31
www.tourdargent.com
Ⓜ Maubert Mutualité

Fermé août, dimanche et lundi

Menu 85 € (déjeuner) – Carte 165/330 €

Tour d'Argent

Une demeure historique liée depuis 1912 à la famille Terrail : André, le fondateur, son fils Claude, et à présent son petit-fils, André. Pour autant, la "saga" de la Tour d'Argent débuta bien avant. Déjà en 1582, l'enseigne signalait une élégante auberge, qui devint un restaurant en 1780. Mais la légende commence véritablement au début du 20e s. lorsque Terrail l'achète, avec cette idée de génie dans la tête : élever l'immeuble d'un étage pour y installer la salle à manger, et jouir ainsi d'un panorama unique sur la Seine et Notre-Dame.

Le cadre cossu a conservé son lustre d'antan. Le service, parfaitement réglé, assure toujours le spectacle, dont le fameux rituel du canard de Challans au sang, inventé en 1890 par Frédéric Delair. L'emblème d'un classicisme indétrônable, mais nullement figé : véritable palimpseste, la carte conserve la mémoire de plusieurs décennies de haute gastronomie française – sans s'interdire des incursions vers la modernité. Quant à l'extraordinaire cave du sommelier David Ridgway, elle renfermerait... près de 500 000 bouteilles !

Entrées

- Quenelles de brochet "André Terrail"
- Foie gras d'oie des trois empereurs, brioche au beurre salé

Plats

- Caneton "Tour d'Argent"
- Filets de sole cardinal

Desserts

- Crêpes "Belle Époque"
- Soufflé chocolat "Tour d'Argent"

La Truffière ✿

Cuisine moderne ▶ **Plan : B2**

4 r. Blainville
✆ 01 46 33 29 82
www.latruffiere.com
Ⓜ Place Monge

Fermé 17-26 décembre, mardi midi en juillet-août, dimanche et lundi

Menu 40 € (déjeuner), 65/135 € – Carte 115/155 € XX

La Truffière

Une valeur sûre que cette maison du 17e s., toute de pierres, de poutres et de voûtes… Au cœur du vieux Paris – à deux pas de la truculente rue Mouffetard –, la Truffière cultive des plaisirs intemporels. À l'été 2015, un nouveau venu s'est installé derrière les fourneaux : le chef japonais Kampei Hisaoka, déjà grand connaisseur de la gastronomie française – il a notamment travaillé auprès des frères Raimbault à l'Oasis, à Mandelieu-la-Napoule.

À la suite de l'ancien chef des lieux, il cultive dans cette Truffière un esprit de recherche et d'excellence. En saison, les suaves fumets de la truffe blanche ou noire sont toujours au rendez-vous dans l'assiette, pour le plus grand plaisir des amateurs. Des préparations fines, des saveurs franches et harmonieuses : que demander de plus ? Sachez également que la carte des vins est tout simplement remarquable, avec pas moins de… 3 200 références, françaises et mondiales. L'adresse a assurément du nez.

Entrées

- Déclinaison de légumes de saison, vinaigrette à la truffe blanche
- Foie gras de canard poêlé, croustillant de pain d'épice

Plats

- Parmentier de queue de bœuf à la truffe noire
- Sole de petit bateau cuite à basse température, viennoise de céleri

Desserts

- Soufflé chaud à la truffe noire, glace truffe et bière blanche
- Chocolat noir poivré, meringue café, espuma gingembre et citron

6e

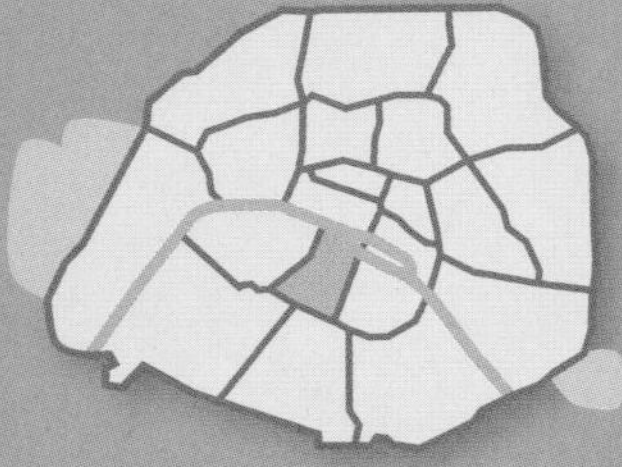

St-Germain-des-Prés · Odéon · Jardin du Luxembourg

J. Loic / Photononstop

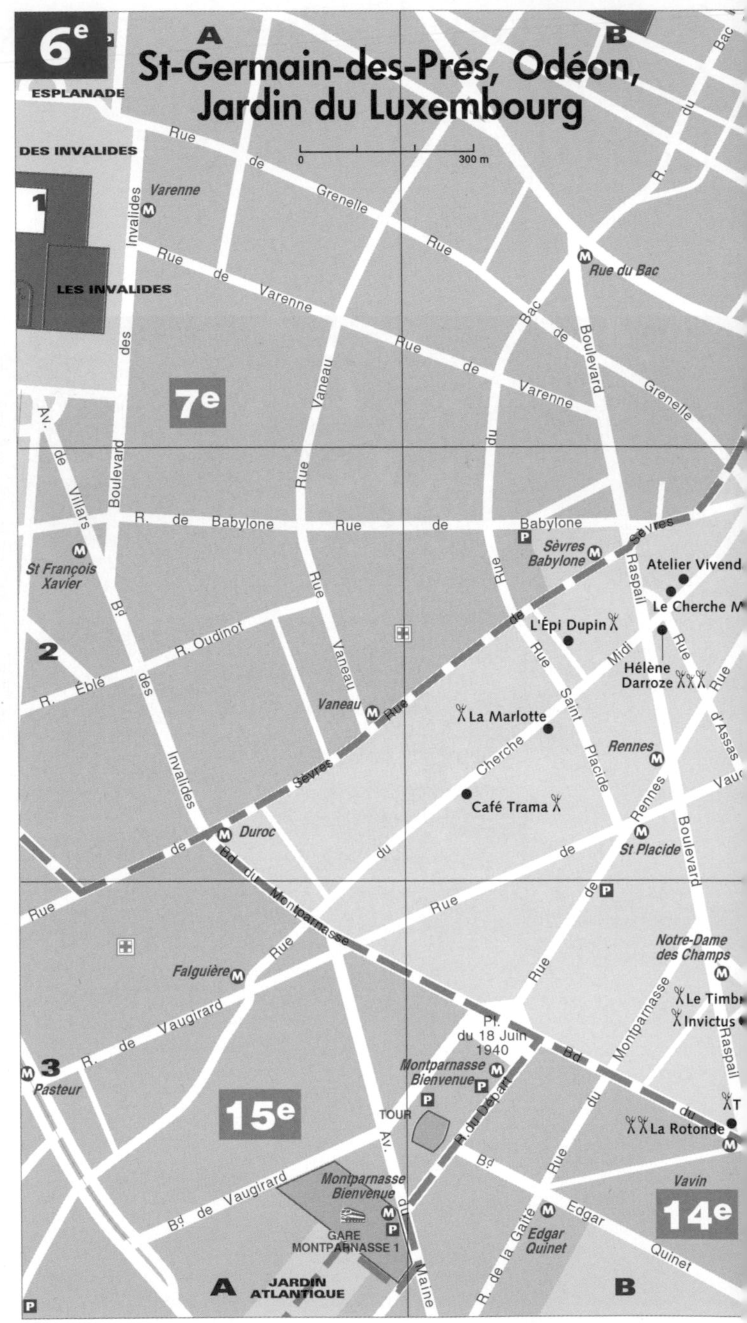
6e
A
B
St-Germain-des-Prés, Odéon, Jardin du Luxembourg
ESPLANADE
DES INVALIDES
LES INVALIDES
0
300 m
Rue de Grenelle
Varenne
Rue de Varenne
Rue du Bac
Boulevard Raspail
Boulevard des Invalides
7e
Av. de Villars
Rue Vaneau
R. de Babylone
Rue de Babylone
Sèvres Babylone
St François Xavier
Atelier Vivend
Le Cherche M
L'Épi Dupin
Hélène Darroze
Rue d'Assas
R. Oudinot
R. Éblé
2
Vaneau
La Marlotte
Rue Saint Placide
Rennes
Rue du Cherche Midi
Rue de Sèvres
Café Trama
Duroc
Bd du Montparnasse
Rue de Rennes
St Placide
Rue de Vaugirard
Falguière
Notre-Dame des Champs
Le Timb
Invictus
Pl. du 18 Juin 1940
Montparnasse Bienvenue
R. de Vaugirard
3
Pasteur
15e
TOUR
R. du Départ
Rue du Montparnasse
La Rotonde
Vavin
Bd de Vaugirard
Av. du Maine
GARE MONTPARNASSE 1
Edgar Quinet
Bd Edgar Quinet
R. de la Gaîté
14e
JARDIN ATLANTIQUE

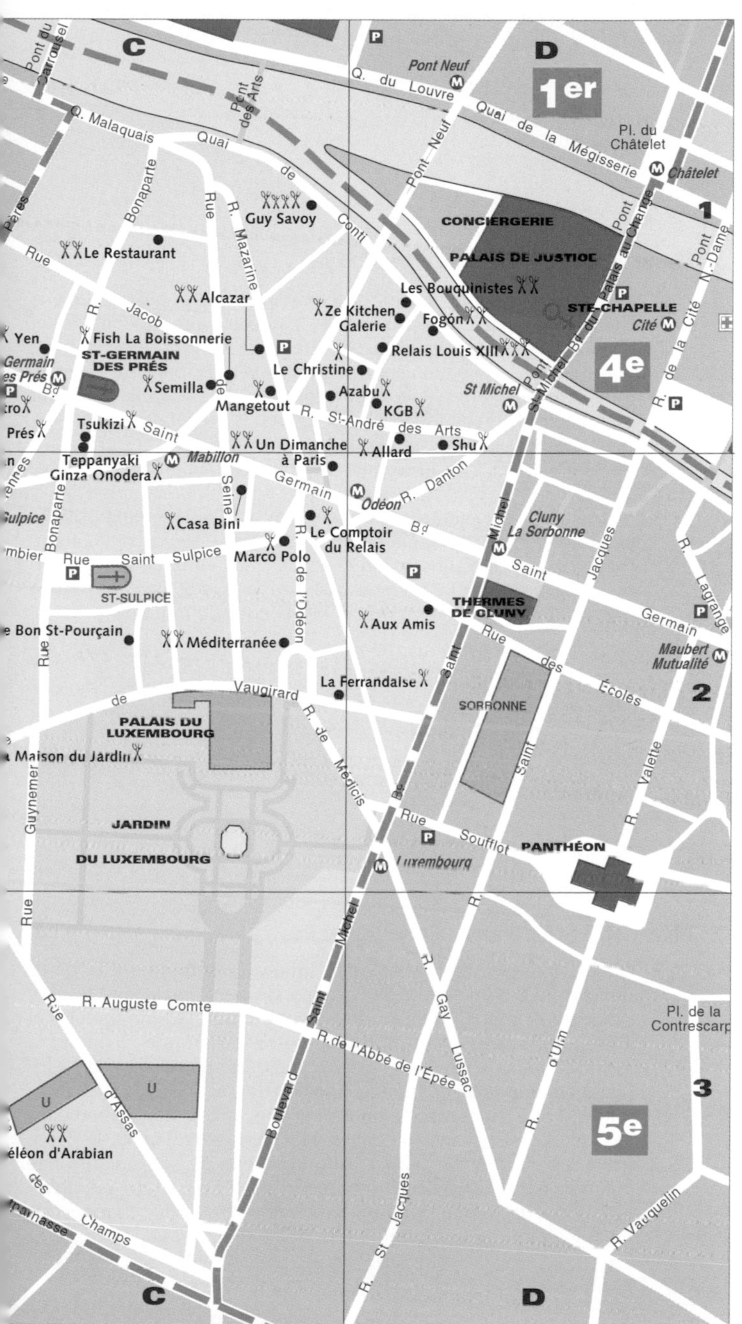

C
D
1er
4e
5e
1
2
3
Pont Neuf
Q. du Louvre
Quai de la Mégisserie
Pl. du Châtelet
Châtelet
Q. Malaquais
Quai de Conti
Pont des Arts
Pont du Carrousel
CONCIERGERIE
PALAIS DE JUSTICE
STE-CHAPELLE
Cité
Guy Savoy
Le Restaurant
Alcazar
Les Bouquinistes
Ze Kitchen Galerie
Fogón
Relais Louis XIII
Yen
Fish La Boissonnerie
ST-GERMAIN DES PRÉS
Le Christine
Semilla
Mangetout
Azabu
KGB
St Michel
Tsukizi
Un Dimanche à Paris
Allard
Shu
Teppanyaki Ginza Onodera
Mabillon
Odéon
Casa Bini
Le Comptoir du Relais
Marco Polo
Cluny La Sorbonne
ST-SULPICE
THERMES DE CLUNY
Aux Amis
Le Bon St-Pourçain
Méditerranée
Maubert Mutualité
La Ferrandaise
SORBONNE
PALAIS DU LUXEMBOURG
La Maison du Jardin
JARDIN DU LUXEMBOURG
PANTHÉON
Luxembourg
Rue Soufflot
R. Auguste Comte
R. de l'Abbé de l'Épée
R. Gay Lussac
R. d'Ulm
Pl. de la Contrescarpe
Rue d'Assas
Boulevard Saint Michel
R. St Jacques
R. Vauquelin
Rue des Écoles
Rue Jacob
R. Mazarine
R. de Seine
R. de l'Odéon
R. de Médicis
Rue de Vaugirard
Rue Saint Sulpice
Bd Saint Germain
R. Danton
R. St-André des Arts
Rue Bonaparte
Rue Guynemer
R. Valette
R. Lagrange
Caméléon d'Arabian
Rue des Champs

Alcazar

Cuisine moderne ►**Plan : C1**

62 r. Mazarine
01 53 10 19 99
www.alcazar.fr
Odéon

Menu 22 € (déjeuner) – Carte 55/65 €

Cet ancien cabaret à forte personnalité a fait peau neuve à l'automne 2015 ; les coups de pinceaux de l'architecte et décoratrice Lola Gonzalez lui ont offert une véritable renaissance ! Nous n'avons malheureusement pas pu vérifier par nous mêmes (bouclage oblige) les lieux post-métamorphose, mais la promesse est alléchante : un décor dans lequel le végétal domine, lui donnant des allures de jardin, la rencontre élégante des artisanats les plus raffinés – marbre, laiton, terrazzo, paille et bois... Côté ambiance, les grandes tablées devraient être de mise, ainsi qu'une mise en avant de la culture, sous la forme d'expositions et de concerts. Quid de la cuisine ? La même équipe devrait être toujours en place sous la direction de Guillaume Lutard (ancien de Taillevent), proposant une carte de brasserie contemporaine mariant le répertoire classique et les recettes du monde.

Allard

Cuisine traditionnelle ►**Plan : D1**

41 r. St-André-des-Arts
01 43 26 48 23
www.restaurant-allard.fr
St-Michel

Menu 36 € (déjeuner) – Carte 50/94 €

Allard, qui occupe le haut de l'affiche des tables bistrotières depuis 1931, a vu passer de nombreuses personnalités et fidélise de génération en génération les adeptes d'une cuisine franche et sincère. Si l'adresse fait désormais partie du groupe Ducasse, la formule persiste et l'on trouve toujours dans l'assiette des plats généreux et ancrés dans la tradition des recettes de nos grands-mères. Entre les escargots de Bourgogne, la cocotte de cervelas, le canard de Challans aux olives, la blanquette de veau, le paris-brest et le savarin au rhum, c'est tout un pan de notre patrimoine culinaire qui se rappelle à nos papilles. Et le cadre 1900, témoin de l'atmosphère d'antan, joue sur le même registre (zinc, banquettes en cuir, carrelage et gravures). Un charme inégalable.

L'Altro

Italienne ▸ **Plan : C1**

16 r. du Dragon
✆ 01 45 48 49 49
www.laltro.fr
Ⓜ St-Germain des Prés

Fermé 1 semaine en août

Formule 17 € – Menu 22 € (déjeuner en semaine) – Carte 30/60 €

A/C L'Altro, ou l'autre table branchée de l'équipe qui œuvre également aux Cailloux (13e). Toujours italienne, séduisante et décontractée. La carte – en version originale, comme le service sans chichi – parle d'elle-même : délicieux antipasti (assortiment de charcuteries, mozzarella et légumes grillés), penne à la crème de citron, calamars grillés servis avec salade de trévise et fenouil, et mousse au chocolat à l'italienne. À noter aussi un menu du jour et une dizaine de vins au verre. Quant au décor, associant banquettes noires, carrelage en céramique blanche aux murs et cuisines vitrées, il fait le trait d'union entre le bistrot de quartier et le loft new-yorkais. Le style germanopratin en prime.

Atelier Vivanda - Cherche Midi 

Viandes ▸ **Plan : B2**

20 r. du Cherche-Midi
✆ 01 45 44 50 44
www.ateliervivanda.com
Ⓜ Sèvres Babylone

Fermé 2 semaines en août, 1 semaine vacances de Noël, dimanche et lundi

Menu 35 € – Carte 50/70 € 

A/C On n'arrête plus Akrame ! Son premier Atelier Vivanda fait déjà le bonheur des amateurs de belles viandes du 16e arrondissement ; on mettrait sa main à couper (sous une lame de boucher ?) que son petit frère, rue du Cherche-Midi, rencontrera le même succès. Le concept est identique : une petite salle à manger de bistrot avec ses lustres et ses appliques, un imposant billot pour annoncer la couleur... et dans l'assiette, de superbes pièces de boucher ! Hampe et persillé de Black Angus, suprême de volaille, quasi de veau ou côte de porc ibérique sont travaillés avec amour, cuits au cordeau, et accompagnés d'un gratin dauphinois ou encore de délicieuses pommes dauphine. On peut aussi relever le tout avec l'huile d'olive au poivre baptisée "Caractère", made in... Benallal !

Aux Amis

N

Cuisine classique ▶ **Plan : D2**

9 r. de l'École de Médecine
01 46 34 19 41
www.restaurantauxamis.com
Ⓜ Odéon

Fermé août, samedi midi et dimanche

Formule 27 € – Menu 34 € (déjeuner en semaine) – Carte 40/60 €

A/C

Dans une ruelle calme proche du couvent des Cordeliers, la belle façade noire abrite un restaurant chic et moderne, tout de blanc vêtu. Deux anciens de l'Apicius, dans le 8e arrondissement (Jérôme Vigato, fils de Jean-Pierre, et Stéphane Paillard, son second pendant 16 ans) ont lancé cette affaire en 2015 avec la volonté de se lancer un nouveau défi culinaire... et d'être maîtres à bord ! La cuisine, gourmande et savoureuse, fait la part belle aux produits de saison ; on accompagne les plats de vins soigneusement sélectionnés par Jérôme Vigato et entreposés au sous-sol, dans une cave classée. Un petit conseil pour finir : demandez à prendre votre repas sous la lumineuse verrière du premier étage, si elle est disponible !

Aux Prés

Cuisine moderne ▶ **Plan : C1**

27 r. du Dragon
01 45 48 29 68
www.restaurantauxpres.com
Ⓜ St-Germain des Prés

Formule 32 € – Menu 45/52 €

C'est un fait : Cyril Lignac a toujours un projet d'avance. Il faut croire que son statut de chef "star" et d'habitué des émissions de TV n'a en rien étanché sa soif de nouveauté ! Changement de nom et de concept, donc, pour rajeunir la clientèle de son bistrot germanopratin : des miroirs fumés sont venus remplacer les portraits des anciens présidents de la République, et le décor joue à fond la carte de la modernité. Mais le changement, c'est aussi et surtout dans l'assiette : il propose désormais une cuisine bistronomique voyageuse et volontiers créative, qui fait la part belle au(x) terroir(s) français et se nourrit des saveurs glanées au fil de ses voyages. Le brunch du dimanche (35€) a toujours autant de succès. Le bonheur est toujours "Aux Prés" !

Azabu

Japonaise ▸ **Plan : C1**

3 r. André-Mazet
01 46 33 72 05 (réservation conseillée)
www.azabu.fr
Odéon

Fermé 2 semaines en août, dimanche midi et lundi

Menu 19 € (déjeuner en semaine), 45/68 € – Carte 40/65 € 

A/C À Tokyo, Azabu est un quartier reconnu pour sa gastronomie. À Paris, près du carrefour de l'Odéon, c'est le nom d'un restaurant japonais sobre et discret, comme le veut l'habitude pour ce genre d'adresses. Le cadre adopte le même minimalisme, et l'on y déguste son repas en toute tranquillité. Au menu, des classiques de la culture culinaire nippone cuits au teppanyaki – tofu sauté et sa sauce au poulet, bar grillé et coulis de petits pois au dashi –, mais aussi quelques poissons crus et le king crab à la plancha. Le chef, tout en restant fidèle à la tradition, s'ouvre aussi aux influences occidentales. Vous pourrez l'admirer en pleine action en vous attablant au comptoir.

Le Bon Saint-Pourçain 

Cuisine traditionnelle ▸ **Plan : C2**

10 bis r. Servandoni
01 42 01 78 24 (réservation conseillée)
Mabillon

Fermé dimanche et lundi

Carte 40/52 € 

Planqué derrière l'église St-Sulpice, en plein cœur de St-Germain-des-Prés, cet ancien restaurant bougnat a réouvert ses portes au printemps 2015. Tables carrées rapprochées, chaises en bois des années 1970, banquettes en moleskine : on est tout de suite séduit par cet intérieur plein de style ! Quant à la cuisine, elle lorgne – comme bien souvent à Paris ces temps-ci ! – vers la tradition bistrotière revisitée. Poireaux, vinaigrette d'arachide et œuf mollet ; carrelet, asperges blanches, fèves et émulsion au vin jaune... C'est tout simplement délicieux, sans doute grâce à l'utilisation exclusive de bons produits frais. Attention, le restaurant fait souvent salle comble : pensez à réserver à l'avance !

Café Trama

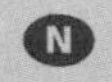

Cuisine traditionnelle ▶ **Plan : B2**

83 r. du Cherche-Midi
01 45 43 33 71
St-Placide

Fermé 30 juillet-22 août,
24 décembre-3 janvier,
dimanche et lundi

Carte 32/65 €

N'hésitez pas à vous donner rendez-vous dans ce bistrot branché situé à quelques pas du Bon Marché, avec son comptoir et ses petites tables carrées, ses banquettes en moleskine, ses éternelles ardoises aux murs affichant les plats de la carte. À la carte, justement, les spécialités du genre sont en bonne place : rillettes de la Sarthe, croustillant de boudin noir, croque-monsieur, tartare de bœuf au couteau, gingembre et basilic... Le tout est composé de produits de première fraîcheur, travaillés avec beaucoup de simplicité et un indéniable soin, et accompagné de bons petits vins de producteurs. Est-ce que vous hésitez encore ?

Les Bouquinistes

Cuisine moderne ▶ **Plan : D1**

53 quai des Grands-Augustins
01 43 25 45 94
www.guysavoy.com
St-Michel

Formule 32 € – Menu 36 € (déjeuner)/89 € – Carte 66/91 €

A/C

Face à la Seine, à deux pas des célèbres échoppes de bouquinistes, ce restaurant figure au nombre des adresses siglées Guy Savoy. Entièrement revu par Jean-Michel Wilmotte, le décor joue la carte d'une modernité chic et épurée (tons clairs, lignes graphiques, bouteilles et livres de cuisine mis en valeur avec originalité), face au spectacle des quais et des collectionneurs en quête du "bouquin" de leurs rêves... Côté cuisine, place à la simplicité, et parfois à l'inventivité. En parlant – pourquoi pas ? – littérature, on apprécie par exemple un thon blanc mi-cuit aux épices grillées, mousse de hareng et aubergine fumée ; un cabillaud rôti, ragoût de légumes oubliés et beurre thym citron ; une épaule de veau confite et grillée, jus marengo au curry rouge, ou encore un dessert "pur chocolat"... Tout un roman !

Caméléon d'Arabian

Cuisine classique ▶ **Plan : C3**

6 r. Chevreuse
01 43 27 43 27
www.cameleonjeanpaularabianparis.com
Ⓜ Vavin

Fermé 8-22 août, samedi midi et dimanche

Formule 30 € – Menu 35 € (déjeuner)/48 € – Carte 58/82 €

Pour Jean-Paul Arabian, cela ne fait aucun doute : c'est chez lui qu'on déguste le meilleur foie de veau de la capitale. Il est vrai que son plat vedette a de quoi tenter les amateurs : directement arrivé de Corrèze, doré au beurre, déglacé au vinaigre de vin et simplement accompagné d'un gratin de macaronis au parmesan... Le maître des lieux se révèle intarissable sur le sujet ! Aussi affable que volubile, il vous accueille dans une salle au cadre simple mais confortable et vous présente une carte bien pensée, honorant la cuisine bourgeoise revisitée : langue de veau sauce gribiche, jambon persillé, sole entière de Bretagne cuite au plat, léger baba au rhum… et son dessert fétiche, le "Tout Noir", une mousse légère au chocolat et sa sauce, sorbet cacao.

Casa Bini

Italienne ▶ **Plan : C2**

36 r. Grégoire-de-Tours
01 46 34 05 60
www.casabini.fr
Ⓜ Odéon

Formule 25 € – Menu 29 € (déjeuner en semaine) – Carte 39/60 €

Une trattoria chaleureuse dans une rue calme de St-Germain-des-Prés... Bini, c'est le nom de jeune fille de la mère du patron, qui selon lui sonne bien mieux que le sien ! Cette "casa" est bien une histoire de racines : la salle arbore les couleurs chaleureuses de la Toscane, avec de belles photos rétro de Florence : c'est de là qu'est originaire la famille. Et l'on peut dire que la cuisine a l'accent gourmand de cette si belle région, à travers des recettes bien ficelées, pleines de couleurs et de saveurs, et en particulier un large choix de carpaccios et de pâtes – excellentes – dont les sauces changent souvent. Chaque jour, on réimprime en effet le menu qui se renouvelle selon l'inspiration du moment et la saison. Et c'est ainsi que le quartier des éditeurs prend des airs de *dolce vita*...

Le Cherche Midi

Italienne ▶ **Plan : B2**

22 r. du Cherche-Midi
01 45 48 27 44 (réservation conseillée)
www.lecherchemidi.fr
Ⓜ Sèvres Babylone

Fermé 24 décembre-1erjanvier

Carte 39/57 €

On cherchait le Midi, on a trouvé l'Italie dans ce bistrot aussi sympathique qu'authentique. Banquettes en moleskine, comptoir en marbre, lampes boules, murs couleur beurre frais... et l'essentiel dans les assiettes : des antipasti tout simplement divins, de superbes charcuteries – dont le jambon de Parme, affiné au moins 24 mois –, des rendez-vous incontournables – soupe de poissons le vendredi soir, escalope milanaise et spaghettis le samedi... La maison possède même son propre atelier de confection de pâtes fraîches (à l'étage), et la mozzarella – bien crémeuse – arrive par avion deux ou trois fois par semaine ! On ne compte plus les épicuriens énamourés de ce bel endroit ; il y a même, parmi eux, quelques grands chefs...

Le Christine

Cuisine moderne ▶ **Plan : D1**

1 r. Christine
01 40 51 71 64
www.restaurantlechristine.com
Ⓜ St-Michel

Fermé samedi midi et dimanche midi

Formule 22 € – Menu 28 € (déjeuner en semaine), 42/65 € – Carte 28/51 €

On peut en témoigner : les hôteliers du quartier plébiscitent cette adresse et la recommandent à leur clientèle sans l'ombre d'une hésitation. Voilà qui est plutôt bon signe ! C'est dans une ruelle plutôt calme que l'on découvre la façade du restaurant, avenante et colorée ; à l'intérieur, on trouve deux salles à manger coquettes séparées par une petite cuisine centrale, visible des clients. Tons orange et chocolat, murs en pierre apparente : l'endroit ne manque pas de charme. Quant à la cuisine, en plein dans l'air du temps, elle se démarque par l'attention portée à chaque plat et par une fraîcheur de tous les instants. La spécialité de la maison ? Le foie gras de canard cuit au torchon... Tout un programme !

Le Comptoir du Relais

Cuisine traditionnelle ▶ **Plan : C2**

Hôtel Relais St-Germain,
5 carr. de l'Odéon
01 44 27 07 50 (réservation conseillée)
www.hotelrsg.com
Ⓜ Odéon

Carte 35/60 €

Bienvenue chez Yves Camdeborde ! Ce chef qui, gamin, dans son Béarn natal, rêvait de rugby, était loin d'imaginer ce parcours gastronomique et parisien... Sa passion pour la cuisine s'affirme auprès de Christian Constant, avec lequel il travaille au Ritz, puis au Crillon. En 1992, il se lance seul dans l'aventure en créant la Régalade (14e arrondissement), devenant alors le chef de file de la tendance "bistronomique". Aujourd'hui, on le retrouve, avec son épouse Claudine, à la tête de cet authentique bistrot Art déco, aux tables serrées et aux grands miroirs faisant office d'ardoises... La table alterne deux concepts complémentaires : une cuisine façon brasserie le midi et des préparations plus élaborées le soir, autour d'un menu unique.

L'Épi Dupin

Cuisine moderne ▶ **Plan : B2**

11 r. Dupin
01 42 22 64 56 (réservation conseillée)
www.epidupin.com
Ⓜ Sèvres Babylone

Fermé 1er-24 août, lundi midi, samedi et dimanche

Formule 28 € – Menu 39/52 €

Intéressant rapport qualité-prix pour ce petit restaurant situé à deux pas du Bon Marché : sous l'apparence d'un bistrot au cadre rustique, il dissimule une table tout en finesse qui mérite que l'on s'y arrête. Le décor est d'un charme pas si courant à Paris, avec ses murs en pierre et sa massive charpente en bois aux poutres apparentes. Le chef, François Pasteau, a mis en place une démarche écologique et locavore : achat de fruits et légumes en Île-de-France, traitement des déchets organiques, eau filtrée sur place, etc. Sa cuisine, fraîche et savoureuse, revisite la tradition de nos campagnes : velouté froid de chou-fleur au lait de coco, chutney de courgettes et tomates ou encore dos de cabillaud sont les spécialités de la maison, à déguster au coude-à-coude dans une ambiance conviviale.

La Ferrandaise

Cuisine traditionnelle ▶**Plan : C2**

8 r. de Vaugirard
✆ 01 43 26 36 36
www.laferrandaise.com
Ⓜ Odéon

Fermé 3 semaines en août, lundi midi, samedi midi et dimanche

Menu 16 € (déjeuner), 37/55 €

Ne soyez pas surpris si, en poussant la porte de ce joli restaurant près du Luxembourg, il vous semble humer l'air pur de la chaîne des Puys. Gilles Lamiot, le patron, est passionné par cette région, son terroir et la race ferrandaise ! Régulièrement, il rend visite aux meilleurs éleveurs pour ramener des veaux de lait que le jeune chef breton transforme en terrines, en blanquettes… Bien sûr, il imagine des plats tels que la hure de tête de veau gratinée sauce ravigote, ou la joue de bœuf confite aux lentilles blondes de Saint-Flour. Un conseil avant le dessert : gardez un peu de place pour les fromages fermiers du Puy-de-Dôme !

Fish La Boissonnerie

Cuisine traditionnelle ▶**Plan : C1**

69 r. de Seine
✆ 01 43 54 34 69
Ⓜ Odéon

Fermé 1 semaine en août et 23 décembre-2 janvier

Formule 36 € – Carte 36/46 €

Rue de Seine, tout le monde connaît les méandres fantastiques de sa façade en mosaïque Art nouveau. C'est qu'il y a belle lurette que cette ancienne poissonnerie (avec un p !) s'est transformée en restaurant et bar à vins pour mieux vous prendre dans ses filets. Vieux zinc, allusions marines et bons petits crus... Ici, la cuisine de l'océan prend de la bouteille – mais de belles viandes sont aussi à l'honneur. Praires de Normandie servies crues, gelée de limonade et mini-betterave Chioggia ; magret de canard, courgettes, pêche blanche, purée d'oignons rouges et basilic ; etc. : les habitués sont toujours plus nombreux à tomber sous le charme de ces (re-) créations bistrotières ! Il y a même une table de sept places en cuisine, avec menu dégustation unique et vue sur les fourneaux du chef...

Fogón

Espagnole ▶ **Plan : D1**

45 quai des Grands-Augustins
01 43 54 31 33
www.restaurantfogon.com
Ⓜ St-Michel

Fermé 3 semaines en août et lundi

Formule 36 € – Menu 51 € – Carte 45/70 €

A/C

Issu d'une vieille famille de restaurateurs castillans, Juan Alberto Herráiz connaît bien les secrets de la cuisine espagnole, qu'il défend avec passion. Une cuisine vivante, conviviale et authentique. Pour preuve, les charcuteries ibériques et les traditionnelles paellas à déguster seul ou à partager à deux ou plus (aux légumes, à la valencienne, noir aux seiches et calamars, aux langoustines, etc.), les tapas réinterprétées avec originalité, jusque dans le registre sucré... Cette singularité se retrouve dans le décor élégant de la salle habillée de blanc et de mauve. Chaque élément y a été pensé, de l'éclairage au design des tables, imaginées par le chef lui-même, cachant des tiroirs où sont rangés les couverts. Belle carte des vins 100 % espagnole et petite sélection du mois.

Invictus

Cuisine traditionnelle ▶ **Plan : B3**

5 r. Ste-Beuve
01 45 48 07 22
Ⓜ Notre-Dame des Champs

Fermé 2 semaines en août, 1 semaine vacances de Noël, 1 semaine début janvier, dimanche et lundi midi

Carte 39/58 €

A/C

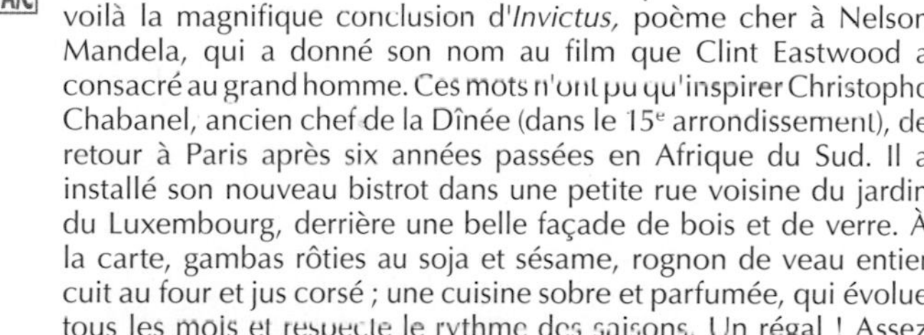

"Je suis le maître de mon destin / Je suis le capitaine de mon âme" : voilà la magnifique conclusion d'*Invictus,* poème cher à Nelson Mandela, qui a donné son nom au film que Clint Eastwood a consacré au grand homme. Ces mots n'ont pu qu'inspirer Christophe Chabanel, ancien chef de la Dînée (dans le 15e arrondissement), de retour à Paris après six années passées en Afrique du Sud. Il a installé son nouveau bistrot dans une petite rue voisine du jardin du Luxembourg, derrière une belle façade de bois et de verre. À la carte, gambas rôties au soja et sésame, rognon de veau entier cuit au four et jus corsé ; une cuisine sobre et parfumée, qui évolue tous les mois et respecte le rythme des saisons. Un régal ! Assez logiquement, le chef a rapidement retrouvé les suffrages de la clientèle et fait salle comble. Ce n'est que justice...

Guy Savoy ✿✿✿

Créative

► Plan : C1

11 quai de Conti
01 43 80 40 61
www.guysavoy.com
St-Michel

Fermé août, vacances de Noël, samedi midi, dimanche et lundi

Menu 110 € (déjeuner), 360/530 € – Carte 205/335 €

Laurence Mouton

Guy Savoy, acte II ! En 2015, le chef a pris ses nouveaux quartiers dans le cadre exceptionnel de l'Hôtel de la Monnaie, à deux pas de l'Académie française. Il y écrit un nouveau chapitre de cette histoire entamée quelques décennies plus tôt : lorsque, petit garçon, il passait la tête au-dessus des casseroles familiales dans la cuisine de la Buvette de l'Esplanade, à Bourgoin-Jallieu... Aurait-il deviné, ce bambin, le destin qui l'attendait ?

Avec son nouveau restaurant, il a vu les choses en – très – grand : six magnifiques salles parées de toiles contemporaines et de sculptures de premier ordre – dont un grand nombre sont prêtées par François Pinault –, avec de grandes fenêtres à huisseries anciennes donnant sur le quai de Conti et la Seine... Tout cela est la preuve ostensible de la réussite, bien sûr, mais ne détourne pas le grand chef de son œuvre : cette gastronomie vécue comme une fête, ces créations authentiques dans leur expression, inventives mais sans excès, ces saveurs parfois brutes qui ne sont, au fond, que le prolongement naturel de sa main. Peu importe l'adresse, Guy Savoy reste toujours lui-même !

Entrées

- Huîtres en nage glacée et deux nouvelles préparations
- Soupe d'artichaut à la truffe noire, brioche feuilletée aux champignons et à la truffe

Plats

- Saumon figé sur la glace, consommé brûlant et perles de citron
- Selle et carré d'agneau "terre et iode"

Desserts

- Millefeuille à la gousse de vanille
- Chariot de glaces et de sorbets, bocaux et biscuits d'autrefois

Hélène Darroze ✿

Cuisine moderne ▶**Plan : B2**

4 r. d'Assas
Fermé dimanche et lundi

✆ 01 42 22 00 11
www.helenedarroze.com
Ⓜ Sèvres Babylone

Menu 58 € (déjeuner), 98/185 €

Hélène Darroze

Passé la façade noire de l'enseigne, on oublie tout dans la maison d'Hélène Darroze, à l'atmosphère chic et glamour. On découvre d'abord le Salon d'Hélène au rez-de-chaussée, où l'on peut déguster un assortiment de tapas dans une ambiance décontractée ; pour l'expérience gastronomique, direction la Salle à Manger à l'étage, "lieu de tous les péchés et de toutes les gourmandises"... Un univers tamisé et cosy, dans des tonalités aubergine et orange, propice à la découverte de menus dégustation (4, 5 ou 7 produits), avec la possibilité de choisir "l'accord mets et vins".

Hélène Darroze, héritière d'une famille de cuisiniers du Sud-Ouest, n'a pas son pareil pour trouver dans ces terroirs (Aquitaine, Landes, Pays basque...) de quoi nourrir ses intentions culinaires, et c'est ensuite l'acquis qui fait la différence : son expérience, son insatiable curiosité, et ce mélange hautement inflammable de talent et d'intuition qui la caractérise.

Entrées

- Huître, caviar d'Aquitaine et haricots maïs du Béarn
- Langoustine, foie gras et coriandre

Plats

- Homard tandoori, carotte, agrumes et coriandre
- Bœuf Wagyu, pomme de terre et truffe noire

Desserts

- Chocolat araguani, fève tonka, caramel et yaourt grec
- Savarin, mara des bois, myrtille, poivre et hibiscus

KGB

Créative ▶ **Plan : D1**

25 r. des Grands-Augustins
01 46 33 00 85
www.kitchengaleriebis.com
St-Michel

Fermé 1er-20 août, dimanche et lundi

Formule 29 € – Menu 36 € (déjeuner), 55/66 € – Carte 51/65 €

A/C

L'enseigne semble un nom de code pour initiés ; elle est pourtant d'une parfaite – et savoureuse – transparence. KGB, pour Kitchen Galerie Bis, table épigone de la célèbre Ze Kitchen Galerie lancée par l'infatigable William Ledeuil. L'esprit est le même qu'à la maison mère, et l'on s'en réjouit : mobilier minimaliste, touches de couleurs et murs couverts de tableaux contemporains, façon galerie d'art... On découvre les recettes fusion qui ont fait le succès du chef, mêlant tradition hexagonale et assaisonnements asiatiques : gingembre, miso ou coriandre se marient au maquereau, à la joue de veau et aux champignons, pour de délicats mariages de saveurs. Les menus, à midi et le soir, permettent d'accompagner le tout de "zors-d'œuvres", ou la déclinaison maison des hors d'œuvres à la française. "Ze" bonne affaire !

La Maison du Jardin

Cuisine traditionnelle ▶ **Plan : C2**

27 r. Vaugirard
01 45 48 22 31 (réservation conseillée)
Rennes

Fermé 1er-23 août, samedi midi et dimanche

Formule 22 € – Menu 35 €

A/C

"Servir une cuisine simple réalisée avec des produits frais", voilà le credo de Philippe Marquis, le chef-patron de ce bistrot situé à deux pas du jardin du Luxembourg. Midi et soir, il présente un sympathique menu-carte inspiré du marché, qu'il complète au déjeuner par une ardoise du jour. Petit avant-goût savoureux : terrine de lapin "mémé Coupeau" ; cabillaud juste salé, vinaigrette tomate, polenta aux courgettes ; gaufre façon "Lenôtre"... La carte des vins est plutôt courte, à prix sages. Quant au décor, il marie tons chauds, petits miroirs et photos noir et blanc de monuments parisiens. De quoi ravir la clientèle étrangère, mais aussi les habitants du quartier et les sénateurs gourmands...

Mangetout 🍴○

Cuisine moderne ▶ **Plan : C1**

82 r. Mazarine
✆ 01 43 54 02 11
www.mangetout.fr
Ⓜ Odéon

Fermé août, dimanche et lundi

Menu 25 € – Carte 32/50 €

Pinxo est devenu Mangetout, mais pas de panique : les habitués retrouveront leurs marques ! Alain Dutournier (Carré des Feuillants) est toujours le maître d'œuvre de ce concept original, celui de tapas à la française. Et c'est ainsi que l'on peut "picorer" des chipirons façon pibales, une terrine pistachée de canard et foie gras des Landes, des chips d'ail et gingembre, ou un cassoulet tout ce qu'il y a d'authentique. Les amoureux du Sud-Ouest apprécieront les clins d'œil à leur région fétiche – Dutournier est né dans les Landes –, et les autres, le côté gourmand et canaille de ces belles préparations... Le cadre, lui, est sobre et un brin arty, avec du mobilier signé Alberto Bali. Dernier atout : des prix plutôt raisonnables. On ne fait qu'une bouchée d'une telle formule !

Marco Polo 🍴○

Italienne ▶ **Plan : C2**

8 r. de Condé
✆ 01 43 26 79 63 (réservation conseillée)
www.restaurant-marcopolo.com
Ⓜ Odéon

Formule 21 € – Menu 36 € – Carte 45/65 €

Sénateurs venus en voisins, éditeurs du quartier et amateurs de cuisine transalpine : les habitués sont nombreux et apprécient l'atmosphère à la fois feutrée et conviviale qui règne au Marco Polo... D'ailleurs, ça ne date pas d'hier, puisque Renato Bartolone a ouvert ce restaurant en 1977. Le chef qu'il a embauché, originaire de la région des Pouilles, concocte une cuisine sans esbroufe, mais franche, solide et soignée. Les antipasti mettent évidemment en appétit, et les pâtes sont travaillées dans les règles de l'art. Raviolis aux cèpes, spaghettis aux vongole : il y en a vraiment pour tous les goûts, sans même parler du risotto du jour... Un conseil : pour suivre Marco Polo dans son voyage, réservez votre traversée !

La Marlotte

Cuisine traditionnelle ▶ **Plan : B2**

55 r. du Cherche-Midi
Fermé 13-21 août
☎ 01 45 48 86 79
www.lamarlotte.com
Ⓜ St-Placide

Formule 23 € – Menu 28 € (déjeuner en semaine)/33 € – Carte 32/51 €

Ici, plus que pour le cadre, on vient pour l'ambiance ! C'est que cette "auberge d'aujourd'hui", comme aime à l'appeler Gilles Ajuelos, est un véritable concentré de restaurant parisien : au cœur de la rive gauche, l'adresse fait le bonheur des éditeurs, galeristes et hommes politiques du quartier. Les propositions sont simples et ultraclassiques : harengs pommes à l'huile, terrine de foies de volaille, pieds et paquets, île flottante, crème caramel... Vous l'aurez compris, le chef respecte la tradition. Ce qui fait la différence ? De beaux produits de saison et une générosité indéniable !

La Méditerranée

Poissons et fruits de mer ▶ **Plan : C2**

2 pl. Odéon
Fermé 24-31 décembre
☎ 01 43 26 02 30
www.la-mediterranee.com
Ⓜ Odéon

Formule 29 € – Menu 36 € – Carte 42/69 €

Sur une élégante placette en face du théâtre de l'Europe, ce restaurant assume avec panache son héritage marin : joliment habillée d'un dessin de Cocteau, la façade bleu nuit évoque subtilement les profondeurs mystérieuses de "mare nostrum". Les trois salles à manger composent un décor agréable, très parisien avec ses fresques, et ensoleillé par une plaisante véranda. Sans surprise, la carte fait la part belle aux produits de la mer, préparés avec talent par une équipe bien rodée. Soupe de poissons de roche, bouillabaisse, coquillages et crustacés cuisinés à la minute sont de première fraîcheur, exhibant sans complexe leur accent du Sud, autour de marinades d'huile d'olive, d'herbes parfumées et de saveurs safranées. Il ne manque que la Grande Bleue et le clapotis des vagues !

Relais Louis XIII ✿

Cuisine classique ▶ **Plan : D1**

8 r. des Grands-Augustins
✆ 01 43 26 75 96
www.relaislouis13.com
Ⓜ Odéon

Fermé 3 semaines en août,
1 semaine en janvier,
dimanche, lundi et fériés

Menu 60 € (déjeuner en semaine), 90/140 € – Carte 130/140 €

A/C

Relais Louis XIII

Une table chargée d'histoire, bâtie sur les caves de l'ancien couvent des Grands-Augustins : c'est ici que, le 14 mai 1610, une heure après l'assassinat de son père Henri IV, Louis XIII apprit qu'il devrait désormais régner sur la France... La salle à manger semble se souvenir de ces grandes heures du passé : colombages, pierres apparentes, boiseries, vitraux et tentures, tout distille un charme d'autrefois, avec çà et là des objets de collection (tableaux)...

Une atmosphère toute particulière, donc, comme hors du temps, particulièrement propice à la découverte de la cuisine du chef, Manuel Martinez, tenante d'un noble classicisme culinaire. Après un joli parcours chez Ledoyen, au Crillon, à la Tour d'Argent, ce Meilleur Ouvrier de France a décidé de s'installer en ce Relais pour y perpétuer la tradition. Quoi de plus logique ? L'histoire continue donc et les habitués sont nombreux, plébiscitant notamment la formule déjeuner, d'un excellent rapport qualité-prix !

Entrées

- Quenelle de bar, mousseline de champignons, glaçage au champagne
- Ravioli de homard breton et foie gras, crème de cèpes

Plats

- Canard challandais rôti aux épices
- Ris de veau cuit au sautoir

Desserts

- Millefeuille, crème légère à la vanille Bourbon
- Tartelette à la mangue et à l'avocat, gelée au gin et sorbet citron-basilic

Le Restaurant ✿

Cuisine moderne ▶ **Plan : C1**

Hôtel L'Hôtel,
13 r. des Beaux-Arts
✆ 01 44 41 99 01
www.l-hotel.com
Ⓜ St-Germain des Prés

Fermé août,
22-28 décembre,
dimanche et lundi

Formule 45 € – Menu 55 € (déjeuner), 85 € 🍷/115 € – Carte 118/145 € XX

Le Restaurant

Le Restaurant de l'Hôtel n'a rien d'une table gastronomique conventionnelle. Il doit son atmosphère baroque, anachronique et éclectique au designer Jacques Garcia, adepte du style Empire revisité. Dans un esprit salon privé, le décor rivalise de drapés, banquettes et fauteuils bas, alcôves, moulures dorées et tons fauves, tel un tableau d'Ingres dans sa période orientaliste. Un peu trop chargé pour certains, dépaysant pour d'autres, en tout cas original ! Le tout agrémenté d'une ravissante cour intérieure où la terrasse et la fontaine font oublier que l'on se trouve au cœur de Paris.

Pour satisfaire les exigences de sa clientèle de "happy few" – people et stars sensibles à son intimité et à ses hôtes illustres (Oscar Wilde, Borges, etc.) –, il fallait tout le savoir-faire d'un jeune chef au beau parcours. Autrefois second et seul aux commandes depuis 2011, ce dernier travaille d'excellents produits et aime revisiter les classiques de la gastronomie française ; son épouse Johanna, chef-pâtissière, se charge avec brio de la conclusion des repas. Un duo gagnant !

Entrées

- Tourteau de Loctudy, avocat et yuzu
- Bonite marinée à l'huile parfumée

Plats

- Ris de veau "crousti-moelleux", jus aux herbes
- Daurade royale, bouillon de crevettes grises, jus nacré salade douce

Desserts

- Chocolat au parfum de poivre long, poudre de meringue.
- Fruits exotiques, riz soufflé caramélisé

La Rotonde

Cuisine traditionnelle ▶ **Plan : B3**

105 bd Montparnasse
01 43 26 68 84
www.rotondemontparnasse.com
Vavin

Formule 24 € – Menu 44 € – Carte 31/77 €

À deux pas des nombreux théâtres de la rue de la Gaîté, cette Rotonde incarne depuis plus d'un siècle l'essence même de la brasserie parisienne. Le décor est typique – très marqué par les années 1930 – avec ses cuivres omniprésents et ses banquettes de velours rouge. Quant à la carte, elle combine opportunément les classiques du genre et les plats de facture plus traditionnelle, toujours réalisés avec de bons produits : le tartare de bœuf de race française, par exemple, est la spécialité de la maison. L'équipe en salle est aimable et souriante – c'est toujours appréciable ! – et comme dans toutes les authentiques brasseries de Paris ou d'ailleurs, on vous accueille jusque tard dans la nuit (1h). Un repaire de choix pour les théâtrophiles affamés !

Semilla

Cuisine moderne ▶ **Plan : C1**

54 r. de Seine
01 43 54 34 50
Odéon

Fermé 2 semaine en août et 23 décembre-2 janvier

Formule 24 € – Carte 37/60 €

Une bonne "graine" (*semilla* en espagnol) que ce bistrot né à l'initiative des patrons du fameux bistrot Fish La Boissonnerie, situé juste en face. Cette adresse a donc de qui tenir et elle est elle-même emmenée par une équipe passionnée, jeune et ultramotivée : il suffit de regarder la petite brigade en train de s'activer derrière les fourneaux (ouverts sur la salle) pour en mesurer le professionnalisme – mais aussi la décontraction contagieuse... Les fournisseurs sont triés sur le volet, les assiettes ficelées avec soin et inspiration, et accompagnées de jolis petits vins (intéressant choix au verre) – avec aussi de très bons fromages, ce qui n'est plus si courant. Le tout se joue dans un décor plutôt branché et sympathique. Semilla, sémillante adresse !

Shu

Japonaise

▶Plan : D1

8 r. Suger
01 46 34 25 88 (réservation conseillée)
www.restaurant-shu.com
St-Michel

Fermé vacances de printemps, 3 semaines en août, dimanche et le midi

Menu 38 € (dîner), 48/63 €

Une cave du 17e s. dans le quartier St-Michel, à laquelle on accède par une minuscule porte et un escalier périlleux qui imposent de courber l'échine... Ainsi pourrait débuter une messe secrète... Et en effet, on rendrait bien des dévotions à la cuisine d'Ukai Osamu, grand maître de Shu ! Ce jeune chef, formé auprès de quelques grandes tables nippones de la capitale, se montre intraitable sur la qualité des produits. Il excelle notamment dans les kushiage – de petites brochettes frites de légume, viande, tofu et autres, bien croustillantes, légères et parfumées –, mais vous concocte aussi des recettes japonaises variant au gré des saisons, ainsi que les incontournables sushis et sashimis... Précision dans la découpe du poisson, dans le frémissement des bouillons, flaveur des assaisonnements (gingembre, sésame, wasabi, etc.) : on sort converti.

Sur la Braise

Viandes

▶Plan : B3

19 r. Bréa
01 43 27 08 80
www.surlabraise.com
Vavin

Fermé1er-21 août et dimanche

Menu 49/59 € – Carte 60/80 €

Carnivore, tu es ici chez toi. Bienvenue dans une maison où l'on célèbre les viandes de bœuf d'exception ! Les "stars" du monde bovin – Normande, Salers, Aubrac, blonde de Galice, Black Angus, Hereford, Wagyu – sont maturées pendant 15 ou 30 jours et proposées au client par portions de 200, 300 ou 500g, et grillées dans un four à braise. Quel que soit l'accompagnement que tu auras choisi (frites ou purée maison, wok de légumes), tu verras que la simplicité est de mise : tout le plaisir est dans la qualité des produits et dans la précision des cuissons. Tu apprécieras aussi sûrement le décor, moderne et chaleureux, avec son comptoir, sa cave à vins vitrée et son ambiance sympathique. Je n'ai plus qu'à te souhaiter un bon appétit !

Taokan ⑩

Chinoise

8 r. du Sabot
01 42 84 18 36
www.taokan.fr
Ⓜ St-Germain des Prés

▶ Plan : C2
Fermé 1er-15 août et dimanche midi

Menu 22 € (déjeuner), 29/37 € – Carte 35/60 €

A/C Au cœur de St-Germain-des-Prés, ce joli restaurant s'est fixé un défi de taille : offrir une vision nouvelle de la gastronomie chinoise (et particulièrement cantonaise, avec quelques détours par Taïwan) en réinventant les codes du genre. La carte offre un large panorama de préparations originales et raffinées : poisson, canard façon Taokan, bœuf spicy ou loc lac, et surtout les incontournables dim-sum maison, pour lesquels on se déplace depuis tous les arrondissements de la ville... L'ensemble se déguste dans un décor actuel avec son parquet clair, son mobilier en ébène, ses plaques translucides aux murs et ses teintes de rouge en clin d'œil aux claustras traditionnels, tandis que la cuisine vitrée, à demi ouverte sur la salle, communique à la clientèle une belle énergie créatrice. Dépaysant !

Teppanyaki Ginza Onodera ⑩

Japonaise

6 r. des Ciseaux
01 42 02 72 12 (réservation conseillée)
Ⓜ Mabillon

▶ Plan : C1-2
Fermé lundi midi et dimanche

Menu 45 € (déjeuner), 80/150 €

A/C Bien loin de Ginza – l'un des quartiers les plus huppés de Tokyo –, on sonne à la porte de cette discrète maison parisienne, dont la façade ne laisse rien deviner de ce qui se trame à l'intérieur... On est accueilli dans une salle intimiste et feutrée et l'on s'installe face au teppanyaki – une plaque chauffante utilisée dans la cuisine japonaise. Bar cuit à la vapeur et sauce au safran, bœuf Simmental et riz à l'œuf, oignons et légumes au vinaigre... La carte, renouvelée tous les mois, fait la part belle à de bons produits ; les assiettes révèlent de belles surprises, tant au niveau des textures que des saveurs.

Le Timbre

Cuisine traditionnelle ▶ **Plan : B3**

3 r. Ste-Beuve
✆ 01 45 49 10 40 (réservation conseillée)
www.restaurantletimbre.com
Ⓜ Notre-Dame des Champs

Fermé août, 1er-6 janvier, dimanche et lundi

Menu 26 € (déjeuner), 36/49 €

Ce charmant bistrot, grand comme un... timbre-poste, est désormais le repaire de Charles Danet, jeune chef monté tout droit de Montpellier. Il a réussi à conserver tout le charme des lieux – tables en bois, banquettes et ambiance à la bonne franquette – et il y propose une cuisine du marché originale et goûteuse. Ses spécialités parlent pour lui : maquereau mariné au vinaigre d'épices, poitrine de cochon cuite pendant 60 h à 66°C, crémeux au chocolat noir Albinao... Quant à Agnès, sa compagne, elle assure le service avec gentillesse et attention, prodiguant même de précieux conseils en matière de vin... On passe un excellent moment, et l'on a qu'une envie à la fin du repas : revenir !

Toyo

Créative ▶ **Plan : B3**

17 r. Jules-Chaplain
✆ 01 43 54 28 03
www.restaurant-toyo.com
Ⓜ Vavin

Fermé 2 semaines en août, vacances de Noël, lundi midi et dimanche

Menu 39 € (déjeuner), 95/125 €

Dans une autre vie, Toyomitsu Nakayama était le chef personnel du couturier Kenzo ; aujourd'hui, il excelle dans l'art d'assembler les saveurs et les textures, entre France et Japon. Dans son petit restaurant zen et très épuré, pas de carte, mais deux menus le midi et le soir, qui changent selon l'inspiration du moment... Toyo a évidemment quelques plats-signatures, dont la paella japonaise aux fruits de mer, ou cet étonnant cabillaud fumé Ô-cha (au thé). Et que dire du tiramisu au thé vert ? Il résume à lui seul la cuisine du lieu : fraîche, fine et parfumée. Un mariage franco-nippon des plus heureux !

Tsukizi

Japonaise ▶ **Plan : C1**

2 bis r. des Ciseaux
01 43 54 65 19
St-Germain des Prés

Fermé 1er-22 août, 26 décembre-9 janvier, dimanche midi et lundi

Formule 20 € – Carte 30/60 €

Cette minuscule adresse, essentiellement fréquentée par les habitués – des Japonais et quelques touristes –, se fait discrète dans une ruelle entre la rue du Four et le boulevard St-Germain. Elle respire la simplicité avec trois petites tables au fond de la salle. Comme au Japon, on s'installe en priorité au comptoir (une dizaine de places) afin d'observer, aux premières loges, ce qui se joue en cuisine. Là, le chef découpe les poissons du jour, exposés dans de petites vitrines réfrigérées, pour ses sashimis, sushis, makis et autres préparations. Dans le respect de la tradition, évidemment. Le temps d'un repas, on s'imaginerait presque dans un vrai sushi ya de Tokyo.

Un Dimanche à Paris

Cuisine moderne ▶ **Plan : C2**

4 cours du Commerce-St-André
01 56 81 18 18
www.un-dimanche-a-paris.com
Odéon

Fermé 1er-22 août, mardi midi, dimanche soir et lundi

Formule 25 € – Menu 31 € (déjeuner en semaine), 39/62 € – Carte 45/65 €

Chocolat addicts, ce "concept store", à la fois restaurant, salon de thé, boutique et école de cuisine, est pour vous ! Ce paradis dédié au cacao sous toutes ses formes est élégant, épuré selon les critères de la décoration contemporaine, et s'enroule drôlement autour des vestiges de la tour Philippe-Auguste. 1210 ! Époque cruelle où l'Europe n'avait pas encore eu vent de l'existence du cacao... Heureusement ces temps sont révolus, et viandes et poissons, grâce à l'inventivité de William Caussimon, sont habilement rehaussés de jus ou de vinaigrette au chocolat noir, de sauce aux effluves épicés, d'émulsion de chocolat blanc, etc. Les rappels sont discrets, les harmonies subtiles et les produits de qualité. Mention spéciale pour les desserts, qui sont de pures délices ! Enfin, n'hésitez pas à faire un détour par la boutique, dans les locaux qui abritaient autrefois l'imprimerie de Marat...

Wadja

Cuisine traditionnelle ▶ **Plan : B3**

10 r. de la Grande-Chaumière
✆ 01 46 33 02 02
Ⓜ Vavin

Fermé 1 semaine en février, 3 semaines en août, samedi, dimanche et fériés

Formule 19 € – Menu 39/49 €

Fondé en 1942 par les Wadja, un couple d'origine polonaise, le Wadja porte non seulement toujours le nom des anciens propriétaires, mais il n'a rien perdu de son âme d'antan... Sol en mosaïque, zinc, miroirs, vieilles affiches : tout ici respire l'authenticité, à l'instar des petits plats de Thierry Coué (Senderens, Les Amognes). Au gré du marché, ce chef épatant vous concocte un carpaccio de céleri, moelle de bœuf, moutarde et estragon, un agneau de lait rôti au citron, ou encore une crêpe fourrée à la compote d'aubergine et à la cardamome... Des délices qui s'accompagnent de vins de petits propriétaires privilégiant la biodynamie. Une adresse pour les amoureux de la tradition bistrotière et... de l'ambiance surannée du Montparnasse d'autrefois.

Yen

Japonaise ▶ **Plan : C1**

22 r. St-Benoît
✆ 01 45 44 11 18
www.yen-paris.fr
Ⓜ St-Germain-des-Prés

Fermé 2 semaines en août et dimanche

Formule 39 € – Menu 69 € (dîner) – Carte 32/68 €

Ce restaurant typiquement japonais est d'une extrême discrétion : sa façade en bois respire une sobriété tout orientale et s'ouvre par une modeste porte latérale. Elle cache deux salles d'inspiration zen (murs blancs, sobre mobilier en bois clair), mais le rez-de-chaussée, ouvert sur la rue, est assez animé : préférez l'étage pour plus d'espace et d'intimité (belles poutres apparentes). La spécialité du chef ? Le soba : des pâtes de sarrasin découpées en fines lamelles et assaisonnées de façon variée. Que les amateurs de sushis se rassurent, les traditionnels poissons crus sont également au menu. L'endroit attire une importante clientèle nippone qui apprécie l'authenticité des mets et la rigueur du service.

Ze Kitchen Galerie ✿

Créative

▶ **Plan : D1**

4 r. des Grands-Augustins
01 44 32 00 32
www.zekitchengalerie.fr
Ⓜ St-Michel

Fermé 2 semaines en août, 1 semaine fin décembre, samedi midi et dimanche

Formule 41 € – Menu 48 € (déjeuner), 85/98 €

Bruno Delessard

Galerie d'art contemporain, atelier de cuisine, cantine arty à la mode new-yorkaise ? Sous son nom hybride, Ze Kitchen Galerie joue sur les frontières entre art et cuisine, avec pour ambition d'unir ces deux expressions dans le décor et l'assiette. Un dessein visible dès qu'on passe la porte de ce restaurant conçu par Daniel Humair : dans des volumes épurés – sans être froids – cohabitent mobilier et vaisselle design, matériaux bruts, tableaux colorés, autour d'une cuisine vitrée pour suivre en direct le spectacle de la brigade.

Aux fourneaux, William Ledeuil donne libre cours à sa passion pour les saveurs de l'Asie du Sud-Est (Thaïlande, Vietnam, Japon) où il puise son inspiration. Galanga, ka-chaï, curcuma, wasabi, gingembre… Autant d'herbes, de racines, d'épices et de condiments du bout du monde qui relèvent avec brio les recettes classiques françaises. Sa carte – à base de poissons, bouillons, pâtes, plats à la plancha – décline ainsi une palette d'assiettes inventives, modernes et ciselées, pour un voyage entre saveurs et couleurs.

Entrées

- Coquillages, jus de wasabi et pomme verte
- Huîtres, condiment kalamasi

Plats

- Thon blanc, vitello tonnato, sauce vierge
- Cochon de lait, condiment olive-gingembre

Desserts

- Reines-claudes et mirabelles, sablé et glace gingembre
- Rhubarbe, verveine, coquelicot

7^{e}

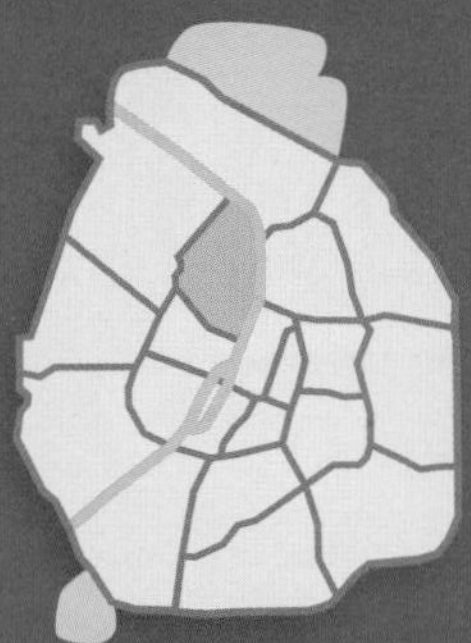

Tour Eiffel · École Militaire · Invalides

Bruno Bernier / Fotolia.com

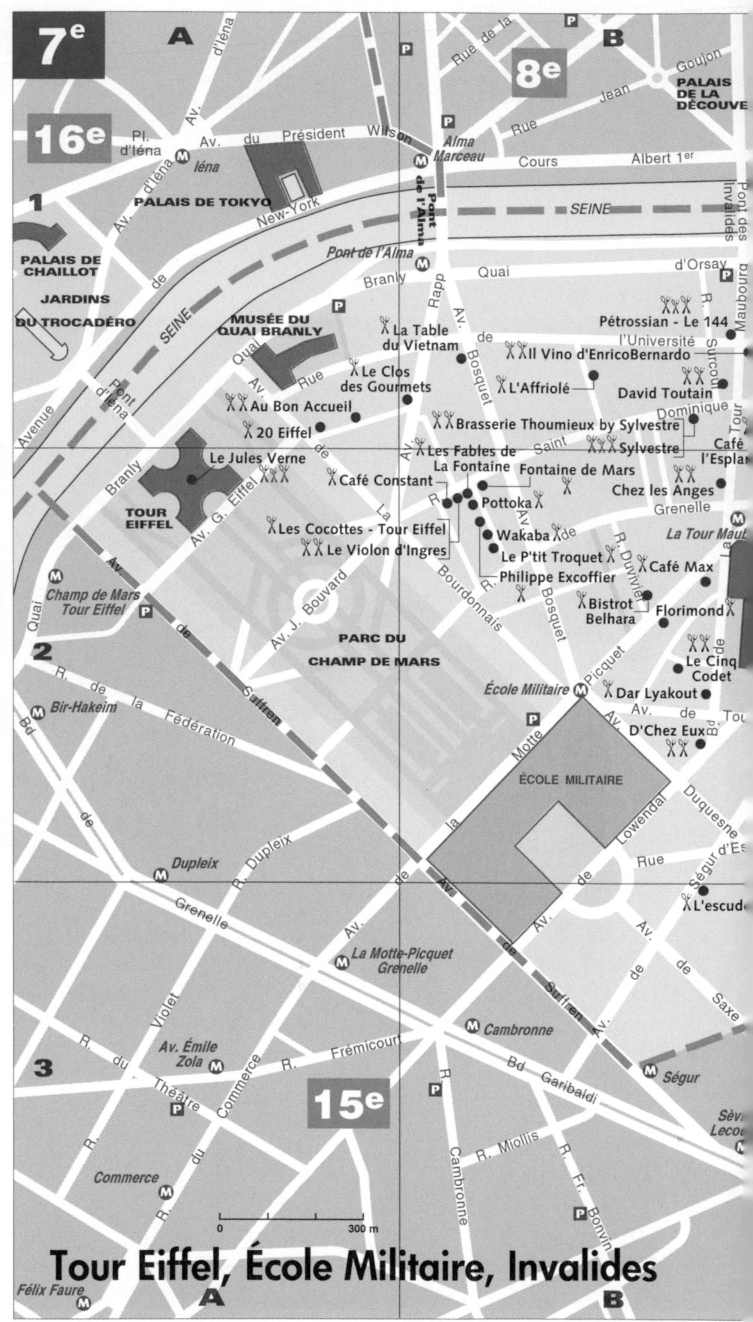
Tour Eiffel, École Militaire, Invalides
7e
8e
16e
15e
PALAIS DE LA DÉCOUVE
PALAIS DE TOKYO
PALAIS DE CHAILLOT
JARDINS DU TROCADÉRO
MUSÉE DU QUAI BRANLY
TOUR EIFFEL
PARC DU CHAMP DE MARS
ÉCOLE MILITAIRE
SEINE
Pont de l'Alma
Pont d'Iéna
Iéna
Alma Marceau
Champ de Mars Tour Eiffel
Bir-Hakeim
École Militaire
La Tour Maub
Dupleix
La Motte-Picquet Grenelle
Cambronne
Ségur
Av. Émile Zola
Commerce
Félix Faure
Pétrossian - Le 144
Il Vino d'EnricoBernardo
L'Affriolé
David Toutain
La Table du Vietnam
Le Clos des Gourmets
Au Bon Accueil
20 Eiffel
Brasserie Thoumieux by Sylvestre
Sylvestre
Café l'Espla
Le Jules Verne
Les Fables de La Fontaine
Fontaine de Mars
Café Constant
Pottoka
Chez les Anges
Les Cocottes - Tour Eiffel
Le Violon d'Ingres
Wakaba
Le P'tit Troquet
Philippe Excoffier
Café Max
Bistrot Belhara
Florimond
Le Cinq Codet
Dar Lyakout
D'Chez Eux
L'escud
0
300 m

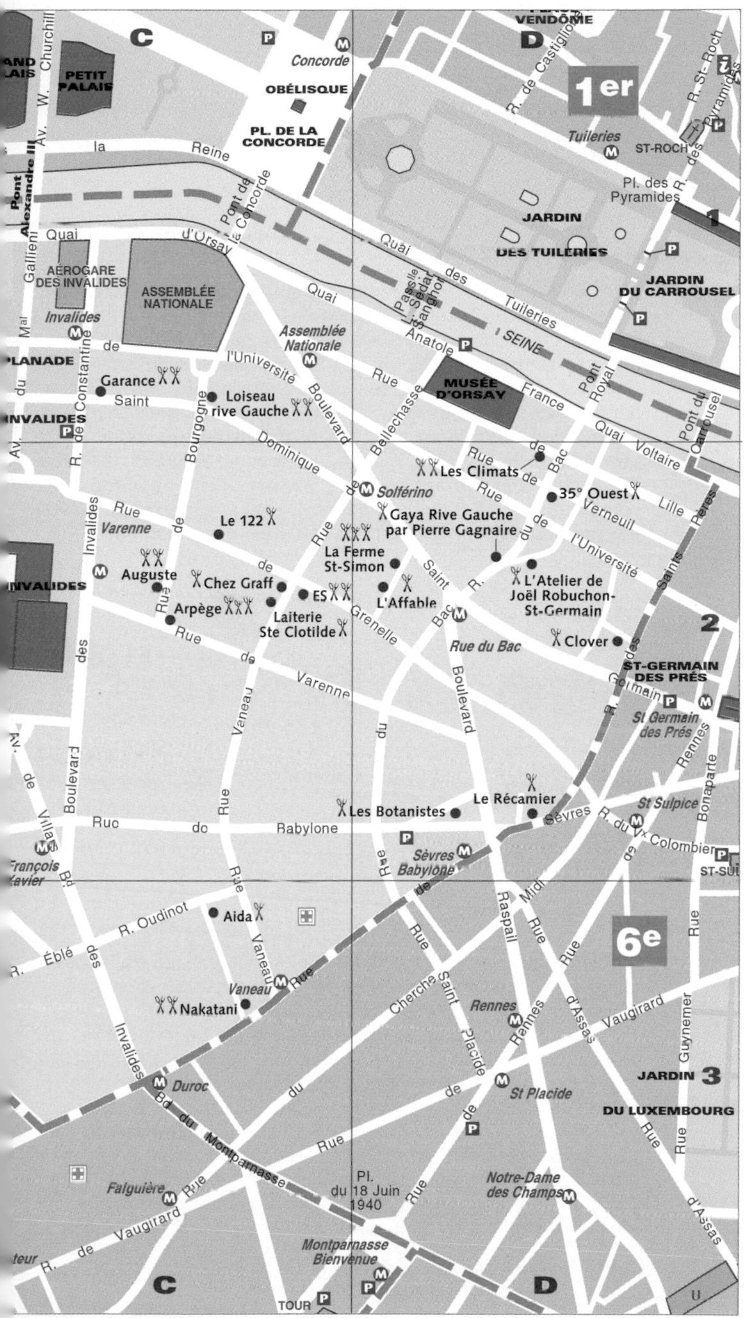
C
D
PLACE VENDÔME
Concorde
OBÉLISQUE
PL. DE LA CONCORDE
PETIT PALAIS
Av. W. Churchill
R. de Castiglione
1er
R. St-Roch
R. des Pyramides
Tuileries
ST-ROCH
Pl. des Pyramides
JARDIN DES TUILERIES
JARDIN DU CARROUSEL
Cours la Reine
Pont Alexandre III
Pont de la Concorde
Quai d'Orsay
Quai des Tuileries
Quai Anatole France
Quai Voltaire
SEINE
Passerelle Léopold Sédar Senghor
Pont Royal
Pont du Carrousel
AÉROGARE DES INVALIDES
ASSEMBLÉE NATIONALE
Assemblée Nationale
Invalides
MUSÉE D'ORSAY
ESPLANADE DES INVALIDES
INVALIDES
Rue de l'Université
Rue Saint-Dominique
Boulevard Saint-Germain
Rue de Bellechasse
Rue de Lille
Rue de Verneuil
Rue du Bac
Rue des Saints-Pères
Garance
Loiseau rive Gauche
Les Climats
35° Ouest
Solférino
Gaya Rive Gauche par Pierre Gagnaire
Le 122
La Ferme St-Simon
L'Atelier de Joël Robuchon-St-Germain
Auguste
Chez Graff
ES
L'Affable
Arpège
Laiterie Ste Clotilde
Clover
Rue du Bac
ST-GERMAIN DES PRÉS
St Germain des Prés
Rue de Grenelle
Rue de Varenne
Rue de Bourgogne
R. de Constantine
Boulevard des Invalides
Rue Vaneau
Rue du Bac
Boulevard Raspail
Rue de Rennes
Rue Bonaparte
Le Récamier
Les Botanistes
Rue de Babylone
Rue de Sèvres
R. du Vx Colombier
St Sulpice
Sèvres Babylone
François Xavier
Av. de Villars
R. Oudinot
R. Éblé
Aida
Vaneau
Nakatani
6e
Rue du Cherche Midi
Rue Saint-Placide
Rennes
Rue d'Assas
Rue de Vaugirard
Rue Guynemer
JARDIN DU LUXEMBOURG
3
2
1
Duroc
Bd du Montparnasse
St Placide
Notre-Dame des Champs
Falguière
Pl. du 18 Juin 1940
Montparnasse Bienvenüe
TOUR
Pasteur
ST-SULPICE

L'Affable

Cuisine moderne ▶ **Plan : D2**

10 r. de St-Simon
✆ 01 42 22 01 60
www.laffable.fr
Ⓜ Rue du Bac

Fermé 3 semaines en août, 25 décembre-1er janvier, samedi et dimanche

Formule 29 € – Carte 53/74 € 

Dans une rue résidentielle non loin du boulevard Saint-Germain, cet Affable vous accueille, évidemment, avec grande amabilité ! L'ambiance est conviviale dans ce bistrot plutôt élégant, qui joue une jolie carte rétro (comptoir en zinc, carrelage ancien, banquettes rouges...) et régale avec savoir-faire. Au menu, par exemple, langoustines, légumes verts et passion ; œuf parfait, girolles et fritons de veau ; ris de veau, céleri et anguille fumée ; cheesecake concombre et verveine... Les produits sont de qualité et de saison, les saveurs bien marquées dans les assiettes. Dans ces conditions, comment s'étonner que les riverains soient si nombreux à y avoir pris des habitudes ? Pensez à réserver, c'est très souvent complet...

L'Affriolé

Cuisine moderne ▶ **Plan : B1**

17 r. Malar
✆ 01 44 18 31 33
www.laffriole.fr
Ⓜ Invalides

Fermé 3 semaines en août, dimanche et lundi

Formule 26 € – Menu 30 € (déjeuner en semaine)/39 € 

Mobilier moderne et esprit contemporain (carrelage multicolore, chaises en plexiglas) : le bistrot de Thierry Verola est charmant ; quant à sa cuisine, elle réserve de vraies bonnes surprises... À l'écoute du marché et de ses envies, le chef propose une ardoise quotidienne dont les généreuses assiettes flirtent avec la modernité : thon au fenouil cuit à la plancha, pâté Pantin en hiver et ceviche de dorade aux beaux jours... Et pour les hommes (et les femmes) pressés, on propose aussi une formule "bento", dans laquelle tous les plats sont servis ensemble. On vient ici pour un repas à la fois décontracté et soigné, où les attentions ne manquent pas (radis en amuse-bouche, pots de crème en mignardises). Le tout à prix doux. Affriolant, non ?

Aida ✿

Japonaise ▶ **Plan : C3**

1 r. Pierre-Leroux
✆ 01 43 06 14 18 (réservation conseillée)
www.aida-paris.net
Ⓜ Vaneau

Fermé 1 semaine en mars, 3 semaines en août, lundi et le midi

Menu 160 €

Aida

La façade blanche de ce petit restaurant niché dans une ruelle se fond si bien dans le paysage qu'on risque de passer devant sans la remarquer. Grave erreur ! Derrière se cache un secret jalousement gardé, celui d'une délicieuse table nippone. L'intérieur se révèle élégant et sans superflu, à l'image des établissements que l'on trouve au Japon. Au choix, attablez-vous au comptoir (seulement neuf places) pour être aux premières loges face aux grandes plaques de cuisson (teppanyaki), ou dans le petit salon privé sobrement aménagé avec son tatami.

Au gré d'un menu dégustation unique, vous découvrirez une cuisine fine et pointue, tissant de beaux liens entre le Japon et la France ; les assaisonnements, les cuissons et les découpes ne font que souligner l'ingrédient principal, servi dans sa plus simple expression. Sashimis, homard de Bretagne, chateaubriand ou ris de veau, cuits au teppanyaki, s'accompagnent de bons vins de Bourgogne, sélectionnés avec passion par le chef. Service très attentif et prévenant.

Entrées	Plats	Desserts
• Sashimi	• Teppanyaki	• Wagashi

Arpège ✿✿✿

Créative

▶ **Plan : C2**

84 r. de Varenne
✆ 01 47 05 09 06
www.alain-passard.com
Ⓜ Varenne

Fermé samedi et dimanche

Menu 140 € (déjeuner), 260/340 € – Carte 185/295 €

S.Delpech

Plusieurs décennies déjà qu'Alain Passard a pris ses quartiers près du musée Rodin. Artiste "impressionniste", expert en cuissons et auteur d'une cuisine épurée, aboutie, d'une apparente simplicité, il s'attache depuis de nombreuses années à explorer les possibilités culinaires du légume, apportant toute sa noblesse à ce produit d'ordinaire servi en accompagnement. Très attentif aux saisons, il possède même trois potagers dans l'Ouest de la France. Illustration, si besoin est, du goût pour l'authenticité de cet homme passionné et exigeant...

Son discret restaurant – presque insoupçonnable dans la rue de Varenne – lui ressemble : sérénité et modernité du décor ponctué de bacchanales en cristal Lalique, motifs de vagues sur les vitres, et un unique portrait, celui de Louise, sa grand-mère cuisinière. À la fin du repas, les curieux feront une halte à l'Arrière-Cuisine, pour admirer à loisir les créations graphiques du chef, comme ces collages de fruits et légumes, inspirés... et inspirants !

Entrées

- Fines ravioles potagères multicolores, consommé aux légumes
- Aiguillettes de homard au vin jaune

Plats

- Corps-à-corps de volaille haute couture
- Jardinière de légumes Arlequin, merguez végétale à l'harissa

Desserts

- Tarte aux pommes bouquet de roses
- Millefeuille caprice d'enfant

L'Atelier de Joël Robuchon - St-Germain ✿✿

Créative

5 r. de Montalembert
☏ 01 42 22 56 56
www.joel-robuchon.net
Ⓜ Rue du Bac

▶ **Plan : D2**

Accueil de 11h30 à 15h30 et de 18h30 à minuit. Réservations uniquement pour certains services : se renseigner.

Menu 169 € – Carte 80/175 €

L'Atelier de Joël Robuchon

Restaurant à part dans le paysage gastronomique, qui balaie les conventions sans négliger le goût du raffinement, l'Atelier de Joël Robuchon a de quoi intriguer. Plongés dans une semi-pénombre étudiée, deux bars se répondent autour de la cuisine centrale où les plats sont élaborés sous le regard des hôtes, assis au comptoir sur de hauts tabourets (on peut aussi préférer la petite salle voisine, plus traditionnelle mais tout aussi confidentielle). Laque noire, granit sombre, faisceaux rougeoyants : le travail de l'architecte Pierre-Yves Rochon colle parfaitement à cette première déclinaison du concept imaginé par Robuchon – qui en a essaimé depuis dans le monde entier. Une idée de "cantine chic", version occidentale du teppanyaki et des bars à sushis nippons, avec au menu une cuisine "personnalisable" (sous forme de petites portions et d'assiettes) ciselée avec une précision d'orfèvre et des ingrédients de choix. Et même, en prime, des influences ibériques et une belle sélection de vins au verre ! À noter : pas de réservation hormis pour les services de 11h30 et 18h30.

Entrées

- Caviar sur un œuf de poule mollet, friand au saumon fumé
- Langoustine en ravioli truffé à l'étuvée de chou vert

Plats

- Merlan frit Colbert, beurre aux herbes
- Agneau de lait en côtelettes à la fleur de thym

Desserts

- Ganache onctueuse au chocolat araguani, glace au grué de cacao
- Soufflé chaud à l'avocat, éclats de chocolat manjari et sorbet au fromage blanc

Au Bon Accueil

Cuisine moderne ▶ **Plan : A1**

14 r. Monttessuy
01 47 05 46 11
www.aubonaccueilparis.com
Ⓜ Pont de l'Alma

Fermé 3 semaines en août, samedi et dimanche

Formule 30 € – Menu 36/55 € – Carte 65/85 €

A/C

Ce bistrot gastronomique a plus d'un tour dans son sac pour conquérir le cœur du public. À commencer par son emplacement, à deux pas de la tour Eiffel. Sous les auspices de la grande dame, on se réfugie avec bonheur dans la salle au décor soigné, à l'élégance discrète. Question cuisine, le marché et les produits de qualité dictent au quotidien les intitulés du menu. Les plats au goût du jour, enrichis de gibier en saison, expriment des saveurs nettes et simples, rehaussées par des crus du Rhône ou de Bourgogne : saumon français mariné puis fumé, écrasé de pomme de terre au beurre noisette ; brioche perdue au caramel, à la sauce mangue et passion... Le rapport qualité-prix est excellent ! Quant à l'accueil, il suffit de lire l'enseigne pour l'imaginer.

Bistrot Belhara

Cuisine traditionnelle ▶ **Plan : B2**

23 r. Duvivier
01 45 51 41 77
www.bistrotbelhara.com
Ⓜ École Militaire

Fermé 31 juillet-25 août, 24-29 décembre, dimanche et lundi

Formule 24 € – Menu 34 € (déjeuner), 38/52 € – Carte 43/51 €

Belhara ? Ce haut fond proche de St-Jean-de-Luz est bien connu des surfeurs car il donne naissance à des vagues superbes. C'est par ce clin d'œil que le chef de ce bistrot rend hommage à ses origines basques... mais on ne saurait leur résumer son parcours – impressionnant (Guérard, Loiseau, Ducasse, etc.) – et son savoir-faire : converti à la mode bistrot, Thierry Dufroux fait des merveilles en revisitant les classiques du genre ! Ainsi ce velouté de potimarron crémeux à souhait, ou encore ce délicieux petit pâté chaud de canard et foie gras accompagné d'une sauce rehaussée à la cerise. Le tout à apprécier dans un joli décor rétro : vieux comptoir, moulures, banquettes rouges, etc. Entre Invalides et École militaire, cette nouvelle adresse tient le haut de la vague !

Auguste ✿

Cuisine moderne

▶ **Plan : C2**

54 r. de Bourgogne
✆ 01 45 51 61 09 (réservation conseillée)
www.restaurantauguste.fr
Ⓜ Varenne

Fermé 1er-14 août, samedi et dimanche

Menu 37 € (déjeuner), 88/154 € 🍷 – Carte 80/110 € XX

A/C

Auguste

Ambiance zen du côté des ministères ! La petite maison de Gaël Orieux – à peine une trentaine de couverts – offre un calme inattendu dans son élégant cadre contemporain, aux lignes faussement simplistes. L'ambiance se révèle feutrée et élégante, avec banquette sombre, miroirs, murs blancs sculptés et jolis fauteuils confortables...

Un espace chic et "classe" où l'on déguste une cuisine d'une sage modernité : huîtres creuses perles noires, gelée d'eau de mer, mousse de raifort, poire comice ; bar de ligne à la compotée de tomates, écume d'orange fleurée à la cannelle... La carte, courte mais très souvent renouvelée, séduit par sa variété et la qualité des produits. Gaël Orieux s'approvisionne au marché et a fait notamment le choix de ne servir que des poissons dont l'espèce n'est pas menacée (mulet noir, maigre, tacaud). Quant au choix de vins, il invite à d'agréables découvertes à prix étudiés.

Entrées

- Croustillant de langoustine à la verveine, bavarois de betterave jaune et kumquat
- Huîtres creuses, gelée d'eau de mer et mousse de raifort

Plats

- Ris de veau croustillant, girolles aux abricots secs et vin du Jura
- Turbot laqué au vieux parmesan, bouillon au lait de coco

Desserts

- Soufflé au chocolat Caraïbes, glace au miel
- Millefeuille parfumé à la fève tonka, mousse au chocolat blanc et citron jaune

Les Botanistes

Cuisine traditionnelle ►**Plan : D2**

11 bis r. Chomel
01 45 49 04 54
Sèvres-Babylone

Fermé août, dimanche et fériés

Carte 33/58 €

Les Botanistes ? Cela fait tout simplement référence à la profession de Pierre-Jean-Baptiste Chomel (1671-1740), membre de l'Académie des sciences qui a donné son nom à la rue. Pourtant, on va le voir, la cuisine de cette petite adresse ne se résume pas à de la verdure, loin s'en faut ! Foie gras de canard mi-cuit au torchon, chipirons au piment d'Espelette et leur risotto d'épeautre au chorizo, filet de bœuf poêlé et son gratin de pomme de terre, baba au rhum, financier... Ouf ! À l'ardoise, on retrouve la fine fleur de la cuisine bistrotière, dans un décor qui ne fait pas plante verte : carrelage en damier, buffet en bois clair, banquettes douillettes, appliques florales d'esprit Art déco, herbiers et natures mortes distillant leur charme champêtre, si joliment suranné.

Brasserie Thoumieux by Sylvestre

Cuisine moderne ►**Plan : B1**

Hôtel Thoumieux,
79 r. St-Dominique
01 47 05 79 00
www.thoumieux.fr
La Tour Maubourg

Formule 22 € – Menu 29 € (déjeuner en semaine) – Carte 45/80 €

Fondée en 1923, cette brasserie mythique, marquée du sceau de la Belle Époque, continue de tracer son sillon sous la houlette des fameux frères Costes. Modernisé, le décor flamboie : grands miroirs, moulures, lampes boules et longues banquettes rouges. Avec le ballet des people et aficionados attirés par la renommée de la table, les lieux ont même renoué avec toute la théâtralité de ces brasseries autrefois capitales, où s'encanaillaient bourgeois, hommes du monde et actrices. Quant à la carte, signée Sylvestre Wahid, elle fait de jolies œillades à l'esprit des lieux. De midi à minuit, on propose cœur de thon rouge cuit-cru et condiments d'une niçoise, big burger XXL, ris de veau doré au sautoir et jus de veau à la graine de moutarde...

Café Constant

Cuisine traditionnelle ▶ **Plan : B2**

139 r. St-Dominique
01 47 53 73 34
www.maisonconstant.com
École Militaire

Formule 16 € – Menu 23 € (déjeuner en semaine) – Carte 34/54 €

A/C

Lentement mais sûrement, l'ancien chef du Crillon, Christian Constant, a fait de la rue St-Dominique un vrai QG gourmand. À deux pas de son restaurant gastronomique, le Violon d'Ingres, cette annexe (dirigée par une jeune équipe) occupe un petit bistrot d'angle sans prétention. Et sans réservation ! Ici, la simplicité règne en maître. Le décor, brut de décoffrage, ne verse pas dans l'épate. La cuisine témoigne d'un sens aigu du produit, conservant un peu de l'esprit des grandes maisons (les manières et les prix en moins). Sur l'ardoise, on trouve de goûteux plats de bistrot, pensés selon le marché : œufs mimosa, tartare de saumon, huîtres et bar au gingembre, parmentier de cuisse de canard croisé au vin rouge, pommes gaufrettes... Constamment épatant, le Constant !

Café de l'Esplanade

Cuisine moderne ▶ **Plan : B2**

52 r. Fabert
01 47 05 38 80
La Tour Maubourg

Carte 46/85 €

A/C

Les frères Costes peuvent se vanter de transformer tout ce qu'ils touchent en or. À savoir en endroits branchés, comme cette Esplanade, alchimie réussie d'un lieu, d'une ambiance et d'une cuisine résolument tendance. Démonstration en quatre points. La superbe vue sur les Invalides, notamment en terrasse. La griffe "Jacques Garcia", qui a signé un décor en phase avec le monument voisin. La carte, qui oscille entre plats de brasserie chic et recettes du monde, avec une certaine influence asiatique : petits nems, club sandwich, tom yam chili sea bass, belle tranche de foie de veau et sa réduction de vinaigre de cidre, millefeuille framboise du dimanche... Enfin, le personnel looké, avec voiturier, au service d'une clientèle people et politique. Verdict : y courir pour voir et être vu, après avoir réservé.

Café Max

Cuisine traditionnelle ▶ **Plan : B2**

7 av. de la Motte-Picquet
01 47 05 57 66
Ⓜ École Militaire

Fermé 3 semaines en août, vacances de Noël, samedi et dimanche

Carte 29/67 €

Tout près des Invalides, ce discret restaurant semble presque enveloppé d'une aura de mystère. Les habitués – dont de nombreux hommes politiques – s'installent à toute heure de la journée dans cet intérieur de bistrot chic, presque rococo ; des tableaux classiques et des photos anciennes tapissent les murs, d'un noir de jais, et, assis sur les banquettes en velours rouge, on devise doucement sous un éclairage tamisé... La carte joue fièrement la tradition : œuf mayonnaise, oreilles de cochon sur salade de lentilles, rognon de veau grillé entier et sa sauce moutarde, parmentier de bœuf aux parfums de truffes, boudin... avec, pour finir, si vous conservez de l'appétit, les fameuses crêpes Suzette. De quoi mettre d'accord tous les politiques, de quelque bord qu'ils soient !

Le 122

Cuisine moderne ▶ **Plan : C2**

122 r. de Grenelle
01 45 56 07 42
www.le122.fr
Ⓜ Solférino

Fermé 25 juillet-25 août, samedi et dimanche

Formule 22 € – Menu 29 € (déjeuner), 37/65 € – Carte 50/60 €

Dans le quartier des ministères, rue de Grenelle (au numéro... 122), un bistrot chic pour une savoureuse cuisine actuelle. La vocation de la maison ? Faire beau et bon à prix doux. La cuisine relève le pari : noix de Saint-Jacques poêlées, risotto vénéré, poutargue ; filet de saint-pierre, condiments coings et raisins, purée de céleri ; magret de canard rôti, légumes oubliés et châtaigne ; ou encore cheese cake vanille spéculos... Une cuisine fine et goûteuse, bien maîtrisée, réalisée avec des produits d'excellente qualité. Dans les deux salles, le décor design (tons gris et mauve, globes lumineux, chaises Ghost signées Starck) se marie parfaitement à ces assiettes bien dans leur époque.

Chez les Anges

Cuisine classique ▶ **Plan : B2**

54 bd de la Tour-Maubourg
01 47 05 89 86
www.chezlesanges.com
La Tour Maubourg

Fermé 3 semaines en août, samedi et dimanche

Menu 36/55 € – Carte 70/85 €

Manger au paradis, cela vous tente ? La salle profite pleinement de la lumière du jour grâce à ses larges baies vitrées, et l'on peut s'attabler autour d'un grand comptoir central... Côté déco, esprit contemporain oblige, des vitrines habillent les murs et abritent de bien jolis nectars honorant toutes les régions viticoles françaises. On déguste des plats traditionnels, justes et sincères, qui varient en fonction du marché : assiette de légumes de Joël Thiébault et son coulis de citron jaune, pintade fermière, aubergine à l'orange et épeautre au curry, ou encore tarte au chocolat noir Venezuela 72 %... Et en accompagnement, une belle carte de vins et whiskys.

Chez Graff

Cuisine traditionnelle ▶ **Plan : C2**

62 r. de Bellechasse
01 45 51 33 42
Solférino

Fermé dimanche

Menu 22 € (déjeuner en semaine) – Carte 35/47 €

Tables en bois massif, grand miroir et vieilles photos : un bistrot dans l'esprit des années 1960, relooké façon 2013 ! L'équipe de la Laiterie Sainte Clotilde (dans la même rue) a ouvert cette nouvelle adresse, qui doit son nom au grand-père de Thomas, l'un des trois associés. Dans la lignée de la maison mère, ils proposent ici une bonne cuisine française – ceviche de bar, poulpe à la coriandre ; carré de porc aux girolles ; mousse au chocolat – et des assiettes de charcuterie et fromage. La carte, volontairement courte, assure une belle rotation des produits, et l'ambiance est certifiée conviviale à toute heure !

Le Cinq Codet

Cuisine moderne ▶**Plan : B2**

Hôtel Le Cinq Codet,
5 r. Louis-Codet
01 53 85 15 60
www.le5codet.com
Ⓜ Ecole-Militaire

Formule 35 € – Carte 50/78 €

L'hôtel occupe un ancien bâtiment France Télécom, datant des années 1930 : sa façade arrondie et vitrée, en angle de rue, rappelle la proue d'un navire... Quant à la carte, courte et efficace, elle est entièrement installée dans le présent et nous met l'eau à la bouche : tataki de thon, vinaigrette à l'orange et au sésame ; carpaccio de maigre mariné, jeunes pousses... On profite de ces belles (et bonnes !) assiettes dans un intérieur design et chaleureux ; on peut également aller s'installer dans les agréables fauteuils du patio, au calme.

Le Clos des Gourmets 

Cuisine moderne ▶**Plan : B1**

16 av. Rapp
01 45 51 75 61
www.closdesgourmets.com
Ⓜ Alma Marceau

Fermé 1er-25 août, dimanche et lundi

Menu 30 € (déjeuner), 35/39 € – Carte 39/60 € déjeuner 

L'adresse n'a pas volé son nom ! Côté clos, une belle salle habillée de boiseries peintes en blanc, relevée de panneaux gris ou bruns, avec des tables bien dressées et une véranda. Simplicité, élégance, chaleur : de tels clos, on en cultiverait beaucoup ! Côté gourmets, le style du chef, Arnaud Pitrois, se reconnaît sans hésitation. Tirant profit des leçons de ses maîtres (Guy Savoy, Christian Constant, Éric Frechon, etc.), il élabore une cuisine personnelle, inventive et pleine de parfums : persillé de lapin en gelée parfumée à l'estragon, poulette du Gers rôtie et ses pommes grenaille, tête de cochon croustillante à la vinaigrette d'herbes, fenouil confit aux épices douces et son sorbet citron. Et le chapitre n'est pas clos...

Les Climats ✿

Cuisine moderne

41 r. de Lille
✆ 01 58 62 10 08
www.lesclimats.fr
Ⓜ Rue du Bac

▶ **Plan : D2**

Fermé 28 février-7 mars, 3 semaines en août, 24-28 décembre, dimanche et lundi

Formule 36 € – Menu 42 € (déjeuner) – Carte 80/120 €

Les Climats

Le restaurant est installé dans le cadre atypique de l'ancienne Maison des Dames des Postes, Télégraphes & Téléphones, qui hébergea à partir de 1905 les opératrices des PTT. Disons-le tout de go : l'intérieur, d'un style Art nouveau assumé, est somptueux. Mosaïque ancienne au sol, plafond dont les arches sont égayées de motifs fleuris, luminaires originaux en laiton, vitraux, gros fauteuils rouges, etc.

Côté assiette, Julien Boscus, jeune chef ayant fait ses classes chez Yannick Alléno et Pierre Gagnaire, compose des assiettes qui n'ont rien de... téléphoné. Sa signature ? Une alliance raffinée de recettes d'inspiration française et d'une créativité distillée avec tact. Beaux produits et accords gustatifs reconnectent tous les sens !

Et n'oublions pas les deux grandes caves vitrées, offrant une vue sur de belles bouteilles, et notamment l'une des plus riches sélections de vins de Bourgogne à Paris – la région étant précisément connue pour ses fameux "climats".

Entrées

- Homard, bouillon de carapace à la verveine fraîche, fricassée de girolles et d'abricots
- Langoustines à la vapeur d'agrumes, gâteau de foie blond et céleri croquant

Plats

- Canard de Challans rôti, sauce aux cerises, raviole de cuisse et d'abattis
- Turbot cuit au four, mousseline d'artichaut et fricassée de cèpes

Desserts

- Crème onctueuse au citron, calisson et parfait aux olives
- Mirabelles poêlées à l'eau-de-vie, glace à la vanille de Tahiti et croquant aux amandes

Clover 

Cuisine moderne ▶ **Plan : D2**

5 r. Perronet
01 75 50 00 05 (réservation conseillée)
www.clover-paris.com
Ⓜ St-Germain-des-Près

Fermé 2-23 août, dimanche et lundi

Menu 30 € (déjeuner en semaine), 42/73 €

Vingt couverts (grand maximum !) en enfilade dans une mini-salle sobre et épurée, au fond de laquelle trois cuisiniers s'agitent aux fourneaux : bienvenue dans la nouvelle adresse de poche de Jean-François Piège, en plein cœur de St-Germain-des-Prés. Autour de soi, une clientèle branchée – c'est un euphémisme –, installée au coude-à-coude, disserte joyeusement ; sur une étagère, quelques légumes en cagettes et quelques bouteilles de vin attendent leur tour. Au fil d'un menu rondement mené, on se régale d'une cuisine fine et colorée, forte en saveurs et parfois aventureuse : "Chef Piège" a trouvé ici un écrin idéal (proximité, convivialité) pour exprimer de façon simple ses intuitions culinaires. Depuis son ouverture, l'adresse est littéralement prise d'assaut : pensez à réserver.

Les Cocottes - Tour Eiffel 

Cuisine traditionnelle ▶ **Plan : B2**

135 r. St-Dominique
01 45 50 10 28
www.maisonconstant.com
Ⓜ École Militaire

Formule 23 € – Menu 28 € (déjeuner en semaine) – Carte 25/57 € 

Le concept imaginé par Christian Constant, dans le sillage des autres adresses de son fief gourmand (entendez par là la rue St-Dominique) ? Des cocottes ! Version Staub, en fonte gris anthracite, servies dans un décor à part : ni resto ni bistrot, le lieu s'organise autour d'un comptoir tout en longueur, très stylé avec ses tabourets haut perchés et son design épuré. À la carte de ce concept de "snacking" convivial, de bons petits plats mijotés : velouté de légumes d'autrefois, terrine de campagne, pommes de terre caramélisées farcies au pied de porc, pigeon fermier rôti à l'ail... Côté vins, une grande ardoise située au-dessus du bar annonce les réjouissances. L'adresse n'a pas de téléphone : on s'invite sans réserver, à la bonne franquette.

Dar Lyakout

Nord-africaine ▶ **Plan : B2**

94 bd de la Tour Maubourg
01 45 50 16 16
www.darlyakout.com
École Militaire

Formule 19 € – Menu 38 € – Carte 37/53 €

Bricks croustillants et dorés ; tajines subtils et raffinés ; couscous cuisinés dans les règles de l'art, aux légumes fondants et aux morceaux de viande tendres et savoureux ; pâtisseries au miel et loukoums délicatement parfumés... Dans la maison (dar) de Lyakout (prénom féminin), on se régale de bons petits plats orientaux, généreux et bien tournés. Telle une douce évocation des Mille et Une Nuits, à la manière d'un riad du Marrakech contemporain, la déco concilie le style lounge et l'artisanat marocain, mêlant tons à la mode (du brun, du prune), lumignons et mosaïques typiques. Entre deux douceurs sucrées et quelques rêveries, on pourrait presque espérer apercevoir le fabuleux génie de la lampe...

D'Chez Eux

Cuisine du Sud-Ouest ▶ **Plan : B2**

2 av. Lowendal
01 47 05 52 55
www.chezeux.com
École Militaire

Formule 29 € – Menu 34 € (déjeuner en semaine) – Carte 54/108 €

D'Chez Eux, c'est une petite adresse avec un accent bien de là-bas. Dans la charmante salle aux airs d'auberge de carte postale, où ne manquent ni les meubles rustiques ni les nappes à carreaux rouge et blanc, on retrouve les terres du Sud-Ouest dans leur débordant appétit. D'Chez Eux, tout fleure bon la tradition : produits régionaux, assiettes généreuses, cave imposante – axée en partie sur les bordeaux et les bourgognes – et serveurs en tablier de bougnat. Pas étonnant que la recette séduise depuis plus de 50 ans, en restant invariablement sourde aux appels de la mode ! Laissez-vous tenter par le chariot de hors-d'œuvre, le panier de charcuteries, l'œuf mayonnaise et sa macédoine de légumes, le poulet rôti "coucou de Rennes" aux girolles ou encore le confit de canard, tous irrésistibles...

David Toutain ✿

Cuisine moderne ▶ **Plan : B1**

29 r. Surcouf
✆ 01 45 50 11 10
www.davidtoutain.com
Ⓜ Invalides

Fermé 3 semaines en août, samedi et dimanche

Menu 45 € (déjeuner), 72/105 €

Michelin Travel Partner

Le voici chez lui, David Toutain, qui s'était fait connaître dans de bien belles tables (Arpège, Agapé Substance...). Il s'est récemment établi dans cette rue discrète du quartier des ministères, que l'on n'est pas habitué à voir comme un tel carrefour de tendances. De fait, derrière ce nom de David Toutain, c'est toute une mouvance culinaire qui s'agite : le jeune chef est la coqueluche des "foodistas" parisiens, il convient de réserver très à l'avance pour obtenir une place...

La table réserve en effet une expérience délicieuse, exemplaire du goût contemporain ! L'espace, d'abord : une forme de loft, tout en matériaux bruts (bois, béton), aux lignes scandinaves. L'assiette également n'est pas sans évoquer cette Europe du Nord aujourd'hui si en vue. Goût du végétal, associations inédites, légèreté et graphisme épuré : la parenté est palpable, et pourtant, la finesse, la créativité, la palette d'expressions du chef révèlent une vraie singularité et même une forme de sagesse. S'inscrire pleinement dans une génération tout en étant soi-même : un bel équilibre !

Spécialités

- Cuisine du marché

Cuisine moderne ► **Plan : C2**

91 r. de Grenelle
01 45 51 25 74 (réservation conseillée)
Solférino

Fermé 3 semaines en août, mardi midi, dimanche et lundi

Menu 42 € (déjeuner en semaine)/105 €

A/C

Yosuke Kojima

Une adresse créée en 2013 par Takayuki Honjo, jeune chef japonais adepte, comme nombre de ses compatriotes, de cuisine et de culture françaises. Ancien de plusieurs grandes maisons (Astrance à Paris, Quintessence à Tokyo, Mugaritz au Pays basque), il a pensé son restaurant dans les moindres détails : une salle blanche et très épurée, presque monacale, où le mobilier moderne ne cherche pas à attirer l'attention ; contre la baie vitrée, un léger voilage permet d'isoler la salle de la rue. Dans ce contexte, le repas peut s'apparenter à une forme de cérémonie...
Dès les premières bouchées, le talent du chef saute aux papilles ! Foie gras et oursins, ou pigeon et cacao : les associations fonctionnent sans fausse note, les saveurs se mêlent intimement, et l'harmonie des compositions est toujours subtile, avec un sens de l'économie qui rappelle les racines nippones du jeune homme – bien que les fondamentaux de la cuisine française soient parfaitement maîtrisés. Enfin, la carte des vins rend un vibrant hommage à la Bourgogne. Encore un bel apport du Japon à la France !

Entrées

- Foie gras, jus de navet et oursin
- Carpaccio de tomate, sauce crémeuse au fromage fumé

Plats

- Pigeon rôti, sauce cacao, pomme de terre grenaille et herbes de saison
- Poulet jaune des Landes, sauce crémée aux saveurs d'oignon doux

Desserts

- Déclinaison autour de la fraise gariguette, crème mascarpone et vieux balsamique
- Dessert mangue-passion

L'Escudella

N

Cuisine moderne ▶ **Plan : B3**

41 av. de Ségur
09 82 28 70 70
Ségur

Fermé 2 semaines en août,
24 décembre-4 janvier,
samedi et dimanche

Formule 25 € – Carte 35/50 €

A/C

L'Escudella, c'est évidemment... l'assiette, en occitan ! Paul-Arthur Berlan, le jeune et sympathique chef, est originaire de Carcassonne. Vous connaissez peut-être son visage : il a été demi-finaliste de l'émission Top Chef en 2011... Et, plus important, il est passé par les cuisines de certains grands noms (Michel Sarran, Yannick Alléno). La carte est courte, accompagnée d'un menu du jour bon marché, et se base sur d'excellents produits. L'objectif affiché du jeune chef est de faire la liaison entre le terroir francilien et les saveurs languedociennes de son enfance : il peut aussi bien rendre hommage à un plat de sa grand-mère, que se lancer dans des créations contemporaines réjouissantes – l'œuf mollet croustillant, fricassée de cèpes en persillade, en est un bon exemple. Des plats goûteux et bien ficelés : il s'en sort avec les honneurs !

La Ferme St-Simon

N

Cuisine moderne ▶ **Plan : D2**

6 r. St-Simon
01 45 48 35 74
www.fermestsimon.com
Rue du Bac

Fermé 3 semaines en août,
samedi midi et dimanche

Menu 42 € (déjeuner)/80 € – Carte 68/95 €

A/C

On s'étonnerait presque de ne pas sentir la fumée des cigares, et de ne pas voir de chapeaux melons sur les fauteuils en cuir, tant cette vénérable institution (créée en 1933) a accompli avec grâce sa mue. La salle feutrée, les banquettes capitonnées : tout ici a le parfum suave du passé, et l'on y baigne dans une irrésistible atmosphère de club de gentlemen. Rien d'étonnant à ce qu'elle séduise la clientèle des ambassades voisines et de l'Assemblée nationale ! Aux fourneaux, la chef nippone Chiho Kanzaki, qui a travaillé pendant sept ans auprès du double étoilé Mauro Colagreco (Le Mirazur, Menton), se laisse porter par les saisons, avec fraîcheur et créativité. Un exemple ? En voici deux : ce ragoût de champignons et gnocchis aux herbes, et cette pêche du jour, accompagnée de sa sauce bagna cauda... Une réussite !

Les Fables de La Fontaine ✿

Cuisine moderne ►Plan : B2

131 r. St-Dominique
✆ 01 44 18 37 55 (réservation conseillée)
www.lesfablesdelafontaine.net
Ⓜ École Militaire

Formule 25 € – Menu 70 € – Carte 45/60 €

Les Fables de La Fontaine

"Rien ne sert de courir, il faut partir à point". À l'encontre de la morale du *Lièvre et la Tortue*, courez découvrir ces Fables gourmandes, qui ont fait peau neuve en 2015 ! Après d'importants travaux, l'intérieur a été entièrement repensé : la salle à manger, lumineuse et épurée, a des airs de bistrot contemporain, où les murs en pierre apparente côtoient des fenêtres de style industriel... Mais la plus grande évolution concerne l'arrivée au poste de chef de Julia Sedefjian, ancienne seconde du restaurant.

Nullement intimidée en raison de son âge (21 ans au moment où nous écrivons !), la jeune femme compose une cuisine résolument moderne, parfumée et pleine de couleurs, et fait preuve d'une impressionnante maturité dans ses préparations. Textures et saveurs tombent toujours pile-poil, que ce soit dans un jaune d'œuf croustillant aux poireaux croquants en vinaigrette d'algue, haddock cru et cuit, ou dans un aïoli de lieu, petits légumes de saison glacés... Des plats que l'on savoure dans une ambiance chic et jeune, elle aussi parfaitement délicieuse.

Entrées

- Jaune d'œuf croustillant, betterave jaune en carpaccio, rouge à l'huile de noix et mousse de chèvre
- Foie gras de canard poêlé, melon à la coriandre et rhubarbe

Plats

- Aïoli de lieu, légumes de saison et huile d'olive
- Effiloché d'aile de raie, poêlée d'épinards, câpres et émulsion de céleri aux agrumes

Desserts

- Soufflé litchi, cœur coulant aux fruits rouges, sorbet thym-framboise
- Jubilé de cerises au pain d'épice, dragées et glace verveine

Florimond

Cuisine traditionnelle ▶ **Plan : B2**

19 av. de La Motte-Picquet
✆ 01 45 55 40 38
www.leflorimond.com
Ⓜ École Militaire

Fermé 20-28 février, 8-17 août, samedi midi et dimanche

Formule 20 € – Menu 25 € (déjeuner)/37 € – Carte 44/64 € 

A/C Florimond – du nom du jardinier de Monet à Giverny – a l'esprit bistrotier et convivial... Pour faire honneur à ce prénom chantant, le chef, Pascal Guillaumin, signe une goûteuse cuisine du terroir avec des produits tout droit venus de Corrèze, sa région d'origine. Ce digne fils et petit-fils de charcutier fait d'ailleurs lui-même ses saucisses, boudins et autres conserves. Et si sa carte fait la part belle à la viande, les amateurs de poisson ne sont pas oubliés pour autant. Le tout agrémenté des légumes du maraîcher Joël Thiébault ou encore de céréales cuisinées au wok. Rien que de belles impressions...

Fontaine de Mars

Cuisine traditionnelle ▶ **Plan : B2**

129 r. St-Dominique
✆ 01 47 05 46 44
www.fontainedemars.com
Ⓜ École Militaire

Carte 35/94 € 

Quand Barack Obama choisit d'y dîner en 2009, le buzz fut énorme... Ce parfait bistrot des années 1930 (restauré à l'identique) est une véritable institution du 7e arrondissement. Dans les deux salles joliment rétro, où dominent les incontournables et délicieuses nappes à carreaux rouge et blanc, ou sur la terrasse qui fait face à la fontaine de Mars (d'où l'enseigne), il règne une atmosphère décontractée qui doit beaucoup à la gentillesse de la patronne. On s'y régale donc, à la bonne franquette, de plats traditionnels au parfait esprit bistrotier : foie gras, sole meunière, boudin, andouillette, filet de bœuf sauce béarnaise, magret de canard, terrine et cassoulet maison... Pas besoin d'être le président des États-Unis pour pouvoir en profiter !

Garance ✿

Créative

▶ **Plan : C1**

34 r. St-Dominique
✆ 01 45 55 27 56 (réservation conseillée)
www.garance-saintdominique.fr
Ⓜ Invalides

Fermé samedi et dimanche

Menu 39 € (déjeuner)/88 € – Carte 75/105 €

Garance

Qu'elle est jolie et sympathique, cette Garance née de l'association de deux anciens de l'Arpège, Guillaume Muller (en salle) et Guillaume Iskandar (aux cuisines). À deux pas de l'esplanade des Invalides, leur bistrot contemporain semble faire souffler un vent de fraîcheur sur tout l'arrondissement. Un vent porteur de délicieux parfums !

Le chef signe en effet une belle cuisine, aux accents assez personnels et mettant toujours en avant le produit : de là des recettes sans fioritures, qui varient au gré des saisons et dévoilent à la fois une vraie modernité et un authentique savoir-faire de cuisinier. Le plaisir est au rendez-vous, le soir, où la carte est plus ambitieuse, comme le midi, où le menu proposé offre un excellent rapport qualité-prix.

Côté décor, le choix est donné entre le rez-de-chaussée, où un petit comptoir ouvrant sur les cuisines permet d'assister en direct à la réalisation des plats, et l'étage qui évoque un petit appartement haussmannien revu à la sauce contemporaine. Dans les deux cas, le service est charmant. Garance ? Celle des Enfants du Paradis ?

Spécialités

- Cuisine du marché

Gaya Rive Gauche par Pierre Gagnaire ✿

Poissons et fruits de mer ►**Plan : D2**

44 r. du Bac
✆ 01 45 44 73 73
www.pierre-gagnaire.com
Ⓜ Rue du Bac

Fermé 1 semaine en août, vacances de Noël, lundi et dimanche

Menu 65 € 🍸 (déjeuner) – Carte 60/95 €

A/C

Jacques Gavard

Sa seconde adresse à Paris, Pierre Gagnaire – qui possède plusieurs antennes dans le monde (Londres, Tokyo, Hong Kong) – l'a souhaitée "élégante, joyeuse et décalée". Un restaurant quotidien plus accessible, donc, où la cuisine se veut à la fois "bonne et un peu drôle". Pari gagné avec son Gaya, niché au cœur de Saint-Germain, quartier rive gauche s'il en est. Sous l'impulsion de la décoratrice Violaine Jeantet, les deux salles ont été réaménagées dans un style cosy, raffiné et intime, grâce notamment à des boiseries murales en sapelli...

Ambiance détendue et astucieuse cuisine très iodée sont toujours au rendez-vous : on ne se lasse pas de ces préparations délicates et créatives, à l'image de ce crémeux d'araignée de mer, pousses d'épinards et sorbet pamplemousse, ou de cette fricassée de lotte de petits bateaux en tandoori, chou cœur-de-bœuf et pâte de citron... Dans la mythologie grecque, Gaïa n'était-elle pas mère des divinités marines ?

Entrées

- Tartare de thon rouge et maquereau aux algues, riquette et salicornes
- Cœur d'artichaut, corolle de haddock et persillade de couteaux

Plats

- Gambas au curcuma, risotto rose et côtes de blette
- Cœur d'entrecôte, pomme darphin et sauce béarnaise

Desserts

- Biscuit roulé de poivrons rouges confits au safran
- Tarte aux pommes, glace au sésame et chantilly au rhum

Il Vino d'Enrico Bernardo ✿

Cuisine moderne

▶ **Plan : B1**

13 bd La Tour-Maubourg
✆ 01 44 11 72 00
www.enricobernardo.com
Ⓜ Invalides

Fermé samedi midi, dimanche et lundi

Menu 35 € (déjeuner en semaine)/70 € – Carte 50/70 €

Enrico Bernardo

Connaissez-vous Enrico Bernardo ? Élu Meilleur Sommelier d'Italie à deux reprises et Meilleur Sommelier du Monde en 2004, l'homme a le chic pour faire partager sa passion du vin. C'est la raison d'être d'Il Vino ! Épaulé par le chef espagnol José Manuel Miguel, il fait découvrir à la clientèle ses coups de cœur viticoles du moment, autour de deux menus aux noms évocateurs : "Sur les routes du monde" et "Sur les routes de France et d'Italie". On adhère bien vite à ce concept "vins & mets", notamment grâce à une partition culinaire sans fausse note, à l'image de cet émietté de tourteau aux fines lamelles de légumes d'hiver, dés de pomme verte et espuma de daïkon, ou de ce filet de canard rôti aux girolles sautées et son risotto au blé...

Quant au décor, il est très chic et tout à fait dans le ton avec ses murs blancs et ses sarments de vigne peints. Les sommeliers amateurs – et les autres – seront ravis !

Spécialités

- Menu surprise

Le Jules Verne ✿

Cuisine moderne ►**Plan : A2**

2ème étage Tour Eiffel (Ascenseur privé pilier sud)
01 45 55 61 44
www.lejulesverne-paris.com
Ⓜ Bir-Hakeim

Menu 108 € (déjeuner en semaine), 190/230 €

A/C

Pierre Monetta

Sans vous sentir obligé de gravir les 704 marches qui conduisent au 2e étage de la tour Eiffel, rendez-vous au pilier sud et laissez faire l'ascenseur privé qui mène directement au Jules Verne, à 125 m au-dessus du sol. Ce lieu emblématique dirigé par Alain Ducasse offre un cadre unique : le midi comme le soir, la vue sur Paris à travers les poutrelles métalliques de la tour est tout simplement spectaculaire ! Pensez à réserver très à l'avance (uniquement par Internet) votre table près des baies vitrées. Le décor contemporain signé Patrick Jouin (parois en nid-d'abeilles, fauteuils en cuir et fibre de carbone) est à la hauteur, de même que la cuisine classique revisitée façon Ducasse, réalisée ici par le chef Éric Azoug. Les pâtisseries sont quant à elles signées Christophe Devoille, pâtissier-chocolatier et glacier de formation. Enfin, la carte des vins, remarquable, compte plus de 400 références de l'Hexagone, dont quelques crus d'exception. Une adresse au sommet du patrimoine français !

Entrées

- Homard, céleri et truffe noire comme une rémoulade, salade de pomme sauvage
- Pâté en croûte de volaille et foie gras de canard

Plats

- Grenadin de veau rôti, pomme de terre Anna
- Lièvre à la royale

Desserts

- Écrou croustillant au chocolat de notre manufacture à Paris
- Figues noires poêlées, fontainebleau au cassis

La Laiterie Sainte-Clotilde

Cuisine traditionnelle ▶ **Plan : C2**

64 r. de Bellechasse
01 45 51 74 61 (réservation conseillée)
Ⓜ Solférino

Fermé 30 juillet 24 août, vacances de Noël, samedi midi et dimanche

Formule 23 € – Carte environ 36 €

Une photo ancienne trône sur le comptoir et nous parle d'un temps où ces lieux faisaient office de laiterie de quartier, au début du siècle passé... Un véritable pedigree pour cette adresse qui entend creuser un sillon original au milieu des ministères, celui de la nostalgie, sans prétention et de manière informelle – façon bobo ! On y cultive donc le goût d'hier à travers une collection de chaises en formica (dépareillées, évidemment) et... une jolie cuisine ménagère et bistrotière. Soupe de betterave au hareng fumé et estragon, merlu rôti à la sauce à l'oseille, gâteau au chocolat, etc. : l'ardoise respire l'évidence ! En prime, un choix bien pensé d'une vingtaine de bouteilles (de vin) et une addition qui ne vous prend pas pour... une vache à lait. À déguster d'une traite.

Loiseau rive Gauche

Cuisine traditionnelle ▶ **Plan : C1**

5 r. Bourgogne
01 45 51 79 42
www.bernard-loiseau.com
Ⓜ Assemblée Nationale

Fermé 3 semaines en août, samedi et dimanche

Formule 29 € – Menu 39 € (déjeuner), 45/85 € – Carte 49/94 €

A/C

Par une heureuse coïncidence, c'est rue de Bourgogne que se situe cette table d'inspiration... bourguignonne. Cette institution bourgeoise du groupe Bernard Loiseau offre un décor cossu, avec boiseries, chaises Louis XV et... une étonnante table design (la n° 20). À la carte et pour les suggestions du marché, de belles recettes du terroir : escargots sautés à la purée d'ail et au jus de persil, jambon persillé du Morvan, ris de veau rôti et son jus de veau, faux-filet de bœuf de Charolles rôti et ses échalotes au vin rouge, mousse de riz au lait au cassis, etc. Sans oublier le gibier en saison. Intimité et lumières douces pour conversations feutrées : à deux pas du Palais Bourbon, les personnalités politiques adorent s'y retrouver...

Nakatani ✿

Cuisine moderne ▸ **Plan : C3**

27 r. Pierre-Leroux
01 47 34 94 14
Vaneau

Fermé 3 semaines en août,
dimanche et lundi
Menu unique

Menu 40 € (déjeuner), 68/80 €

Michelin Travel Partner

Après dix années passées auprès d'Hélène Darroze, Shinsuke Nakatani a décidé de faire le grand saut. Le voici aujourd'hui à la tête de cette table feutrée et reposante, habillée de douces couleurs et de matières naturelles. En cuisine, ce Japonais pétri de talent peut enfin, en toute liberté, montrer ce dont il est capable ! Avec un sens aigu de l'assaisonnement, des cuissons et de l'esthétique des plats, il compose une belle cuisine française au gré des saisons ; les saveurs et les textures s'entremêlent avec harmonie et l'ensemble dégage une belle cohérence. On se régale d'un menu unique (3 ou 5 plats le midi, 5 ou 7 le soir), servi par un personnel discret et efficace. Étant donné le nombre de places (18 couverts), il faudra penser à réserver à l'avance.

Spécialités

- Cuisine du marché

Petrossian - Le 144 ¶O

Poissons et fruits de mer ▶ **Plan : B1**

144 r. de l'Université
✆ 01 44 11 32 32
www.petrossian.fr
Ⓜ Invalides

Fermé août, dimanche et lundi

Menu 35 € (déjeuner), 66/98 € – Carte 80/123 € 

Petrossian... Le nom occupe une place à part dans la mythologie des amateurs de caviar – mais aussi de saumon – depuis des décennies : plus exactement depuis les années 1920, quand deux frères d'origine arménienne, Melkoum et Mouchegh Petrossian, se lancent dans l'importation en France de ces mets de prestige, avec le succès que l'on sait... Presque un siècle plus tard, les œufs d'esturgeon sont toujours à l'honneur au restaurant situé au premier étage de la boutique, à deux pas de l'esplanade des Invalides. Aujourd'hui comme hier, on s'y régale des spécialités de la maison : caviar, saumon fumé, coupes du tsar, tartare de bœuf en Napoléon, œuf Petrossian... Une valeur sûre pour les habitués, et une belle découverte pour tous les autres !

Philippe Excoffier ¶O Ⓝ

Cuisine moderne ▶ **Plan : B2**

18 r. de l'Exposition
✆ 01 45 51 78 08
www.philippe-excoffier.fr
Ⓜ Ecole Militaire

Fermé 3 semaines en août, lundi midi et dimanche

Formule 22 € – Menu 27/38 € – Carte 55/70 € 

Philippe Excoffier, chef d'origine savoyarde, a passé onze ans au service de l'ambassadeur des États-Unis à Paris ; il est amusant de constater qu'il a posé sa toque dans un arrondissement où les ambassades sont partout... Le lieu est à son image : devanture discrète dans une rue calme, mais salle à manger chaleureuse – en dépit de la proximité des tables –, qui permet d'espionner le chef aux fourneaux. Ce dernier concocte une cuisine gourmande et canaille, à l'instar de ce ris de veau aux champignons des bois ou de cette cassolette de homard et tatin d'artichauts. En dessert, le choix de soufflés devrait convaincre même les plus réticents aux taux de glycémie élevés. Bon rapport qualité-prix – un élément non-négligeable dans ce quartier où les prix s'envolent volontiers !

Pottoka

Basque ▶ **Plan : B2**

4 r. de l'Exposition
✆ 01 45 51 88 38
www.pottoka.fr
Ⓜ École Militaire

Fermé 3 semaines en août et 24-26 décembre

Formule 22 € – Menu 27 € (déjeuner en semaine), 35/60 € 

Pottoka ? Il s'agit tout simplement de l'emblème historique de l'Aviron bayonnais – le club de rugby, comme son nom ne l'indique pas –, une sympathique mascotte à mi-chemin entre Footix et Petit Poney. Pourquoi ce nom ? Le chef, Sébastien Gravé, est originaire du Pays basque et ne jure que par ses bons produits... Depuis l'été 2011, il préside aux destinées de ce bistrot pelotonné au cœur du quartier des ministères. Jambon de Bayonne, chorizo, piment d'Espelette, ossau-iraty, gâteau basque, etc. : essai transformé sur toute la ligne pour une cuisine généreuse, colorée et bien tournée, qui fait galoper jusqu'à la frontière espagnole bien plus vite qu'un TGV. À s'en effilocher les espadrilles !

Le P'tit Troquet

Cuisine traditionnelle ▶ **Plan : B2**

28 r. de l'Exposition
✆ 01 47 05 80 39
Ⓜ École Militaire

Fermé 2 semaines en août

Formule 18 € – Menu 25 € (déjeuner en semaine)/35 € – Carte 43/58 € 

A/C

En voilà un qui porte bien son nom ! Dans une ruelle à deux pas du Champ-de-Mars, ce bistrot de poche entretient une atmosphère d'un autre temps : vieux carrelage, petit comptoir en zinc où trône un antique percolateur, vieilles affiches et luminaires que l'on date, à vue de nez, du début du 20e s. ; sans oublier les chaises et les banquettes délicieusement rétro, et les tables au coude-à-coude... Mais que serait un intérieur d'époque sans une carte à l'avenant ? Sur ce sujet, aucune inquiétude : tatin d'endives aux pommes et au chèvre frais, terrine de lapin et pistaches, bœuf bourguignon servi en cassolette, crème brûlée à la vanille ; la tradition est dans l'assiette et l'on se régale ! Ensuite, on repart vaquer à ses occupations, après avoir avalé un p'tit café et réglé la p'tite note...

Le Récamier

N

Cuisine traditionnelle ►Plan : D2

4 r. Récamier
01 45 48 86 58
Sèvres Babylone

Fermé dimanche

Carte 35/50 €

Une bonne partie du tout-Paris politique et médiatique, version rive gauche, ne jure que par les soufflés de ce sympathique restaurant, installé dans une discrète rue piétonne à deux pas du Bon Marché et de l'hôtel Lutétia. Installez-vous dans la salle au ton chocolat ou sur la belle terrasse d'été pour déguster une cuisine traditionnelle, goûteuse et maîtrisée. Ce jour-là, au menu : soufflé au fromage, filet de bœuf sauce au poivre, soufflé au Grand Marnier. On apprécie l'espace entre les tables (de plus en plus rare), qui autorise l'intimité. Sucré ou salé, ici le soufflé est roi, et la gourmandise sa compagne !

La Table du Vietnam

Vietnamienne ►Plan : B1

6 av. Bosquet
01 45 56 97 26
www.tableduvietnam.fr
Pont de l'Alma

Fermé août, samedi midi et dimanche

Formule 19 € – Menu 29/41 € – Carte 40/68 €

L'ancien restaurant Nabuchodonosor est désormais une table entièrement dédiée aux saveurs... du Vietnam ! Madame My, l'une des associées, s'est fixé un objectif de taille : faire découvrir les recettes de son pays natal, aussi bien le nord (région de Hanoï) que le centre (Hué) et le sud (Saigon). Dans un cadre sobre et confortable, on multiplie donc les découvertes : banh cuon (raviolis de pâte de riz fourrés aux crevettes), noix de Saint-Jacques à la mode de la baie d'Along, ou encore le "Saigon ardent", filet de bœuf grillé relevé à la citronnelle. Un conseil : pour une dégustation conviviale – et à la façon du Vietnam –, optez pour les entrées et les plats à partager !

Sylvestre ✿✿

Cuisine moderne ► **Plan : B1**

79 r. St-Dominique (1er étage)
01 47 05 79 00 (réservation conseillée)
www.thoumieux.fr
Ⓜ La Tour Maubourg

Fermé août, mardi midi, mercredi midi, samedi midi, dimanche et lundi

Menu 120/210 € – Carte 130/170 €

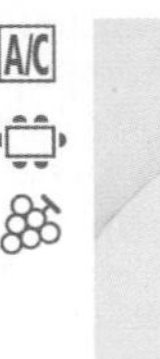

Alban Couturier

Nombreux sont ceux, à Paris, qui ont noté dans leurs calepins la date d'arrivée de Sylvestre Wahid dans le 7e arrondissement... et l'on comprend aisément pourquoi. Installez-vous dans la salle à manger feutrée et cosy, boudoir intimiste à la lumière tamisée : la seule mélodie que vous percevrez sera celle de vos papilles. Mes aïeux, quelle partition !

Sylvestre Wahid est un véritable artiste, comme en témoigne cette eau de concombre et cannelloni végétal, une stupéfiante variation de vert comme un clin d'œil aux plantes qui aèrent la salle. Poursuivez la promenade avec les cèpes en trois préparations, et l'impression d'une balade en forêt sous le soleil d'automne. L'agneau de lait, parfaitement rosé, apportera ensuite densité et texture à l'architecture du repas. Le fromage ne s'offrira qu'à ceux qui se lèvent, avant que ne s'achève la symphonie gourmande par des figues rôties au jus de sycomore, comme un adieu à l'été évanoui...

Entrées

- Tourteau de Roscoff rafraîchi, avocat, brocoli et caviar osciètre
- Huîtres au bœuf fumé

Plats

- Saint-Jacques de plongée, jus-vinaigrette tiède des barbes, courge butternut et truffe d'Alba
- Agneau de lait, aubergine violette au cumin

Desserts

- Tarte au citron soufflée au chocolat, sorbet aux agrumes
- Pomme granny smith, crémeux gingembre et yuzu

35° Ouest ⅡO

Poissons et fruits de mer ►**Plan : D2**

35 r. de Verneuil
✆ 01 42 86 98 88 (réservation conseillée)
web 35degresouestparis.fr
Ⓜ Rue du Bac

Fermé 31 juillet-29 août, dimanche et lundi

Formule 36 € 🍷 – Menu 48 € 🍷 (dîner) – Carte 50/90 €

A/C Au 35, rue de Verneuil, vous avez rendez-vous avec la mer... Créée par Pascal Yar, cette petite table se veut totalement marine. Contemporain, son décor affiche une allure zen et étudiée, baignée dans un camaïeu gris-vert des plus apaisants. En complément des quelques tables design, le comptoir en bois ne manque pas de séduire la clientèle cravatée du 7e, parfois pressée le midi. Côté cuisine, le chef sait apprivoiser les saveurs de l'océan. Poissons et coquillages sont d'une grande fraîcheur, parfaitement choisis, cuisinés sans esbroufe mais avec tout le respect qui leur est dû. Un produit, une garniture : c'est simple et efficace. En outre, le service est diligent et courtois. Un seul mot d'ordre donc : cap à l'Ouest !

20 Eiffel ⅡO

Cuisine traditionnelle ►**Plan : A1**

20 r. de Monttessuy
✆ 01 47 05 14 20
Ⓜ Alma Marceau

Fermé août et dimanche

Formule 24 € – Menu 29 € – Carte 45/55 €

Le cadre a beau être sobre (teintes de gris, banquettes), l'emplacement est imprenable. À deux pas de la Tour Eiffel, mais à l'écart des autoroutes touristiques, ce restaurant propose une cuisine au goût du jour enlevée, exécutée à quatre mains. On se régale par exemple de la tomate façon bavarois, anchois et olives, ou d'un beau filet de lieu jaune sauvage et potimarron, dont on appréciera la justesse de la cuisson. En dessert, la meringue surprise aux fraises, sorbet et mousse légère à la violette devrait aussi vous séduire. Une nouvelle adresse bienvenue au cœur du 7e arrondissement, quartier résidentiel s'il en est ! À noter que le menu, élaboré à partir de produits du marché, change tous les mois.

Le Violon d'Ingres ✿

Cuisine traditionnelle ▶ **Plan : B2**

135 r. St-Dominique
✆ 01 45 55 15 05
www.maisonconstant.com
Ⓜ École Militaire

Menu 45 € (déjeuner en semaine) – Carte 65/85 €

A/C

Q photography

Une enseigne au sens double pour Christian Constant : elle évoque à la fois sa passion pour la cuisine, héritée de sa grand-mère, et sa fascination pour le peintre éponyme, originaire comme lui de Montauban. Le nom de son premier restaurant était donc tout trouvé, quand il a décidé de voler de ses propres ailes après une brillante carrière dans les palaces et les grandes maisons (Ledoyen, Ritz, Crillon). Mais ici, fini les grosses brigades, les ambiances très huppées et les recettes qui subjuguent au-delà de tout. Christian Constant s'exprime avec simplicité, faisant confiance à une équipe réduite, dans ce qui ressemble à une néobrasserie de luxe. La salle, entièrement repensée en 2013, se pare désormais de teintes taupe, brun et beige, avec de grands miroirs muraux pour en agrandir l'espace. On y déguste de belles recettes traditionnelles – où le Sud-Ouest tient une bonne place –, d'une parfaite maîtrise technique, mais joliment modernisées et toujours concoctées à base de produits de grande qualité. Un détail : pensez à réserver, c'est souvent complet. La rançon du succès.

Entrées

- Œuf de poule mollet roulé à la mie de pain, toast de beurre truffé
- Foie gras de canard poêlé au pain d'épice, jeunes carottes fondantes rôties au miel d'acacia

Plats

- Véritable cassoulet montalbanais
- Quasi de veau cuit au sautoir, petites girolles, févettes et gnocchis, jus acidulé aux câpres

Desserts

- Millefeuille traditionnel à la vanille Bourbon
- Soufflé chaud à la Chartreuse

Wakaba ¶O

Japonaise

► **Plan : B2**

20 r. de l'Exposition
✆ 01 45 51 90 81
Ⓜ École Militaire

Fermé samedi midi, dimanche midi et lundi

Menu 20 € (déjeuner), 45/80 € – Carte 31/81 €

Wakaba ? Ce nom pourrait se traduire par "jeune pousse", mais aussi "débutant". Voilà qui illustre parfaitement l'humilité de M. Yamada, le patron de ce restaurant japonais, qui s'est lancé sur le tard dans la restauration après une carrière de conseiller commercial et une expérience de trois ans au Kinugawa (1er arrondissement). Avec l'aide d'un chef expérimenté, il permet à ses hôtes de découvrir de délicieuses spécialités nippones, et plus particulièrement de la région de Kyoto. Le midi, le petit menu offre un excellent rapport qualité-prix ; le soir, le choix est plus large et l'on pioche dans des compositions réalisées au gré des saisons. On accompagne le tout de saké, d'un vin français ou de thé vert... Simplicité, authenticité et humilité : une petite adresse qui a tout pour plaire !

Se régaler
sans se ruiner ? Repérez
les “Bib Gourmand” ☺:
le signe d'une bonne table
sachant marier cuisine de
qualité et prix… ajustés.

8e

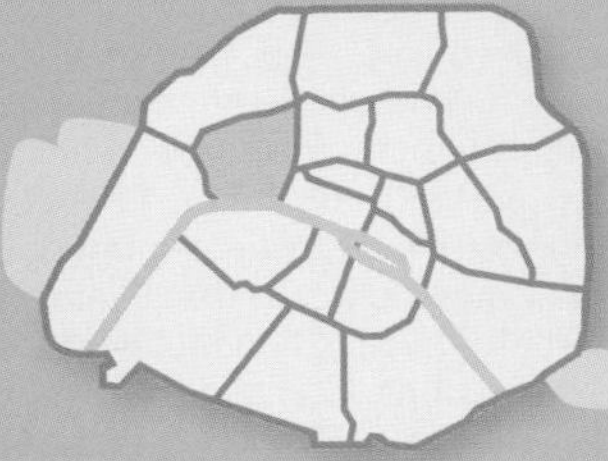

Champs-Élysées · Concorde · Madeleine

B. Rieger / hemis.fr

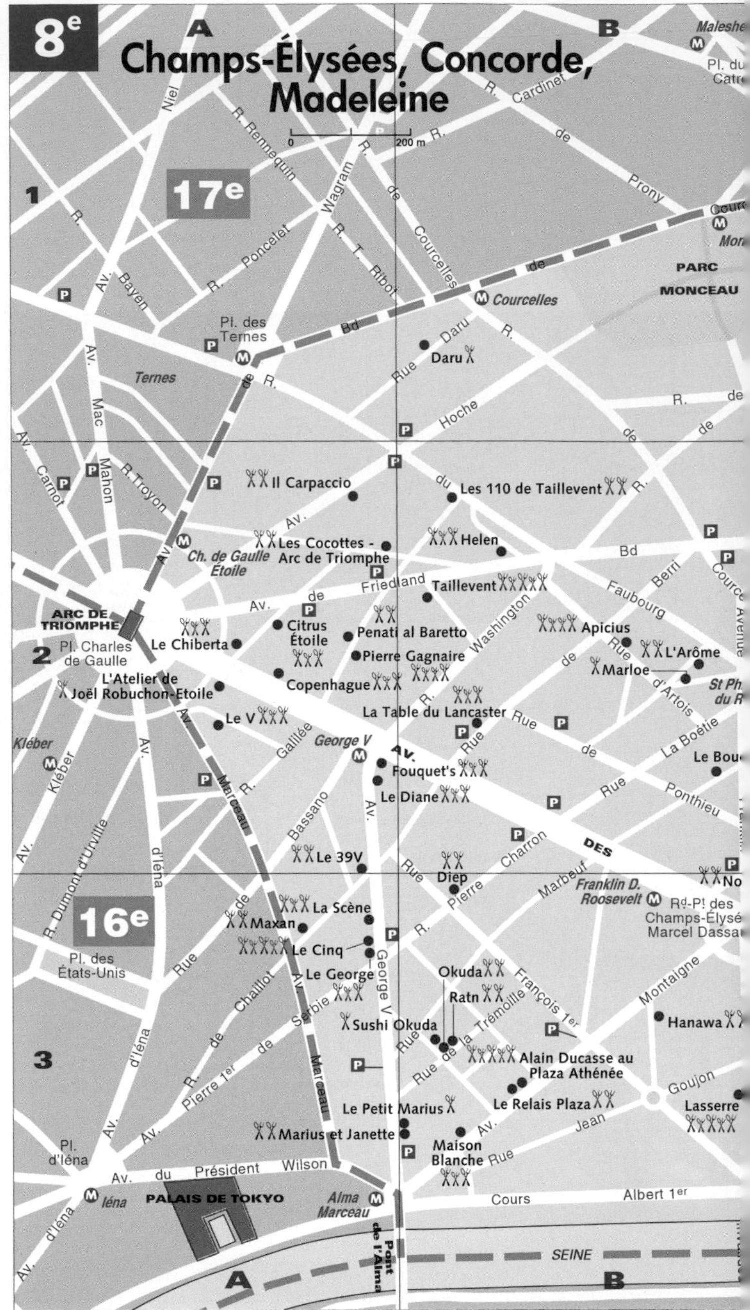

8e
Champs-Élysées, Concorde, Madeleine
A
B
1
2
3
0
200 m
17e
16e
Niel
R. Rennequin
Wagram
R. de Courcelles
R. Cardinet
de Prony
R. T. Ribot
R. Poncelet
Av. Bayen
Bd de Courcelles
PARC MONCEAU
Courcelles
Pl. des Ternes
Ternes
Rue Daru
Daru
R. Hoche
Av. Mac Mahon
Av. Carnot
R. Troyon
Il Carpaccio
Les 110 de Taillevent
Les Cocottes - Arc de Triomphe
Helen
Ch. de Gaulle Étoile
Av. de Friedland
Taillevent
Bd Haussmann
Faubourg
Berri
ARC DE TRIOMPHE
Pl. Charles de Gaulle
Le Chiberta
Citrus Étoile
Penati al Baretto
Pierre Gagnaire
Washington
Apicius
L'Arôme
Marloe
Rue d'Artois
L'Atelier de Joël Robuchon-Etoile
Copenhague
La Table du Lancaster
Le V
Kléber
Av. Kléber
Galilée
George V
Fouquet's
Le Diane
Rue de Ponthieu
La Boétie
Bassano
Charron
DES
Le 39V
Diep
Franklin D. Roosevelt
Rd-Pt des Champs-Élysées Marcel Dassault
R. Dumont d'Urville
Av. d'Iéna
La Scène
Maxan
Le Cinq
Pl. des États-Unis
Le George
Av. Marceau
Okuda
Ratn
Montaigne
Rue François 1er
R. de Chaillot
Rue de Serbie
Sushi Okuda
Rue de la Trémoille
Hanawa
Alain Ducasse au Plaza Athénée
Goujon
R. Pierre 1er de Serbie
Le Petit Marius
Le Relais Plaza
Lasserre
Marius et Janette
Maison Blanche
Rue Jean Goujon
Pl. d'Iéna
Av. du Président Wilson
PALAIS DE TOKYO
Iéna
Alma Marceau
Cours Albert 1er
Pont de l'Alma
SEINE

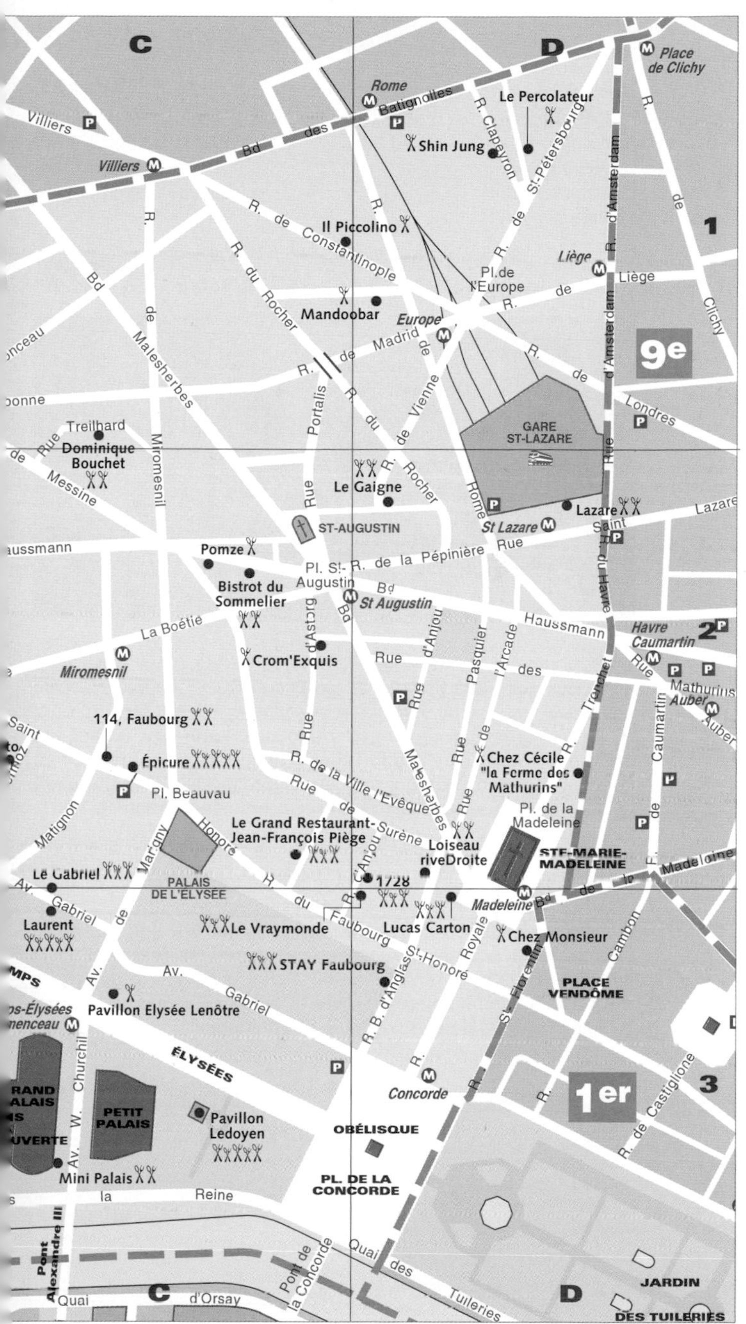

C
D
Place de Clichy
Rome
Le Percolateur
Shin Jung
Villiers
Il Piccolino
Liège
Pl. de l'Europe
Mandoobar
Europe
9e
GARE ST-LAZARE
Treilhard
Dominique Bouchet
Le Gaigne
Lazare
ST-AUGUSTIN
St Lazare
Pomze
Pl. St-Augustin
Bistrot du Sommelier
St Augustin
Havre Caumartin
Crom'Exquis
Miromesnil
114, Faubourg
Épicure
Chez Cécile "la Ferme des Mathurins"
Pl. Beauvau
Pl. de la Madeleine
Le Grand Restaurant-Jean-François Piège
Loiseau riveDroite
STE-MARIE-MADELEINE
Le Gabriel
PALAIS DE L'ÉLYSÉE
1728
Madeleine
Laurent
Le Vraymonde
Lucas Carton
Chez Monsieur
STAY Faubourg
PLACE VENDÔME
Pavillon Elysée Lenôtre
ÉLYSÉES
Concorde
1er
PETIT PALAIS
Pavillon Ledoyen
OBÉLISQUE
Mini Palais
PL. DE LA CONCORDE
Pont Alexandre III
Pont de la Concorde
JARDIN DES TUILERIES

Alain Ducasse au Plaza Athénée ✿✿✿

Créative

▶ Plan : B3

Hôtel Plaza Athénée,
25 av. Montaigne
✆ 01 53 67 65 00
www.alain-ducasse.com
Ⓜ Alma Marceau

Fermé août, 19-29 décembre, lundi midi, mardi midi, mercredi midi, samedi et dimanche

Menu 210 € 🍷 (déjeuner)/380 € – Carte 230/380 €

Pierre Monetta

La magnificence de la salle – dont le décor Régence a été revu et corrigé par Patrick Jouin et Sanjit Manku – subjugue ! Alain Ducasse jouit ici d'un superbe écrin (avec celui du Meurice, où il œuvre également) pour faire découvrir sa cuisine. Une cuisine qui a elle aussi évolué, car le grand chef a repensé cette table autour du concept de "naturalité", qui représente une forme d'aboutissement de ses recherches : atteindre la vérité même du produit.

Choix audacieux et... tout naturel : la carte est fondée sur la trilogie poisson-légumes-céréales. Un terrain d'investigation qui permet des mariages de saveurs inédits – avec certaines recettes d'anthologie – et porte toute une philosophie : du producteur (tels les jardiniers du Potager du Roi, à Versailles, qui sont mis à l'honneur) au cuisinier, le respect des ingrédients est total, et la virtuosité technique semble devoir s'effacer devant la recherche des saveurs. Une manière de délivrer la quintessence de la haute cuisine ; un graal de cuisinier, une quête infinie...

Entrées

- Légumes des jardins du château de Versailles, pousses de moutarde pilées.
- Homard bleu du Cotentin, pommes de mer au four

Plats

- Rouget de l'Île d'Yeu en écailles, jus civet lié au foin, tian
- Turbot, livèche et bourrache, huîtres tiédies

Desserts

- Citron de Menton et algues kombu à l'estragon
- Caillé de brebis d'Espelette, céréales et miel d'arbousier

Aoki Makoto

Cuisine moderne ▶ **Plan : C2**

19 r. Jean Mermoz
✆ 01 43 59 29 24
Ⓜ Mirosmenil

Fermé août, 23 décembre-7 janvier, samedi midi, lundi soir et dimanche

Formule 23 € – Menu 38/68 € – Carte 65/85 €

Ne vous fiez pas aux apparences ! L'enseigne de ce petit bistrot contemporain a beau être japonaise, sa cuisine n'en est pas moins typiquement française – et de bonne tenue. Avant d'ouvrir son propre restaurant (à quelques minutes des Champs-Élysées, s'il vous plaît), Aoki Makoto a travaillé pour de belles maisons parisiennes (Palais Royal, Senderens...). C'est avec une application et une exigence toutes nippones qu'il se consacre depuis aux usages et techniques de la gastronomie hexagonale ! Parmi les spécialités proposées sur la courte carte : mosaïque de foie gras, côte de porc rôtie... La formule déjeuner présente un excellent rapport qualité-prix.

Bistrot du Sommelier

Cuisine traditionnelle ▶ **Plan : C2**

97 bd Haussmann
✆ 01 42 65 24 85
www.bistrotdusommelier.com
Ⓜ St Augustin

Fermé 3-24 août, samedi et dimanche

Formule 34 € – Menu 39 € (déjeuner), 70 € 🍷/118 € 🍷 – Carte 50/70 €

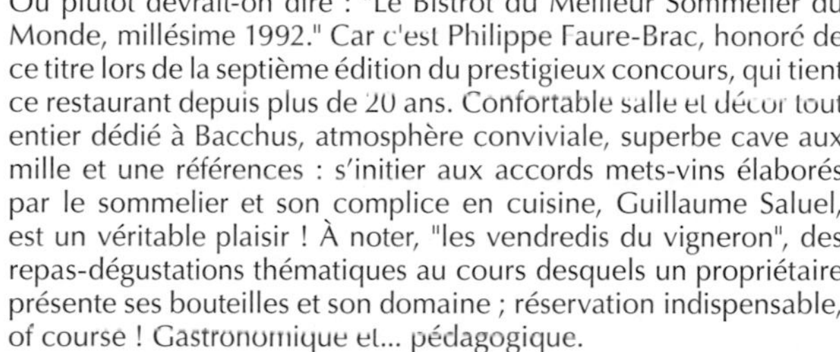

A/C Ou plutôt devrait-on dire : "Le Bistrot du Meilleur Sommelier du Monde, millésime 1992." Car c'est Philippe Faure-Brac, honoré de ce titre lors de la septième édition du prestigieux concours, qui tient ce restaurant depuis plus de 20 ans. Confortable salle et décor tout entier dédié à Bacchus, atmosphère conviviale, superbe cave aux mille et une références : s'initier aux accords mets-vins élaborés par le sommelier et son complice en cuisine, Guillaume Saluel, est un véritable plaisir ! À noter, "les vendredis du vigneron", des repas-dégustations thématiques au cours desquels un propriétaire présente ses bouteilles et son domaine ; réservation indispensable, of course ! Gastronomique et... pédagogique.

Apicius ✿

Cuisine classique

▶ **Plan : B2**

20 r. d'Artois
✆ 01 43 80 19 66
www.restaurant-apicius.com
Ⓜ St-Philippe du Roule

Fermé août, samedi, dimanche et fériés

Menu 180/200 € – Carte 135/215 €

A/C

P

Eric Laignel

Aux fourneaux depuis plus de quarante ans, Jean-Pierre Vigato séduit les plus blasés en élaborant la cuisine qu'il aime : une "cuisine vérité", personnelle et limpide, qui valorise le produit – prédilection pour les plats canailles – et la tradition bourgeoise, entre classicisme et invention.

En 2004, son Apicius (hommage à cet épicurien de l'Antiquité romaine qui aurait écrit le premier livre culinaire) a investi le rez-de-chaussée d'un hôtel particulier classé, impressionnant par ses airs de petit palais et son parc. Si l'espace (trois salles en enfilade côté jardin, deux salons côté cour) profite d'une ampleur qui fait rêver, l'ambiance reste détendue. Le service y est pour beaucoup, le décor aussi : lustres de théâtre, objets d'art chinés, niches ornées de grands bouquets, vaisselle colorée, bar à colonnes antiques et plafond paré d'angelots… Alors, ancien, rococo, contemporain, tendance ? Le tout à la fois, et en tout cas très réussi !

Entrées

- Huîtres et crustacés rafraîchis d'eau de mer, cresson
- Charlotte de pomme de terre de Noirmoutier, gros grains de caviar

Plats

- Ris et côte de veau au sautoir, purée de pomme de terre
- Bar de ligne et langoustine, sabayon au beurre fumé

Desserts

- Soufflé chocolat
- Poire infusée à la réglisse, crème craquante au Zan

L'Arôme ✿

Cuisine moderne ▶ **Plan : B2**

3 r. St-Philippe-du-Roule
✆ 01 42 25 55 98
www.larome.fr
Ⓜ St-Philippe-du-Roule

Fermé 1er-23 août,
20-28 décembre,
samedi et dimanche

Menu 59 € (déjeuner), 99/155 € – Carte 85/110 €

L'Arôme

Humer un arôme, un parfum, un bouquet : un beau programme proposé par Éric Martins, grand professionnel de l'accord mets et vins, qui sélectionne minutieusement chaque bouteille de sa cave. Il mène de main de maître cette table délicate qui séduit tout de suite par son décor élégant et chaleureux. Touches contemporaines, vue sur les cuisines et espace dédié à la sommellerie au sous-sol (avec quelques tables) : l'ensemble est plaisant, à l'unisson de l'assiette.
Grand amoureux des produits de saison, le jeune chef, Thomas Boullault – ancien du Royal Monceau et du George V –, élabore une cuisine raffinée, contemporaine et inventive. Les menus changent chaque jour au gré du marché... Vous tomberez sous le charme de la délicatesse et de l'équilibre des saveurs. Fleur de courgette farcie au tourteau, carré d'agneau de Lozère rôti aux épices du trappeur, déclinaison de noix de coco... entre autres subtils parfums.

Entrées

- Tourteau, tartare de pêche et concombre, vinaigrette de homard au yuzu
- Œuf à la truffe noire, royale de trompettes-de-la-mort et espuma de butternut au safran

Plats

- Côte de veau et encornets, cèpes poêlés aux figues et jus à la mûre
- Turbot rôti au café de Birmanie, cardamome verte et rhubarbe fondante

Desserts

- Vacherin aux fruits exotiques, meringue au citron vert et sorbet noix de coco
- Soufflé chaud à la pistache, sorbet au fromage blanc

L'Atelier de Joël Robuchon - Étoile ✿

Créative ► **Plan : A2**

133 av. des Champs-Élysées (Publicis Drugstore niveau -1)
01 47 23 75 75
www.joel-robuchon.com
Ⓜ Charles de Gaulle-Étoile

Menu 44 € (déjeuner)/179 € – Carte 95/185 €

Gourmet TV Productions

Paris, Londres, Las Vegas, Tokyo, Taipei, Hong Kong, Singapour… et encore une fois Paris. Avec deux pieds dans la capitale française, les célèbres Ateliers du grand chef font, au sens propre, le tour du monde. Beau symbole, cet opus est né fin 2010 à deux pas de l'Arc de Triomphe, au niveau - 1 du Publicis Drugstore des Champs-Élysées (également une entrée avec voiturier rue Vernet).

Destin franco-international, donc, pour ce concept qui colle à l'époque et à la tendance, version planète mondialisée – dans ce qu'elle a de plus chic. Un décor tout en rouge et noir ; un grand comptoir autour duquel on prend place sur de hauts tabourets, face à la brigade à l'œuvre ; une ambiance feutrée et à la fois décontractée : l'enseigne incarne une approche contemporaine de la haute cuisine. Sans se départir de la plus grande exigence, la carte se décline en petites portions, à la manière des tapas et des yakitoris (brochettes). Tout est millimétré : à quand le prochain atelier ?

Entrées

- Langoustine en ravioli truffé à l'étuvée de chou vert
- Œuf mollet et friand, mousse de parmesan et jambon de porc noir gascon

Plats

- Caille caramélisée au foie gras, pomme purée
- Côtelettes d'agneau de lait parfumées au thym

Desserts

- Chocolat tendance, crémeux onctueux au chocolat araguani, sorbet cacao et biscuit Oréo
- Bulle de sucre soufflé à la mara des bois, sorbet à la fraise

Le Boudoir

Cuisine moderne

▶ **Plan : B2**

25 r. du Colisée
01 43 59 25 29
www.boudoirparis.fr
Franklin D. Roosevelt

Fermé 1er-15 août, samedi et dimanche

Formule 32 € – Menu 35 € (déjeuner en semaine)/62 € – Carte 45/65 €

A/C

Meilleur Ouvrier de France en charcuterie à l'âge de 24 ans, Arnaud Nicolas exprime aujourd'hui dans ce Boudoir son amour du... boudin. Oui, la charcuterie cuisinée peut être un art : voyez son pâté en croûte de volaille et foie gras ! Terrines et autres saucisses sont évidemment créées sur place, mais on ne saurait leur résumer le savoir-faire du jeune homme, qui a travaillé de longues années au Louis XV d'Alain Ducasse, à Monaco. De là son goût pour les beaux produits et les saveurs franches dans l'assiette – ce qu'illustre par exemple son baba au rhum... Bref, sa table est fort gourmande. Côté décor, on découvre un sympathique bistrot coloré autour d'un comptoir en zinc au rez-de-chaussée, et trois petites salles cosy à l'étage (dont un fumoir à cigares). Comment bouder un tel Boudoir ?

Les 110 de Taillevent

Cuisine traditionnelle

▶ **Plan : B2**

195 r. du Faubourg-St-Honoré
01 40 74 20 20
www.taillevent.com/les-110-de-taillevent-brasserie.com
Charles de Gaulle-Etoile

Fermé 3-24 août

Menu 44 € – Carte 45/120 €

A/C

Sous l'égide de la prestigieuse maison Taillevent, cette brasserie très chic joue la carte des associations mets et vins. Une vraie réussite... appuyée sur un choix exceptionnel de 110 vins au verre ! Sur le menu, chaque plat est associé à quatre suggestions originales : autant de correspondances susceptibles de ravir les amateurs comme les néophytes. On boude d'autant moins son plaisir que la cuisine elle-même ne manque pas de panache : traditionnelle et bien tournée, elle revisite nombre d'incontournables, tels la salade caesar, le pâté en croûte, la bavette sauce au poivre, le chocolat liégeois et sa chantilly... Des recettes soignées, concoctées avec des produits de qualité. Enfin, le cadre, élégant et chaleureux, convainc que l'on a là tiré le bon numéro...

114, Faubourg ✿

Cuisine moderne ▶ **Plan : C2**

Hôtel Bristol,
114 r. du Faubourg-St-Honoré
✆ 01 53 43 44 44
www.lebristolparis.com
Ⓜ Miromesnil

Fermé 1er-21 août, samedi midi et dimanche midi

Formule 54 € – Carte 80/150 €

A/C

114, Faubourg

Au sein du Bristol, une brasserie unique, assurément ! La salle interpelle au premier coup d'œil : traversée d'imposantes colonnes dorées, elle arbore sur ses murs orangés de grands motifs de dahlias luminescents… En son cœur s'ouvre un grand escalier, qui dessert le niveau inférieur où les tables côtoient les cuisines ouvertes. Chic, chatoyant, à la fois animé et confidentiel, ce lieu est une réussite.

C'est dans ce cadre original que le jeune chef, Éric Desbordes, revisite, sous la houlette d'Éric Frechon, les beaux classiques de la cuisine de l'Hexagone : pâté en croûte, tartare de bœuf, joue de veau, suprême de volaille, millefeuille à la vanille Bourbon, ananas rôti... Sans craindre la simplicité, mais toujours avec un soin avéré, les assiettes débordent de saveurs. Une prestation dans les règles de l'art, aux tarifs certes élevés... mais ne sommes-nous pas dans un palace ?

Entrées

- Pâté en croûte de canard et légumes aux vinaigres
- Œufs, king crab, mayonnaise au gingembre et citron

Plats

- Sole, pousse d'épinard, huile vierge aux câpres.
- Cheeseburger de bœuf et bacon, frites, sauce à la moutarde

Desserts

- Millefeuille à la vanille Bourbon, caramel au beurre demi-sel
- Fraises gariguette, jus de fraise et sorbet mascarpone

Chez Cécile - La Ferme des Mathurins

Cuisine moderne ► **Plan : D2**

17 r. Vignon
01 42 66 46 39
www.chezcecile.com
Ⓜ Madeleine

Fermé samedi et dimanche

Menu 36 €

A/C Une institution du quartier de la Madeleine où l'on se sent réellement bien, sans parvenir à expliquer pourquoi. Est-ce l'ambiance bon enfant qui règne entre ces vénérables murs ? Ou la bonne humeur de la clientèle fidèle ? Sûrement un peu des deux... Si bien que le charme de ce bistrot d'antan – Georges Simenon y avait ses habitudes – opère toujours, même si le décor a été modernisé (rassurez-vous, les banquettes rouges sont toujours là !). Côté assiettes, c'est soigné, copieux et gourmand (cuisine traditionnelle et du marché). À noter : les soirées jazz organisées le jeudi, au cours desquelles la patronne elle-même chante et swingue... Pensez à réserver !

Chez Monsieur

Cuisine traditionnelle ► **Plan : D3**

11 r. Chevalier-St-George
01 42 60 14 36
www.chezmonsieur.fr
Ⓜ Madeleine

Fermé 1 semaine en janvier et week-ends en juillet-août

Carte 45/85 €

A/C Foie gras, escargots au beurre d'ail et persil, blanquette de veau servie en cocotte, pied de porc pané, profiteroles, crêpes Suzette

à l'ancienne... Dire que la carte est ancrée dans la tradition bistrotière est un euphémisme ! Et que penser de la salle avec son carrelage ancien en carreaux de ciment, son zinc et ses murs couverts de nombreux miroirs et de petites gravures rétro ? Elle comble simplement les touristes et les habitués, heureux de trouver tant d'authenticité à deux pas de l'église de la Madeleine. Les amoureux du nectar des dieux ronronneront également de plaisir à la seule lecture de la carte des vins, riche de beaux flacons et adaptée à toutes les bourses. Un bistrot... royal, donc, pour un repas fort soigné.

Le Chiberta ✿

Créative ► **Plan : A2**

3 r. Arsène-Houssaye
01 53 53 42 00
www.lechiberta.com
Ⓜ Charles de Gaulle-Etoile

Fermé 3 semaines en août, samedi midi et dimanche

Menu 110/165 € – Carte 90/135 €

Le Chiberta

Le Chiberta version Guy Savoy s'est choisi le noir comme couleur, le vin comme symbole et l'inventivité comme fil conducteur. En entrant, on est plongé dans un autre univers, tamisé, calme et feutré. Parfait pour les repas d'affaires comme pour les rencontres plus intimes. L'aménagement intérieur, conçu par l'architecte Jean-Michel Wilmotte, surprend par son minimalisme radical, tout en chic discret et design. La grande originalité du lieu reste indéniablement la "cave à vins verticale" : de grands crus habillant les murs à la manière d'une bibliothèque ou d'œuvres d'art. Entre deux alignements de bouteilles, des tableaux modernes et abstraits colorent ponctuellement l'espace dominé par le bois et l'ardoise. Le premier menu n'est servi qu'au comptoir ; il convient de s'installer à table pour apprécier toute l'étendue de la cuisine, supervisée par le "patron", qui revisite joliment la tradition. Bon à savoir : le menu du marché est revu quotidiennement, le service irréprochable, et la cave, évidemment, parfaitement composée.

Entrées

- Cœur de saumon mariné aux agrumes, pastèque et concombre au pomélo
- Foie gras de canard en fine gelée de porto

Plats

- Filet de saint-pierre à la plancha, risotto verde et jus vert à l'amande douce
- Filet de bœuf charolais, foie gras de canard poêlé et tatin de pomme de terre

Desserts

- Sablé au citron, meringue croquante et sorbet citron
- Parfait glacé au chocolat, ganache amaretto

Le Cinq ✿✿✿

Cuisine moderne ▶ **Plan : A3**

Hôtel Four Seasons George V,
31 av. George V
✆ 01 49 52 71 54
www.fourseasons.com/paris
Ⓜ George V

Menu 145 € (déjeuner), 210/310 € – Carte 175/300 € XXXXX

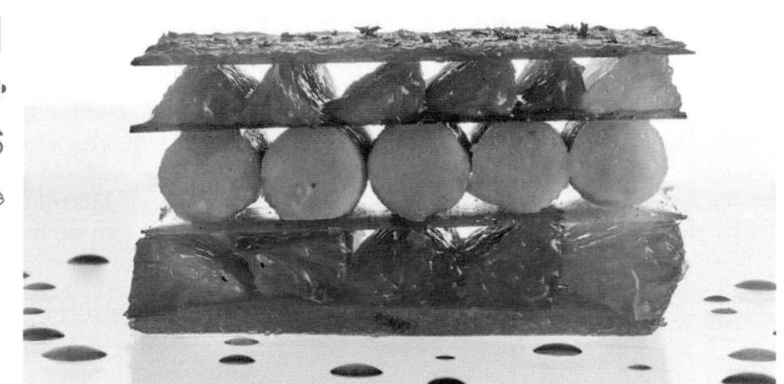

Le Cinq - Four Seasons George V

Après de magnifiques années passées chez Ledoyen, Christian Le Squer a repris les rênes de cette maison de renom. Quel parcours sans faute pour ce fils d'agriculteurs bretons qui s'est forgé lui-même et est déjà passé par Le Divellec, Lucas Carton, Taillevent ou encore le Ritz !

De sa Bretagne natale, il a conservé avant tout le goût du large – signant de superbes hommages au poisson – mais aussi des plats terriens. Riche d'un savoir-faire d'exception, il démontre une connaissance peu commune des préparations et des produits, toujours sélectionnés parmi les meilleurs. Pour autant, cette science et cette virtuosité ont l'art de savoir se faire oublier... pour mieux laisser place au plaisir de la dégustation. Du grand art !

Quant à l'élégance du décor, inspiré du Grand Trianon et réinterprété par l'architecte Pierre-Yves Rochon, elle reste entière : harmonie de tons ivoire, dorés et gris, colonnes altières, moulures, tableaux, hautes gerbes de fleurs, etc. Sans oublier la douce lumière provenant du jardin intérieur...

Entrées

- Gratinée d'oignons à la parisienne
- Langoustines en carapaces, mayonnaise tiède

Plats

- Bar de ligne au caviar et lait ribot
- Jambon et cèpes en timbale de spaghetti truffée

Desserts

- Croquant de pamplemousse confit cru et cuit
- Givré laitier au goût de levure

Citrus Étoile

Cuisine moderne ▶ **Plan : A2**

6 r. Arsène-Houssaye
01 42 89 15 51
www.citrusetoile.com
Charles de Gaulle-Étoile

Fermé vacances de Noël, samedi, dimanche et fériés

Menu 49/69 € – Carte 50/95 €

Le chef, Gilles Épié, étoilé au guide MICHELIN à l'âge de vingt-deux ans, a fait son retour à Paris après un séjour de dix ans en Californie. C'est avec son épouse Élizabeth qu'il a pensé cette maison qui est la leur. Elle en a supervisé la décoration (lignes épurées, atmosphère feutrée) et s'occupe de l'accueil, charmant. Lui invente en cuisine de nouvelles associations de saveurs, influencées par ses expériences américaine et asiatique. Imaginez un beignet de foie gras caramélisé au porto, une pièce de cabillaud marinée dans du soja et du saké puis grillée, un foie de veau à la vapeur, et pour le dessert, un cheesecake soufflé... À voir aussi : la cave vitrée et, sur chaque table, un poisson rouge dans son aquarium. Insolite !

Copenhague

Danoise ▶ **Plan : A2**

142 av. des Champs-Élysées (Maison du Danemark - 1er étage)
01 44 13 86 26
www.restaurants-maisondudanemark.com
George V

Fermé 3 semaines en août, samedi, dimanche et fériés

Menu 51 € (déjeuner), 70/98 € – Carte 75/150 €

Sur les Champs-Élysées, la Maison du Danemark vaut comme une ambassade culinaire du Grand Nord depuis 1955. Au 1er étage, le Copenhague offre un cadre apaisant avec son décor contemporain épuré et ses larges baies vitrées dominant l'avenue. C'est sous l'œil bienveillant de la reine Margaret – un grand portrait orne l'un des murs de la salle – ou installé sur l'agréable terrasse (dans une cour au calme, sur l'arrière), que vous découvrirez des spécialités qui fleurent bon la patrie d'Andersen : foie gras de canard confit à l'aquavit, saumon grillé à l'unilatéral, renne légèrement fumé et rôti, riz au lait aromatisé à la vanille et à la cannelle... "Velbekomme" (bon appétit) !

Les Cocottes - Arc de Triomphe 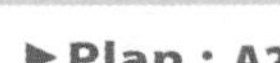

Cuisine traditionnelle ▶ **Plan : A2**

Hôtel Sofitel Arc de Triomphe,
2 r. Bertie Albrecht
✆ 01 53 89 50 53
www.lescocottes-arcdetriomphe.com
Ⓜ Charles de Gaulle-Etoile

Formule 28 € – Menu 32 € (déjeuner en semaine) – Carte 39/60 € XX

Après la Tour Eiffel, les Cocottes de Christian Constant ont traversé la Seine et trouvé un nid douillet au sein de l'hôtel Sofitel - Arc de Triomphe, près de l'avenue de Friedland. Le chef décline ce concept de bons petits plats mijotés dans des cocottes en fonte : tranche de foie de veau épaisse cuite au sautoir, merlan croustillant aux amandes... L'authenticité est la première préoccupation de cette cuisine, qui revisite la tradition bistrotière avec gourmandise et dans un esprit presque familial. Quant au cadre, il est parfaitement synchro avec les fourneaux : chic et contemporaines, les deux salles dévoilent de longs comptoirs surplombés de jambons et piments suspendus. Vivent les Cocottes !

Crom'Exquis

Cuisine moderne ▶ **Plan : C2**

22 r. d'Astorg
✆ 01 42 65 10 74
www.cromexquis.com
Ⓜ St-Augustin

Fermé août, vacances de Noël, samedi midi et dimanche

Menu 39 € (déjeuner), 46/56 € – Carte 55/85 € 

Ce Crom'Exquis paraît un simple restaurant de quartier, mais on ne peut taire sa filiation : à sa tête œuvre Pierre Meneau, fils de Marc – chef fameux de L'Espérance, au pied de la colline de Vézelay, en Bourgogne. La grande cuisine se transmet-elle par les gènes ? Il n'est pas question d'en juger ici, car l'adresse joue résolument sur un autre terrain : non celui de la très haute gastronomie, mais celui d'une partition d'aujourd'hui soucieuse de valoriser de bons produits. Quelques extraits de la carte : velouté de potiron, foie gras poêlé et girolles ; sole aux gnocchis et brunoise d'aubergine ; suprême de volaille au homard, risotto à l'estragon ; ananas rôti dans l'huile d'olive et sorbet à la grenade... Avec bien sûr quelques cromesquis (par exemple à l'andouillette) en guise d'amuse-bouches !

Daru

Russe ► **Plan : B1**

19 r. Daru
01 42 27 23 60
www.daru.fr
Courcelles

Fermé août, samedi midi et dimanche

Formule 34 € – Carte 60/150 €

La première épicerie russe de la capitale, créée par un officier de la garde de Nicolas II en 1918 ! Les lieux débordent de chaleur et de convivialité – la première salle distille l'ambiance d'une échoppe, la seconde est tout en rouge et noir – et transportent dans la Russie d'autrefois : vieux fûts, bouteilles de vodkas rares, portraits de tsars, tableaux, boiseries foncées, poupées... Aujourd'hui, la tradition perdure et l'on continue de régaler les hôtes de zakouskis (taramas en "farandole" pour deux personnes : oursin, saumon fumé, hareng mariné, etc.), de caviar, d'un koulibiac de volaille aux champignons ou d'un incontournable bœuf stroganoff (au paprika). À déguster sur fond de balalaïka et, pour les amateurs, en sirotant une vieille vodka. Typique autant qu'atypique !

Diep

Chinoise ► **Plan : B3**

55 r. Pierre-Charon
01 45 63 52 76
www.diep.fr
George V

Carte 40/80 €

À deux pas des Champs-Élysées, ce restaurant fondé par la famille Diep en 1985 paraît… un véritable morceau d'Asie ! Sur la devanture comme dans la grande salle domine la couleur rouge, qui évoque instantanément la Chine, tandis que tout un mur arbore un bas-relief représentant le temple d'Angkor Vat. Des références variées exprimant le syncrétisme de la cuisine, laquelle fait honneur aux spécialités chinoises mais aussi thaïlandaises et, dans une moindre mesure, vietnamiennes : potage pékinois aux légumes, dim-sum, sole au caramel et échalotes, crevettes au gingembre, thon à l'ail et au poivre, canard laqué, filet de bœuf à l'impérial… Avis aux amateurs : crustacés et poissons sont nombreux à la carte.

Le Diane ✿

Cuisine moderne ▶ **Plan : A2**

Hôtel Fouquet's Barrière,
46 av. George-V
✆ 01 40 69 60 60
www.fouquets-barriere.com
Ⓜ George V

Fermé août, 1er-7 janvier, samedi midi, dimanche et lundi

Formule 52 € – Menu 62 € (déjeuner), 90/210 € 🍷 – Carte 115/165 € XXX

Hôtel Fouquet's Barrière

Confidentiel, chic et sobre : au sein de l'hôtel Fouquet's Barrière, le Diane sait rester discret et incarne le restaurant de grand hôtel par excellence ! Sa salle en rotonde, aux tons joliment mordorés, ouvre sur un agréable patio et distille une atmosphère on ne peut plus feutrée. À table règne le même esprit élégant... Le chef connaît bien sa partition et compose un thème gourmand tout en subtilité et finesse, où les produits nobles – choisis avec le plus grand soin – forment un chœur délicat et... délicieux ! Foie gras, truffe blanche, araignée de mer, turbot de ligne, langoustine, ris de veau, caviar, volaille de Bresse : on ne saurait mieux dire ! Le classicisme est à l'honneur, mais laisse poindre ici et là une touche de fantaisie, une note acidulée et quelques variations inattendues. Les règles du grand art culinaire à la française mettent en exergue la pureté des saveurs : Diane, ou la chasseresse des plaisirs du palais...

Entrées

- Ormeaux, effiloché de tourteau, avocat et condiment gingembre
- Foie gras en écailles de cèpes, figues et cazette

Plats

- Ris de veau braisé, oignons de Roscoff et arroche rouge
- Rouget barbet en fleur de courgette, jus de tomate et gnocchis safranés

Desserts

- Soufflé chocolat et poire, glace au miel
- Fraîcheur exotique, mousse à la noix de coco, sorbet mangue-passion

Dominique Bouchet ꕤ

Cuisine moderne ►**Plan : C1**

11 r. Treilhard
01 45 61 09 46 (réservation conseillée)
www.dominique-bouchet.com
Ⓜ Miromesnil

Fermé 2 semaines en août, samedi et dimanche

Carte 75/115 €

Dominique Bouchet

Du palace au bistrot. Dominique Bouchet a choisi. Lui qui dirigea les brigades du Crillon et de la Tour d'Argent (participant même à l'aventure japonaise de celle-ci) aspirait à plus de légèreté, et peut-être plus de liberté. Plus rien à prouver en matière de haute gastronomie, l'envie de laisser la place aux générations montantes pour ouvrir enfin un restaurant à son nom, la volonté aussi de ne plus courir après la perfection absolue ou les récompenses... Toutes ces raisons l'ont poussé à s'installer "chez lui" et à revenir à l'essentiel : une belle cuisine classique mise au goût du jour et incontestablement maîtrisée. C'est l'avantage de la sagesse que de ne pas s'égarer ! À noter, la belle sélection de vins au verre.

Sobriété, intimité et calme résument l'atmosphère générale de la salle, tout en longueur. Pour seul décor : murs de pierres apparentes, tables en bois wengé, tableaux et cuisines ouvertes au fond. Les repas s'y déroulent sans fausse note. Comme un long fleuve tranquille.

Entrées

- Raviole de fromage de chèvre, émulsion de crème au pineau des Charentes
- Charlotte de crabe et de tomate, coulis de crustacés

Plats

- Gigot d'agneau de sept heures à la cuillère, sauce au vin et fèves de cacao
- Bar aux artichauts et au fenouil, beurre d'agrumes

Desserts

- Millefeuille à la vanille Bourbon
- Soufflé chaud au café, glace au chocolat

Épicure ✿✿✿

Cuisine moderne ▶ **Plan : C2**

Hôtel Bristol,
112 r. du Faubourg-St-Honoré
01 53 43 43 40
www.lebristolparis.com
Miromesnil

Menu 145 € (déjeuner)/320 € – Carte 165/315 €

Hôtel Le Bristol

Depuis sa métamorphose, la célèbre table du Bristol continue d'offrir des moments d'exception. Dans ce qui était autrefois la salle d'été du restaurant, face au jardin de l'hôtel particulier, on découvre une salle d'un classicisme brillant, signée Pierre-Yves Rochon. L'esprit du 18e siècle s'y exprime avec sobriété et élégance : mobilier de style Louis XVI, pierre blonde, miroirs, etc., le tout scandé par de grandes portes-fenêtres ouvertes sur la verdure. Sachez qu'aux beaux jours la terrasse extérieure offre un luxe rare au cœur de Paris...

Le palace a choisi le nom d'Épicure pour enseigne : un philosophe grec, chantre du plaisir dans la tempérance. Presque une devise pour Éric Frechon ! La cuisine de ce Meilleur Ouvrier de France impressionne par la subtilité et l'harmonie de ses associations de saveurs, la finesse de ses sauces. Si le chef reste dans le droit fil de la plus belle tradition culinaire, en valorisant notamment de magnifiques produits du terroir, il détourne également les classiques avec talent et créativité. La liberté dans l'exigence, les délices dans la mesure !

Entrées

- Macaronis farcis à la truffe noire, artichaut et foie gras de canard gratinés
- Caviar de Sologne, mousseline de pomme de terre ratte

Plats

- Poularde de Bresse en vessie, écrevisses et girolles
- Merlan de ligne en croûte de pain de mie, tétragone relevée à l'huile de curry et piquillo

Desserts

- Chocolat du Pérou en cabosse, mousseux et croquant, sorbet chocolat
- Précieux chocolat nyanbo, fine tuile croustillante et sorbet doré à l'or fin

Fouquet's

Cuisine classique ▶ **Plan : A2**

99 av. Champs-Élysées
01 40 69 60 50
www.lucienbarriere.com
Ⓜ George V

Menu 89 € – Carte 84/186 €

Il accueille depuis toujours les lauréats de la nuit des Césars ; les prix Jean-Gabin, Romy-Schneider, Louis-Delluc et Marcel-Pagnol y sont décernés chaque année. Les jeunes aviateurs venaient célébrer leurs victoires à son Bar de l'Escadrille dès 1914. Sa célèbre terrasse sur la "plus belle avenue du monde" est le lieu de rendez-vous du Tout-Paris depuis plus d'un siècle... Le Fouquet's est un endroit mythique, une brasserie de luxe où l'on se rend comme on va voir la tour Eiffel lorsqu'on visite Paris. Rénové par Jacques Garcia en 1999, son bel intérieur – classé à l'inventaire des Monuments historiques – séduit hôtes prestigieux et anonymes du monde entier. Un emblème de la capitale, depuis 1899.

Le Gaigne

Cuisine moderne ▶ **Plan : D2**

2 r. de Vienne
01 45 22 23 62
www.restaurantlegaigne.fr
Ⓜ St-Augustin

Fermé août, samedi midi et dimanche

Formule 33 € – Menu 42/95 € – Carte 62/85 €

Il y a quelques années, lorsque Mickaël Gaignon travaillait au Pré Catelan auprès de Frédéric Anton, ce dernier l'avait affublé d'un surnom affectueux : le Gaigne. Ce n'est pas tombé dans l'oreille d'un sourd : en 2008, il a baptisé ainsi son premier restaurant situé dans le Marais... et, aujourd'hui, la nouvelle adresse qu'il vient d'inaugurer dans le très chic 8e arrondissement ! Il y développe une belle cuisine actuelle, teintée de classicisme, qui évolue au gré des saisons. À la carte, un carpaccio de daurade de pêche, pickles de betterave et chou-fleur ; un carré et selle d'agneau rôtis aux herbes, frite de polenta, tomate confite... De bons produits de la terre et de la mer, une exécution soignée : on est conquis !

Le Gabriel ✿✿

Cuisine moderne ▶ **Plan : C3**

Hôtel La Réserve,
42 av. Gabriel
www.lareserve-paris.com
Ⓜ Champs Elysées Clémenceau

Menu 67 (déjeuner)/115 € – Carte 90/150 €

Le Gabriel La Réserve

À deux pas des Champs-Élysées, ce restaurant est installé dans le décor élégant et luxueux de la Réserve, un ancien hôtel particulier du 19e s. rouvert en 2015. Parquet Versailles, cuir de Cordoue patiné à l'or... le décor impose son élégance racée, sans ostentation. En cuisine, on trouve Jérôme Banctel, chef au très beau parcours, habitué des grandes maisons parisiennes – dix ans passés au Lucas Carton, huit ans à l'Ambroisie –, qui éblouit avec une cuisine aussi solide techniquement que franche au niveau des saveurs.

Il élabore ses assiettes avec de superbes produits, ne s'éloignant jamais de ses solides bases classiques, et sait porter le regard au-delà si cela se justifie – on trouvera, par exemple, par-ci, par-là, quelques touches asiatiques savamment dosées. Un coup de cœur particulier ? Avouons un faible pour ce homard, carbonara d'oignons et chorizo, un plat tout simplement succulent et parfaitement maîtrisé... Une deuxième assiette n'aurait pas été de refus !

Entrées

- Saumon miso, raviole de daïkon, aubergines fumées et pâte de citron
- Foie gras de canard poché, bouillon de mousserons au kombu

Plats

- Cochon de lait croustillant, carrotes maraîchères au cumin
- Tête de veau braisée de sucs de tomates

Desserts

- Soufflé au chocolat, cœur coulant au safran, sorbet cacao
- L'aloe vera et le citron vert, mentholé, sorbet et meringue cassante

Le George

Méditerranéenne ▶ **Plan : A3**

Hôtel Four Seasons George V,
31 av. George-V
✆ 01 49 52 70 00
www.legeorge.com
Ⓜ George V

Formule 65 € – Menu 110 € – Carte 75/90 €

Magistral lustre Baccarat, blancheur immaculée du décor et délicates compositions florales : pas de doute, on est bien au sein du prestigieux hôtel Four Seasons George V ! Ce George, "deuxième" table de l'établissement, fait forte impression. Le chef, qui a notamment travaillé à Genève et en Italie, propose une cuisine aux jolis accents méditerranéens, qui mise sur la légèreté et les petites portions, avec quelques clins d'œil à la Méditerranée : carpaccio de bœuf à la truffe noire, sole rôtie à la sauce vinaigrée et basilic, mais aussi de délicieux desserts, comme cette crème brûlée au fromage et sorbet mandarine...

Hanawa

Japonaise ▶ **Plan : B3**

26 r. Bayard
✆ 01 56 62 70 70
www.hanawa.fr
Ⓜ Franklin D. Roosevelt

Fermé 2 semaines en août, dimanche et fériés

Menu 43 € (déjeuner en semaine), 53/105 € – Carte 41/104 €

Plus de mille mètres carrés, trois étages, huit ambiances thématiques. Avec un espace digne d'un mégastore, ce restaurant japonais voit les choses en grand. Contrairement aux premières adresses parisiennes du propriétaire (dont le traditionnel Kinugawa), Hanawa dépasse les frontières gourmandes de l'archipel, avec des chefs qui maîtrisent aussi bien les spécialités nippones que françaises. Ces dernières se dégustent au sous-sol (un salon en demi-lune et plusieurs comptoirs dédiés au teppanyaki). Pour la gastronomie asiatique, rendez-vous à l'étage où l'on propose en plus un sushi-bar. La sobriété raffinée du lieu (bois, fleurs) convient aux déjeuners d'affaires, et il n'est pas rare d'y croiser les élégantes du quartier et quelques têtes connues – les studios de RTL sont à deux pas.

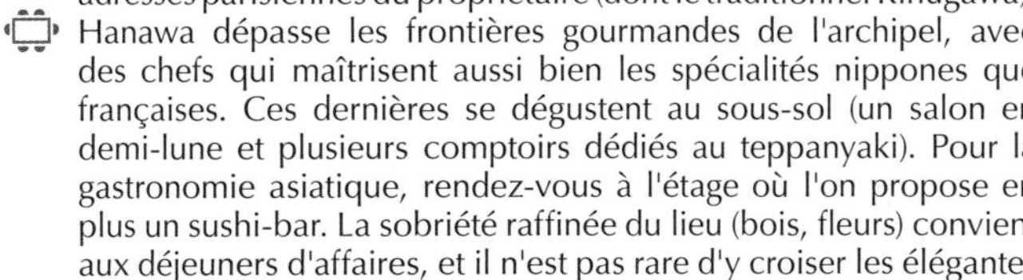

Helen ✿

Poissons et fruits de mer ►**Plan : B2**

3 r. Berryer
✆ 01 40 76 01 40
www.helenrestaurant.com
Ⓜ George V

Fermé 3 semaines en août, 24 décembre-4 janvier, samedi midi, dimanche et lundi

Menu 48 € (déjeuner)/130 € – Carte 80/170 € XXX

Janine Gebran

Créé en 2012, Helen est aujourd'hui une valeur sûre parmi les restaurants de poisson des beaux quartiers. Au menu : uniquement des pièces sauvages issues de la pêche quotidienne de petits bateaux, travaillées avec grand soin et simplicité. Dans l'assiette, en effet, pas de fioritures, une seule règle compte : mettre en valeur les saveurs naturelles – et iodées – du poisson (cru, grillé, à la plancha, à la vapeur, etc.). Les amateurs sont aux anges ! De plus, la carte varie au gré des arrivages, proposant par exemple un carpaccio de daurade royale au citron caviar, des sardines à l'escabèche, un turbotin rôti à la sauge et pancetta, des rougets barbets meunière... Tout cela est servi avec précision et savoir-faire : certains poissons sont même découpés directement en salle. Salle qui épouse également ce parti pris de sobriété, en faisant montre d'une épure toute contemporaine et d'une belle élégance... Helen, ou le raffinement dans la simplicité.

Entrées

- Carpaccio de daurade royale au citron caviar
- Thon au yuzu et au piment jalapeño

Plats

- Bar de ligne aux olives taggiasche
- Turbotin rôti à la sauge et pancetta

Desserts

- Saint-honoré
- Millefeuille de saison

Il Carpaccio ✿

Italienne ▶ **Plan : A2**

Hôtel Le Royal Monceau,
37 av. Hoche
✆ 01 42 99 88 00
www.leroyalmonceau.com
Ⓜ Charles de Gaulle-Etoile

Fermé août, dimanche et lundi

Menu 150/200 € – Carte 75/130 €

Le Royal Monceau Raffles

Au cœur du Royal Monceau, palace exclusif s'il en est, on accède à Il Carpaccio par un couloir nacré, orné de milliers de coquillages. Une belle évocation des nymphées du baroque italien ! Le ton est donné : vous voilà transporté en Italie, version artiste et raffinée. Dans le décor de la salle, le soleil de la Botte peut bien resplendir : c'est un véritable jardin d'hiver, entièrement ceint de verrières, aux couleurs printanières.

Un bel écrin, donc, pour une cuisine qui joue avec subtilité la carte de la gastronomie transalpine. Nulle sophistication inutile, point de fioritures : dans l'esprit du pays, les assiettes cultivent avant tout le goût des bons produits et des saveurs naturelles, autour d'ingrédients phares sélectionnés avec soin. Même esprit du côté des vins, principalement en provenance du Piémont et de la Toscane. Enfin, les desserts sont signés Pierre Hermé, qui revisite avec le talent qu'on lui connaît les classiques de la péninsule. Au final, voilà une belle évocation de l'Italie...

Entrées

- Salade de poulpe de roche grillé, olives taggiasche et fenouil sauvage
- Salade d'artichaut cuit et cru, épinard, céleri, olives vertes et calzone au pecorino

Plats

- Ventrèche de thon rôtie, céleri, tomate verte, olives et câpres
- Farfalle à l'encre de seiche, langoustines et poutargue de mulet

Desserts

- Biscuit cuillère imbibé au café et à l'amaretto, crème de mascarpone
- Pannacotta, fruits rouges écrasés et granité au chocolat blanc

Il Piccolino

Italienne ► **Plan : C1**

10 r. de Constantinople
01 42 93 73 33
Europe

Fermé 1er-10 mai, 13-23 août, dimanche et fériés

Formule 25 € – Carte 36/60 €

Pour sûr, il est *piccolino* ("tout petit" en italien) ce restaurant, mais il en a sous la Botte ! Son propriétaire, milanais, élabore lui-même la carte, et s'il a gardé l'accent lombard, il n'en néglige pour autant aucune région de la péninsule : outre la charcuterie à la coupe (tel le fameux culatello di Zibello, accompagné par exemple de cèpes à l'huile) et les pecorino et parmesan présentés entiers, on découvre gnocchis au gorgonzola, raviolis à la double truffe, joue de bœuf braisée au barolo (vin piémontais) et polenta, pannacotta à l'amarena... Les produits sont de qualité, les recettes maîtrisées, et le joli choix de vins transalpins leur va d'autant mieux ! Enfin, l'ambiance se révèle plutôt raffinée malgré l'exiguïté de la salle, où retentissent des airs d'opéras italiens diffusés *a mezza voce*...

Lazare

Cuisine traditionnelle ► **Plan : D2**

parvis de la gare St-Lazare, r. Intérieure
01 44 90 80 80
www.lazare-paris.fr
St-Lazare

Carte 30/85 €

A/C

Éric Frechon, chef fameux du Bristol, a plus d'un tour dans son sac ! Voici sa dernière trouvaille, qui a mis en émoi le Tout-Paris gourmand à la rentrée 2013 : une brasserie ferroviaire en plein cœur de la gare St-Lazare, fraîchement rénovée. Le succès ne s'est pas fait attendre : depuis l'ouverture, l'endroit accueille tous les jours (de 7h30 à 23h) une clientèle variée, allant du cadre en pause déjeuner au voyageur entre deux correspondances. Si la greffe a pris, c'est bien grâce à cette cuisine française et traditionnelle, qui respecte les canons du genre (œuf mimosa, maquereaux au vin blanc, filet de sole dieppoise, etc.) en s'autorisant quelques variantes salutaires, toujours avec goût. Quant au décor, il se montre convivial et chaleureux, et met à l'aise. Voilà un établissement sur les rails !

Le Grand Restaurant - Jean-François Piège ✿✿ N

Cuisine moderne ▶ **Plan : C2**

7 r. d'Aguesseau
01 53 05 00 00 (réservation conseillée)
www.jeanfrancoispiege.com
Madeleine

Fermé 1er-22 août, samedi et dimanche

Menu 80 € (déjeuner en semaine)/245 € – Carte 155/205 €

Khanh Renaud

Jean-François Piège a trouvé ici l'écrin parfait pour concevoir le "laboratoire de grande cuisine" dont il rêvait depuis tant d'années : une salle minuscule – 25 couverts maximum – surplombée d'une verrière tout en angles et en reflets, une grande cuisine construite autour d'un piano ovale et entièrement dessinée par le chef *himself*... qui peut y exprimer librement toute l'étendue de son expérience et de son savoir-faire.

Deux exemples : cette tourte de jeunes oignons doux et hareng pilé, une merveille de légèreté et de finesse, ou cette relecture du gâteau de foie blond selon Lucien Tendret, d'une délicatesse et d'un raffinement à se damner. Loin des caméras de télévision, maître dans cet endroit qu'il a rêvé puis conçu, Jean-François Piège montre sa capacité à créer, d'un geste, l'émotion culinaire, sans jamais donner dans la démonstration. Voilà amplement de quoi traverser la Seine pour aller le trouver dans sa nouvelle maison !

Entrées

- Gâteau de foie blond baigné d'une sauce aux écrevisses selon Lucien Tendret
- Consommé limpide, goûtu, floral et herbacé

Plats

- Homard bleu de Bretagne mijoté en feuille de figuier
- Côte de veau de lait mijotée sur des coques de noix, concentré et têtes de cèpes

Desserts

- Blanc à manger, noisettes, lait d'amande glacé et gelée de citron
- Flouve odorante glacée, fines pailles croustillantes

Lasserre ✿

Cuisine classique ▶ **Plan : B3**

17 av. F.-D.-Roosevelt
✆ 01 43 59 02 13
www.restaurant-lasserre.com
Ⓜ Franklin D. Roosevelt

Fermé août, mardi midi, mercredi midi, samedi midi, dimanche et lundi

Menu 90 € (déjeuner), 195/375 € 🍷 – Carte 170/240 € XXXXX

Lasserre

Tout près des Champs-Élysées, cet hôtel particulier de style Directoire marque immanquablement les esprits. René Lasserre (disparu en 2006), monté à Paris pour apprendre le métier alors qu'il était adolescent, a élevé son restaurant au rang de symbole. Située à l'étage, la salle à manger arbore un luxueux décor : colonnes, jardinières d'orchidées et de plantes vertes, vaisselle et bibelots en argent, lustres en cristal, porcelaines de Chine… Autre élément propre à la magie de l'endroit, un étonnant toit ouvrant, devenu célèbre, illumine les tables au gré des saisons. Enfin, le service à l'ancienne des serveurs en queue-de-pie ajoute à l'intemporalité des lieux.

En 2015, une page se tourne avec l'arrivée d'un nouveau chef ; nul doute que nous viendrons encore souvent nous régaler dans ce lieu chargé d'histoire, qui cultive la haute gastronomie avec toute l'exigence de son prestigieux héritage. La griffe Lasserre, hier comme demain !

Entrées

- Macaroni, truffe noire et foie gras de canard
- Bouquet de fruits et de légumes de nos maraîchers

Plats

- Bœuf Rossini, pommes soufflées
- Canard de Challans frotté aux épices douces

Desserts

- Crêpes Suzette
- Soufflé au chocolat, glace à la vanille

Laurent ✿

Cuisine classique ▶ **Plan : C3**

41 av. Gabriel
01 42 25 00 39
www.le-laurent.com
Ⓜ Champs Elysées Clemenceau

Fermé
23 décembre-2 janvier,
samedi midi, dimanche
et fériés

Menu 95 € (déjeuner)/180 € – Carte 165/250 €

Laurent

Personne ne sait vraiment pourquoi le nom de Monsieur Laurent, qui devint propriétaire de ce restaurant en 1860, a perduré jusqu'à consacrer définitivement l'ancien Café du Cirque édifié par Hittorff – auquel on doit aussi le Ledoyen – en 1842. Cela fait partie du mythe de cette vieille maison, située au cœur des jardins du rond-point des Champs-Élysées. Ancien pavillon de chasse de Louis XIV ou guinguette sous la Révolution – là encore, la légende varie –, Laurent conserve son cadre néoclassique et bourgeois, très en vogue à l'époque de sa création. Pilastres, colonnes, frontons et chapiteaux antiques, associés à de confortables banquettes, font toujours l'élégance et le charme – un brin désuet – des salles à manger et des salons particuliers.

La cuisine d'Alain Pégouret s'inscrit à merveille dans cet écrin. Classique, elle respecte et valorise les codes de la tradition bleu-blanc-rouge. On comprend que le Tout-Paris politique et des affaires apprécie cette institution. Encore plus aux beaux jours, quand on peut profiter de sa terrasse ouverte sur la verdure. Un lieu privilégié.

Entrées

- Araignée de mer dans ses sucs en gelée, crème de fenouil
- Foie gras de canard poêlé, mangue rôtie

Plats

- Turbot nacré à l'huile d'olive, bardes et légumes verts dans une fleurette iodée
- Friands de pied de porc, purée de pomme de terre

Desserts

- Glace vanille minute
- Soufflé chaud de saison

Loiseau rive Droite

Cuisine traditionnelle ▶ **Plan : D2**

41 r. Boissy-d'Anglas
01 42 65 06 85
www.bernard-loiseau.com
Madeleine

Fermé 1 semaine en février, 3 semaines en août, samedi, dimanche et fériés

Formule 29 € – Menu 39 € (déjeuner), 65/85 € – Carte 64/85 € 

Loiseau rive Gauche et Loiseau rive Droite : comme leurs noms l'indiquent, les deux adresses appartiennent au groupe – ou à la famille ? – Bernard Loiseau. Ce restaurant-ci, côté droit de la Seine, a été fondé en 1929. Sa façade Art déco indiquant "Les produits de Bourgogne s'invitent à Paris" et son ambiance inimitable ont traversé sans encombre le vingtième siècle... Rien de surprenant donc à ce que l'on puisse déguster ici une cassolette d'escargots au beurre persillé ou des rognons de veau accompagnés d'une purée de rattes bien moelleuse. Autre savoureux détail, la carte des vins est élaborée par le sommelier du Relais de Saulieu. Année après année, une adresse toujours aussi réjouissante !

Maison Blanche

Cuisine moderne ▶ **Plan : B3**

15 av. Montaigne
01 47 23 55 99
www.maison-blanche.fr
Alma Marceau

Fermé 2 semaines en août, samedi midi et dimanche midi

Formule 49 € – Menu 69 € (déjeuner), 95/125 € – Carte 78/209 € 

Un cadre grandiose ! Tel un cube posé sur le toit du théâtre des Champs-Élysées – un pont suspendu soutient cette étonnante Maison perchée –, la salle semble toiser la capitale à travers son immense baie vitrée... Quant à la terrasse, elle offre une vue tout simplement époustouflante sur la tour Eiffel. Si bien qu'on ne sait plus où poser le regard en entrant dans ce loft ultradesign ! Lové dans l'une des banquettes-alcôves ou installé sur la mezzanine, on ne se lasse pas du spectacle... Côté carte : une cuisine contemporaine bien réalisée, imprégnée d'influences méditerranéennes, et de l'âme voyageuse du chef. Avec une belle sélection de vins venus du Languedoc et de la vallée du Rhône... juste là-bas, derrière les toits de Paris.

Lucas Carton ✿

Cuisine moderne ▸ **Plan : D3**

9 pl. de la Madeleine
✆ 01 42 65 22 90
www.lucascarton.com
Ⓜ Madeleine

Fermé 3 semaines en août, dimanche et lundi

Menu 89 € (semaine), 99 € 🍷/179 € 🍷 – Carte 105/170 € XXX

Fred Laures

D'entrée, le nom interpelle... Il évoque une longue histoire : Robert Lucas et sa "Taverne Anglaise" en 1732 ; Francis Carton en 1925 qui accole les deux patronymes et crée cette identité très sonore, "Lucas Carton", où il fera briller trois étoiles dans les années 1930 ; Alain Senderens, enfin, qui porte de nouveau l'adresse au firmament au milieu des années 1980, avant de choisir, en 2005, de lui donner son propre nom pour la repenser librement.

Une nouvelle page s'ouvre fin 2013 : l'enseigne Lucas Carton renaît ! L'adresse endosse avec tact les nouveaux codes de la gastronomie contemporaine. Le jeune chef, Julien Dumas, sait rendre le meilleur de beaux produits – mention spéciale pour l'agneau de lait ! – et ses assiettes, bien équilibrées, sont portées par un irrésistible souffle méditerranéen... L'histoire continue pour cette vénérable institution.

Entrées

- Foie gras de canard laqué
- Encornets, cèpes

Plats

- Agneau de lait des Pyrénées
- Sarrasin, merlan croustillant

Desserts

- Paris-reims
- Pêche, verveine

Mandoobar

Coréenne ▶ **Plan : D1**

7 r. d'Edimbourg
01 55 06 08 53
www.mandoobar.fr
Ⓜ Europe

Fermé août, 1 semaine à Noël, dimanche et lundi

Carte 20/30 €

Les bonnes tables coréennes n'étant pas forcément légion à Paris, on est heureux de dénicher celle-ci dans une petite rue au-dessus de la gare Saint-Lazare. Dans une salle miniature (12 couverts à peine !), le chef, Kim Kwang-Loc, aussi agile que précis, réalise directement sous vos yeux raviolis et tartare de bœuf. Puis le premier coup de fourchette arrive et le constat s'impose : on se régale. Ses préparations sont fines, goûteuses, et regorgent de parfums ; les herbes et autres condiments asiatiques les relèvent de la plus élégante manière. Tout cela pour une addition très mesurée... On se pince !

Marius et Janette

Poissons et fruits de mer ▶ **Plan : A3**

4 av. George V
01 47 23 41 88
www.mariusjanette.com
Ⓜ Alma Marceau

Menu 48 € (déjeuner en semaine) – Carte 85/130 €

Une référence à l'Estaque et aux films de Robert Guédiguian ? Plutôt un petit coin de St-Tropez, à en juger par le décor de la salle à manger évoquant un yacht... et par la clientèle sélecte attablée au milieu des cannes à pêche, filets, espadons en plastique accrochés aux murs et autres hublots en cuivre. Dès les premiers rayons de soleil, changement de décor : lunettes tendance et bronzages dorés filent s'afficher en terrasse, installée sur l'avenue George-V. Côté cuisine naturellement, on a aussi le pied marin : poissons, coquillages et crustacés règnent sans partage sur la carte, qui évolue au gré des marées.

Marloe 🍴O

Cuisine moderne ▶ **Plan : B2**

12 r. du Cdt.-Rivière
✆ 01 53 76 44 44
www.marloe.fr
Ⓜ St-Philippe-du-Roule

Fermé 1er-21 août, 21-29 décembre, samedi et dimanche

Menu 44 € (dîner) – Carte 39/67 €

Dans ce quartier huppé dessiné par les Champs-Élysées et l'avenue Roosevelt, à l'angle de deux jolies rues, Marloe est la nouvelle création de l'équipe de l'Arôme voisin. L'endroit a des allures de bistrot chic et cosy (tons rouge, blanc et noir, miroirs anciens, chaises et tables en formica) et fait déjà office de cantine – haut de gamme ! – pour la clientèle du quartier. De fait, la cuisine séduit : queues de gambas en panko, cœur de saumon fumé impérial et beurre aux algues, bœuf Black Angus au jus de cassis, croque-monsieur du grand-père Leroy au jambon de Paris... C'est cuisiné nettement et sans esbroufe, à partir de produits d'excellente qualité, et la carte évolue avec les saisons. Séduisant !

Maxan 🍴O

Cuisine moderne ▶ **Plan : A3**

3 r. Quentin-Bauchart
✆ 01 40 70 04 78
www.rest-maxan.com
Ⓜ George V

Fermé samedi midi et dimanche

Formule 32 € – Menu 40 € – Carte 46/82 €

C'est donc ici, à deux pas de l'avenue Georges-V, que l'on retrouve Maxan, la table de Laurent Zajac autrefois installée près de Miromesnil. On découvre un décor élégant et discret, tout en camaïeu de gris, et on renoue surtout non sans plaisir avec une cuisine du marché bien parfumée. Le chef a été l'élève de Gérard Vié et d'Alain Dutournier : de là son exigence, son goût pour l'invention mais aussi une certaine simplicité. Velouté de petits pois et haddock mariné aux herbes ; queue de lotte rôtie et son jus au cidre ; moelleux et vaporeux chocolat... Le rapport qualité-prix se révèle très bon et la formule déjeuner particulièrement intéressante ! Pour l'anecdote, Maxan, c'est la contraction de Maxime et Andrea, les prénoms des enfants du chef.

1728

Créative ▶ Plan : D2

8 r. d'Anjou
01 40 17 04 77
www.1728-paris.com
Madeleine

Fermé 3 semaines en août, dimanche, lundi et fériés

Formule 39 € – Menu 52 € (déjeuner en semaine), 65 € / 165 € – Carte 80/118 €

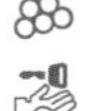

Un lieu chargé d'histoire ! Bâti par Antoine Mazin en 1728, cet hôtel particulier fut la demeure de La Fayette de 1827 jusqu'à sa mort. Les fastueux salons arborent leurs boiseries d'époque et leur mobilier de style ; les tapisseries et tableaux anciens sont toujours là... Rien ne semble avoir bougé, mais une restauration scrupuleuse a redonné tout son charme et son éclat à ce lieu unique, superbe. En cuisine, le chef, Nicolas Roudier, met à profit son expérience pour créer de belles assiettes dans les règles de l'art. Il marie sans hésitation les saveurs de l'Occident et de l'Orient : les produits nobles se déclinent avec pétales de gingembre, algues marines, thé fumé du Tigre, curry rouge... Et de très belles signatures jalonnent la carte des vins, composée avec passion.

Mini Palais

Cuisine moderne ▶ Plan : C3

Au Grand Palais - 3 av. Winston Churchill
01 42 56 42 42
www.minipalais.com
Champs-Elysées Clemenceau

Formule 29 € – Menu 29 € (déjeuner en semaine) – Carte 35/75 €

Au Grand Palais se cache ce Mini Palais, dédié aux plaisirs du... palais ! Le cadre est superbe, laissant apparaître la structure métallique du bâtiment, mais son plus grand atout est la terrasse sous les immenses colonnes de la façade, avec ses mosaïques et sa vue sur le Petit Palais. On y croirait la Belle Époque ressuscitée ! Sous les rayons du soleil, l'endroit est tout simplement exquis, et l'après-midi il y fait bon goûter d'un thé et d'une petite pâtisserie... Même plaisir à l'heure du repas, avec une cuisine soignée, pensée sous la houlette d'Éric Fréchon (du Bristol) : galantine de volaille fermière et foie gras de canard ; merlan frit, chips et sauce tartare ; baba au rhum géant à partager, etc. Et pour les petits creux, on sert aussi quelques en-cas (tartines, planches, etc.), de midi à minuit.

Nolita

Italienne ▶ **Plan : B2**

1 av. Matignon (Motor Village - 2ème étage)
01 53 75 78 78
www.nolitaparis.fr
Franklin D. Roosevelt

Fermé 2 semaines en août, samedi midi et dimanche soir

Formule 39 € – Carte 58/85 €

Sa localisation peut étonner – au sein du MotorVillage, le show-room d'un grand groupe automobile italien – mais ce restaurant est une vraie réussite ! Le décor, très urbain, a été conçu par Jean-Michel Wilmotte : noir et blanc, avec des lignes contemporaines et... une vitrine mettant en scène un bolide transalpin, pour les amateurs de belle mécanique. Pour autant, la cuisine ne fait pas figuration, avec des saveurs qui démarrent au quart de tour ! Le chef, passé par de belles maisons, sait magnifier l'esprit de la Botte : la carte puise dans l'authenticité de ses régions, tout en se teintant d'une belle modernité. Cochon de lait parfumé au tabac (un plat rustique d'origine sarde), salade de calamars extrafrais, carte des vins comptant quelque 150 références... Vrombissements de plaisir !

Pavillon Elysée Lenôtre

Cuisine moderne ▶ **Plan : C3**

10 av. des Champs-Elysées
01 42 65 85 10
www.lenotre.fr
Champs Elysées Clemenceau

Fermé 20-27 février, 3 semaines en août, dimanche sauf le midi d'avril à octobre et lundi de novembre à mars

Formule 37 € – Carte 48/70 €

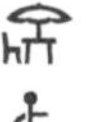

À la fois boutique célébrant les arts de la table, école de cuisine et restaurant : le Pavillon Élysée Lenôtre est en quelque sorte la vitrine du célèbre traiteur parisien. Cette ambassade gourmande a trouvé son écrin sur la "plus belle avenue du monde", dans ce magnifique pavillon Napoléon III construit pour l'Exposition universelle de 1900. Superbement restauré et résolument contemporain, il donne sur une terrasse très courue... L'été, on s'y dore au soleil en lisant la carte, fort appétissante : tarte fine aux légumes et au chèvre, croustillante et pleine de saveur ; filet de dorade au fenouil braisé, bien parfumé... et les incontournables macarons ! Une cuisine dans l'air du temps, moderne, vive et bien sentie.

Okuda ✿

Japonaise ► **Plan : B3**

7 r. de la Trémoille
✆ 01 40 70 19 19 (réservation conseillée)
www.okuda.fr
Ⓜ Alma Marceau

Fermé 2 semaines en août,
mardi midi et lundi

Menu 85 € (déjeuner), 158/198 €

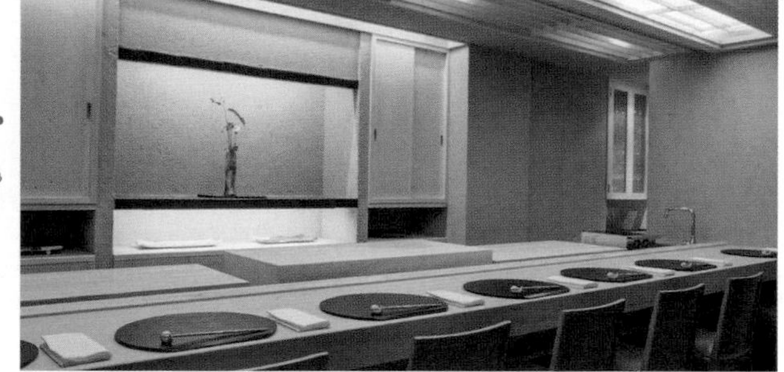

Okuda

Vingt-trois couverts, un décor sobre et élégant, des hôtesses en kimono traditionnel et un silence d'or : c'est dans cet écrin que l'on déguste depuis 2013 les créations "kaiseki" (un menu dégustation sans choix, constitué de nombreux petits plats) du célèbre chef japonais Toru Okuda, déjà couronné d'étoiles à Tokyo. Harmonie des saveurs, subtilité des sauces, délicatesse des textures... C'est bien du grand art que révèle chaque assiette : les meilleurs produits de saison, importés du Japon ou originaires de France, sont préparés avec un soin méticuleux, et s'associent en de magnifiques compositions, élégantes et subtiles, dans le respect des traditions nippones.

À peine éclose, la table s'impose d'ores et déjà comme une valeur très sûre de la gastronomie japonaise à Paris... sinon dans le monde !

Spécialités

- Menu Omakase

Pavillon Ledoyen ✿✿✿

Cuisine moderne ▶ **Plan : C3**

8 av. Dutuit (carré Champs-Élysées)
01 53 05 10 01
www.yannick-alleno.com
Ⓜ Champs-Elysées Clemenceau

Fermé 6-22 août, 23-26 décembre, samedi midi et dimanche

Menu 135 € (déjeuner), 295/380 € – Carte 150/320 €

Philippe Vaurès Santamaria

On ne présente plus cette prestigieuse institution parisienne, dont le décor Second Empire, dans les jardins des Champs-Élysées, incarne l'image même du grand restaurant à la française : le luxe du décor, la culture des arts de la table, le service orchestré avec élégance, tout dessine un écrin unique à la gloire de la gastronomie !

Un écrin qui a écrit en 2014 une nouvelle page – largement médiatisée – de son histoire, en ayant été repris par Yannick Alléno. Disons-le tout de go : le grand chef a réalisé un tour de force en y imprimant d'emblée sa signature, offrant des repas aussi délicieux que marquants. La richesse de la carte, la magnificence des produits sélectionnés, le caractère des recettes qui s'imposent avec évidence comme autant de compositions parfaitement abouties : voilà bien l'œuvre d'un cuisinier au faîte de son art... Mention spéciale pour ses jus et ses sauces, magnifiés à travers de savantes extractions : ou comment mettre des techniques d'avant-garde au service de la grande cuisine française. Brio et maestria !

Entrées

- Tarte friande de langoustine au caviar osciètre
- Tête de cèpe en civet, baies de genièvre et écorces d'oranges croûtons dorés persillés

Plats

- Timbale de coquillages, feuille et chair de seiche, grenailles fondantes au piment d'Espelette
- Caneton au malt, bière d'aubergine et tarte aux champignons

Desserts

- Charlotte norvégienne moderne aux mirabelles
- Mousse aérée de cacao fleurée de sel, mucilage de fèves fermentées

Penati al Baretto ✿

Italienne ► **Plan : A2**

9 r. Balzac
01 42 99 80 00
www.penatialbaretto.eu
Ⓜ George V

Fermé août, samedi midi et dimanche

Formule 39 € – Menu 45 € (déjeuner), 115/180 € 🍷 – Carte 75/120 € XX

A/C

Penati Al Baretto

Alberico Penati aura d'emblée imposé sa table italienne parmi les meilleures de la capitale ! Il s'est installé début 2014 au sein de l'Hôtel de Vigny, à deux pas de l'Arc de Triomphe, dans cette rue Balzac déjà bien connue des gastronomes (Pierre Gagnaire y a sa table). Un heureux augure ? Le fait est que sa cuisine honore la plus belle tradition transalpine – et donc la gastronomie mondiale, qui lui doit tant ! –, avec cette alliance de raffinement et de générosité qui est sa marque la plus frappante. On ne trouve rien de trop sophistiqué dans ses recettes, où règne même une forme de simplicité ; toutes rendent surtout hommage aux terroirs de la Botte, dont elles explorent le large éventail de spécialités. On sent la touche d'un homme qui sait travailler et porte avec aisance son héritage culinaire, toujours enraciné dans ces régions si riches de produits emblématiques. Les assiettes ne mentent pas : elles débordent de saveurs… Quant au décor, il distille une ambiance feutrée et élégante, dans un beau camaïeu de bois et de tons beige et chocolat. *Eleganza e semplicità*, encore et toujours !

Entrées

- Jambon de Parme et melon cantaloup
- Salade d'artichauts crus et cuits, ricotta et cresson

Plats

- Spaghetti di Verrigni aux sardines à la sicilienne
- Poitrine de veau au gorgonzola, cèpes et artichauts sautés

Desserts

- Pannacotta à la vanille de Tahiti et aux fruits rouges
- Parfait glacé au citron de Sicile

Le Percolateur

Cuisine traditionnelle ▶ **Plan : D1**

20 r. de Turin
01 43 87 97 59
www.lepercolateur.fr
Rome

Fermé 2 semaines en août, samedi midi et dimanche

Formule 16 € – Menu 30 € (dîner) – Carte 32/59 €

Un bistrot tendance, cool et un rien arty ! On le doit à la belle inspiration de deux frères, David et Philippe Madamour, anciens patrons du "7-15" dans le 15e arrondissement. C'est à New York que Philippe, travaillant alors au célèbre Bilboquet, a commencé sa collection de percolateurs. Brillant de mille feux chromés, ils trônent désormais derrière le comptoir ; l'enseigne leur rend un juste hommage. Curiosité, goût du voyage, éclectisme : des traits de caractère qui résument plutôt bien la carte. Velouté de carotte à la vanille Bourbon, poulet laqué au miel et soja, crumble pommes-poires caramélisées, etc. : les habitués en redemandent ! Bonnes formules à petits prix au déjeuner en semaine.

Le Petit Marius

Poissons et fruits de mer ▶ **Plan : B3**

6 av. George-V
01 40 70 11 76
Alma Marceau

Menu 31 € (déjeuner en semaine) – Carte 48/80 €

Bar grillé au fenouil, friture d'eperlans et d'encornets, aïoli de morue... Ce Petit Marius chante une douce ritournelle, celle des produits de la mer ! Avec une légère pointe d'accent marseillais (exotique sur l'avenue George-V...), mais sans parti pris aucun : au gré des approvisionnements, la carte propose saumon bio d'Écosse, moules de bouchot de la baie du Mont-St-Michel, ou encore langoustines de Bretagne. Le tout s'apprécie dans un décor de bistrot moderne, aux tons chauds et largement ouvert sur la rue, où se distinguent quatre sculptures de barracudas en métal... pour suggérer un appétit féroce peut-être ?

Pierre Gagnaire ✿✿✿

Créative

▸ Plan : A2

6 r. Balzac
✆ 01 58 36 12 50
www.pierregagnaire.com
Ⓜ George V

Fermé 3 semaines en août, 1 semaine à Noël, samedi et dimanche

Formule 85 € – Menu 155/310 € – Carte 325/405 €

Francis Amiand

Chef "surbooké" jonglant d'une adresse à l'autre, entre Paris, Londres, Tokyo, Hong Kong, Séoul et Dubaï, Pierre Gagnaire trace sa voie en solitaire. Comme personne, il réalise une cuisine d'auteur exploratrice, entière, excessive. Car cet équilibriste de talent – également grand amateur de jazz et d'art contemporain – cherche sans cesse : selon lui, l'excellence se joue sur le détail. Pour autant, il sait quand s'arrêter. "J'essaie d'épurer, d'éviter les fausses bonnes idées", souligne-t-il à l'envi. Lui qui ne rédige jamais de recettes compose une carte de mets qui ressemble à un poème, mettant l'imagination en branle et les papilles en émoi avant même le début du repas. Préparez-vous à un festival de saveurs ! Une avalanche de mets qui n'attend de vous que curiosité et ouverture d'esprit...
Un mot, enfin, sur le cadre du restaurant de la rue de Balzac – l'enseigne mère de Gagnaire : moderne et sobre, il joue la note du raffinement discret, ton sur ton avec le service délicat.

Entrées

- Gambas de Palamos coraillées raidies au four, pistes, casserons et poulpitos à l'omiza
- Homard et huiles d'olives d'origine

Plats

- Saint-pierre pimenté saisi à la poêle, compote de concombre, tomate et txistorra
- Côte de veau du Limousin parfumée aux herbes à curry

Desserts

- Le grand dessert Pierre Gagnaire
- Soufflé à la vanille de Tahiti, crème glacée

Pomze

Cuisine moderne ▶ **Plan : C2**

109 bd Haussmann (1er étage)
✆ 01 42 65 65 83
www.pomze.com
Ⓜ St-Augustin

Fermé 22 décembre-2 janvier, samedi sauf le soir de septembre à juin et dimanche

Menu 35/58 € – Carte 47/67 €

Originale adresse que cette Pomze, qui invite à un "voyage autour de la pomme" ! La maison comporte trois espaces différents : une épicerie au rez-de-chaussée (vente de cidre, calvados, etc.), une saladerie au sous-sol et un restaurant au 1er étage. Dans la salle, à la sobriété toute contemporaine, des toiles représentant des vergers rappellent le concept de la table, dédiée au fruit défendu – mais plus largement à tous les beaux produits. Derrière les fourneaux, c'est une équipe japonaise qui œuvre, proposant une cuisine créative, voyageuse et soignée... Le rapport qualité-prix se révèle excellent.

Ratn

Indienne ▶ **Plan : B3**

9 r. de la Trémoille
✆ 01 40 70 01 09
www.restaurantratn.com
Ⓜ Alma Marceau

Formule 21 € – Carte 47/70 €

Une authentique adresse indienne, dont le nom signifie... joyau. Le décor très soigné et élégant (tentures soyeuses, panneaux de bois sculptés, statues hindoues, etc.), l'accueil délicat, et surtout la carte qui offre un bel aperçu du répertoire moghol et indien : voilà qui a le parfum de l'ailleurs ! Qualité des produits, subtilité des marinades, harmonie des mariages d'épices, etc. : la cuisine fait montre d'une belle ambition, soutenue de génération en génération par la famille de ses propriétaires, originaire du pays et passionnée par la gastronomie indienne. L'adresse est donc parfaite pour qui souhaite s'initier à ses raffinements, d'autant que le cadre feutré, faut-il le répéter, permet de passer un agréable moment...

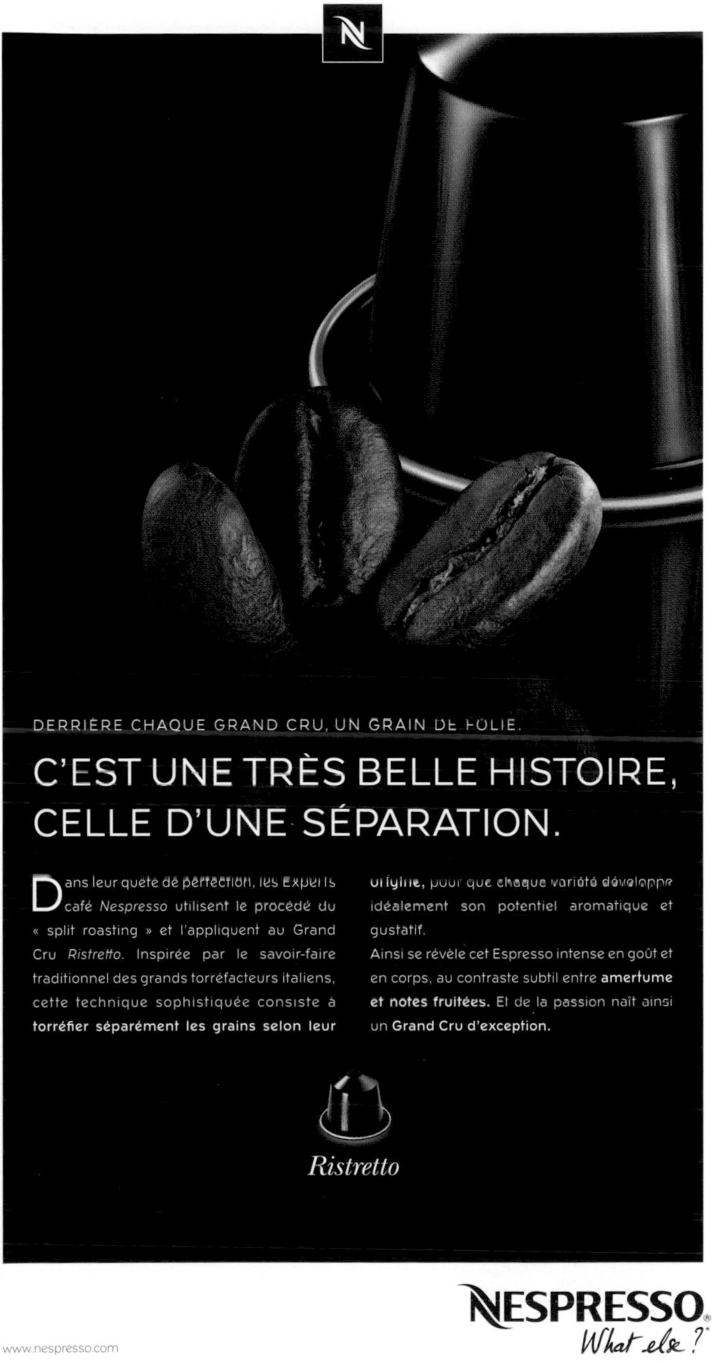

Le Relais Plaza ‖O

Cuisine classique ► **Plan : B3**

Hôtel Plaza Athénée,
21 av. Montaigne
✆ 01 53 67 64 00
www.dorchestercollection.com/fr/paris/hotel-plaza-athenee/ Ⓜ Alma Marceau

Fermé mi-juillet à fin août

Formule 46 € – Menu 58 € – Carte 75/140 € XX

A/C C'est la cantine chic et intime des maisons de couture voisines ; la brasserie où le Tout-Paris a ses habitudes. Il faut dire que le Relais Plaza a vu et voit passer du beau monde : Grace Kelly, Charles Aznavour, Liza Minelli, Yves Saint Laurent, John Travolta, Albert de Monaco ou encore Junko Koshino. Le cadre original et superbe de cette institution – un élégant intérieur Art déco inspiré du paquebot Normandie – a largement contribué à son succès ; il a bénéficié de la rénovation complète de l'hôtel en 2014, qui a su préserver tout son cachet. On ne se lassera donc sans doute jamais de cette adresse si attachante, de tous les classiques de la carte qui ont fait sa réputation, de même que des fameuses soirées "Swing'in Relais" menées par le directeur de salle, Werner Küchler, fameux crooner à ses heures !

Shin Jung ‖O

Coréenne ► **Plan : D1**

7 r. Clapeyron
✆ 01 45 22 21 06
www.shinjung.fr
Ⓜ Rome

Fermé dimanche

Formule 16 € – Carte 30/40 € 

Les fidèles de cette sympathique adresse familiale viennent déguster, en toute simplicité, une véritable cuisine coréenne. Souvent moins connue que celle des autres pays asiatiques, elle est pourtant tout aussi appétissante. La gastronomie de la Corée se caractérise notamment par son penchant pour le poisson cru, l'emploi du kimchi (chou mariné et pimenté) et l'importance des grillades, réalisées sur de petits barbecues. L'autre incontournable, c'est le bibimbap – ici un vrai délice... Authenticité garantie ! À découvrir dans une petite salle toute simple et sobre. Le service est rapide, agréable et sans chichi, ce qui explique l'affluence certains midis en semaine...

La Scène ✿

Cuisine moderne ▶ **Plan : A3**

Hôtel Prince de Galles,
33 av. George-V
✆ 01 53 23 78 50
www.restaurant-la-scene.fr
Ⓜ George V

Fermé août, samedi midi et dimanche

Formule 50 € – Menu 65 € (déjeuner), 95/195 € – Carte 95/190 €

Hôtel Prince de Galles

Au cœur de l'élégant hôtel Prince de Galles, situé à deux pas de l'avenue des Champs-Élysées, cette Scène braque tous les projecteurs sur les cuisines, séparées de la salle par un simple comptoir de marbre blanc. Celles-ci sont le domaine de Stéphanie Le Quellec, habituée des feux de la rampe car victorieuse de l'émission télévisée Top Chef en 2011.

On ne saurait cependant réduire son parcours à ce succès : la jeune chef justifie d'une formation des plus académiques et d'un solide parcours à travers des maisons de renom, qui ont sans doute répondu à une soif naturelle pour l'exigence et la rigueur. De là, des réalisations très techniques, précises et délicates, mais qui savent aussi oser l'invention et refuser la banalité, sans jamais se perdre dans des accords hasardeux. Sur cette Scène où tout se joue en direct, les assiettes révèlent de vives saveurs et... crèvent l'écran !

Entrées

- Œuf fermier d'Île-de-France, jaune tiède acidulé, asperges vertes et morilles
- Langoustine, concombre de jardin, crème crue et sarrasin toasté

Plats

- Ris de veau doré au jus, compression de romaine, salicornes et olives noires
- Rouget de roche "cuit de peur", sucs de bouillabaisse, gnocchis et poutargue

Desserts

- Vanille en cinq feuilles, crème onctueuse
- Tarte aux pommes

STAY Faubourg ℹO 

Cuisine moderne ▶ **Plan : D3**

Hôtel Sofitel le Faubourg,
15 r. Boissy-d'Anglas
✆ 01 44 94 14 14
www.stay-faubourg.com
Ⓜ Concorde

Fermé 2 semaines en août

Formule 52 € 🍷 – Menu 68 € 🍷 (déjeuner en semaine) – Carte 54/104 € 

AC

STAY, pour "Simple Table Alléno Yannick" : voici donc le grand chef qui se cache derrière ce sigle mystérieux ! Après Dubaï, Taipei et Pékin, il a choisi le cadre rénové de l'hôtel Sofitel le Faubourg, dans un quartier qu'il connaît par cœur – le Meurice, Drouant et Ledoyen ne sont pas bien loin –, pour y installer la déclinaison parisienne de son concept. L'objectif : proposer une cuisine sans chichis et de qualité, à la fois exigeante et accessible. La carte s'inspire joliment des classiques – filet de bœuf à la sauce crémeuse au poivre noir – et s'habille de saveurs ramenées de voyage par Yannick Alléno, comme avec ce ceviche de dorade royale, bien parfumé et rafraîchissant. Et, pour finir en beauté, on ne manquera pas de goûter les savoureux desserts réalisés à la minute dans la bibliothèque-pâtisserie...

Le Sushi Okuda ℹO 

Japonaise ▶ **Plan : B3**

18 r. Boccador
✆ 01 47 20 17 18 (réservation conseillée)
www.sushiokuda.com
Ⓜ Alma Marceau

Fermé 2 semaines en août, mardi midi et lundi

Menu 95 € 🍷 (déjeuner), 125 € 🍷/155 € 🍷 

Avis aux amoureux de la gastronomie japonaise – dont certains diront qu'elle est la meilleure du monde. Ce bar à sushis attenant au restaurant étoilé Okuda rappelle les izakayas (les bars) japonais, tant par le cèdre du Japon qui habille les murs que par l'étroitesse du lieu et l'irrésistible fraîcheur des poissons, travaillés selon la méthode ikéjimé. Rien d'étonnant à cela : Monsieur Okuda possède une poissonnerie dans le 16e arrondissement, où il veille à la qualité de ses bars, turbots, dorades, lottes ou anguilles... tant et si bien que de nombreux étoilés de la capitale se fournissent chez lui. Un réjouissant voyage au pays du Soleil-Levant au gré de menus remarquables, comme autant de savoureuses escales. Un délice.

La Table du Lancaster ✿✿

Cuisine moderne ▸ **Plan : B2**

Hôtel Lancaster,
7 r. de Berri
✆ 01 40 76 40 18
www.hotel-lancaster.fr
Ⓜ George V

Fermé 3 semaines en août, samedi, dimanche et fériés

Menu 65 € (déjeuner), 115/205 € – Carte 135/155 €

La Table du Lancaster

Toute l'atmosphère exclusive et confidentielle d'un restaurant de grand hôtel – et quand il s'agit du Lancaster, ce mythique établissement au charme si particulier...

Le moment est d'autant plus rare que le jeune chef, Julien Roucheteau, signe une cuisine brillante et d'une grande délicatesse. L'heure de la maturité a sonné pour ce cuisinier formé dans de belles tables parisiennes, et qui aujourd'hui sur le devant de la scène révèle un indéniable talent. Une technique impeccable, des jeux de textures et de saveurs harmonieux et subtils, des produits d'exception... voilà ce qui distingue ses assiettes, qui révèlent de surcroît une large palette d'expression, mettant aussi bien en valeur les terroirs, les marées que les influences lointaines. Ou comment revisiter la gastronomie française tout en redessinant une géographie des saveurs !

Dernier conseil : aux beaux jours, n'hésitez pas à profiter de la terrasse aménagée dans la cour-jardin, à l'abri des regards. Intime et singulière, la Table du Lancaster l'est assurément.

Entrées

- Fricassée d'escargots de Bourgogne aux herbes folles
- Truite de mer façon gravlax

Plats

- Côte de veau de tradition française
- Homard breton, livèche

Desserts

- Fraîcheur de mangue pimentée de curry
- Carré croustillant de fleur en chocolat, glace vanille

Le Taillevent ✿✿

Cuisine classique

▶ **Plan : B2**

15 r. Lamennais
01 44 95 15 01 (réservation conseillée)
www.taillevent.com
Ⓜ Charles de Gaulle-Etoile

Fermé 30 juillet-29 août, samedi, dimanche et fériés

Menu 88 € (déjeuner), 218/278 € – Carte 155/295 €

Taillevent

Cette adresse qu'on ne présente plus porte fièrement les couleurs de la tradition. Par ses propriétaires, en premier lieu : la famille Vrinat qui, depuis trois générations, a fait la réputation de ce restaurant incontournable et est désormais associée à la famille Gardinier (Les Crayères à Reims). Par son nom : référence à l'auteur du "Viandier", le plus ancien manuscrit de recettes rédigé en français (vers 1379). Par son cadre, enfin : l'ancien hôtel particulier du duc de Morny (19e s.), classique, feutré et propice aux rendez-vous politiques et aux repas d'affaires. L'éclairage tamisé et l'harmonie de tons bruns, rouges et beiges favorisent un climat d'intimité, enrichi depuis 2004 par des œuvres d'art contemporain. Une façon d'entretenir des liens avec l'air du temps. Comme en cuisine, où le sixième chef de la maison, Alain Solivérès, mêle l'ancien au moderne, les recettes empruntées à la haute gastronomie à des touches méditerranéennes et actuelles. Et, cerise sur le gâteau : les caves, pléthoriques en vins rares, qui comptent parmi les plus belles de la capitale.

Entrées

- Boudin de homard bleu "tradition Taillevent"
- Épeautre du pays de Sault en risotto, cuisses de grenouilles

Plats

- Bar de ligne, poireau, champagne et caviar osciètre
- Tournedos de bœuf Rossini, pomme anna

Desserts

- Crêpes Suzette
- Soufflé chaud au chocolat

Le 39V ✿

Cuisine moderne ▶ **Plan : A2**

39 av. George-V (6ème étage - entrée par le 17 r. Quentin-Bauchart)
✆ 01 56 62 39 05
www.le39v.com
Ⓜ George V

Fermé août, samedi et dimanche

Formule 40 € – Menu 50 € (déjeuner), 95/195 € 🍷 – Carte 95/138 € ✕✕

Le 39V

La température monte au 39… de l'avenue George-V ! Franchissez donc le porche de ce discret immeuble haussmannien : de là, un ascenseur vous mène directement au 6e étage. Dans les hauteurs, sur les toits de Paris, niche cette petite cité pour gastronomes… D'abord le bar, habillé de noir, où l'on peut siroter quelque cocktail avant de rejoindre sa table. Puis la grande salle, coiffée de verre et dont les larges baies ouvrent sur une délicieuse petite terrasse.

Les lieux sont raffinés ; l'assiette n'est pas en reste. Le chef, Frédéric Vardon, propose une belle relecture de la cuisine de tradition. Très attaché à la qualité des ingrédients, il met un point d'honneur à rendre visite à ses fournisseurs sur leur domaine de production. Un travail aux origines et une véritable clef de voûte pour des assiettes raffinées et démontrant de solides bases classiques. On s'enfièvre pour ce 39V plein de saveurs !

Entrées

- Œuf bio cuit mollet aux petits pois, mousserons des prés
- Tourteau et macédoine de légumes, émulsion d'une bisque

Plats

- Turbot aux girolles et pommes de terre de Noirmoutier en cocotte lutée
- Côte de cochon rôtie, poitrine laquée, pomme fruit et purée, jus épicé

Desserts

- Fraises et fraises des bois, crémeux sansho et vanille
- Abricots crus, poêlés, et en marmelade, amandes fraîches et sorbet au kalamansi

Le V

Cuisine moderne ► **Plan : A2**

Hôtel Vernet,
25 r. Vernet
01 44 31 98 00
www.hotelvernet.com
Charles de Gaulle-Etoile

Fermé août, samedi midi et dimanche

Formule 39 € – Carte 51/81 €

D'abord, il y a le hall de l'hôtel Vernet, le petit salon fleuri d'orchidées, puis la salle à manger coiffée d'une impressionnante verrière signée Gustave Eiffel, typique du charme Belle Époque. L'ouvrage mérite assurément un coup d'œil, et il illumine joliment le travail du chef, Laurent Poitevin. Ce dernier, passé par des maisons prestigieuses comme Taillevent, élabore une cuisine maîtrisée, désireuse de transcender les classiques à partir de produits choisis. C'est avec disponibilité et politesse que l'on vous sert des tempura de grenouilles – à la chair tendre et fondante –, une déclinaison de veau de lait ou un sabayon aux fraises onctueux. Dans les règles de l'art...

Le Vraymonde

Chinoise ► **Plan : D3**

Buddha-Bar Hotel,
4 r. d'Anjou
01 83 96 88 70
www.buddhabarhotelparis.com
Madeleine

Formule 35 € – Menu 45 € (déjeuner en semaine) – Carte 48/80 €

On connaissait le Buddha-Bar, adresse parisienne très branchée ; voici le Buddha-Bar Hotel, créé dans un hôtel particulier du 18e s. (entre la rue du Faubourg-St-Honoré et la place de la Madeleine), et son restaurant, le Vraymonde. Le lieu vaut le coup d'œil ! Un décor rare, chic et feutré, dont l'esthétique semble puiser à la source de la Chine éternelle, distillant une ambiance glamour et raffinée : voilà qui fait voyager... La cuisine également invite au dépaysement : métissée et saupoudrée d'épices, elle marie à merveille les accords sucrés-salés, à l'instar de cette poitrine de veau longuement confite et sa laque au miel et curry. À l'unisson du cadre, les recettes sont une ode au brassage culturel, à la rencontre des saveurs...

9e

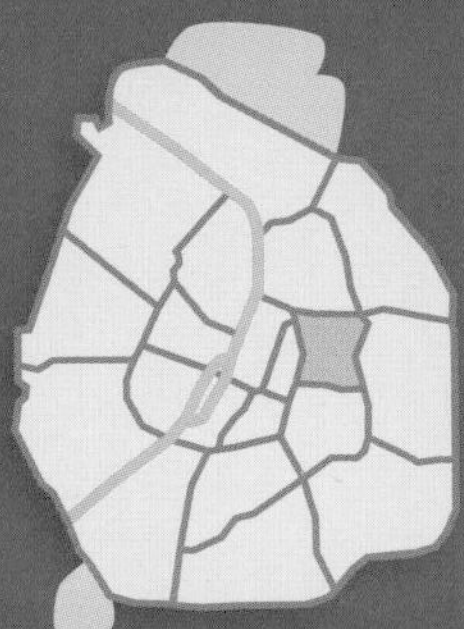

Opéra · Grands Boulevards

A. Chicurel / hemis.fr

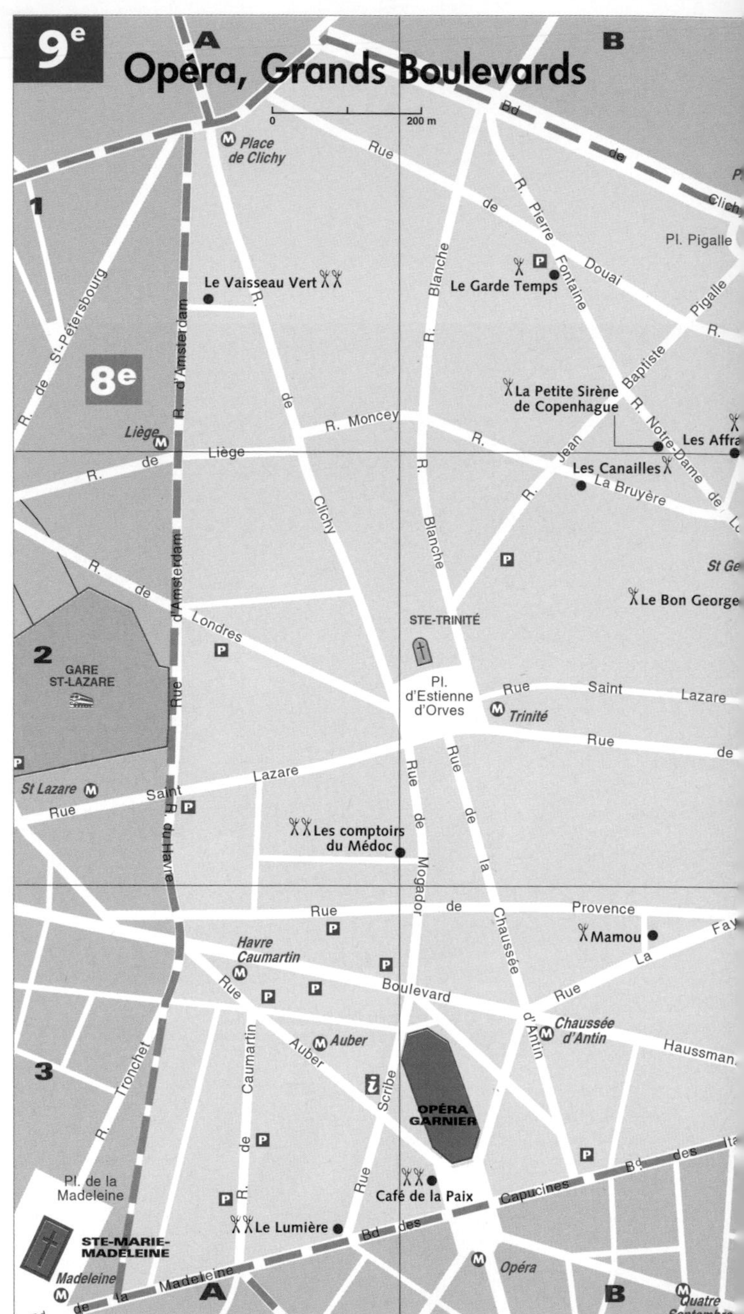
9e
Opéra, Grands Boulevards
A
B
1
2
3
0
200 m
Place de Clichy
Rue de Douai
Bd de Clichy
Pl. Pigalle
R. Pierre Fontaine
R. Pigalle
R. Blanche
Le Garde Temps
Le Vaisseau Vert
R. de St-Pétersbourg
8e
R. d'Amsterdam
R. de Clichy
La Petite Sirène de Copenhague
R. Jean Baptiste
R. Notre-Dame de Lorette
Les Affra
Liège
R. de Liège
R. Moncey
Les Canailles
R. La Bruyère
R. de Londres
St Ge
Le Bon George
STE-TRINITÉ
GARE ST-LAZARE
Pl. d'Estienne d'Orves
Rue Saint Lazare
Trinité
Rue de
St Lazare
Rue Saint Lazare
Rue d'Amsterdam
Rue de Mogador
Rue de la Chaussée d'Antin
Les comptoirs du Médoc
R. du Havre
Rue de Provence
Mamou
Rue La Fay
Havre Caumartin
Boulevard Haussman
Rue Auber
Chaussée d'Antin
Auber
R. Tronchet
R. de Caumartin
Scribe
OPÉRA GARNIER
Bd des Capucines
Bd des Ita
Pl. de la Madeleine
Rue
Café de la Paix
Le Lumière
STE-MARIE-MADELEINE
Madeleine
Bd de la Madeleine
Opéra
Quatre Septembre

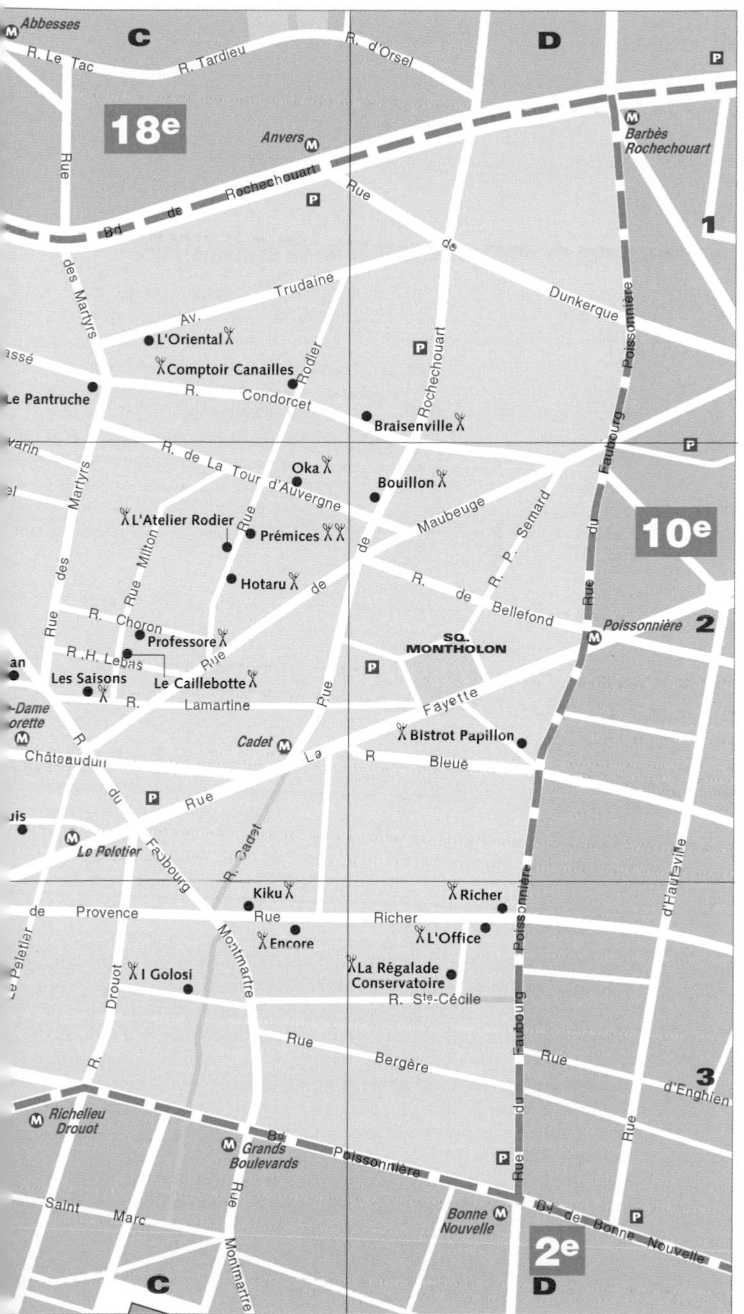

C
D
18e
10e
2e
1
2
3
Abbesses
Anvers
Barbès Rochechouart
Poissonnière
Cadet
Le Peletier
Richelieu Drouot
Grands Boulevards
Bonne Nouvelle
R. Le Tac
R. Tardieu
R. d'Orsel
Bd de Rochechouart
Rue de Dunkerque
Av. Trudaine
Rue des Martyrs
Rue Rodier
Rue Rochechouart
R. Condorcet
R. de La Tour d'Auvergne
Rue de Maubeuge
R. P. Semard
R. de Bellefond
Rue du Faubourg Poissonnière
Rue Milton
R. Choron
R. H. Lebas
R. Lamartine
SQ. MONTHOLON
Rue La Fayette
R. Bleue
R. Châteaudun
R. du Faubourg Montmartre
R. Cadet
Rue de Provence
Rue Richer
R. Drouot
R. Ste-Cécile
Rue Bergère
Rue d'Hauteville
Rue d'Enghien
Bd Poissonnière
Bd de Bonne Nouvelle
Rue Montmartre
Saint Marc
L'Oriental
Comptoir Canailles
Le Pantruche
Braisenville
Oka
Bouillon
L'Atelier Rodier
Prémices
Hotaru
Professore
Les Saisons
Le Caillebotte
Bistrot Papillon
Kiku
Richer
Encore
L'Office
I Golosi
La Régalade Conservatoire

Les Affranchis

Cuisine moderne **▶ Plan : B1-2**

5 r. Henri-Monnier
Fermé lundi
01 45 26 26 30
St-Georges

Formule 28 € – Menu 32 € (déjeuner en semaine)/40 €

"Aussi loin que je me souvienne, j'ai toujours voulu être un gangster". Un hommage film culte de Martin Scorsese ? Une référence à la poste voisine ? Les Affranchis, c'était avant tout une déclaration d'indépendance pour le binôme qui avait imaginé cette excellente adresse. Un nouveau duo franco-italien (qui s'est rencontré à l'Ambroisie) s'est désormais emparé des fourneaux pour proposer une savoureuse cuisine de bistrot contemporain qui, comme la déco plutôt vintage, a d'ores et déjà conquis la clientèle bourgeois-bohème du quartier St-Georges. Une adresse... aliénante !

Atelier Rodier

Cuisine moderne **▶ Plan : C2**

17 r. Rodier
09 67 19 94 90
www.latelier-rodier.com
Notre-Dame de Lorette

Fermé août, 1 semaine à Noël, mardi midi, mercredi midi, samedi midi, dimanche et lundi

Formule 29 € – Menu 41/80 €

C'est au nord du 9e arrondissement, au milieu de la rue Rodier dont la longue pente marque les prémices de la butte Montmartre, que l'on découvre ce petit restaurant né en 2013. Le lieu dénote... Au cœur de la salle, qui affirme un vrai style design, une grande vitre d'atelier ouvre sur les cuisines. Simple effet de mode ? C'est surtout une déclaration de confiance, tout à fait dans l'esprit de l'époque, destinée à montrer que l'on n'a rien à cacher, aussi bien en matière de traçabilité des produits qu'en matière de savoir-faire. Ici œuvre Santiago Torrijos, un jeune homme passé par de bonnes maisons et tout à fait à l'aise dans son rôle de bistronome en chef. Ses recettes, créatives et inspirées, réservent de savoureuses surprises !

Bistrot Papillon (N)

Cuisine moderne ▶ **Plan : D2**

6 r. Papillon
01 47 70 90 03 (réservation conseillée)
www.bistrotpapillon.fr
Ⓜ Cadet

Fermé samedi et dimanche

Menu 23 € (déjeuner en semaine), 36/50 € – Carte 45/56 € 

A/C

Ce bistrot aux harmonies contemporaines, de parquet et pierres grattées, abrite un talent qui pétille : le jeune chef japonais Yoshitaka Takayanagi, ancien second de Yannick Alléno puis de Christophe Saintagne au Meurice. Il signe ici une cuisine colorée, toute en finesse et équilibre, à l'image de ce magret de canard, betterave glacée à l'orange sur lit de radis rouge et noir. Les produits et légumes bios, que le chef adore, sont irréprochables et l'on mord à pleine gourmandise dans la belle viande "Rouge des prés" d'un petit éleveur sarthois. À remarquer aussi : une très séduisante sélection de crus issus de petits vignobles, derrière cave vitrée... à des prix honnêtes. Une adresse remarquable.

Le Bon Georges 

Cuisine traditionnelle ▶ **Plan : B2**

45 r. St-Georges
01 48 78 40 30
www.lebongeorges.com
Ⓜ St-Georges

Fermé 3 semaines en août, samedi midi, dimanche et lundi

Formule 19 € – Carte 34/53 € 

Voilà un bistrot d'angle tel qu'on les aime, avec vigne et glycine sur le trottoir, décor dans son jus (sacrifiant à la sainte trilogie ardoise, vieux plancher, banquettes) et son ambiance de quartier... mais qui a le mérite de ne pas se reposer sur son physique avantageux. L'assiette aussi vaut les honneurs ! La liste des producteurs, affichés sur l'ardoise, donne le ton : légumes de chez Joël Thiébault, volaille de chez Renault, poissons de petits bateaux en provenance de l'île d'Yeu... On ne s'étonnera pas de goûter une belle terrine au beaujolais, un pigeon rôti, ou une tatin de pommes comme chez mamie. Belle sélection de vins de propriétés, Bourgogne et vallée du Rhône. Un bon et généreux bistrot qui n'a pas cédé aux sirènes de la bistronomie, et assume sa simplicité avec gourmandise et décontraction.

Bouillon

Cuisine traditionnelle ▶ **Plan : D2**

47 r. de Rochechouart
✆ 09 51 18 66 59 (réservation conseillée)
Ⓜ Cadet

Fermé 3 semaines en août, dimanche et lundi

Menu 60 € – Carte 35/60 €

Le restaurant rend hommage aux fameux "bouillons parisiens", ces gargotes de quartier d'antan, dans lesquelles venaient se restaurer les ouvriers pour un prix modique. Ici, le cadre est élégant et chaleureux, le parquet à grosses lattes, et le chef Marc Favier (ancien bras droit de Jean-François Piège chez Thoumieux) en forme olympique. Outre quelques bouillons enrichis, signés de sa patte, le chef propose une cuisine de tradition pleine de caractère et de marmites fumantes, à l'instar de ce bouillon de champignons de Paris au foie gras et céleri, du paleron de bœuf braisé au vin rouge, ou de ce beau turbot sauvage rôti sur l'arête... Bouillon, ou comment prouver que la cuisine traditionnelle française en a encore dans le ventre. Un dernier conseil : réservez !

Braisenville

Cuisine moderne ▶ **Plan : D1**

36 r. Condorcet
✆ 09 50 91 21 74 (réservation conseillée)
www.braisenville.fr
Ⓜ Anvers

Fermé 1 semaine en août, samedi midi et dimanche

Formule 18 € – Menu 22 € (déjeuner) – Carte 28/45 € dîner

Jeu de mot canaille pour l'enseigne de ce petit repaire très contemporain... voire très *hot* ! Sur le mur principal, une grande photographie représentant une femme nue empoignant un beau morceau de viande rouge – un cliché signé Michel Restany – attire tous les regards et affirme un côté volontiers glamour et décalé (comme le reste de la déco, typée années 1970). Plaisir des sens, goût pour la chose carnée et... chaleur de braise : le ton est donné, car la cuisine tourne autour d'un beau four à braise, qui permet des cuissons de précision. L'influence ibérique est palpable ; on la retrouve aussi à travers le choix de charcuterie (jambon bellota) et, le soir, une approche de type "raciones" avec une succession de petits plats. Inventive et pétillante, la formule fait mouche – avec les vins nature qui lui vont bien.

Café de la Paix

Cuisine moderne ▸ **Plan : B3**

Hôtel Intercontinental Le Grand,
12 bd des Capucines
01 40 07 36 36
www.cafedelapaix.fr
Opéra

Formule 39 € – Menu 43 € (déjeuner)/82 € – Carte 70/110 €

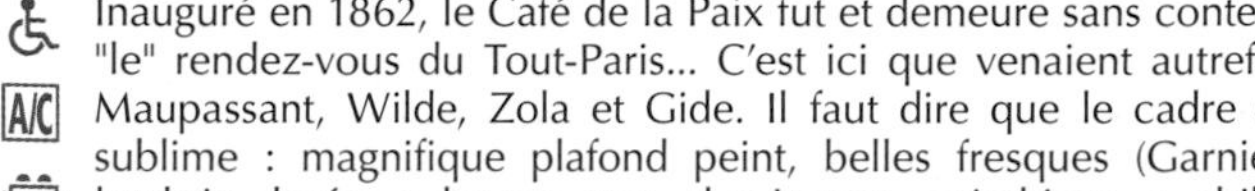

Inauguré en 1862, le Café de la Paix fut et demeure sans conteste "le" rendez-vous du Tout-Paris... C'est ici que venaient autrefois Maupassant, Wilde, Zola et Gide. Il faut dire que le cadre est sublime : magnifique plafond peint, belles fresques (Garnier), lambris dorés, colonnes aux chapiteaux corinthiens, mobilier inspiré du style Second Empire... La terrasse offre un poste d'observation unique sur les Grands Boulevards et la place de l'Opéra. On y déguste de beaux plateaux de fruits de mer et un répertoire classique actualisé, signé par le chef Christophe Raoux. À noter, les originales "pâtisseries fashion" inventées par des créateurs de mode. Côté service, le ballet se déroule en trois actes (de sept heures à minuit), sans fausse note. Un lieu mythique.

Le Caillebotte

Cuisine moderne ▸ **Plan : C2**

8 r. Hippolyte-Lebas
01 53 20 88 70
Notre-Dame-de-Lorette

Fermé 1 semaine en avril, 31 juillet-23 août, 25 décembre-3 janvier, samedi et dimanche

Formule 19 € – Menu 35/49 €

Les heureux propriétaires du Pantruche (un peu plus haut vers Pigalle), dont le succès ne se dément pas depuis plusieurs années, récidivent : tout près de Notre-Dame-de-Lorette, leur Caillebotte est promis à un bel avenir ! C'est, en quelque sorte, l'archétype du bistrot contemporain : déco épurée, lampes en suspension, mur en miroir et mobilier de bois clair, avec une baie vitrée donnant sur les cuisines. Franck Baranger, le chef, y compose ces assiettes fraîches et résolument modernes dont il a le secret : langoustines servies crues sur des lasagnes de concombre, thon blanc de Saint-Gilles et coulis de petits pois mentholés... Une cuisine gourmande et colorée, pleine de saveurs, qui colle parfaitement à l'ambiance conviviale et bon enfant des lieux. Voilà une adresse qui fait du bien !

Les Canailles

Cuisine moderne ▶ **Plan : B2**

25 r. La Bruyère
01 48 74 10 48 (réservation conseillée)
www.restaurantlescanailles.fr
Ⓜ St-Georges

Fermé 3 semaines en août, samedi et dimanche

Menu 35 € – Carte 44/72 €

Parfaite pour s'encanailler, cette sympathique adresse a été créée par deux Bretons formés à bonne école, notamment chez Dominique Bouchet et au Crillon. Ici, ils jouent la carte de la bistronomie, des recettes de saison et bien sûr des plats canailles. À l'image de cette belle tranche de pâté de tête et de cette échine de porc, poêlée de girolles et pommes grenaille. Ne passez pas à côté des spécialités de la maison : le carpaccio de langue de bœuf sauce ravigote et le baba au rhum avec sa chantilly à la vanille... On se régale d'autant plus que les portions sont généreuses ! Avec en prime une belle ambiance de bistrot de quartier, à deux pas de la butte Montmartre et du Moulin Rouge... où l'on pourra finir de s'encanailler.

Comptoir Canailles

Cuisine moderne ▶ **Plan : C1**

47 r. Rodier
01 53 20 95 56
www.restaurantcomptoircanailles.com
Ⓜ Anvers

Fermé 3 semaines en août, vacances de Noël, dimanche et lundi

Formule 18 € – Menu 24 € (déjeuner en semaine) – Carte 43/78 €

Alain Ducasse pour lui, Paul Bocuse pour elle : les présentations faites, on peut s'installer en toute tranquillité dans la salle toute en longueur de ce restaurant, ouvert par ce jeune couple à peine trentenaire, passé par de prestigieuses maisons. Amis des animaux ou végétariens, passez votre chemin ! Les tables font face à une grande armoire vitrée à l'intérieur de laquelle maturent de belles pièces de bœuf Simmental... qu'il ne tient qu'à vous d'inviter dans votre assiette. L'ardoise, de son côté, propose une cuisine de bistrot goûteuse, souvent servie en cocottes – puisque c'est la mode. Ajoutez à cela un accueil charmant, une formule déjeuner avantageuse et des vins natures de petits vignerons... Encanaillez-vous, comme dirait l'autre !

Les Comptoirs du Médoc

Cuisine moderne

▶ Plan : A2

93 r. de la Victoire
✆ 01 45 26 61 88
www.lescomptoirsdumedoc.com
Ⓜ Havre Caumartin

Fermé 3 semaines en Août, samedi et dimanche

Formule 31 € – Menu 60 € (diner), 85/160 € – Carte 45/70 €

Vous l'aurez deviné : les produits du Médoc sont à l'honneur dans ce restaurant proche de l'Opéra et des grands magasins, et imaginé par Nicolas Tissier, l'ex-bras droit de Jean-François Piège chez Thoumieux. Le décor cossu s'articule autour de deux cariatides, tandis que sommeillent derrière la cave vitrée 160 références 100 % médocaines ! De quoi accompagner joliment de goûteuses assiettes, qui privilégient les beaux produits, à l'image de l'agneau de Pauillac ou du filet de canard rôti sur sa carcasse, et restent toujours attentives aux saisons (ne manquez pas celle des pibales, ou civelles). Les planches (charcuterie, huîtres) accompagneront votre début de soirée, pour un bon rapport qualité-prix. Une réussite.

Encore

Cuisine moderne

▶ Plan : C3

43 r. Richer
✆ 01 72 60 97 72
www.encore-restaurant.fr
Ⓜ Le Peletier

Fermé 2 semaines en août, 2 semaines à Noël, samedi et dimanche

Formule 25 € – Menu 30 € (déjeuner)/42 € – Carte 40/60 €

Béton ciré, mobilier de récupération (banquettes en skaï, chaises dépareillées), tables en bois brut, suspensions d'esprit industriel, etc. : encore un bistrot branché, à la fois rétro et gastro comme on en trouve tant à Paris ? Tous les codes du lieu tendance sont bel et bien réunis, mais avec une simplicité qui évite les stéréotypes... De fait, l'endroit n'a rien d'une énième copie, car un vrai chef officie aux fourneaux avec style et panache ! Ainsi ces encornets de l'île d'Yeu associés à un jambon affiné 30 mois et ses noisettes du Piémont, dont le seul énoncé invite à se pâmer de gourmandise. Quel délice de découvrir un authentique travail de cuisinier, avec cette touche d'inventivité qui déroute et intrigue ! Et ne parlons même pas de l'échine de cochon et palourdes avec carottes et curcuma. La conclusion s'impose : encore et toujours plus !

Le Garde Temps 🍴

Cuisine moderne ►**Plan : B1**

19 bis r. Pierre-Fontaine
09 81 48 50 55
www.restaurant-legardetemps.fr
Ⓜ Blanche

3 semaines début août, samedi midi et dimanche

Formule 17 € – Menu 35 € (semaine) – Carte 42/66 €

A/C Les amateurs de bistrots typiques trouveront leur bonheur au Garde Temps : murs en pierres et briques apparentes, comptoir en carrelage de métro, ardoises encadrées à la façon de tableaux, longue salle murmurante d'un sympathique brouhaha... Le chef (un ancien d'Yves Camdeborde au Grand Pan) connaît son métier : c'est frais et bien travaillé, tout juste tombé de l'étal du maraîcher, comme cette royale de carotte, ce lieu jaune sur peau croustillante, ou en dessert le cheesecake. L'ardoise s'autorise en saison quelques plats plus ambitieux (truffe, homard). Pas de menus le samedi soir, mais des versions miniatures des plats de la semaine, servies façon tapas... Une façon judicieuse de découvrir la cuisine du chef.

Hotaru 🍴

Japonaise ►**Plan : C2**

18 r. Rodier
01 48 78 33 74
Ⓜ Notre-Dame de Lorette

Fermé 3 semaines en août, 2 semaines en hiver, dimanche et lundi

Menu 24 € (déjeuner) – Carte 25/60 €

Association originale que celle d'une authentique cuisine japonaise et d'un décor de restaurant très parisien (mais rehaussé de touches asiatiques et d'expositions d'art). Aux fourneaux œuvre Isao Ashibe, jeune chef né à Paris, pour autant totalement imprégné de culture nippone : fils de l'un des premiers Japonais ayant créé un restaurant dans la capitale française (dans les années 1950 !), il a lui-même parfait sa formation de longues années durant dans l'archipel. Outre les incontournables makis et sushis, il propose des recettes moins connues, principalement à base de poisson et de fruits de mer (comme le foie de lotte, dit "le foie gras marin"), des plats mijotés (délicates aubergines chaudes au miso noir, doucement sucrées ; maquereau grillé et laqué) et des fritures (agemono). Une vraie cuisine familiale japonaise, où la qualité et la fraîcheur des produits sont au rendez-vous.

I Golosi

Italienne

▶ **Plan : C3**

6 r. de la Grange-Batelière
01 48 24 18 63
Richelieu Drouot

Fermé 2 semaines en août, samedi soir et dimanche

Carte 25/45 €

Épicerie italienne (pastas, huiles, biscuits, etc.), comptoir de dégustation au rez-de-chaussée et salle de restaurant à l'étage : on a l'embarras du choix dans cette trattoria du joli passage Verdeau, où résonne la voix du truculent patron. Le décor ne présente aucun intérêt particulier, pour mieux laisser parler l'assiette et ses saveurs authentiques. Un conseil : n'hésitez pas à demander la belle carte de vins transalpins – plus de 500 références –, afin d'accompagner antipasti, soupes de saison et alléchants plats de pâtes... Chaque semaine, une petite sélection originale d'accords mets-vins vous est d'ailleurs proposée. Sans oublier le café du patron, digne des meilleurs. Une botte secrète, en quelque sorte... Dernier détail, I Golosi signifie "les gourmands" en italien : tout est dit !

Jean

Créative

▶ **Plan : C2**

8 r. St-Lazare
01 48 78 62 73
www.restaurantjean.fr
Notre-Dame de Lorette

Fermé 8-22 août, dimanche et lundi

Formule 39 € – Menu 45 € (déjeuner en semaine), 65/90 € – Carte 60/90 €

En plein cœur du 9e arrondissement, près de l'église Notre-Dame-de-Lorette, Jean nous plonge dans une atmosphère cossue et bourgeoise – motifs floraux au mur, poutres peintes, escalier en chêne –, voire délicieusement surrannée... Les propriétaires, Delphine et Jean-Frédéric Guidoni, ont fait de ce restaurant un temple de la bonne cuisine française revisitée. La carte, volontairement resserrée, met en valeur de bons produits – langoustines, cuisses de grenouilles, noix de Saint-Jacques, omble chevalier – dans des assiettes sagement créatives.

Kiku

Japonaise ►**Plan : C3**

56 r. Richer
01 44 83 02 30
Cadet

Fermé 1 semaine en août, 1 semaine en décembre, samedi, dimanche et le soir

Formule 14 € – Menu 17 € – Carte 17/26 €

A/C

Au Japon, on les appelle des "izakaya", ces bars à saké qui proposent à la dégustation une succession de petits plats. À deux coups de baguettes des Folies Bergère, le concept est original, et totalement convaincant : loin du diktat des sushis – et sans thon rouge, préservation de l'espèce oblige –, Kiku fait la part belle au répertoire traditionnel d'une vraie auberge nippone, avec chirashi, marmites, poisson du jour... Une cuisine à la fois fraîche, parfumée et soignée, qui sait aussi oser les variations contemporaines et s'adapter aux petites "manies" occidentales, par exemple avec un choix de desserts (ainsi cette délicieuse crème brûlée au sésame noir et sa glace au caramel). Formule intéressante au déjeuner, menu dégustation le soir, et ambiance tout en simplicité.

Louis

Cuisine moderne ►**Plan : C2**

23 r. de la Victoire
01 55 07 86 52 (réservation conseillée)
www.louis.paris
Le Peletier

Fermé 2 semaines en août, samedi et dimanche

Menu 32 € (déjeuner en semaine), 48/62 €

Situé non loin des grands magasins mais dans une rue tranquille, cet ancien kebab s'est mué en petit restaurant intimiste avec cuisine ouverte et caveau de dégustation au sous-sol. Aux fourneaux, un chef breton, passé chez Senderens, rend hommage à son père, grand-père et arrière-grand-père, tous prénommés "Louis". Il cisèle des menus originaux, en petites portions : ravioles de veau et consommé de coriandre, merlan rôti et jeunes carottes aïoli, volaille de Challans et girolles (attention, les bons appétits opteront pour le menu 6 ou 8 plats). C'est inventif, spontané, et la cuisine est attentive au marché et aux saisons. Une pause gourmande au calme... très agréable !

Le Lumière ¶O

Cuisine moderne ▶ **Plan : A3**

Hôtel Scribe,
1 r. Scribe
✆ 01 44 71 24 24
www.hotel-scribe.com
Ⓜ Opéra

Formule 45 € – Menu 95 € – Carte 60/80 €

Silence, moteur... action ! On peine à imaginer l'émotion qu'ont dû ressentir les spectateurs du premier film des frères Lumière. Et pourtant, c'est ici même, au sein de l'hôtel Scribe, qu'il fut projeté en 1895. Le décor de la salle leur rend hommage, et c'est sous une lumineuse verrière zénithale que l'on prend place pour le repas. Quand les premières assiettes apparaissent, le synopsis est convaincant : le chef sait mettre en scène les produits de qualité. Un savoir-faire et une originalité que l'on perçoit par exemple dans les palourdes au naturel, cocos de Paimpol ou en dégustant cette belle poitrine rôtie à l'ail. Cadrage, scénario : le film se révèle savoureux... avec pour "happy end" de délicats desserts.

Mamou ¶O

Cuisine traditionnelle ▶ **Plan : B3**

12 r. Taitbout
✆ 01 44 63 09 25
Ⓜ Chaussée d'Antin

Fermé 3 semaines en août,
1 semaine à Noël,
lundi soir, mardi soir,
samedi midi et dimanche

Formule 19 € – Carte 38/55 €

Quelles qu'aient été les motivations du choix de ce nom de "Mamou", on y voit volontiers une évocation de l'amour maternel, voire des bons petits plats qui réchauffaient nos cœurs d'enfants... On se réfugiera donc avec plaisir dans les jupons de ce restaurant de quartier né en 2013 à deux pas des grands magasins. L'endroit – dont le décor joue plutôt la carte de la simplicité – est tout indiqué pour une pause réconfortante après une séance de shopping. Comment ne pas reprendre des forces, en effet, en dégustant un menu aussi généreux : saumon gravlax et poireaux vinaigrette sauce miso, quasi de veau rôti et ganache de spéculos... À la dégustation, on ne s'étonnera pas d'apprendre que le chef est passé par de belles maisons. Il signe sans conteste un amour de cuisine du marché.

L'Office

Cuisine moderne ▶ **Plan : D3**

3 r. Richer
01 47 70 67 31 (réservation conseillée)
www.office-resto.com
Ⓜ Poissonnière

Fermé 3 semaines en août, vacances de Noël, samedi et dimanche

Menu 22 € (déjeuner), 28/39 €

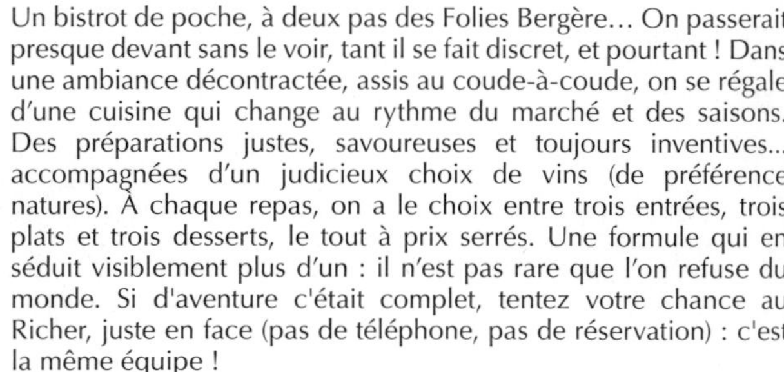

A/C Un bistrot de poche, à deux pas des Folies Bergère… On passerait presque devant sans le voir, tant il se fait discret, et pourtant ! Dans une ambiance décontractée, assis au coude-à-coude, on se régale d'une cuisine qui change au rythme du marché et des saisons. Des préparations justes, savoureuses et toujours inventives... accompagnées d'un judicieux choix de vins (de préférence natures). À chaque repas, on a le choix entre trois entrées, trois plats et trois desserts, le tout à prix serrés. Une formule qui en séduit visiblement plus d'un : il n'est pas rare que l'on refuse du monde. Si d'aventure c'était complet, tentez votre chance au Richer, juste en face (pas de téléphone, pas de réservation) : c'est la même équipe !

Oka

Cuisine moderne ▶ **Plan : C2**

28 r. Tour-d'Auvergne
01 45 23 99 13 (réservation conseillée)
www.okaparis.fr
Ⓜ Cadet

Fermé août, 23 décembre-5 janvier, le midi, samedi et dimanche

Menu 35 €

A/C Oka, c'est "maison" en langue amérindienne... Un symbole fort, choisi par Raphaël Rego pour baptiser sa première affaire : le jeune chef est originaire du Brésil (de Rio exactement) et c'est après avoir rencontré sa compagne française à Sydney – où il étudiait le marketing ! – qu'il s'est converti à l'Hexagone... et à la cuisine. Un virage réussi, tant son travail est séduisant. Formé dans de belles tables étoilées, pleinement inspiré par ses racines cariocas, il signe ici des recettes très personnelles, tels ces ravioles de langoustines et sauce américaine déglacée à la cachaça, cette tranche de cochon et espuma d'igname, ou encore cet ananas caramélisé au miel et glace coriandre. Des assiettes dont la délicatesse donne à sa "maison" un goût... d'universel.

L'Oriental

Nord-africaine ▶ **Plan : C1**

47 av. Trudaine
01 42 64 39 80
www.loriental-restaurant.com
Pigalle

Formule 16 € – Menu 35 € – Carte 32/52 €

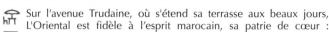

Sur l'avenue Trudaine, où s'étend sa terrasse aux beaux jours, L'Oriental est fidèle à l'esprit marocain, sa patrie de cœur : tons ocre, banquettes confortables, éclairages tamisés... sans oublier quelques notes "couleur locale" comme les tables ornées de faïence, les tableaux classiques et la fontaine importée directement de Marrakech. En cuisine, la tradition demeure une valeur sacrée. Pour preuve, les plats authentiques et parfumés qui témoignent d'un savoir-faire transmis de génération en génération. Tajines, couscous et autres bricks se dégustent dans une ambiance chaleureuse, grâce à la clientèle d'habitués et au service attentionné.

Le Pantruche

Cuisine moderne ▶ **Plan : C1**

3 r. Victor-Massé
01 48 78 55 60 (réservation conseillée)
www.lepantruche.com
Pigalle

Fermé 1 semaine vacances de printemps, 3 semaines en août, 21 décembre-5 janvier, samedi et dimanche

Formule 19 € – Menu 35 € – Carte 42/50 €

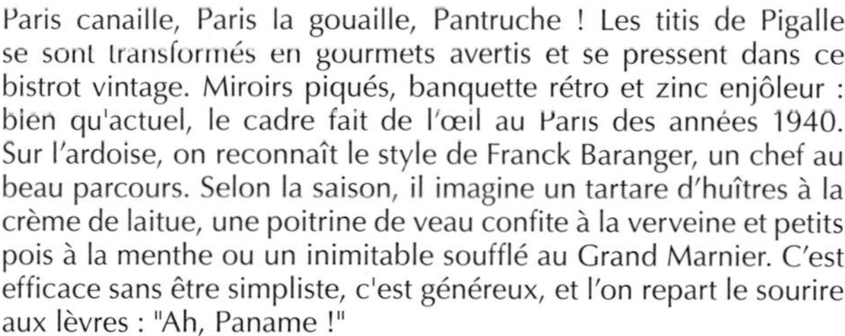

Paris canaille, Paris la gouaille, Pantruche ! Les titis de Pigalle se sont transformés en gourmets avertis et se pressent dans ce bistrot vintage. Miroirs piqués, banquette rétro et zinc enjôleur : bien qu'actuel, le cadre fait de l'œil au Paris des années 1940. Sur l'ardoise, on reconnaît le style de Franck Baranger, un chef au beau parcours. Selon la saison, il imagine un tartare d'huîtres à la crème de laitue, une poitrine de veau confite à la verveine et petits pois à la menthe ou un inimitable soufflé au Grand Marnier. C'est efficace sans être simpliste, c'est généreux, et l'on repart le sourire aux lèvres : "Ah, Paname !"

La Petite Sirène de Copenhague ⓘ

Danoise ▶ **Plan : B1**

47 r. Notre-Dame-de-Lorette
✆ 01 45 26 66 66 (réservation conseillée)
www.lapetitesireneparis.com
Ⓜ St-Georges

Fermé août, 23 décembre-2 janvier, samedi midi, dimanche et lundi

Formule 25 € – Menu 35 € (déjeuner)/41 € – Carte 50/82 € 

À peine entré, vous serez sous le charme de cette authentique ambassade du Danemark. Pourtant cette sirène-là n'envoûte pas en chantant : elle attire les gourmets dans ses filets avec de succulents harengs aigres-doux et un incomparable saumon fumé. Deux vedettes incontestées d'une carte de mets sucrés-salés en provenance directe de la patrie d'Andersen. Naturellement, le reste suit : Peter et sa sympathique équipe prennent votre commande avec un délicieux accent nordique, en vous proposant un pigeon au chou rouge, une sole et ses pommes de terre à l'aneth... ainsi que d'excellentes *øl* (bières danoises) et un incontournable aquavit – à consommer avec modération, bien sûr. Couleur locale aussi, le sobre décor : tomettes cirées, photos anciennes du parc de Tivoli de Copenhague... Un régal !

Prémices ⓘ

Cuisine moderne ▶ **Plan : C2**

24 r. Rodier
✆ 01 45 26 86 26 (réservation conseillée)
www.facebook.com/restaurantpremices
Ⓜ Cadet

Fermé 1 semaine en mai, 3 semaines en août, 1 semaine vacances de Noël, lundi midi, samedi et dimanche

Formule 24 € – Menu 36 € (déjeuner) – Carte 52/90 € 

Financier dans une banque d'affaires, Alexandre Weill est reparti de zéro... pour se livrer à sa passion de la gastronomie, apprendre la cuisine et ouvrir son propre restaurant. Bien lui en a pris ! On ne peut en effet lui dénier un vrai talent de cuisinier, précis dans ses réalisations, original dans ses propositions. Huîtres en gelée au gingembre et basilic ; volaille jaune des Landes, purée maison et jus à la marjolaine ; millefeuille (avec une superbe pâte feuilletée) et crème diplomate à la vanille... Autant de recettes subtiles et sans esbroufe, savoureuses, mettant en valeur des produits sélectionnés avec soin. Dans un cadre contemporain pensé avec beaucoup de goût, le repas se révèle des plus agréables. Et ce ne sont que les prémices...

Professore

Italienne ▶ Plan : C2

7 r. Choron
01 45 26 52 15 (réservation conseillée)
Notre-Dame-de-Lorette

Carte 30/48 €

A/C Quittez la toujours très animée rue des Martyrs pour vous réfugier en Italie, et faites confiance au Professore pour élever vos papilles ! Décor trendy vintage et atmosphère tamisée pour cette trattoria italienne pur jus qui rend hommage au *buon gusto*, sous l'égide d'un jeune chef sicilien, insouciant et talentueux. Le superbe émincé de dorade crue, stracciatella et poutargue, comme le riz noir vénéré avec moules et palourdes, sont déjà des plats signature... Et pour vous convaincre que vous vous trouvez en présence d'une cuisine de caractère qui sait s'adoucir au moment du dessert, essayez la pannacotta aérienne au coulis de fruit de saisons. Ceux qui désirent prolonger la nuit transalpine profiteront de l'étonnante liste de cocktails, imaginée avec la parfumeuse Annick Goutal...

La Régalade Conservatoire

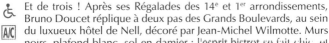

Cuisine moderne ▶ Plan : D3

Hôtel de Nell,
7-9 r. du Conservatoire
01 44 83 83 60 (réservation conseillée)
www.charmandmore.com
Bonne Nouvelle

Menu 37 €

A/C Et de trois ! Après ses Régalades des 14e et 1er arrondissements, Bruno Doucet réplique à deux pas des Grands Boulevards, au sein du luxueux hôtel de Nell, décoré par Jean-Michel Wilmotte. Murs noirs, plafond blanc, sol en damier : l'esprit bistrot se fait chic, et la cuisine du chef toujours aussi enlevée, généreuse et savoureuse. Des exemples ? Tartare de maquereau relevé d'une vinaigrette aux agrumes, magret de canard cuit sur la peau et navets nouveaux, riz au lait "comme le faisait ma grand-mère", etc. Fidèle à l'habitude de l'enseigne, le rapport qualité-prix est excellent : vivement le prochain opus !

Richer

N

Cuisine moderne ▶ **Plan : D3**

2 r. Richer
www.lericher.com
Ⓜ Poissonnière

Fermé 27 juillet-22 août et 23 décembre-1er janvier

Carte environ 36 €

Charles Compagnon a de la suite (et du talent) dans les idées : le patron de l'Office (situé juste en face), débordé par le succès (mérité) de sa cuisine bistrotière et animé des meilleurs intentions pour nos estomacs, s'est donc démultiplié avec le Richer. Saluons son singulier talent d'ubiquité ! L'esprit cantine arty est préservé avec ces murs bruts de pierre et de brique, et ce magnifique percolateur qui trône sur le comptoir. Dans l'assiette, on retrouve cette même cuisine du marché, fraîche et goûteuse. Avis aux gourmands trop souvent restés sur le trottoir et sur leur faim : le Richer s'est agrandi ! Attention cependant, il n'y a toujours pas de téléphone : le seul moyen de réserver est donc de se présenter sur place, très tôt ou très tard dans la soirée. Dîner au Richer est une riche idée... qui se mérite.

Les Saisons

Cuisine traditionnelle ▶ **Plan : C2**

52 r. Lamartine
✆ 01 48 78 15 18
www.restaurant-les-saisons.com
Ⓜ Notre-Dame de Lorette

Fermé 3 semaines en août, dimanche et lundi

Formule 17 € – Menu 22 € (déjeuner en semaine) – Carte 34/50 €

Comme les années, les bistrots parisiens ont leurs saisons... L'heure du printemps est revenue pour cette adresse au cachet d'antan (banquettes en moleskine, petites tables serrées, etc.), sur laquelle le chef fait aujourd'hui souffler un vent de fraîcheur. Jonathan Lutz a repris l'affaire fin 2011, après avoir fait ses classes dans quelques institutions du bistrot parisien. Ici chez lui, il s'approprie avec doigté les classiques du genre, proposant une cuisine généreuse et bourgeoise, avec par exemple ce foie gras de canard du Périgord poêlé aux framboises ou ce filet de veau cuit au sautoir, sans oublier un joli choix de fromages. À noter : il concocte au déjeuner, en semaine, deux menus plutôt bon marché. Dans tous les cas, son credo, c'est la gourmandise... au plus près de chaque saison, évidemment !

Le Vaisseau Vert ꟾO

N

Cuisine moderne

▶**Plan : A1**

10 r. de Parme
01 49 70 03 55 (réservation conseillée)
www.levaisseauvert.fr
Ⓜ Place de Clichy

Fermé 2 semaines en août, samedi et dimanche

Formule 28 € – Menu 33 € (déjeuner), 50/69 € – Carte 42/60 € XX

Cette jolie façade gris taupe, devancée d'une courte terrasse, est appelée à faire le bonheur des gourmets. On s'installe sur une banquette moelleuse, devant une fresque abstraite, dans une salle décorée par le sculpteur (et associé) Philippe Angot. L'endroit est intime, les lumières tamisées et l'assiette raffinée. Aux fourneaux, on retrouve depuis peu Jérémy Moscovici, découvert dans Top Chef 2015, qui partage dans l'assiette les fruits d'un "voyage initiatique" l'ayant mené à Londres, Tokyo et Tahiti... Il signe une cuisine colorée, tout en variations et en contrepieds, qui se nourrit de toutes les cultures qu'il a rencontrées pendant son périple. En résumé, le Vaisseau Vert a changé de pilote, mais il continue de nous emmener vers de beaux territoires gustatifs !

Rappelez-vous :
les étoiles (✿✿✿...✿)
couronnent les meilleures tables.
Et peu importe le cadre :
ce que nous distinguons,
c'est la cuisine, rien que la cuisine.

10e

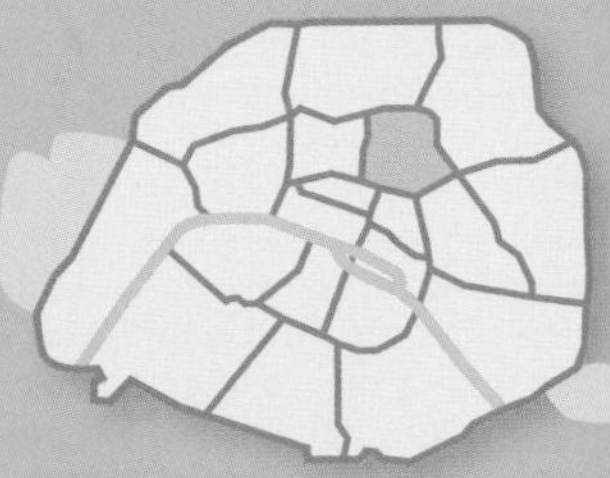

Gare de l'Est · Gare du Nord · Canal St-Martin

B. Rieger / hemis.fr

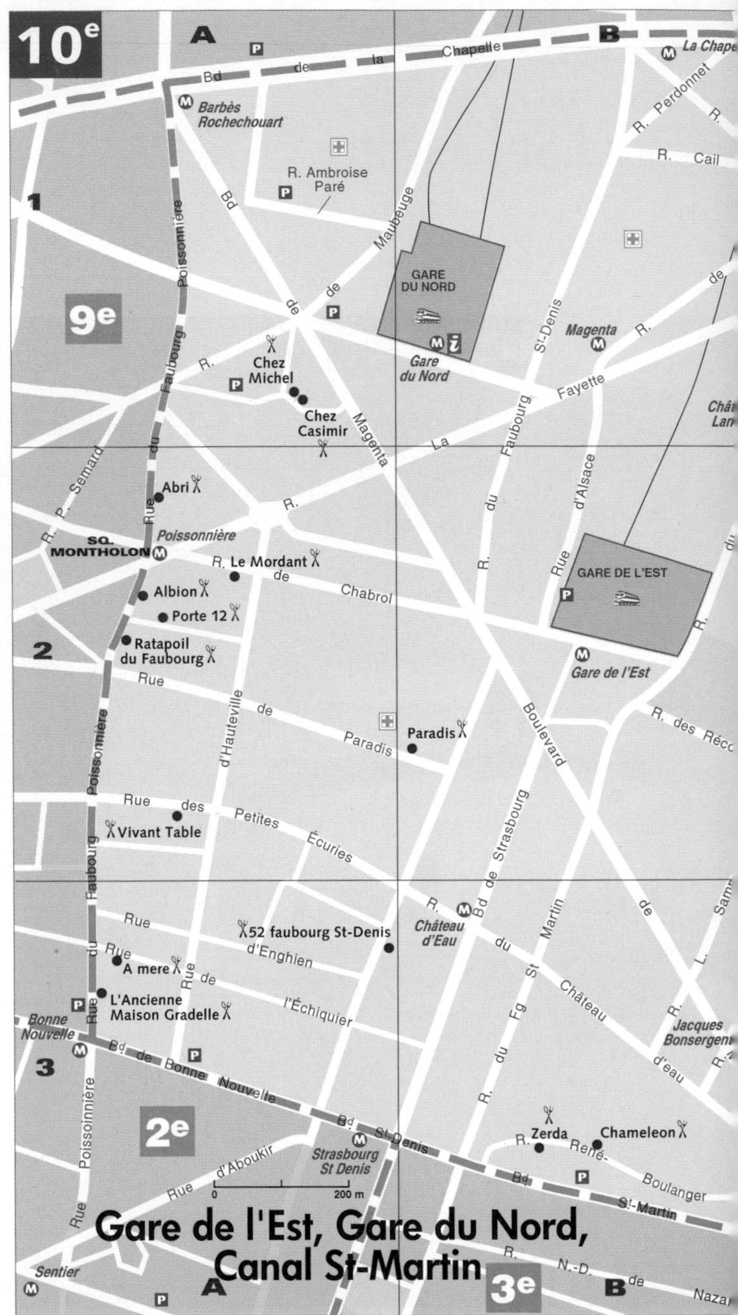

Gare de l'Est, Gare du Nord, Canal St-Martin

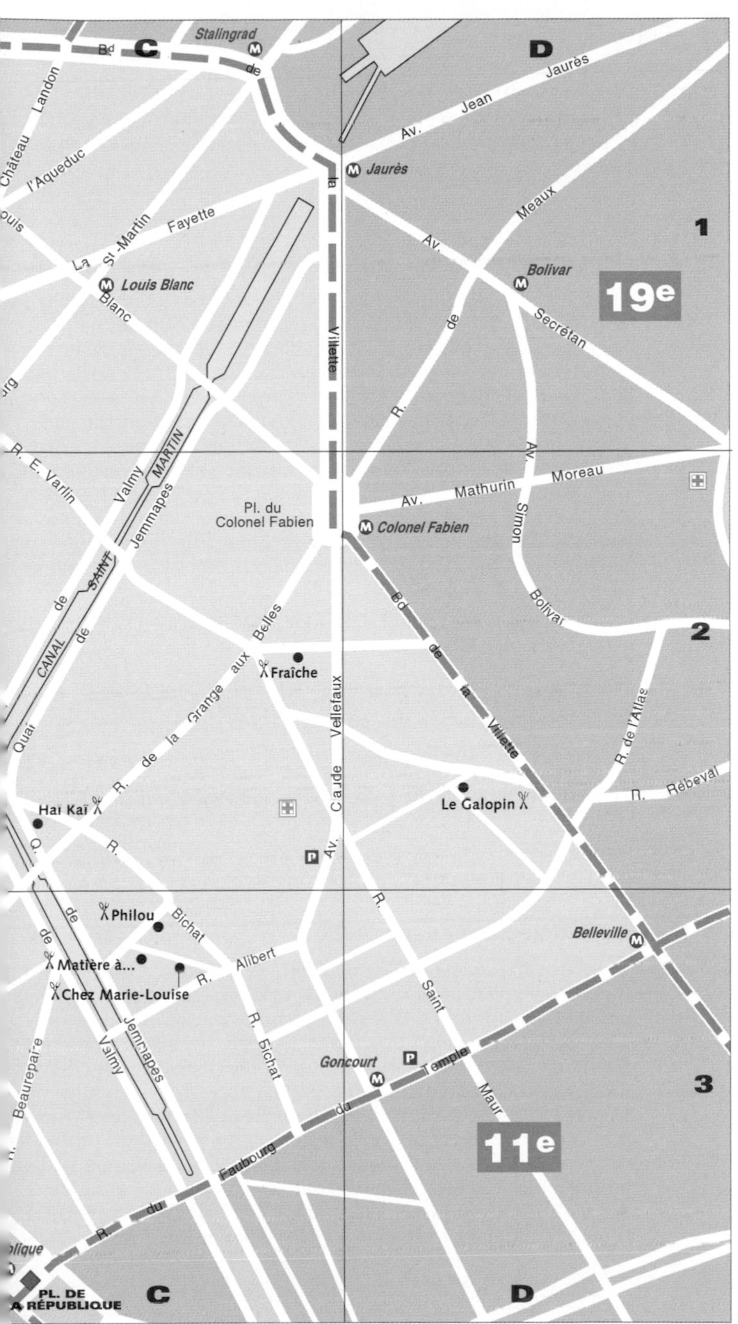

C
D
Stalingrad
Jaurès
Louis Blanc
Bolivar
19e
Pl. du Colonel Fabien
Colonel Fabien
Fraîche
Hai Kaï
Le Galopin
Philou
Matière à...
Chez Marie-Louise
Belleville
Goncourt
11e
PL. DE LA RÉPUBLIQUE
1
2
3

Abri ꙮ

Cuisine moderne ▶ **Plan : A2**

92 r. du Faubourg-Poissonnière
01 83 97 00 00 (réservation conseillée)
Ⓜ Poissonnière

Fermé août, samedi midi, dimanche et lundi

Menu 26 € (déjeuner)/46 €

Et un de plus ! Se sont-ils passé le mot, tous ces jeunes Japonais qui s'installent aujourd'hui à Paris ? On ne s'en plaindra pas, tant cette tendance apporte à la capitale, en ces années 2010, de belles et bonnes adresses... Passé notamment par La Table de Joël Robuchon et Taillevent, Katsuaki Okiyama s'est entouré d'une équipe 100 % nippone... mais sa cuisine est grandement française. Bien sûr, elle porte la marque de cette sensibilité propre à l'Asie, qui va si bien aux classiques de l'Hexagone : ainsi ce maquereau mariné au citron et sa salade de fenouil, ou ce cochon rôti servi doré avec un jus de viande et une sauce au vinaigre de pomme. Bref, malgré sa petitesse et son décor modeste (vingt couverts environ), voilà un Abri où l'on se réfugie avec plaisir ! Le rapport qualité-prix est excellent...

Albion ꙮ

Cuisine moderne ▶ **Plan : A2**

80 r. du Faubourg-Poissonnière
01 42 46 02 44
Ⓜ Poissonnière

Fermé 3 semaines en août, vacances de Noël, samedi et dimanche

Menu 34 € (déjeuner) – Carte 36/50 € 

Nulle perfidie en cette Albion où œuvre un chef... britannique ! Installé dans l'Hexagone depuis plus de dix ans, Matt Ong s'est parfaitement approprié le répertoire de nos provinces, au premier rang desquelles celui du bistrot parisien. Avec des produits soigneusement choisis, il crée des recettes originales mais pas excentriques, cuisinées avec justesse : qu'il s'agisse d'un poulpe de Galice à la plancha ou d'un filet de pintade landaise, les saveurs sont bien marquées. Les tarifs restent raisonnables, et l'on peut se faire plaisir avec une bonne sélection de bouteilles de petits propriétaires, car l'établissement fait aussi cave à vins. À la limite des 9e et 10e arrondissements, on peut donc réviser son anglais à l'envi et s'entraîner à prononcer : *"This bistro is very friendly !"*

À mère

Créative ▶ Plan : A3

49 r. de l'Échiquier
01 73 20 24 52
www.amere.fr
Bonne Nouvelle

Fermé 2 semaines en août, samedi et dimanche

Menu 39/57 € – Carte 36/41 €

"Ceci n'est pas un bo bun". Les habitués de la précédente enseigne, un comptoir de cuisine asiatique, sont prévenus. Place à Maurizio Zillo, chef italo-brésilien dont le parcours en impose (Bocuse, Alléno, Atala à São Paulo...), qui s'est entouré d'une équipe de choc pour dynamiter le train-train de la rue de l'Échiquier. La carte tient en quelques lignes, avec des intitulés de plats plus ou moins cryptiques – figue/anguille/Roscoff, veau/mirabelle/fenouil –, mais rassurez-vous : impossible de faire le mauvais choix, tout est bon ! Les saveurs explosent en bouche, l'inventivité du chef fait des merveilles dans tous les recoins de l'assiette. Quant à la carte des vins – une soixantaine de références –, elle ne doit rien au hasard : le responsable de salle se trouve être un ancien sommelier du George V... Une équipe de choc, on vous dit !

L'Ancienne Maison Gradelle 

Cuisine traditionnelle ▶ Plan : A3

8 r. du Fbg Poissonnière
01 47 70 03 23
www.anciennemaisongradelle.com
Bonne Nouvelle

Fermé samedi midi et dimanche

Formule 14 € – Menu 35 € (dîner) – Carte 36/51 € 

A/C

Tout près de la station de métro Bonne Nouvelle, la façade en bois ne laisse rien deviner de l'intérieur du restaurant... Il faut écarter un rideau en velours pour découvrir ce décor pour le moins atypique, inspiré par le Ventre de Paris, d'Émile Zola : plafond en dorures vieillies, murs bordeaux ou suie, ancien monte-charge... Les lieux ont un cachet certain ! Côté cuisine, le marché est à l'honneur avec une prédilection pour les belles viandes : poulette de Racan à la sauce au vin jaune, canette de Challans au sautoir, onglet de bœuf aux échalotes confites... avec, pour conclure idéalement le repas, le délicieux café de la Brûlerie de Belleville. Un mot enfin sur le service, professionnel et vraiment sympathique, qui ajoute assurément au plaisir du repas.

Chameleon

Cuisine traditionnelle ►**Plan : B3**

70 r. René-Boulanger
✆ 01 42 08 99 41
www.chameleonrestaurant.fr
Ⓜ Strasbourg-St-Denis

Fermé 21-28 février, 7-21 août, samedi midi et dimanche

Formule 18 € – Menu 23 € (déjeuner)/42 € – Carte environ 48 €

Mobilier chiné, luminaires post-industriels, cuisine bistronomique... Cette adresse, à deux pas des théâtres de la Porte-St-Martin et de la Renaissance, s'inscrit tout droit dans la tendance urbaine et contemporaine (qui a dit bobo ?). À la baguette, deux associés que l'on ne s'attendait guère à voir dans cette affaire : Valérie vient du monde du théâtre et Arnaud est un ancien créateur d'entreprise... mais ils ont en commun une passion dévorante pour la gastronomie et les bons produits – une passion partageuse. Sur la petite terrasse colorée ou à l'intérieur, on se régale d'un tartare de veau au basilic et olives taggiasche, ou encore d'une pintade aux carottes confites et pousses d'épinards... Belle représentation !

Chez Casimir

Cuisine traditionnelle ►**Plan : A1**

6 r. Belzunce
✆ 01 48 78 28 80
Ⓜ Gare du Nord

Formule 24 € – Menu 28 € (déjeuner en semaine)/32 €

Bistrot typiquement parisien que ce Casimir imaginé par Thierry Breton, le patron de Chez Michel, à quatre numéros de là sur le même trottoir. Dans la semaine, on se régale d'une cuisine fraîche, simple et bien troussée, qui fait la part belle aux produits du marché et réjouit de nombreux habitués. Mais la grande affaire, c'est le traou mad ("bonnes choses") des samedi et dimanche midi. Imaginez un peu : un buffet de hors-d'œuvre variés à volonté, de la soupe, de l'omelette, le plat en cocotte du jour et, pour ceux qui en sont encore capables, un dessert. Chut, ne dites rien, c'est déjà l'affluence...

Chez Marie-Louise

Cuisine traditionnelle ▶ **Plan : C3**

11 r. Marie-et-Louise
✆ 01 53 19 02 04
www.chezmarielouise.com
Ⓜ Goncourt

Fermé août, 24 décembre-2 janvier, dimanche et lundi

Formule 16 € – Carte 29/38 €

Ah, le canal St-Martin et l'hôpital St-Louis, quartier bobo s'il en est ! Rue Marie-et-Louise, ce néobistrot est on ne peut plus au cœur du sujet. Banquettes en moleskine, moulures, propositions alléchantes à l'ardoise, etc. ; l'ambiance joue la carte rétro. On se laisse tenter par une terrine de lapin en gelée et aromates, ou un magret de canard rôti, jus aux griottines et pomme paillasson. Nul doute : la tradition y est revisitée avec simplicité et goût ! Et l'on n'en finit plus de commenter l'excellent millefeuille à la vanille, spécialité de la maison...

Chez Michel

Cuisine traditionnelle ▶ **Plan : A1**

10 r. Belzunce
✆ 01 44 53 06 20
Ⓜ Gare du Nord

Fermé 3 semaines en août, lundi midi, samedi et dimanche

Formule 28 € – Menu 34/50 €

Depuis toutes ces années, l'atmosphère informelle et conviviale de Chez Michel est devenue proverbiale. Dans un décor où dominent le bois et les tons blanc et bleu, avec au niveau inférieur une petite salle aux airs de caveau de dégustation, on se délecte de la fameuse cuisine de Thierry Breton, qui a l'art de concocter une carte traditionnelle et... bretonne (sa terre natale, qui explique également le blanc et bleu du décor, CQFD), complétée par de jolies suggestions à l'ardoise. Fricassée d'abats d'agneau de lait, pâté en croûte de pigeon, joue de bœuf à la ficelle, tronçon de barbue aux petits légumes, soufflé chocolat orange, riz au lait grand-mère... Breizh, mais pas seulement !

52 Faubourg Saint-Denis

Cuisine moderne ▶ **Plan : A3**

52 r. du Faubourg-St-Denis
Strasbourg-St-Denis

Fermé 3 semaines en août

Carte 34/45 €

Charles Compagnon (à qui l'on doit aussi l'Office et le Richer) a bien compris que le succès d'une affaire ne se joue pas sur une deuxième couche de peinture ou sur l'installation d'un faux plafond. Dans cette rue animée du 10e populaire, il dégaine un style industriel à la limite du négligé : béton brut et pierres apparentes aux murs, conduits d'aération à la façon d'une usine... Une bonne raison de se concentrer sur la carte, courte et efficace : crème de chou-fleur, magret fumé, pain d'épices et mousse au gingembre ; paleron de bœuf rôti, purée de pomme de terre, chou, sésame noir et cresson. Le service est impeccable, et l'on conclut son repas avec l'un des meilleurs cafés de Paris... Attention : pas de réservation, ni de téléphone.

Fraîche

Cuisine moderne ▶ **Plan : C2**

8 r. Vicq-d'Azir
01 73 20 28 43
www.fraicheparis.fr
Colonel Fabien

Fermé 2 semaines en août, samedi midi, dimanche et lundi

Formule 14 € – Menu 16 € (déjeuner en semaine), 38/54 € – Carte 35/50 €

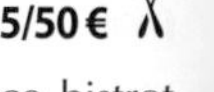

Au fin fond du 10e, non loin de l'hôpital Saint-Louis, ce bistrot contemporain est l'œuvre de deux jeunes chefs qui se sont rencontrés à l'école Ferrandi. Elle, Tiffany Depardieu, ne vous est peut-être pas inconnue : elle a notamment participé à la saison 2 de l'émission TV Top Chef. Aux fourneaux, elle compose une jolie cuisine du marché : œuf mollet aux girolles et mimolette, filet de canette autour de maïs, tomates rôties, ou encore riz au lait coco-citron vert. Quant à Michael Boivin, son associé, il confectionne de jolies pâtisseries et nous permet de conclure le repas en beauté... Une sympathique adresse.

Le Galopin

Cuisine moderne

▶ **Plan : D2**

34 r. Sainte-Marthe
01 42 06 05 03 (réservation conseillée)
www.le-galopin.com
Belleville

Fermé 2 semaines en août, 1 semaine vacances de Noël, lundi midi, mardi midi, mercredi midi, samedi et dimanche

Menu 34 € (déjeuner)/54 €

Quel galopin, ce Romain Tischenko, lui qui après avoir remporté la très médiatique émission Top Chef sur M6 (édition 2010) a choisi... la discrétion ! A-t-il résisté aux sirènes de nombre d'investisseurs ? Refusé des ponts d'or ? Quoi qu'il en soit, il n'a laissé parler que sa passion – celle de la gastronomie, du partage, de l'humilité aussi peut-être... – en ouvrant ce petit bistrot sur la jolie place Ste-Marthe. Ici chez lui, derrière ses fourneaux ouverts sur la salle, il cuisine comme à des amis, avec l'envie palpable de faire découvrir et de faire plaisir. Jeux sur les ingrédients, les herbes, les températures, etc., exécutés avec brio et inspiration : il offre à tous un beau moment tout en saveurs. Une adresse très recommandable, avec ou sans l'estampille "Vu à la TV" !

Haï Kaï

Cuisine moderne

▶ **Plan : C2**

104 quai Jemmapes
09 81 99 98 88
www.haikai.fr
Jacques Bonsergent

Fermé 3 semaines en août, dimanche et lundi

Menu 50 € – Carte 31/60 €

Haï Kaï, c'est la prise de pouvoir de deux femmes sur leur propre destin – et, par là même, sur celui de plusieurs centaines de fins gourmets à Paris... Gabi, ancienne artiste-photographe, est passionnée de vins et a sélectionné près de 120 références, issues de la biodynamie et de petits producteurs français. Amélie, la chef, ne jure que par la fraîcheur des produits et travaille à l'instinct, au fil du marché et des saisons. Ses plats se révèlent intelligents et bien ficelés, avec ce qu'il faut de créativité : on en redemande... D'autant que l'on se sent vraiment bien, ici : la salle à manger est un véritable antre bobo-chic, lumineux et décoré simplement ; le service tout bonnement délicieux, à la fois souriant et peu avare de conseils ou d'explications sur les plats et les vins qui les accompagnent.

Matière à...

Cuisine moderne ▶ **Plan : C3**

15 r. Marie-et-Louise
09 83 07 37 85 (réservation conseillée)
Goncourt

Fermé 2-17 août, samedi midi et dimanche

Formule 19 € – Menu 23 € (déjeuner)/44 € – Carte 32/44 €

On se sent comme à la maison dans ce restaurant aux allures de loft, avec sa grande table haute en chêne, ses lampes suspendues et sa collection de miroirs sur l'un des murs. Le jeune chef, Anthony Courteille, a plus d'un tour dans son sac. Boulanger de formation – son pain, ultra-croustillant, est à tomber –, il excelle aussi dans la composition de plats fins et subtilement parfumés, dans lesquels il sait exploiter tout le potentiel des bons produits qu'il a sélectionné. On se régale dans une atmosphère chaleureuse, où l'on peut refaire le monde avec son voisin de table, ou encore discuter avec le chef, dont la cuisine se situe directement dans le prolongement de la salle. Nul doute : il y a Matière à... revenir souvent !

Le Mordant

N

Cuisine moderne ▶ **Plan : A2**

61 r. de Chabrol
09 83 40 60 04
Poissonnière

Fermé 3 semaines en août, samedi midi et dimanche

Formule 20 € – Menu 24 € – Carte 27/60 €

Cet immeuble du 19e s., proche du métro Poissonnière, a été entièrement repensé par un cabinet d'architectes. Le résultat est enthousiasmant, entre ce néon jaune en forme de M qui fait office d'enseigne, ces murs en briques nues et le mobilier vintage qui habille l'intérieur. Au fond de la salle, une imposante baie vitrée donne sur la cuisine. On y prépare des plats de saison d'une grande fraîcheur : tomates panachées pleins champs et vinaigrette "ume", langue de chat de bœuf et frites maison, pintade fermière au savagnin, chou rouge et blettes... De petites assiettes à partager sont aussi proposées, et l'on accompagne le tout d'une belle sélection de vins naturels. Dernier atout non négligeable : l'accueil très chaleureux, qui fait que l'on passe un excellent moment !

Paradis

Cuisine moderne ▶ **Plan : B2**

14 r. de Paradis
01 45 23 57 98
www.restaurant-paradis.com
Gare de l'Est

Fermé 2 semaines en août, samedi midi, dimanche et lundi

Formule 16 € – Carte 33/60 €

Les larges baies vitrées laissent entrer le jour dans une salle élégante – parquet, banquettes –, dont le décor 1930 est souligné de touches africaines. Pour accéder à la mezzanine, on s'agrippe même à une rambarde issue du France, le célèbre paquebot ! Cette ambiance voyageuse est aussi de mise dans les assiettes : œuf parfait à 64° C, salade de lentilles et jambon de parme ; pavé de merlu de ligne, risotto vert, navets et brocolis, jus de viande ; ou encore carré de cochon ibérique, légumes croquants et jus aux olives... Ces créations généreuses et colorées, pleines de saveurs, montrent une vraie attention dans le travail des produits. Les légumes, notamment, sont omniprésents et chouchoutés ; le chef est passé par la case Passard, ceci expliquant sûrement cela... Une certaine idée du Paradis !

Philou

Cuisine traditionnelle ▶ **Plan : C3**

12 av. Richerand
01 42 38 00 13
www.restophilou.com
Goncourt

Fermé août, dimanche et lundi

Formule 20 € – Menu 35 €

De grandes et alléchantes ardoises, des miroirs, une affiche des *Enfants du paradis* de Marcel Carné... Voilà une bien sympathique adresse bistronomique, qui joue la carte de la convivialité gourmande. Au gré du marché et pile dans la tendance, le chef japonais, Shin Maeda, concocte avec cœur une poêlée de girolles et œuf mollet, des rognons de veau et galette de maïs, un saint-pierre rôti et endives caramélisées, un paris-brest ou un kouign amann... En vogue aussi, la carte des vins, qui fait la part belle à de petits vignerons indépendants, le tout à prix doux. Avec son bistrot de copains près du canal St-Martin, ce Philou-là a tout compris. Filez-y !

Porte 12

Cuisine moderne ▶ **Plan : A2**

12 r. des Messageries
01 42 46 22 64 (réservation conseillée)
www.porte12.com
Ⓜ Poissonnière

Fermé août, vacances de Pâques et de Noël, samedi midi, dimanche et lundi

Menu 35 € (déjeuner), 55/75 €

En 2014, l'ancien Café Panique est devenu le Porte 12. En cuisine, on trouve Vincent Crépel, jeune chef français originaire du Pays basque et ayant fait une partie de ses gammes auprès d'André Chiang à Singapour. La table est déjà très en vue, et pour cause : il élabore une cuisine d'auteur enthousiasmante, résolument contemporaine, inspirée par ses voyages et ses différentes expériences professionnelles (l'Asie, encore et toujours). Les recettes évoluent au gré du marché, avec quelques associations audacieuses : maquereau, concombre et algues ; merlu, blette et butternut ; ou encore pousse de brioche, riz soufflé et poivre de Java. Le décor, contemporain, verse dans une élégante épure et, de la salle, on peut observer le travail des cuisines à travers une baie vitrée. Une "porte" ouverte sur du plaisir pur !

Ratapoil du Faubourg

N

Cuisine moderne ▶ **Plan : A2**

72 r. du Faubourg-Poissonnière
01 42 46 30 53
www.ratapoildufaubourg.fr
Ⓜ Poissonnière

Fermé 2 semaines en août, 1 semaine en janvier, samedi midi et dimanche

Formule 20 € – Menu 24 € – Carte 30/68 €

On sait ce que vous pensez : avec un nom pareil, dans un endroit pareil, c'est encore un de ces vieux bistrots rachetés par quelques amis trentenaires, cadre vintage parigot ripoliné et classiques de brasserie revisités, bref : du déjà-vu. Eh bien... raté ! Pas une once de nostalgie "bistrotière" dans la déco : les murs se parent de grandes toiles contemporaines – portrait de Lénine, natures mortes – et les tables et chaises la jouent plutôt moderne. Côté cuisine, on célèbre les petits producteurs dans des assiettes enlevées et généreuses : ce midi, soupe de tomates cœur-de-bœuf, puis pavé de merlu et compotée de pommes golden, avant de finir par des pêches jaunes au sirop de gingembre... C'est simple et savoureux, et ça s'accompagne de petits vins nature qui ne feront de mal à personne. Conclusion : courez-y !

Vivant Table ꝉO N

Cuisine moderne ▶ **Plan : A2**

43 r. des Petites-Écuries
✆ 01 42 46 43 55
www.vivantparis.com
Ⓜ Chateau d'Eau

Fermé 3 semaines en août, 2 semaines à Noël, samedi midi et dimanche

Formule 28 € – Menu 34 € – Carte 46/60 €

Dans ce 10e arrondissement en mutation accélérée, on ne compte plus les anciens "rades" de quartier montés en gamme, ni la reconversion d'adresses de toutes sortes en restos branchés... En voici encore un exemple ! Ce Vivant double-face (Cave et Table), rend hommage à la vivacité du quartier, bien sûr, mais aussi et surtout à celle des petits producteurs, partout en France et ailleurs, qui tracent leur sillon loin des grands circuits de l'industrie agro-alimentaire. Les produits, soigneusement sélectionnés, sont mis en valeur par Yamamoto Masaaki, natif d'Osaka, qui apporte un grand soin à chaque assiette et fait preuve de belles inspirations. Quant au cadre, une oisellerie du début du 20e s., il séduit et surprend avec ses murs tapissés de faïences d'époque... Une bien belle découverte.

Zerda ꝉO

Nord-africaine ▶ **Plan : B3**

15 r. René-Boulanger
✆ 01 42 00 25 15 (réservation conseillée)
www.zerdacafe.fr
Ⓜ Strasbourg-St-Denis

Fermé lundi midi et samedi midi

Carte 32/48 €

À la tête du Zerda – une institution née dans les années 1940 –, Jaffar Achour, originaire de Kabylie, s'impose comme un spécialiste, un défricheur, voire un démiurge du couscous, toujours à la recherche de combinaisons inédites. Du classique couscous méchoui (agneau et merguez) à l'insolite couscous seffa (poulet, dattes, raisins secs, amandes, pistaches, fleur d'oranger, cannelle et spéculos), il joue avec les belles potentialités et les riches parfums de ce plat emblématique... qui hisse le partage au rang d'art de vivre. Le tout dans un décor arabisant, comme il se doit, et une ambiance familiale qui met à l'aise. Enfin, le joli choix de vins d'Afrique du Nord mérite attention. Une bonne graine, pour sûr !

11e

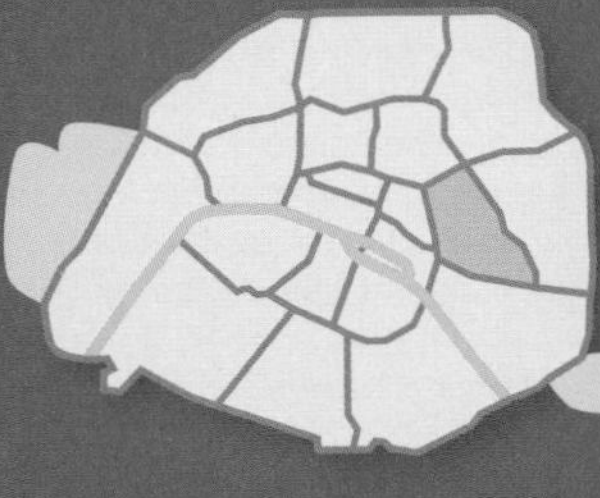

Nation · Voltaire · République

R. Mazin / Photononstop

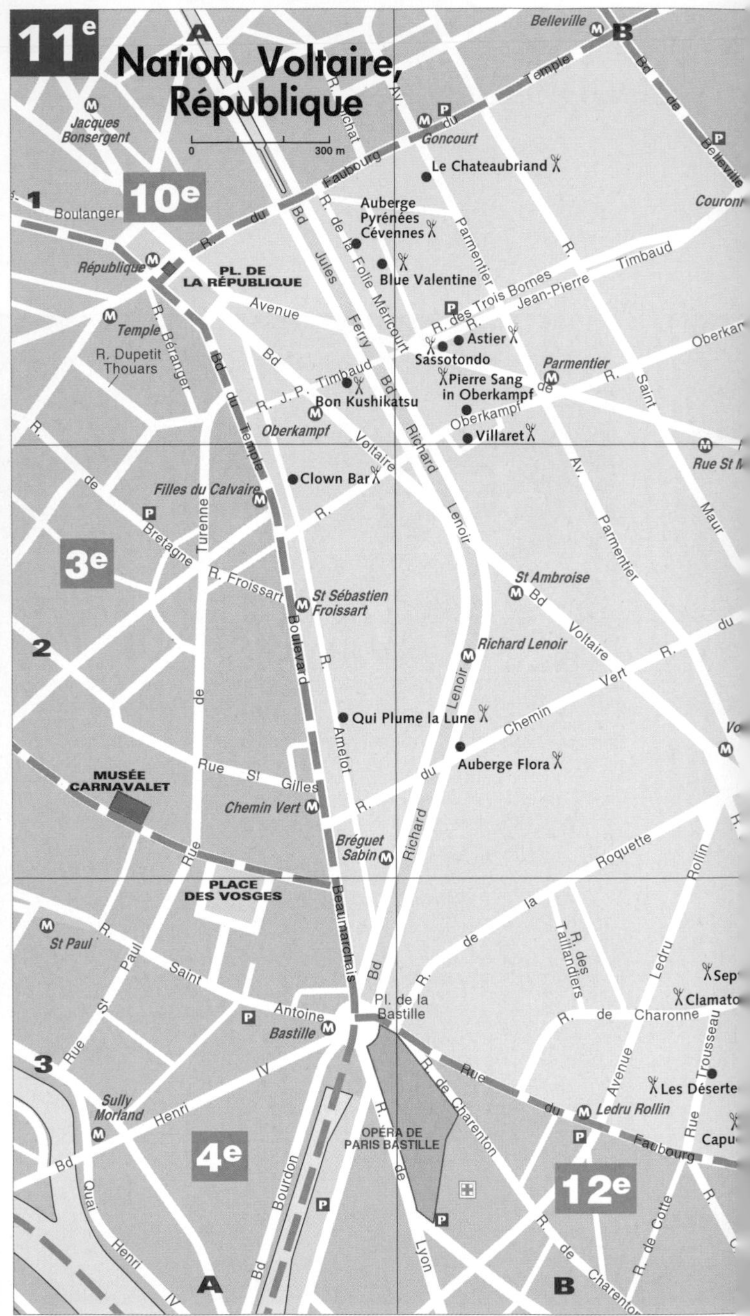

11e
Nation, Voltaire, République
Le Chateaubriand
Auberge Pyrénées Cévennes
Blue Valentine
Astier
Sassotondo
Pierre Sang in Oberkampf
Bon Kushikatsu
Villaret
Clown Bar
Qui Plume la Lune
Auberge Flora
PL. DE LA RÉPUBLIQUE
MUSÉE CARNAVALET
PLACE DES VOSGES
OPÉRA DE PARIS BASTILLE
Pl. de la Bastille
Les Déserte
10e
3e
4e
12e

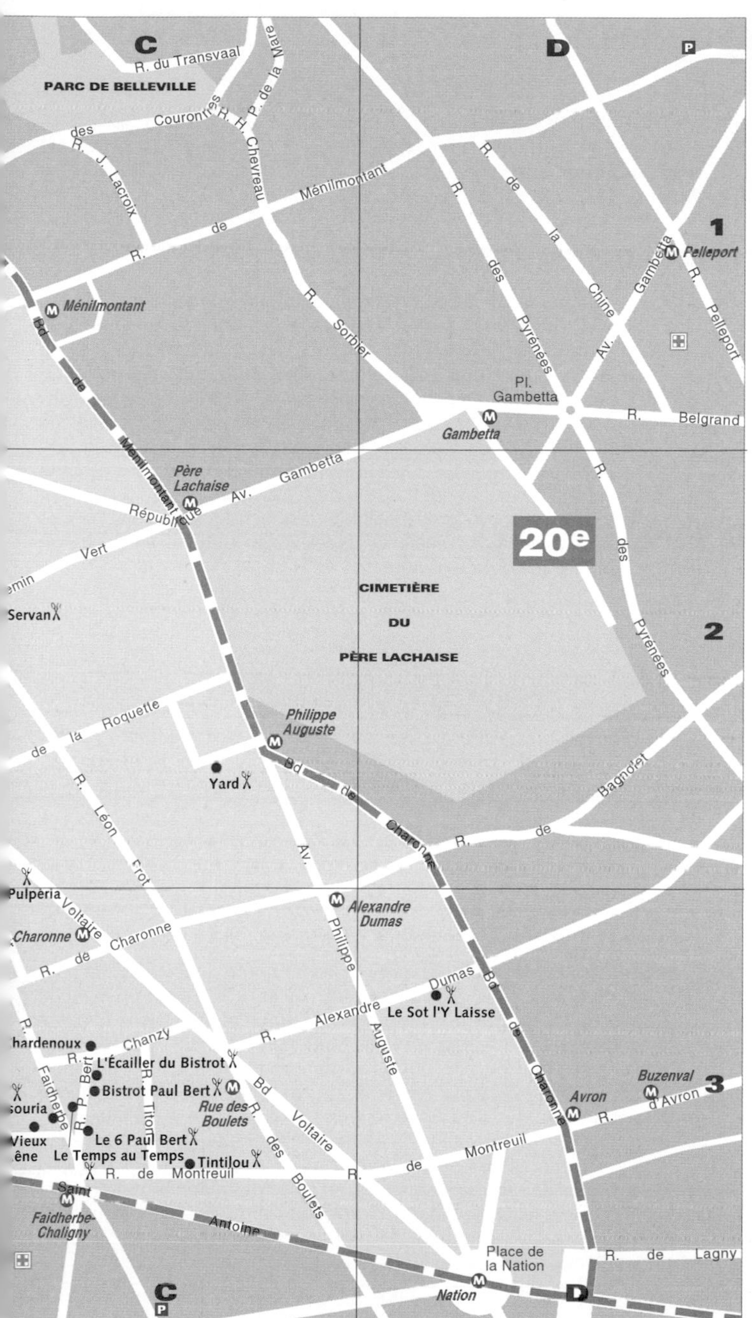
C
D
1
2
3
PARC DE BELLEVILLE
R. du Transvaal
R. des Couronnes
R. H. Chevreau
R. P. de la Mare
R. J. Lacroix
R. de Ménilmontant
Ménilmontant
Bd de Ménilmontant
R. Sorbier
R. des Pyrénées
R. de la Chine
Av. Gambetta
Pelleport
R. Pelleport
Pl. Gambetta
Gambetta
R. Belgrand
Père Lachaise
Av. Gambetta
République
Chemin Vert
20e
CIMETIÈRE DU PÈRE LACHAISE
Servan
de la Roquette
Philippe Auguste
Yard
Bd de Charonne
R. de Bagnolet
R. Léon Frot
Av. Philippe Auguste
Pulperia
Voltaire
Charonne
R. de Charonne
Alexandre Dumas
R. Alexandre Dumas
Le Sot l'Y Laisse
Chardenoux
R. Chanzy
L'Écailler du Bistrot
Bistrot Paul Bert
Rue des Boulets
R. Titon
R. Faidherbe
R. P. Bert
Le 6 Paul Bert
Le Temps au Temps
Tintilou
Vieux Chêne
Bd Voltaire
R. des Boulets
Avron
Buzenval
R. d'Avron
R. de Montreuil
Saint Antoine
Faidherbe-Chaligny
Place de la Nation
Nation
R. de Lagny

Astier

Cuisine traditionnelle ▶ **Plan : B1**

44 r. Jean-Pierre-Timbaud
01 43 57 16 35 (réservation conseillée)
www.restaurant-astier.com
Parmentier

Fermé 1er-15 janvier, lundi et mardi en été

Menu 45 € – Carte 36/59 €

Boudin noir servi avec un jus de viande déglacé au cidre, poitrine de porc braisée au foin, pintade fermière, plateau de fromages (où l'on se sert à volonté) : un vrai "lieu de gourmandise et de bavardage", selon les vœux du patron ! Et il faut aussi parler de la cave, d'une belle richesse (environ 400 références), où les vins se déclinent avec poésie : vins de soif, vins gourmands, vins de méditation, grands flacons... Tradition, simplicité et bon rapport qualité-prix : la recette d'Astier est imparable. Et le succès de cette institution ne se dément pas. On ne se lasse pas de son accueillant décor de bistrot patiné, des tables à touche-touche, des nappes à carreaux et de la vaisselle siglées Astier – en un mot, de son caractère à la bonne franquette !

Auberge Flora

Cuisine moderne ▶ **Plan : B2**

Hôtel Auberge Flora,
44 bd Richard-Lenoir
01 47 00 52 77
www.aubergeflora.com
Bréguet Sabin

Formule 19 € – Menu 23 € (déjeuner en semaine)/34 € – Carte 31/62 €

Le dernier défi de la chef Flora Mikula, qui a décidé d'associer le couvert... et le gîte. C'est ainsi qu'en 2012 cet ancien hôtel proche de Bastille est devenu "son" auberge – une belle auberge d'aujourd'hui ! Comment résister aux charmes de l'endroit, véritable lieu de vie, où la cuisinière vous accueille pour ainsi dire comme à la maison ? Sa cuisine, toujours aussi pétillante, débordante de soleil et de saveurs, invite à la convivialité : petits farcis à la tomate, filet de dorade et légumes méditerranéens... On peut aussi passer simplement pour grignoter quelques tapas (crostinis de sardine en pissaladière, poulpes marinés au fenouil et citron vert, etc.), ou pour le brunch des samedi et dimanche. Avis aux Parisiens : pourquoi ne pas boucler vos valises et partir en week-end... boulevard Richard-Lenoir ?

Auberge Pyrénées Cévennes

Terroir ▶ **Plan : A1**

106 r. de la Folie-Méricourt
01 43 57 33 78
République

Fermé 3 semaines en août, samedi midi, dimanche et fériés

Menu 31 € – Carte 30/70 €

A/C La bonne humeur qui se dégage de cette maison est communicative. Les plaisanteries fusent et la patronne prodigue un accueil inégalable. Dans la salle, les tables sont accolées ; des files de jambons, saucissons et grappes de piments d'Espelette pendent au plafond... Aucun doute, ici, les bons vivants sont rois ! L'assiette propose un véritable tour de France gourmand, qui passe inévitablement par les Pyrénées et les Cévennes, sans négliger pour autant les autres régions. Des recettes généreuses et authentiques, des plats canailles et des "lyonnaiseries" dont le plus fidèle compagnon – un gouleyant pot de beaujolais, par exemple – ne saurait être oublié. Tout le charme d'une auberge régionale, à prix sages et sans chichi.

Au Vieux Chêne

Cuisine traditionnelle ▶ **Plan : C3**

7 r. du Dahomey
01 43 71 67 69
www.vieuxchene.fr
Faidherbe Chaligny

Fermé 25 avril-2 mai, 25 juillet-16 août, 23 décembre-4 janvier, samedi et dimanche

Formule 16 € – Menu 20 € (déjeuner)/33 € – Carte 40/50 €

Fondé en 1932 et... solide comme un chêne ! Le cadre est rétro, l'ambiance sympathique : toutes les racines d'un bistrot parisien. Dans une autre vie, le patron a officié au sein de belles maisons (Rostang, Savoy) ; aujourd'hui, il jongle allégrement entre la salle et la cuisine. Le midi, il propose un bon petit menu du jour et, pour les moins pressés, la carte offre un joli choix : bœuf braisé et sauté, lotte rôtie au chorizo et nage de légumes, poitrine de cochon fermier avec un croustillant de champignons, tous très tentants. Même verdict pour les desserts avec, par exemple, un financier aux noisettes et sa glace au fromage blanc. Quant à la carte des vins, elle compte quelque 150 références. Les néophytes pourront même combler leurs lacunes en lisant le petit livret qui décrit les crus !

Bistrot Paul Bert

Cuisine traditionnelle ►**Plan : C3**

18 r. Paul-Bert
Fermé dimanche et lundi
01 43 72 24 01 (réservation conseillée)
Ⓜ Faidherbe Chaligny

Formule 17 € – Menu 19 € (déjeuner en semaine)/41 € – Carte environ 50 €

Deux salles décorées de bouteilles, de banquettes et de miroirs, et une troisième logée dans une ancienne boucherie aux jolies faïences murales de 1920 : vous êtes prêt pour découvrir une cuisine de bistrot au mieux de sa forme. Ici, on ne badine pas avec les bonnes choses ! Les assiettes sont copieuses, sans chichi et bien goûteuses : marbré de foie gras et poireaux, hure de cochon, parmentier de joue et queue de bœuf, cochon de lait aux girolles, filet de bœuf au poivre de Sarawak... On salive aussi à la pensée des desserts, tels le macaron aux framboises, le soufflé au Grand Marnier ou le fameux paris-brest maison. Vous êtes encore indécis ? Songez à l'impressionnante carte des vins, qui affiche près de 500 références !

Blue Valentine

Cuisine moderne ►**Plan : B1**

13 r. de la Pierre-Levée
Fermé mercredi midi, lundi et mardi
01 43 38 34 72
www.bluevalentine-restaurant.com
Ⓜ République

Formule 21 € – Menu 46/80 € – Carte 46/72 €

Une enseigne noire sur laquelle le nom du restaurant se détache en lettres dorées ; à l'intérieur, une grande peinture murale et un look de bistrot... Ce Blue Valentine ne manque pas de cachet ! Le propriétaire a eu le nez creux en s'attachant les services de Terumitsu Saito, chef japonais venu du Mandarin Oriental : il travaille des produits d'excellente qualité – anguille fumée, lotte, poulpe, porc de Bigorre ou colvert – avec talent et audace, sans jamais se laisser aller à la routine : voici un chef qui a le sens du contrepied, notamment dans l'usage qu'il fait de certains produits. Pour ce qui est de l'ambiance, les deux maîtres-mots sont détente et convivialité : on passe un beau moment, et l'on n'a qu'une envie, c'est de revenir au plus vite.

Bon Kushikatsu

Japonaise ► **Plan : A1**

24 r. Jean-Pierre Timbaud
Fermé dimanche
01 43 38 82 27 (réservation conseillée)
web http://kushikatsubon.fr
Oberkampf

Menu 30 € (déjeuner en semaine)/60 €

Ce petit restaurant japonais cultive une spécialité culinaire toute particulière, venue de la ville d'Osaka : les *kushikatsu*, des minibrochettes panées et frites à la minute. L'occasion est belle pour s'initier à ce pan méconnu de la gastronomie nippone... Bœuf au sansho, filet de sole et sauce soja, foie gras légèrement poivré et aubergine citronnée au daïkon, crevette au sel et aux herbes sèches japonaises, etc. : au fil du menu dégustation, la succession des bouchées révèle finesse et parfums, et représente fort joliment le pays du Soleil-Levant. De même le décor, chic et typiquement japonais, et l'accueil, d'une grande gentillesse. Cette table se révèle un havre de délicatesse dans la belle tradition nippone...

Capucine

Italienne ► **Plan : B3**

159 r. du Faubourg-St-Antoine
(passage St-Bernard)
01 43 46 10 14 (réservation conseillée)
Ledru Rollin

Carte 30/40 €

Le passage St-Bernard, entouré d'immeubles d'âge vénérable, recèle d'agréables surprises. L'ancien Caffe Dei Cioppi y renaît en "Capucine" grâce à Stefania Melis, une jeune femme originaire de Sardaigne, qui a décidé de racheter cette minuscule affaire après y avoir officié cinq années durant. Heureuse initiative ! Un parfum d'Italie a envahi ce vicolo parisien, dont le 11e est riche et les promeneurs friands. Stefania propose une cuisine transalpine parfumée autour d'une mini-carte qui change toutes les semaines. Vous vous régalerez par exemple d'une soupe froide ou chaude selon la saison, de burrata ou de mozzarella, de *polpette* (boulettes de viande) préparées au gré du marché, de lasagnes, et en dessert d'un tiramisu ou d'une tarte du jour. La salle minuscule, avec moins de 20 sièges, favorise la convivialité...

Le Chardenoux

Cuisine traditionnelle ▶ **Plan : C3**

1 r. Jules-Vallès
✆ 01 43 71 49 52
www.restaurantlechardenoux.com
Ⓜ Charonne

Formule 22 € – Menu 27 € (déjeuner en semaine)/39 €

Ce bistrot parisien a trouvé un second souffle il y a quelques années, sous l'impulsion du très médiatique Cyril Lignac. Ses deux petites salles à manger ont gardé tout leur charme d'origine : comptoir en marbre coloré, zinc, plafond mouluré orné de ciels peints et mobilier bistrot. Côté cuisine, la carte opte pour un séduisant registre traditionnel avec la terrine de campagne, l'œuf cocotte aux cèpes, le sauté de bœuf aux olives préparé en cocotte, l'andouillette et la côte de veau de lait de Corrèze à partager. Les plats du jour remettent sous les projecteurs hachis parmentier de canard ou bœuf bourguignon, et des desserts tels que le paris-brest ou le soufflé au chocolat. On en salive d'avance...

Le Chateaubriand

Cuisine moderne ▶ **Plan : B1**

129 av. Parmentier
✆ 01 43 57 45 95
www.lechateaubriand.net
Ⓜ Goncourt

Fermé dimanche, lundi et le midi

Menu 70/135 €

Inaki Aizpitarte, célèbre chef basque, attire la clientèle branchée du Tout-Paris avec son bistrot "pur jus". D'hier, le lieu a conservé le décor – tel qu'on pouvait encore en trouver dans les années 1930 – jouant sur le mélange néo-rétro (zinc, ardoises, haut plafond et tables étroites). D'aujourd'hui, il possède le répertoire culinaire et un service stylé avec des serveurs tout droit sortis d'un défilé de mode, aux allures décontractées. Chaque soir, l'unique menu dégustation offre une cuisine créative, osée et goûteuse. Produits et vins sont choisis avec soin chez des producteurs indépendants. Pensez à réserver, vu la médiatisation de cette table et la grande affluence.

Clamato ☺ Ⓝ

Poissons et fruits de mer ▶ **Plan : B3**

80 r. de Charonne
✆ 01 43 72 74 53 (sans réservation)
www.clamato-charonne.fr
Ⓜ Charonne

Fermé 3 semaines en août, mercredi midi, jeudi midi, vendredi midi, lundi et mardi

Carte 28/50 €

A/C Ouverte en 2013, cette annexe de Septime – avec une façade de couleur différente, pour éviter la confusion ! – doit son nom a un cocktail très populaire au Québec, sorte de Bloody Mary agrémenté d'un jus de palourdes... à découvrir ici, évidemment ! L'endroit a tout du "hit" bistronomique, avec son décor tendance et sa courte carte qui met en avant la mer et les légumes. Les produits sont choisis avec grand soin et travaillés le plus simplement du monde, comme en témoignent ces rillettes de poisson, ce ceviche de lieu jaune, radis et coriandre, ou encore ce poulpe de roche, betterave blanche et salicorne... On se régale dans une ambiance franchement conviviale, en profitant d'un service amical et décontracté. Attention, la réservation est impossible : premier arrivé, premier servi !

Clown Bar

Cuisine moderne ▶ **Plan : A2**

114 r. Amelot
✆ 01 43 55 87 35 (réservation conseillée)
Ⓜ Fille du Calvaire

Fermé vacances de Noël, lundi et mardi

Carte 35/55 €

L'ancienne buvette du Cirque d'hiver a été reprise par l'équipe du Saturne, armée de belles ambitions. La déco est ouvertement kitsch, rétro à souhait, avec plafonds peinturlurés et céramiques à l'effigie de clowns. Aux fourneaux, le chef japonais opère avec une précision chirurgicale, et en utilisant des produits de belle qualité ; à l'instinct, il compose de belles assiettes créatives et bien dans l'air du temps. Cette cuisine se décline sans menu, uniquement au fil d'une carte aux intitulés sommaires : thon blanc / betterave / framboise ; escargot / radis glaçon / jaune d'œuf... Carte qui change au gré de l'inspiration de la semaine. Côté vins, on fait son choix parmi près de 150 références. Buzz oblige, c'est plein plusieurs jours à l'avance : pensez à réserver !

Les Déserteurs

Cuisine moderne ▶ Plan : B3

46 r. Trousseau
✆ 01 48 06 95 85
www.les-deserteurs.com
Ⓜ Ledru-Rollin

Fermé 28 février-7 mars, 24 avril-2 mai, 14-29 août, 18 décembre-2 janvier, mardi midi, dimanche et lundi

Menu 28 € (déjeuner), 45/60 €

Ils travaillaient dans la même adresse en tant que second de cuisine et sommelier, ils ont rompu les rangs afin d'ouvrir ce restaurant, baptisé... Les Déserteurs. On sait au moins une chose : ces deux-là ont le sens de l'humour ! Dans cet antre cosy, tout de bois brut et de déclinaisons de gris, ils réjouissent leur clientèle avec une cuisine pleine de fraîcheur, résolument tournée vers le produit. Il suffit d'en citer quelques exemples : œuf bio mollet, purée de céleri, teriyaki, pain rôti et chanterelles ; colvert sauvage de chez Miéral, grand-roux crémeux et cèpes des Vosges ; fromage frais, rhubarbe et sorbet à la cerise... De véritables plats de chef dans lesquels rien n'est laissé au hasard, et qui montrent l'exemple d'une créativité parfaitement maîtrisée !

L'Écailler du Bistrot

Poissons et fruits de mer ▶ Plan : C3

22 r. Paul-Bert
✆ 01 43 72 76 77
Ⓜ Faidherbe Chaligny

Fermé août, dimanche et lundi

Formule 15 € – Menu 19 € (déjeuner en semaine)/60 € – Carte 40/65 € 

Ici, on ne sert que des produits de la mer. Les huîtres arrivent directement de Bretagne, en provenance de Riec-sur-Belon (maison Cadoret), mais aussi d'autres bassins ostréicoles. L'ardoise du jour présente plusieurs poissons, tous de belle fraîcheur, cuisinés très simplement pour conserver leurs agréables saveurs iodées. Autres points forts de la maison : le menu homard, servi presque toute l'année, et la carte des vins étoffée, comptant près de 500 références. Quant au décor des deux petites salles à manger, il transporte les Parisiens droit vers les flots avec ses maquettes de voiliers et autres embarcations, ses peintures marines et ses boiseries évoquant les cabines de bateaux. Avant d'embarquer, il est prudent de réserver.

Mansouria

Nord-africaine ▶ **Plan : C3**

11 r. Faidherbe
✆ 01 43 71 00 16 (réservation conseillée)
www.mansouria.fr
Ⓜ Faidherbe-Chaligny

Fermé lundi midi et dimanche

Formule 16 € – Menu 28/36 € – Carte 32/50 €

A/C

Fatema Hal est une figure parisienne de la gastronomie marocaine et son restaurant une véritable institution en la matière. Ethnologue de formation, auteur de livres traitant de la cuisine de son pays, elle a insufflé à ce lieu authentique le meilleur de ses racines. Voilà pourquoi le Tout-Paris vient et revient depuis toujours dans ce décor mauresque pour savourer les "vraies" spécialités d'Afrique du Nord, préparées par d'habiles cuisinières originaires de là-bas : tajines, couscous, pastillas, crème parfumée à la fleur d'oranger, etc. Le service, aussi souriant que courtois et efficace, ne souffre aucune comparaison. Est-il besoin de le préciser : mieux vaut réserver sa table, en particulier le soir en fin de semaine...

Pierre Sang in Oberkampf

Cuisine moderne ▶ **Plan : B1**

55 r. Oberkampf
✆ 01 40 21 00 70
www.pierresangboyer.com
Ⓜ Parmentier

Formule 20 € – Menu 25 € (déjeuner), 35/39 €

A/C

Qui est adepte de l'émission Top Chef, sur M6, connaît forcément Pierre Sang, finaliste en 2011. C'est ici, à Oberkampf, qu'il a décidé de s'installer. Une belle surprise ! On retrouve toute la gentillesse du jeune homme, qui délivre – on pouvait l'imaginer – une cuisine sensible et partageuse. Le menu change chaque jour en fonction du marché et de son inspiration, laquelle n'hésite pas à bousculer les habitudes, mais jamais vainement. Le cuisinier n'a pas oublié les fondamentaux, lui qui, après son BEP au Puy-en-Velay, a roulé sa bosse à Lyon, en Asie, à Londres, etc. De là sa patte cosmopolite, amatrice d'herbes et d'épices... Nul doute : ses assiettes ne manquent ni d'idées ni de saveurs ! Les produits viennent des commerçants voisins et on passe en ami (pas de réservation) : un endroit fort sympathique !

La Pulpéria

Cuisine moderne ▶ **Plan : C3**

11 r. Richard-Lenoir
01 40 09 03 70 (réservation conseillée)
www.lapulperia.fr
Voltaire

Fermé août, 31 décembre-6 janvier, samedi midi et dimanche

Menu 18 € (déjeuner) – Carte 45/60 €

Elle se situe à Charonne, cette Pulpéria – du nom de ces épiceries qu'on trouve en Amérique latine –, mais elle porte bien cette appellation : c'est l'affaire de Fernando, jeune chef originaire d'Argentine, passé par de fameuses maisons parisiennes (Crillon, Royal Monceau). Ici chez lui, il réinterprète à l'envi les recettes de son pays et de l'Hexagone, à l'image de cette empañada (feuilleté farci à la viande) en entrée, croustillante et bien parfumée. Argentine oblige, la viande tient évidemment le haut du pavé. Avis aux amateurs : elle se révèle de grande qualité et préparée dans les règles de l'art... Dans l'esprit de l'arrondissement, la déco joue la carte du bistrot simple et branché. Bref, chez Fernando, tout est *bueno* !

Sassotondo

Italienne ▶ **Plan : B1**

40 r. Jean-Pierre-Timbaud
01 43 55 57 00
www.sassotondo.com
Parmentier

Fermé 1 semaine en février, 3 semaines en août, 25 décembre-1er janvier, dimanche et lundi

Formule 21 € – Menu 33 €

Cette trattoria contemporaine s'épanouit rue Jean-Pierre Timbaud, au cœur d'un quartier branché s'il en est... Chaises et tables en bois sombre, lumières tamisées, ambiance décontractée : le ton est donné. Sassotondo est le nom d'un domaine viticole et tout ici vient de la Botte ! À commencer par les vins et par le chef, d'origine toscane. Le pain et les pâtes sont faits maison, à partir d'une farine italienne ; l'occasion de découvrir des plats trop souvent méconnus en France comme l'acquacotta (un bouillon de légumes servis avec des croûtons et des œufs), les crêpes à la florentine fourrées de ricotta et d'épinards, la côte de veau rôtie aux salsifis, etc. *Va bene !*

Qui plume la Lune ✿

Cuisine moderne

▶ **Plan : A2**

50 r. Amelot
✆ 01 48 07 45 48 (réservation conseillée)
www.quiplumelalune.fr
Ⓜ Chemin Vert

Fermé août, 1er-11 janvier, dimanche, lundi, mardi et fériés

Menu 60 € (déjeuner en semaine), 85/120 €

Exclusive Restaurant

Qui plume la Lune, c'est d'abord un joli endroit, chaleureux et romantique... Sur l'un des murs de la salle trône une citation de William Faulkner : "Nous sommes entrés en courant dans le clair de lune et sommes allés vers la cuisine." Pierres apparentes et matériaux naturels (bois brut, branchages, etc.) complètent ce tableau non dénué de poésie...

Qui plume la Lune, c'est aussi un havre de délices, porté par un chef aussi humble que passionné : Jacky Ribault. Il a travaillé dans de belles maisons (en particulier en Asie, dont sa cuisine porte la marque) avant de créer ce restaurant avec son épouse. Ici, il démontre une détermination rare à ne sélectionner que de superbes produits – selon une éthique écologique, ainsi de beaux légumes bio – et à mettre à leur service son savoir-faire de cuisinier, avec une créativité toute maîtrisée : de là des assiettes pleines de vitalité, de fraîcheur et de senteurs ! Très agréable moment, donc, sous la clarté de cette table aussi lunaire que terrestre...

Spécialités

- Cuisine du marché

Septime ✿

Cuisine moderne ▶ **Plan : B3**

80 r. de Charonne
✆ 01 43 67 38 29 (réservation conseillée)
www.septime-charonne.fr
Ⓜ Charonne

Fermé 3 semaines en août, lundi midi, samedi et dimanche

Menu 30 € (déjeuner)/65 € 

F.Flohic

Des fournisseurs triés sur le volet, beaucoup de fraîcheur et d'aisance, de la passion et même un peu de malice, mais toujours de la précision et de la justesse : mené par le jeune Bertrand Grébaut (passé notamment par les cases Robuchon, Passard et Agapé), Septime symbolise le meilleur de cette nouvelle génération de tables parisiennes à la fois très branchées et... très épicuriennes !

Au milieu de la rue de Charonne, dans ce 11e arrondissement aujourd'hui très en vue, le lieu exploite à fond les codes de la modernité : grande verrière d'atelier, tables en bois brut, poutres en métal... Une vraie inspiration industrielle, plutôt chic dans son aboutissement, d'autant que le service, jeune et prévenant, contribue à faire passer un bon moment.

Le principal se jouant évidemment dans l'assiette, exemplaire de ce courant néobistrot aujourd'hui très porteur : une créativité décomplexée développant des accords de saveurs pointus et originaux, avec un respect total du beau produit, sans craindre de cultiver une heureuse simplicité... Ce Septime n'a vraiment rien de sévère !

Spécialités

- Cuisine du marché

Le Servan

Cuisine moderne ▶ **Plan : C2**

32 r. St Maur
✆ 01 55 28 51 82
http://leservan.com
Ⓜ Rue Saint-Maur

Fermé 3 semaines en août, 1ère semaine de janvier, lundi midi, samedi et dimanche

Menu 25 € (déjeuner) – Carte 43/65 €

À l'angle de la rue St-Maur, cet ancien troquet quelque peu défraîchi a été rénové par deux sœurs, Katia et Tatiana Levha, qui ont su en conserver l'esprit original et désuet : moulures et peintures, carrelage de bistrot et comptoir en formica... Tatiana, en cuisine, compose une cuisine fraîche et spontanée, basée sur des produits simples mais toujours très bons ; elle ne rechigne pas à tenter des associations inattendues, souvent avec brio ! Au détour d'une assiette, on décèle aussi quelques influences asiatiques, qui s'expliquent peut-être par les origines philippines des deux frangines. Côté flacon, on fait la part belle à des vins "nature" bien choisis. L'adresse a déjà son lot d'aficionados venus de tout le quartier : un succès amplement mérité !

Le 6 Paul Bert

Cuisine moderne ▶ **Plan : C3**

6 r. Paul-Bert
✆ 01 43 79 14 32 (réservation conseillée)
Ⓜ Faidherbe-Chaligny

Fermé mardi midi, dimanche et lundi

Menu 19 € (déjeuner)/44 € – Carte 45/54 €

Le propriétaire du Bistrot Paul Bert et de l'Écailler du Bistrot a le mérite de la cohérence : lorsqu'il a choisi une rue, il n'en démord pas de sitôt. C'est au numéro 6 qu'il a choisi d'installer cette table qui a tous les atours d'un bistrot chic – parquet en chêne massif, mange-debout, luminaires en forme de bouteille de vin et mobilier hétéroclite... Le chef japonais Kosuke Tada, ancien bras droit de David Toutain, a pris place aux fourneaux de la maison et propose de savoureuses recettes dans l'air du temps : chou-fleur, quinoa et houmous, merlu au persil... Avec notamment un menu déjeuner au rapport qualité-prix imbattable. Gageons que les habitués du lieu – la crème des gourmets de l'est parisien – accorderont au nouveau venu la confiance qu'il mérite. C'est en tout cas tout ce qu'on lui souhaite !

Le Sot l'y Laisse

Cuisine moderne ▶ **Plan : D3**

70 r. Alexandre-Dumas
01 40 09 79 20
Ⓜ Alexandre Dumas

Fermé 3 semaines en août, 1 semaine en décembre, lundi midi, samedi midi et dimanche

Formule 19 € – Menu 25 € (déjeuner) – Carte 48/70 €

Bien sot qui laisserait de côté ce beau bistrot ! À la limite des 11e et 20e arrondissements, il participe d'un véritable phénomène aujourd'hui à Paris : celui des tables lancées par de jeunes chefs japonais. Comme les autres, Eiji Doihara, originaire d'Osaka, est venu parfaire sa formation dans l'Hexagone avant de décider de s'y installer. L'occasion de rendre un bel hommage à cette gastronomie française qui le passionne... Ventrèche de thon mi-cuit, vinaigrette au soja, légumes de Joël Thiébault et quelques fleurs ; fricassée de sot-l'y-laisse aux champignons sauvages ; blanc-manger au sésame noir et mousseline de lait : généreuses et gourmandes, ou légères et délicates, ses recettes valorisent de superbes produits et font mouche à chaque fois. L'adresse remporte un succès mérité !

Le Temps au Temps

Cuisine traditionnelle ▶ **Plan : C3**

13 r. Paul-Bert
01 43 79 63 40
Ⓜ Faidherbe Chaligny

Fermé 7-23 août, 29 décembre-2 janvier, mardi midi, dimanche et lundi

Formule 19 € – Menu 32 €

A/C

Entre Nation et Bastille, le petit bistrot de Denis Sabarots est une valeur sûre. Parquet, murs caramel et vieilles pendules derrière le comptoir composent le décor de la salle à manger, grande comme un mouchoir de poche. Le chef-patron propose une cuisine de saison à tendance actuelle, déclinée sur l'ardoise du jour, courte et simple. Quelques exemples ? Tartine de maquereau et rillettes, carré de veau et caviar d'aubergine, baba au rhum et pêches au sirop, etc. À noter, l'alléchante formule du déjeuner et la sympathique petite sélection de vins de propriétaires. À (re) découvrir sans tarder, en réservant, car le nombre de couverts est limité.

Tintilou

Cuisine moderne ▶ **Plan : C3**

37 bis r. de Montreuil
01 43 72 42 32
www.letintilou.fr
Faidherbe-Chaligny

Fermé 1 semaine en février, 3 semaines en août, lundi midi, samedi midi et dimanche

Formule 17 € – Menu 36/49 € – Carte 52/58 € 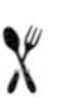

Cet ancien relais de mousquetaires du 16e s., avec sa cour classée et ses plafonds à la française, a laissé derrière lui les couleurs arc-en-ciel qu'on lui connaissait pour des teintes plus neutres... Le résultat est élégant et original, comme cette cuisine qui rêve de voyages et de parfums. La carte est courte et change chaque mois, présentant les plats par d'alléchantes associations : velouté de potiron et noisettes, fourme d'Ambert et crevettes black tiger ; joues de cochon, palourdes et blé vert du Liban ; ou encore saint-pierre de Bretagne, cocos de Paimpol et girolles... Et lorsque l'on déguste une assiette de couteaux à la coriandre fraîche, on se prend à rêver de promenade en bord de mer à marée basse. Savoureuse simplicité !

Villaret

Cuisine traditionnelle ▶ **Plan : B1**

13 r. Ternaux
01 43 57 75 56
Parmentier

Fermé 2 semaines en août, samedi midi et dimanche

Menu 27 € (déjeuner en semaine)/34 € – Carte 45/59 € 

Les délicieux parfums qui vous accueillent dès la porte ne trompent pas : voici une vraie adresse gourmande ! Son credo : bien faire, en toute simplicité. Le décor de parfait bistrot met à l'aise : beau bar en zinc, bois omniprésent, briques et colombages. La cuisine est franche et sympathique, à base de produits de qualité que le chef sait travailler avec justesse : salade de girolles et petit salé avec son œuf poché ; poulet fermier pattes bleues au savagnin et cocos de Paimpol ; pigeon rôti au thym et embeurrée de chou vert... La cave offre un choix étonnant : les amateurs de bourgognes et de côtes-du-rhône devraient trouver leur bonheur ! On propose aussi des vins à prix doux désignés avec humour comme "médicaments du jour", à l'unisson de l'accueil qui est... aux petits soins.

Yard

N

Cuisine moderne ▶ **Plan : C2**

6 r. Mont-Louis
01 40 09 70 30 (réservation conseillée)
Philippe Auguste

Fermé août,
24-31 décembre,
samedi et dimanche

Formule 15 € – Menu 18 € (déjeuner en semaine) – Carte 24/43 € 

Voilà un moment que Yard est inscrit en lettres capitales dans les carnets des gourmets parisiens. Il faut dire que l'adresse a les deux pieds dans son époque : une jolie façade dans une rue sortie tout droit d'un décor de cinéma, un intérieur de bistrot chaleureux – parquet, vieille cheminée, luminaires métalliques – et une jeune équipe qui assure un service sympa et sans façon... Après un peu de remue-ménages ces dernières années, les fourneaux sont désormais occupés par un jeune chef britannique, Nye Smith, qui décline une cuisine sans complexe, pile dans l'air du temps, goûteuse et bien tournée. La carte change tous les jours – inutile, donc, de citer un plat en particulier – mais la fraîcheur des produits est, elle, invariable. Comme prévu, le succès est au rendez-vous : si possible, réservez !

Déjeunons dehors, il fait si beau ! Optez pour une terrasse, repérable au symbole .

B. Gardel / hemis.fr

12e

Bastille · Bercy · Gare de Lyon

Ph. Renault / hemis.fr

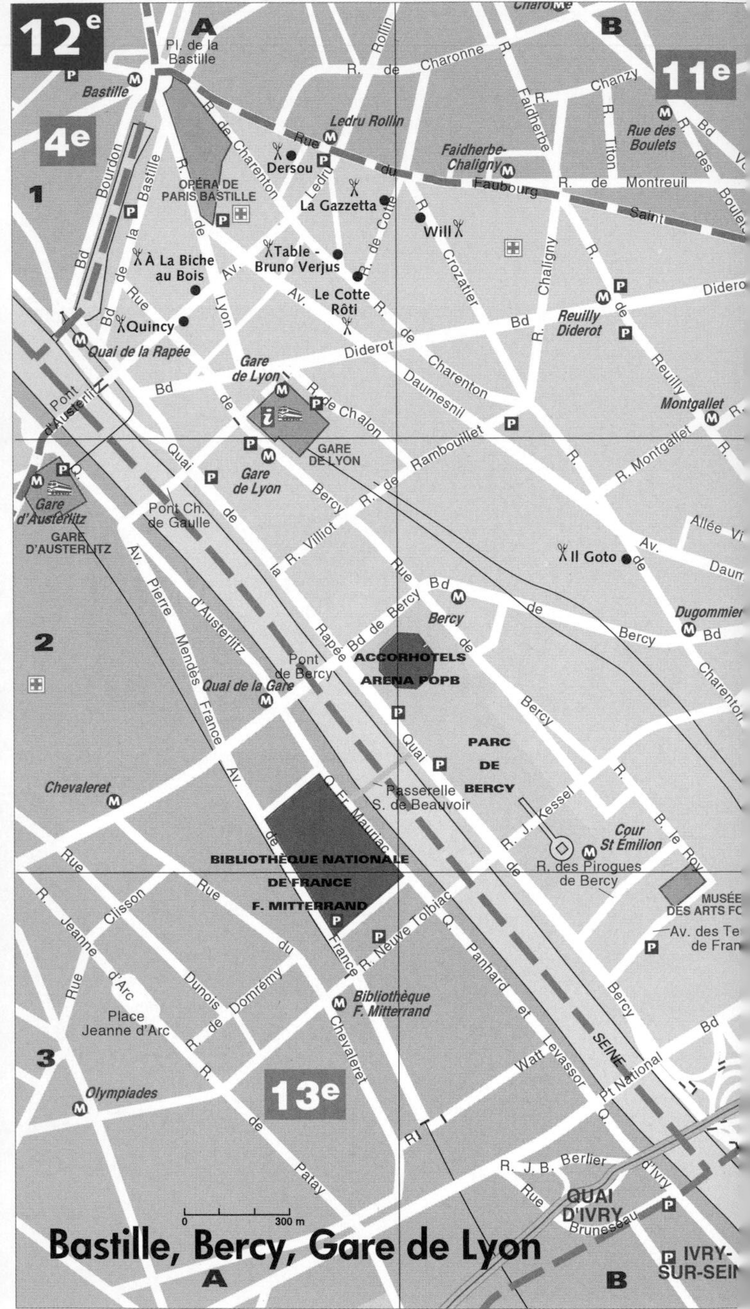
12e
11e
4e
13e
A
B
1
2
3
Pl. de la Bastille
Bastille
Ledru Rollin
Faidherbe-Chaligny
Rue des Boulets
OPÉRA DE PARIS BASTILLE
Dersou
La Gazzetta
Will
Table - Bruno Verjus
À La Biche au Bois
Le Cotte Rôti
Quincy
Reuilly Diderot
Quai de la Rapée
Gare de Lyon
GARE DE LYON
Montgallet
Gare d'Austerlitz
GARE D'AUSTERLITZ
Pont Ch. de Gaulle
Il Goto
Bercy
Dugommier
ACCORHOTELS ARENA POPB
Pont de Bercy
Quai de la Gare
PARC DE BERCY
Passerelle S. de Beauvoir
Chevaleret
Cour St Emilion
R. des Pirogues de Bercy
BIBLIOTHÈQUE NATIONALE DE FRANCE F. MITTERRAND
MUSÉE DES ARTS FO
Av. des Te de Fran
Bibliothèque F. Mitterrand
Place Jeanne d'Arc
Olympiades
SEINE
QUAI D'IVRY
IVRY-SUR-SEI
0
300 m
Bastille, Bercy, Gare de Lyon

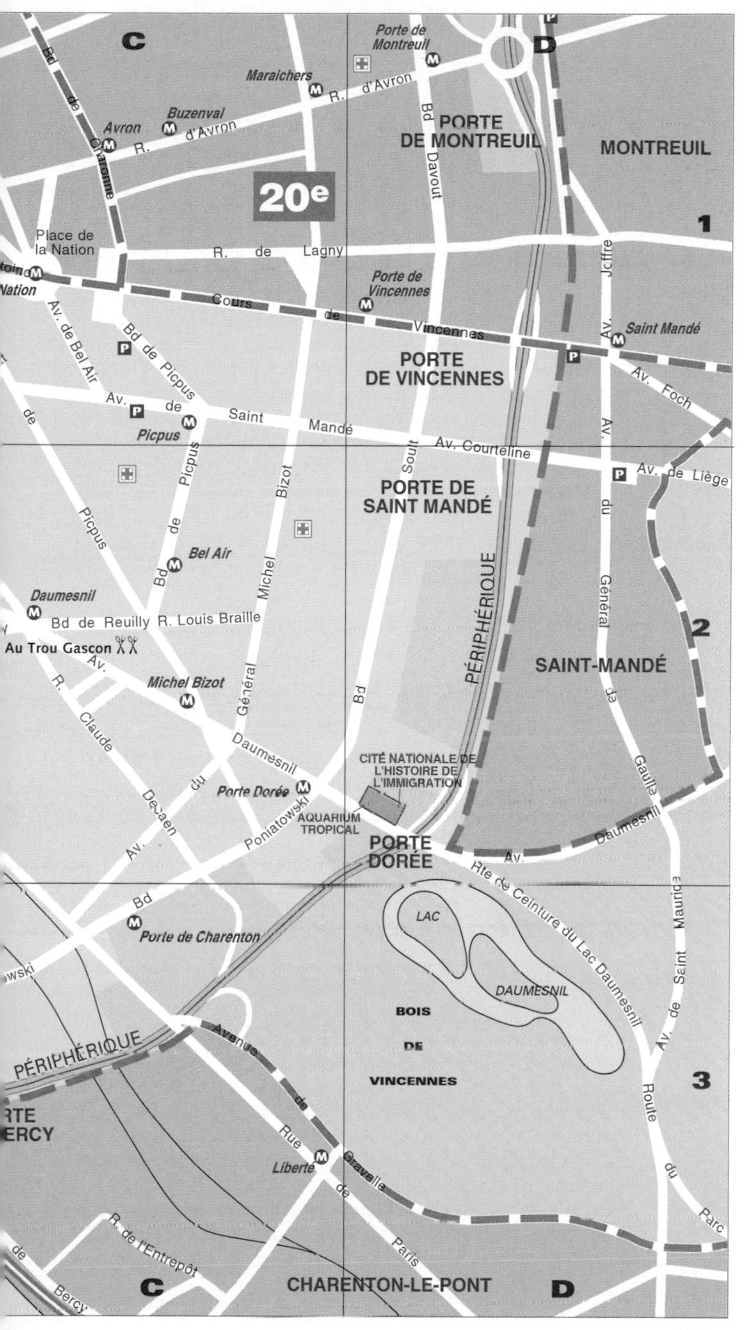
C
D
20e
PORTE DE MONTREUIL
MONTREUIL
PORTE DE VINCENNES
PORTE DE SAINT MANDÉ
SAINT-MANDÉ
PORTE DORÉE
BOIS DE VINCENNES
CHARENTON-LE-PONT
Porte de Montreuil
Maraichers
Buzenval
Avron
Place de la Nation
Nation
Porte de Vincennes
Saint Mandé
Picpus
Bel Air
Daumesnil
Michel Bizot
Porte Dorée
Porte de Charenton
Liberté
Au Trou Gascon
CITÉ NATIONALE DE L'HISTOIRE DE L'IMMIGRATION
AQUARIUM TROPICAL
LAC DAUMESNIL
R. d'Avron
Bd de Charonne
R. de Lagny
Cours de Vincennes
Bd Davout
Av. de Bel Air
Bd de Picpus
Av. de Saint Mandé
Av. Courteline
Av. de Liège
Av. Foch
Bd Soult
R. Général Michel Bizot
Bd de Reuilly
R. Louis Braille
Av. Daumesnil
R. Claude Decaen
Bd Poniatowski
PÉRIPHÉRIQUE
Av. du Général de Gaulle
Rte de Ceinture du Lac Daumesnil
Av. de Saint Maurice
Route du Parc
Avenue de Gravelle
Rue de Paris
R. de l'Entrepôt
1
2
3

À La Biche au Bois

Cuisine traditionnelle ►Plan : A1

45 av. Ledru-Rollin
01 43 43 34 38
Gare de Lyon

Fermé 23 juillet-24 août, 23 décembre-4 janvier, lundi midi, samedi et dimanche

Formule 19 € – Menu 25 € (déjeuner)/31 € – Carte 31/42 €

Les inconditionnels de cette adresse l'apprécient pour sa longévité et pour son caractère : celui d'un bistrot d'esprit années 1920, avec tables nappées à touche-touche, argenterie, ambiance conviviale... et cuisine à l'ancienne ! Le patron, consciencieux et motivé, met en effet un point d'honneur à préserver la tradition. Quelques incontournables : la terrine maison, le coq au vin et le gibier, toujours à l'honneur en saison, tels le sanglier, le lièvre... et la biche, bien sûr ! Pour la note sucrée : "l'Opéra Biche" maison (un gâteau moelleux et sa crème anglaise) ou la crème caramel. En un mot, une carte aux puissants accents du terroir qui justifie le succès de l'établissement.

Le Cotte Rôti

Cuisine moderne ►Plan : A1

1 r. de Cotte
01 43 45 06 37 (réservation conseillée)
Ledru Rollin

Fermé 3 semaines en août, vacances de Noël, samedi midi, dimanche et lundi

Formule 20 € – Menu 24 € (déjeuner)/42 €

Dans ce quartier d'Aligre toujours en ébullition, le Cotte Rôti est à l'image de son chef, Nicolas Michel : convivial et épicurien. À sa cuisine de bistrot, il apporte un certain sens de la rigueur hérité des belles maisons où il a travaillé. Il n'est qu'à goûter cet œuf parfait, parmentier champignons-noisettes, lard et maïs ; ce velours de tomates oubliées, condiment gaspacho, rillettes d'anguille fumée ; ou encore ces sardines en escabèche, confit d'échalotes, framboise, antipasti de girolles... De belles recettes dans l'air du temps, déroulées au gré de l'humeur et du marché, tout proche. Beaucoup de finesse donc dans cette adresse pour gourmands où les couleurs vives claquent aux murs. Et la carte des vins rend un hommage bien mérité aux crus de la vallée du Rhône !

Au Trou Gascon ✿

Cuisine du Sud-Ouest ▶ **Plan : C2**

40 r. Taine
01 43 44 34 26
www.autrougascon.fr
Ⓜ Daumesnil

Fermé août, 1er 10 janvier, samedi et dimanche

Menu 42 € (déjeuner)/78 € – Carte 65/80 €

Au Trou Gascon

Alain Dutournier y a fait ses débuts en 1973, donnant au terroir gascon ses lettres de noblesse dans la capitale. Aujourd'hui, il a conquis une table fameuse des beaux quartiers (le Carré des Feuillants, dans le 1er arrondissement), mais son ancien bistrot 1900 est resté dans la famille. Grâce à son jeune chef, Clément Thouvenot, le Trou Gascon continue d'attirer les fins connaisseurs des spécialités du Sud-Ouest, ou plus précisément de l'Adour et de l'Océan. Les incontournables sont à la carte : pâté en croûte au foie gras de canard, lièvre à la royale, tourtière chaude et croustillante... et, bien sûr, le cassoulet. Le terroir dans toute sa splendeur !

Mais cette ode à la tradition ne doit pas occulter l'autre visage d'une adresse qui sait aussi se faire créative et plus contemporaine. Et que serait tout cela sans un bon cru ? De ce côté-là, pas d'inquiétude : la carte des vins est d'une richesse incomparable (près de 1 000 références) et réserve de belles surprises. Ce Trou Gascon est fidèle à sa réputation.

Entrées

- Pâté en croûte au foie gras de canard des Landes
- Anguille en rouelle persillée et en raviole fumée, girolles étuvées

Plats

- Caneton croisé rôti, escalope de foie gras, escaoutoun de maïs aux cèpes
- Lièvre à la royale, truffe et foie gras

Desserts

- Russe pistaché et framboises craquantes, crème glacée à la pistache
- Pêche blanche rôtie au miel d'arbousier, clafoutis et sorbet Bellini

Dersou

Créative ▶ **Plan : A1**

21 r. St-Nicolas
09 81 01 12 73 (réservation conseillée)
www.dersouparis.com
Ledru-Rollin

Fermé 24 juillet-25 août, lundi et le midi en semaine

Menu 90 € 🍷/130 € 🍷 – Carte 30/100 €

A/C L'association peut paraître excentrique : que font ensemble un barman expert en cocktails et un chef nippon passé par chez Alain Ducasse à Tokyo et Hélène Darroze à Paris ? Ils imaginent Dersou ! Vieux plancher, playlist pop pour l'ambiance, comptoir à manger : le décor est planté. Le concept, lui, est à la fois simple et original : un menu propose d'associer mets et cocktails, sur 5 ou 7 plats. Surprise : la mixologie tient ses promesses et se révèle même envoûtante. Les produits sont de première qualité (légumes d'Annie Bertin, agneau acheté sur pied, porc ibérique etc.) et les rencontres avec les alcools aussi spontanées qu'audacieuses... ainsi cette tarte aux légumes servie avec un bourbon yuzu parfaitement équilibré. Vivez l'expérience Dersou !

La Gazzetta

Méditerranéenne ▶ **Plan : A1**

29 r. de Cotte
01 43 47 47 05
www.lagazzetta.fr
Ledru Rollin

Fermé août, dimanche et lundi et le midi

Menu 39/59 € – Carte 40/65 € dîner

Cette table lorgnait déjà vers la Méditerranée depuis son ouverture en 2005, mais depuis le début de l'année 2014, cet ancrage s'est résolument affirmé : le nouveau chef, Luigi Nastri, a investi les lieux avec une équipe 100 % transalpine, qui rend un hommage prononcé à la tradition du bassin méditerranéen, avec un net penchant pour les saveurs italiennes. Les valeurs de cette équipe de choc : beaux produits, parfums prononcés et simplicité. Certains plats de la carte osent même s'éloigner du bercail, avec notamment de petits clins d'œil vers l'Asie, et l'utilisation de certaines épices. Enfin, le décor aux accents bistrotiers et l'ambiance conviviale ajoutent au charme de cette Gazzetta. À redécouvrir d'urgence !

Il Goto 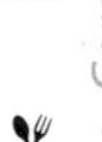

Italienne ► **Plan : B2**

212 bis r. de Charenton
01 43 46 30 02
www.ilgoto.fr
Dugommier

Fermé 3 semaines en août, vacances de Noël et de Pâques, dimanche et lundi

Menu 16 € (déjeuner en semaine) – Carte 30/43 €

Sympathique, ce restaurant tenu par Simone et Marzia, un couple d'Italiens passionnés ! Lui, en cuisine, mitonne de délicieux petits plats en utilisant des produits venus tout droit du Trentin, du Frioul et de la Vénétie ; elle, en salle, fait preuve d'autant de passion que son cuisinier de mari. Les spécialités de la maison ? Le tartare de bœuf mariné au romarin et poivrons doux siciliens ; les gnocchis de pain aux orties et asiago, pesto d'aubergine, crumble de pecorino ; ou encore le filet de bar grillé et carpaccio d'agrumes de Sicile... Des créations goûteuses et soignées, que l'on accompagne d'un bon petit rouge transalpin. Et, pour ne rien gâcher, les tarifs sont imbattables !

Quincy

Cuisine classique ► **Plan : A1**

28 av. Ledru-Rollin
01 46 28 46 76
www.lequincy.fr
Gare de Lyon

Fermé 1er août-1er septembre, samedi, dimanche et lundi

Carte 55/80 € 

Alors que Paris devient une grande bourgeoise, il reste encore des tables "tradi" à l'abri des vogues et des modes. Le Quincy en fait partie et c'est tant mieux ! Inchangé depuis une trentaine d'années, ce bistrot rustique comme on n'en fait plus (attention, même la carte de crédit n'a pas sa place ici !) est à l'image de son propriétaire, Michel Bosshard, dit "Bobosse". Bon vivant et volubile, généreux et entier, il propose des plats qui lui ressemblent, 100 % maison et influencés par l'Ardèche et le Berry. Viandes et charcuteries en tête, on trouve aussi la terrine et le foie gras, la caillette ardéchoise, le lapin mijoté aux échalotes et au vin blanc, la côte de veau aux morilles... Mieux qu'une madeleine nostalgique, ces recettes au bon goût d'antan offrent des plaisirs indémodables.

Table - Bruno Verjus

Cuisine moderne ▶ **Plan : A1**

3 r. de Prague
01 43 43 12 26 (réservation conseillée)
www.tablerestaurant.fr
Ⓜ Ledru Rollin

Fermé 3 semaines en août, samedi midi et dimanche

Formule 19 € – Menu 25 € (déjeuner), 39/99 € – Carte 72/82 €

Choisir les plus beaux produits, les cuisiner avec humilité : tel est le credo de Bruno Verjus, étonnant personnage, entrepreneur, blogueur et critique gastronomique... devenu chef ! Dans sa cuisine ouverte face aux clients, qui n'en manquent pas une miette, il parle de chacun de ses fournisseurs avec une petite lumière dans l'œil, avec l'apparente envie de s'effacer devant l'artisan qui a produit la matière de son travail. La carte, volontairement courte, présente des compositions atypiques, au plus près des ingrédients : foie gras des Landes rôti entier au sautoir, maturé à la flouve odorante, assaisonné de fèves de cacao et de poivre du Bénin ; daurade royale de l'île d'Yeu snackée au laurier, émulsion de beurre et vinaigre de riz fumé... Des recettes pleines d'énergie, où l'on devine une passion sincère et communicative !

Will

Cuisine moderne ▶ **Plan : B1**

75 r. Crozatier
01 53 17 02 44 (réservation conseillée)
www.will-restaurant.com
Ⓜ Ledru Rollin

Fermé 2 semaines août, dimanche et lundi

Formule 19 € – Menu 45 € (dîner) – Carte environ 45 €

Avant de créer cette adresse furieusement tendance à deux pas du marché d'Aligre, William Pradeleix a travaillé dans de belles maisons en France et surtout à l'étranger : Londres, Marrakech, Bora-Bora... On le devine : sa cuisine a l'âme voyageuse ! Carpaccio de maigre, radis cerise, vinaigrette au gingembre ; poitrine confite de cochon du Cantal, artichauts poivrades, jus teriyaki ; ou encore tout choco sésame, praliné et caramel au beurre salé... La salle est toute petite (30 couverts) avec une déco qui emprunte autant à l'ambiance bistrot (vieux parquet, comptoir de service) qu'au style design des années 1950 (banquettes vertes, luminaires métalliques). L'ensemble a du cachet et se révèle très chaleureux, ce qui ajoute encore à la qualité de la table !

13e

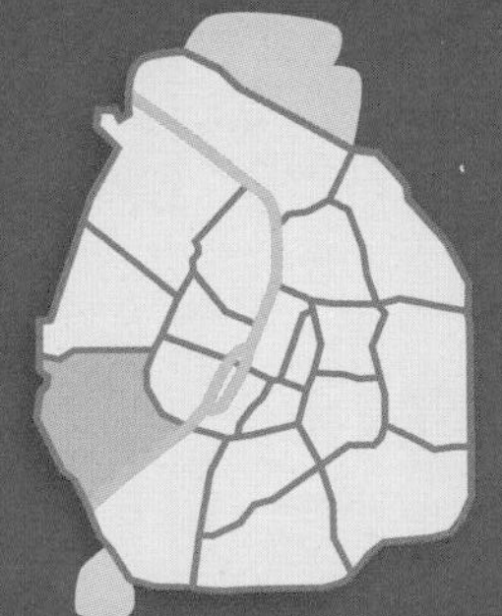

Place d'Italie · Gare d'Austerlitz · Bibliothèque nationale de France

J. Saget / AFP Creative/Photononstop

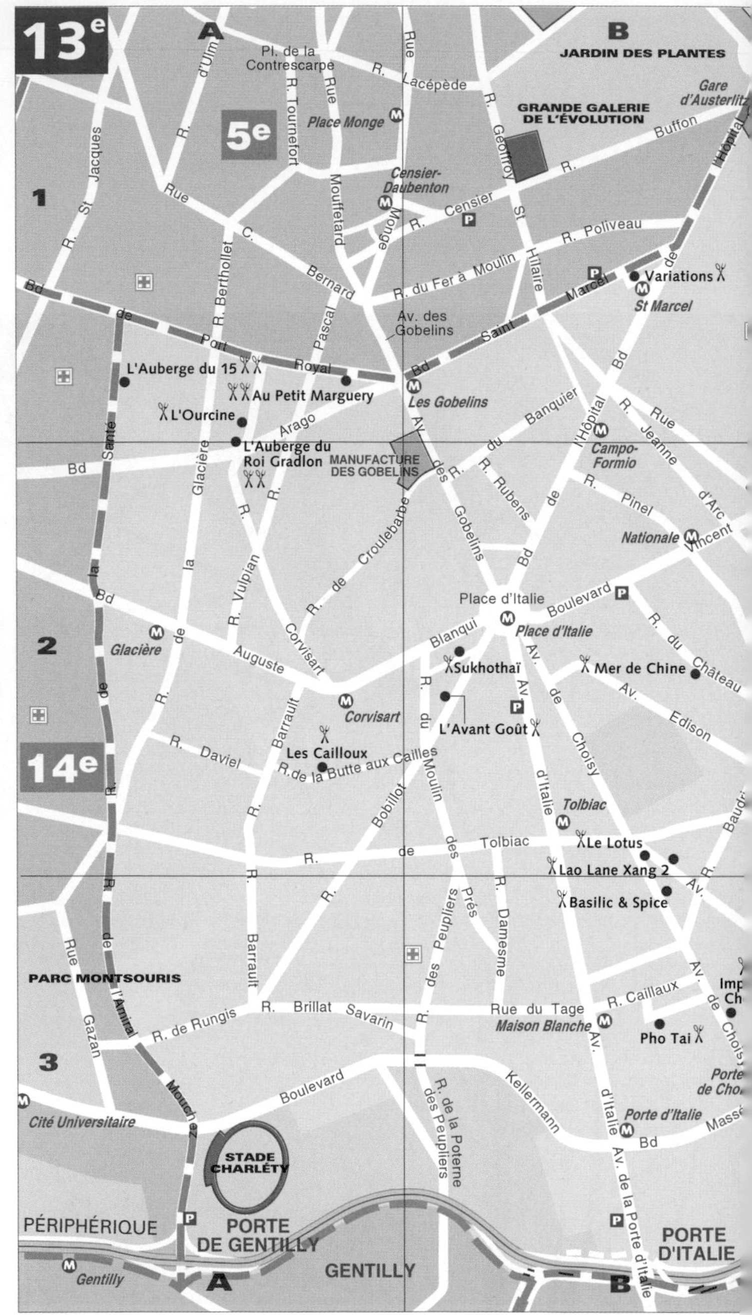
13e
A
B
JARDIN DES PLANTES
5e
14e
GRANDE GALERIE DE L'ÉVOLUTION
MANUFACTURE DES GOBELINS
PARC MONTSOURIS
STADE CHARLÉTY
PÉRIPHÉRIQUE
PORTE DE GENTILLY
GENTILLY
PORTE D'ITALIE
Variations
L'Auberge du 15
Au Petit Marguery
L'Ourcine
L'Auberge du Roi Gradlon
Sukhothaï
Mer de Chine
L'Avant Goût
Les Cailloux
Le Lotus
Lao Lane Xang 2
Basilic & Spice
Pho Tai
Place Monge
Censier-Daubenton
St Marcel
Les Gobelins
Campo-Formio
Nationale
Place d'Italie
Glacière
Corvisart
Tolbiac
Maison Blanche
Porte d'Italie
Cité Universitaire
Gentilly
Gare d'Austerlitz
Pl. de la Contrescarpe
Place d'Italie

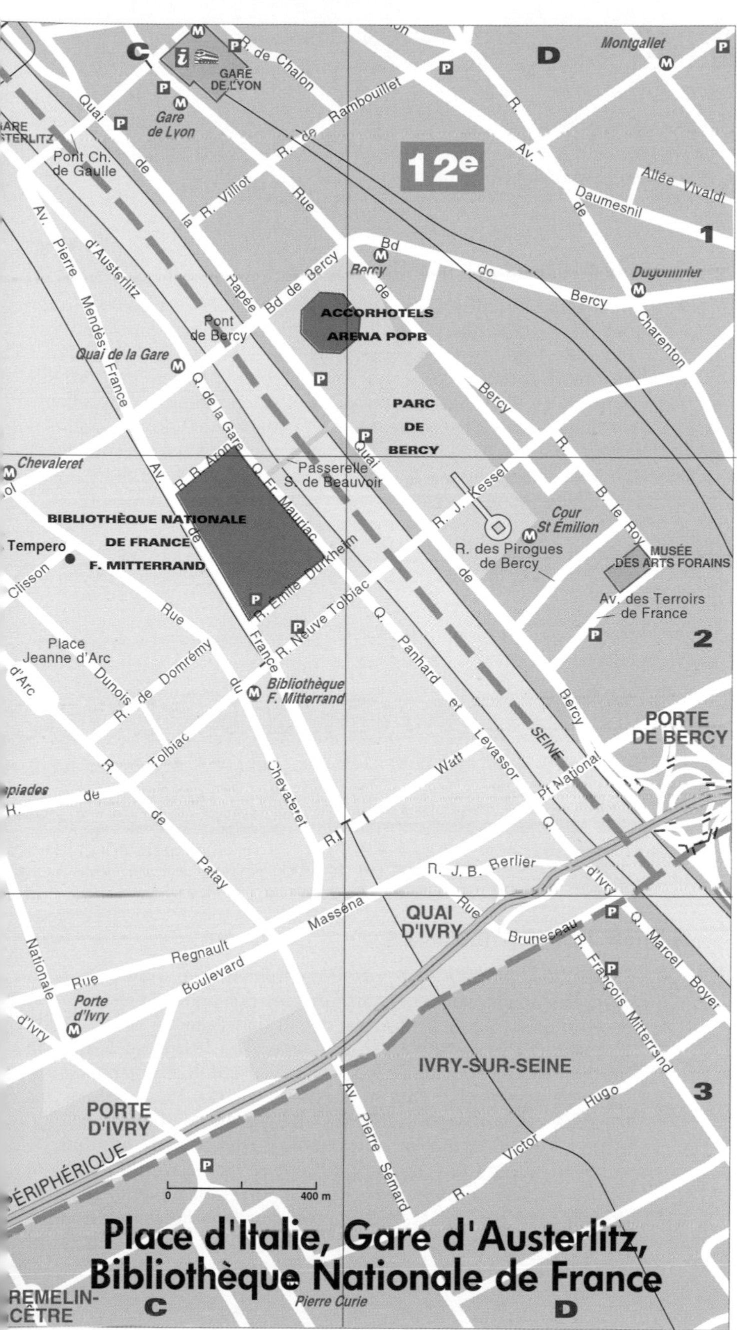

Place d'Italie, Gare d'Austerlitz, Bibliothèque Nationale de France

L'Auberge du 15

Cuisine moderne ▶ **Plan : A1**

15 r. de la Santé
01 47 07 07 45
www.laubergedu15.com
Glacière

Fermé août, vacances de Noël, dimanche et lundi

Menu 39 € (déjeuner), 68/89 €

Changement radical dans cette Auberge du 15 hier connue pour célébrer les saveurs de l'Aubrac, aujourd'hui menée par un chef japonais dont le terroir de prédilection est celui de l'invention ! Yoshinori Morie a déjà un joli parcours parisien derrière lui (Encore, Le Petit Verdot) et sait mettre en valeur les excellents produits frais – une constante de la maison ! – dont il dispose. Ris de veau au vinaigre de framboise et salsifis braisés, pithiviers de volaille fermière à la truffe et au foie gras, forêt-noire... On se délecte de ses audacieuses créations dans une élégante salle à manger – pierres apparentes, tables en bois brut –, offrant de surcroît une vue directe sur les cuisines.

L'Auberge du Roi Gradlon

Bretonne ▶ **Plan : A1-2**

36 bd Arago
01 45 35 48 71 (réservation conseillée)
www.roigradlon.fr
Les Gobelins

Fermé 3 semaines en août, 1 semaine vacances de Noël, mercredi et jeudi

Formule 19 € – Menu 26/48 €

Cette adresse discrète, presque confidentielle, porte le nom d'un légendaire souverain armoricain, qui aurait vécu entre le 4e et le 5e s. Noble patronage qui ne laisse aucun doute sur la thématique des lieux : ici, la Bretagne est à l'honneur ! Antoine Bertho, chef morbihannais passé par la case Robuchon, et Nicolas Castelet, également patron de l'Auberge du 15, revisitent les classiques bretons en mode chic et bien léché (kig-ha-farz, kouign amann, galette complète au jambon d'Yffiniac). Les produits de la mer occupent une bonne partie de la carte, avec notamment cette spécialité : étrilles de roche, chair de crabe émiettée et gelée de carapace au caviar... À savourer dans la belle salle à manger (portant les vestiges des fondations de l'abbaye des Cordeliers) ou sur la terrasse.

Au Petit Marguery

Cuisine traditionnelle ▶ **Plan : A1**

9 bd de Port-Royal
✆ 01 43 31 58 59
www.petitmarguery.com
Ⓜ Les Gobelins

Formule 31 € – Menu 42 € (déjeuner en semaine) – Carte 40/73 €

La réputation du Petit Marguery n'est plus à faire, et tout y semble immuable : le décor Belle Époque rose et bordeaux, digne de figurer au patrimoine ; les serveurs qui n'ôteraient leur classique tenue noir et blanc pour rien au monde ; l'esprit chaleureux du lieu et... la carte qui joue la grande tradition ! Les habitués ne s'y trompent pas et reviennent en nombre déguster de copieux plats bistrotiers, comme les terrines maison ou la tête de veau sauce ravigote. En saison, on se bouscule également pour les spécialités de gibier, tels le fameux lièvre à la royale ou le filet de chevreuil sauce grand veneur. Des plats aussi satisfaisants que le rapport qualité-prix... Une institution indéboulonnable !

L'Avant Goût

Cuisine moderne ▶ **Plan : B2**

26 r. Bobillot
✆ 01 53 80 24 00 (réservation conseillée)
www.lavantgout.com
Ⓜ Place d'Italie

Fermé 1 semaine en mai, 3 semaines en août, 1 semaine vacances de Noël, dimanche et lundi

Formule 16 € – Menu 38 € – Carte 39/58 €

L'engouement pour ce bistrot contemporain de la Butte aux Cailles ne se dément pas, il grandit même d'année en année ! Du coup, il affiche complet midi et soir. Indispensable donc de réserver. Le succès tient à la patte de Christophe Beaufront, ancien élève de Michel Guérard et Guy Savoy, qui invente sans cesse de nouvelles associations de saveurs, avec un penchant prononcé pour les épices. En dehors de l'emblématique pot-au-feu de cochon aux épices, laissez-vous tenter par la terrine de foie gras à la vanille, le dos de cabillaud et les fraises façon tiramisu... Les menus changent tous les mois, profitez-en ! Présentés à l'ardoise, ils participent au décor sympathique et simple (banquettes rouges, tables serrées) qui va de pair avec l'ambiance décontractée.

Basilic & Spice

Thaïlandaise ▶ **Plan : B3**

88 av. de Choisy
Fermé 25 juillet-11 août
01 45 85 19 30
www.basilicspice.com
Tolbiac

Formule 14 € – Menu 22 € (déjeuner en semaine)/48 € – Carte 26/44 €

Au cœur du Chinatown parisien, un petit restaurant asiatique dont le décor évoque avec une certaine originalité la culture thaïlandaise : fresques, photos de jeunes moines bouddhistes, bibelots, masques en bois, orchidées, murs en ardoise, etc. Quant à l'assiette, elle met évidemment à l'honneur les spécialités du pays, mais aussi certaines recettes du Cambodge voisin, dont les propriétaires du restaurant sont originaires. Salade de papaye aux crevettes, poulet sauté au curry rouge, ou encore bar entier grillé dans une feuille de bananier à la façon khmère... Une cuisine fraîche et bien réalisée, qui traverse les frontières : on ne boude pas son plaisir !

Les Cailloux

Italienne ▶ **Plan : A2**

58 r. des Cinq Diamants
Fermé 1 semaine en août
01 45 80 15 08
www.lescailloux.fr
Corvisart

Formule 14 € – Carte 34/49 €

Envie d'une virée en Italie dans le pittoresque quartier de la Butte-aux-Cailles ? Une seule adresse : Les Cailloux. Ce restaurant a déjà conquis le cœur de nombreux fidèles qui ne se lassent pas de son ambiance informelle et de sa cuisine ensoleillée. Jambon toscan ; carpaccio de bœuf, roquette et parmesan ; raviolis maison ricotta épinard ; linguines crème de citron et romarin ; tiramisu... La carte des mets, imitée par celle des vins (jolie sélection à tous les prix), regorge de propositions 100 % transalpines. Côté décor, c'est un mélange de trattoria et de bistrot à la mode (plancher en bois brut, petit zinc, murs beiges). Service souriant et places prises d'assaut. N'oubliez pas de réserver !

Impérial Choisy

Chinoise ▶ **Plan : B3**

32 av. de Choisy
01 45 86 42 40
Porte de Choisy

Carte 18/54 € 

A/C D'appétissants canards laqués suspendus en vitrine donnent tout de suite le ton et l'ambiance de ce restaurant : vous êtes au cœur du Chinatown parisien. Destination : la cuisine cantonaise avec ses nombreuses spécialités, réalisées ici dans les règles de l'art. Salade de méduse, soupe de raviolis aux crevettes et nouilles, poulet fermier au gingembre et à la ciboulette, canard laqué aux cinq parfums, mais aussi un bon choix de poissons diversement préparés. Les assiettes sont généreuses, les produits frais et parfumés. Pas de fioritures inutiles dans cette salle tout en longueur, sobre et claire, qui ne désemplit pas (service non-stop, voire un peu expéditif !) et où l'on mange au coude-à-coude. Un vrai goût d'authenticité, sans se ruiner.

Lao Lane Xang 2

Vietnamienne ▶ **Plan : B2**

102 av. d'Ivry
01 58 89 00 00
Tolbiac

Fermé Jeudi midi et mercredi

Formule 13 € – Carte 20/35 € 

A/C L'histoire parisienne des Siackhasone, originaires du Laos, commence dans les années 1990, avec la création successive des restaurants Rouammit et Lao Lane Xang 1, aux 103 et 105 de l'avenue d'Ivry. En 2007, Do et Ken – frères et dignes héritiers du savoir-faire familial – ouvrent cette table "bis", située juste en face de son aînée. La carte marie avec finesse spécialités laotiennes, thaïes et vietnamiennes, et le décor, sobre et contemporain, renouvelle totalement l'habituel style "cantine" du quartier. Pour savourer une soupe de crevettes à la citronnelle bien parfumée ou un canard laqué au tamarin, à la fois tendre et croustillant, pensez à réserver !

Le Lotus

Vietnamienne ▶ **Plan : B2**

121 av. d'Ivry
01 53 61 00 61
www.lelotus13.com
Tolbiac

Fermé 15-30 septembre et lundi

Carte 15/35 €

A/C Madeleine N'Guyen et son mari sont les heureux propriétaires de ce savoureux Lotus, situé à cheval entre les avenues d'Ivry et de Choisy. Cette "cantine" ne cherche pas midi à quatorze heures et mise tout sur une cuisine 100 % vietnamienne, avec une longue carte qui devrait vous mettre l'eau à la bouche : salade d'ananas aux fruits de mer, soupe de pâtes de riz aux crevettes, au poulet et au porc, crêpe vietnamienne, brochette de porc grillé ou encore bœuf sauté au basilic... La fraîcheur et les saveurs sont au rendez-vous, et l'on est servi avec simplicité et diligence. Pour un repas efficace et parfumé, ce Lotus sort du lot !

Mer de Chine

Chinoise ▶ **Plan : B2**

159 r. du Château-des-Rentiers
01 45 84 22 49
Place d'Italie

Fermé août et mardi

Menu 15 € (déjeuner en semaine)/25 € – Carte 18/89 €

A/C De la cuisine cantonaise, on connaît bien peu de choses à l'exception de son riz, parfois bien maltraité. Dans cette Mer de Chine, à l'écart de l'agitation de Chinatown, on s'immerge dans des recettes aux subtils mariages de saveurs et de textures : salade de méduse au blanc de volaille, crabe en mue sauté à l'ail, nouilles sautées au soja et œuf de cent ans... Avec une bière Tsingtao et un (léger) fond musical "made in China", on ne boude pas son plaisir ! Signe qui ne trompe pas : les Asiatiques se précipitent à chaque service dans la coquette petite salle, qui arbore une sobre décoration d'inspiration chinoise. Non, la cuisine cantonaise ne se résume pas à son riz.

L'Ourcine

Cuisine traditionnelle ▶ **Plan : A1**

92 r. Broca
✆ 01 47 07 13 65
www.restaurant-lourcine.fr
Ⓜ Les Gobelins

Fermé 3 semaines en août, dimanche et lundi

Formule 28 € – Menu 38 €

Qualité et modestie résument joliment l'esprit de l'Ourcine, un sympathique bistrot qui compte de nombreux fidèles – et dont la salle a été rénovée en 2013. Sa façade attire l'œil en proclamant d'entrée de jeu qu'ici on a affaire à une "cuisine de cuisinier" et à des "vins de vignerons" ! De doux pléonasmes pour dire la passion du chef, Sylvain Danière (ayant travaillé chez Yves Camdeborde et à l'Épi Dupin), pour l'authenticité : sa cuisine du marché et de saison ne triche ni avec les produits ni avec les saveurs. Menu du jour, plats du moment, petite ardoise "coups de cœur" (parfois avec supplément) regorgent de belles propositions : fricassée de champignons à l'ail confit et au jus de viande, suprême de poulet piqué au foie gras, blanc-manger aux fruits du moment, miel et épices douces...

Pho Tai

Vietnamienne ▶ **Plan : B3**

13 r. Philibert Lucot
✆ 01 45 85 97 36
Ⓜ Maison Blanche

Fermé 2 semaines en août, vacances de Noël et mercredi

Carte 20/30 €

Une adresse confidentielle... mais bien connue des initiés. Situé dans une rue calme et isolée du quartier asiatique, ce restaurant vietnamien sort assurément du lot : tout le mérite en revient à son chef et patron, Monsieur Te, arrivé en France en 1968 et fort bel ambassadeur de la cuisine du Vietnam. Ses raviolis et autres rouleaux de printemps (poulet, porc ou crevettes), son poulet croustillant au gingembre frais et ciboulette, ses marmites au jus de coco, ou encore ses incontournables bo bun et soupes phô : tout est parfumé et plein de saveurs... Conséquence logique : la petite salle – où Madame Te et sa fille assurent un accueil charmant – est rapidement pleine. Mais si les places manquent, sachez que vous pouvez vous rendre en face, au Pho Tai Tai, également tenu par la famille...

Sukhothaï

Thaïlandaise ▶ **Plan : B2**

12 r. du Père Guérin
01 45 81 55 88
Place d'Italie

Fermé dimanche

Formule 14 € – Menu 16 € /29 € – Carte 24/37 €

A/C

Du nom de la première capitale du Siam (fondée au 13e s.), ce restaurant thaï situé à deux pas de la place d'Italie est vraiment beaucoup moins cher qu'un vol direct pour Bangkok ! Dans la salle à manger de poche, quelques bouddhas sculptés, des gravures et des fleurs de-ci de-là suffisent à planter le décor. Le service lui aussi joue la discrétion et les serveurs se faufilent avec aisance parmi les tables en rang d'oignons. Quant à la carte, elle présente un grand choix de saveurs thaïlandaises traditionnelles : bœuf, canard, porc et crustacés se frottent à la citronnelle, au basilic, au piment ou au lait de coco. Et quelques spécialités chinoises viennent compléter cette offre déjà large. Réservation fortement conseillée.

Tempero

Créative ▶ **Plan : C2**

5 r. Clisson
09 54 17 48 88 (réservation conseillée)
www.tempero.fr
Chevaleret

Fermé août, 1 semaine vacances de Noël, lundi soir, mardi soir, mercredi soir, samedi et dimanche

Formule 15 € – Menu 20 € (déjeuner) – Carte 33/44 € dîner

Un bistrot fort sympathique, qui booste littéralement ce quartier plutôt calme, entre la Pitié-Salpêtrière et la BNF ! Il doit beaucoup à la personnalité de sa chef, Alessandra Montagne, originaire du Brésil et passée par des tables aussi séduisantes que Ze Kitchen Galerie et Yam'Tcha. Ici chez elle, en toute décontraction, elle cuisine au gré du marché de beaux produits frais, signant des recettes vivifiantes à la croisée de la France, du Brésil évidemment, mais aussi de l'Asie. Un joli métissage qui cultive l'essentiel : de suaves parfums... Un concept mi-bistrot, mi-cantine qui fait mouche !

Variations

Cuisine traditionnelle ▶ **Plan : B1**

18 r. des Wallons
01 43 31 36 04
www.restaurantvariations.com
Saint-Marcel

Fermé août,
samedi et dimanche

Formule 24 € – Menu 30 € – Carte 45/65 €

Un vrai bistrot, celui-là : des banquettes, des tables en bois, des moulures et de grands miroirs anciens. Le chef (un ancien pilote de chasse !) compose de jolies... variations autour du marché et des saisons. Amoureux des beaux produits, il aime donner du piquant à la cuisine traditionnelle, avec une pincée de poivre de Madagascar par exemple, au parfum de bois et de fleur. À la carte : de spectaculaires pastas flambées à la grappa dans une meule de parmesan, un filet de dorade aux petits légumes et, pourquoi pas, une crème brûlée au sirop de coquelicot ou une brioche façon pain perdu, avec du caramel... Aux beaux jours, la salle s'épanche doucement sur la rue, si calme à deux pas de la Pitié-Salpêtrière.

Grand luxe
ou sans prétention ?
Les "couverts"
notent le confort,
de 1 à 5.

14e

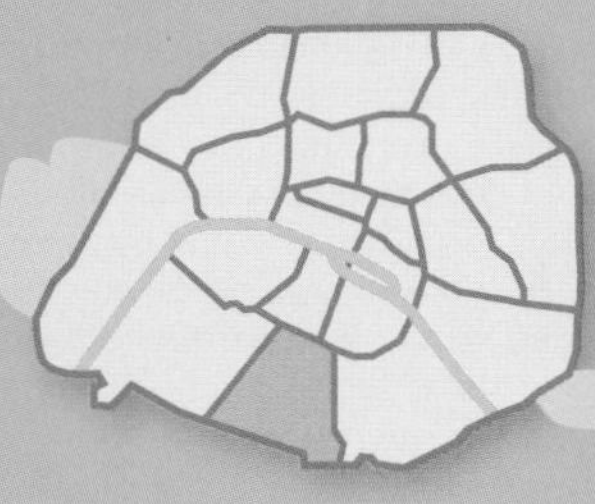

Montparnasse · Denfert-Rochereau · Parc Montsouris

J. Loic / Photononstop

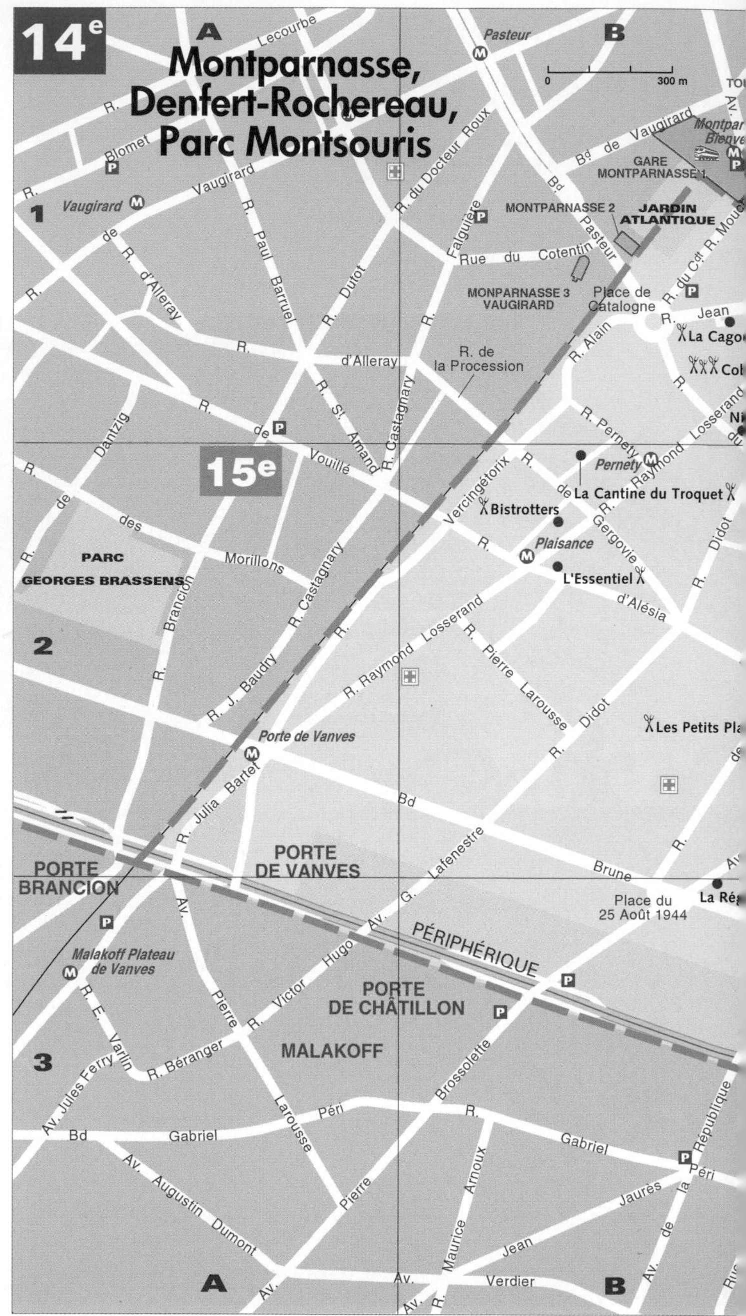

14e
Montparnasse, Denfert-Rochereau, Parc Montsouris
15e
GARE MONTPARNASSE 1
MONTPARNASSE 2
JARDIN ATLANTIQUE
MONPARNASSE 3 VAUGIRARD
Place de Catalogne
La Cantine du Troquet
Bistrotters
L'Essentiel
Les Petits Pla
PARC GEORGES BRASSENS
PORTE DE VANVES
PORTE BRANCION
PORTE DE CHÂTILLON
MALAKOFF
PÉRIPHÉRIQUE
Place du 25 Août 1944
Pasteur
Vaugirard
Pernety
Plaisance
Porte de Vanves
Malakoff Plateau de Vanves
300 m

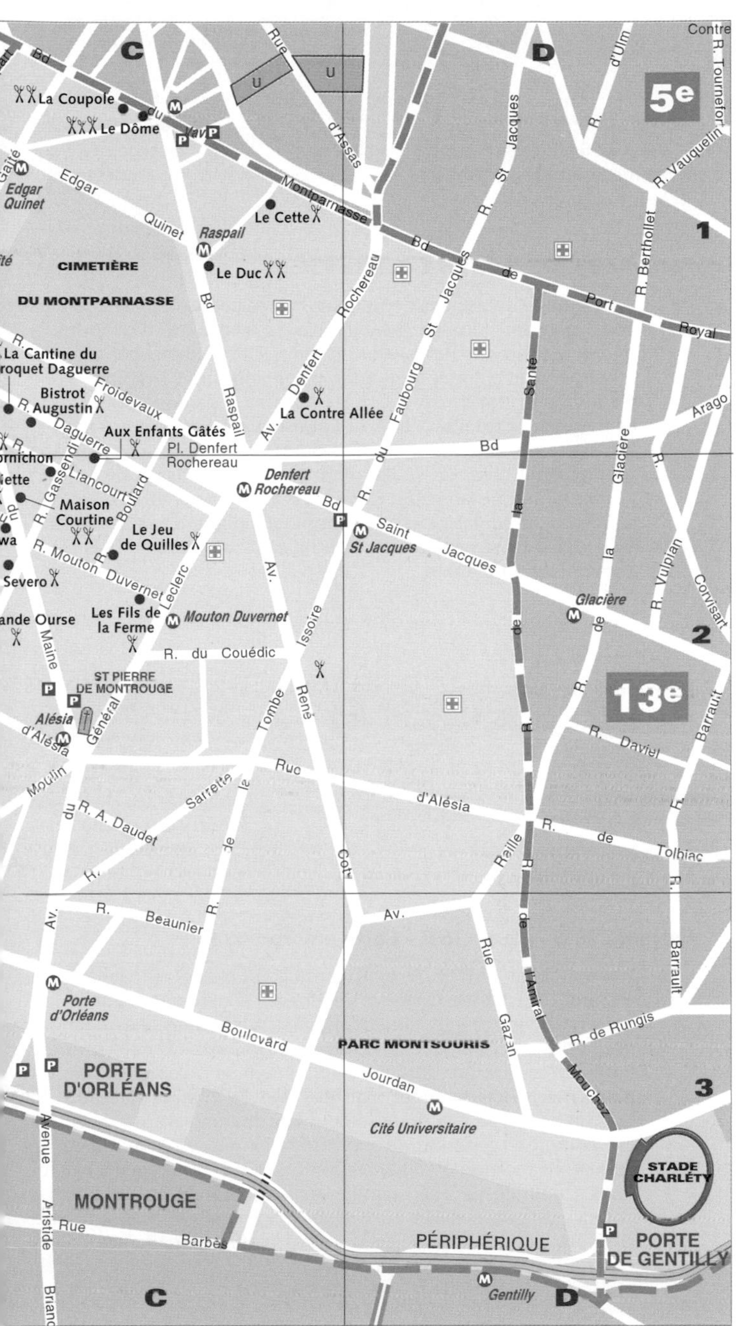

C
D
5e
13e
1
2
3
La Coupole
Le Dôme
Le Cette
Le Duc
La Cantine du
roquet Daguerre
Bistrot
Augustin
Aux Enfants Gâtés
La Contre Allée
Maison
Courtine
Le Jeu
de Quilles
Severo
Les Fils de
la Ferme
CIMETIÈRE
DU MONTPARNASSE
Edgar Quinet
Raspail
Denfert Rochereau
St Jacques
Mouton Duvernet
Glacière
Alésia
Porte d'Orléans
Cité Universitaire
Gentilly
Bd du Montparnasse
Bd de Port Royal
Bd Arago
Bd Saint Jacques
Bd Raspail
Av. Denfert Rochereau
R. du Faubourg St Jacques
R. St Jacques
R. de la Santé
R. de la Glacière
R. Vulpian
R. Corvisart
R. Berthollet
R. Vauquelin
R. d'Ulm
R. Tournefort
Rue d'Assas
Edgar Quinet
R. Froidevaux
R. Daguerre
R. Gassendi
R. Liancourt
R. Boulard
R. Mouton Duvernet
Av. du Général Leclerc
Av. René Coty
R. de la Tombe Issoire
R. du Couëdic
Rue d'Alésia
R. Sarrette
R. A. Daudet
R. Beaunier
R. de Tolbiac
R. Barrault
R. Daviel
R. de l'Amiral Mouchez
Rue Gazan
R. de Rungis
R. Raille
Av. du Maine
Moulin
Boulevard Jourdan
PARC MONTSOURIS
ST PIERRE DE MONTROUGE
Pl. Denfert Rochereau
PORTE D'ORLÉANS
MONTROUGE
Avenue Aristide Briand
Rue Barbès
PÉRIPHÉRIQUE
STADE CHARLÉTY
PORTE DE GENTILLY

L'Assiette

Cuisine classique ▶ **Plan : C2**

181 r. du Château
✆ 01 43 22 64 86 (réservation conseillée)
www.restaurant-lassiette.com
Ⓜ Mouton Duvernet

Fermé août, 1 semaine vacances de Noël, lundi et mardi

Formule 23 € – Menu 35 € – Carte 45/65 €

Après plusieurs années derrière les fourneaux de deux restaurants de la galaxie Ducasse (Benoit, Aux Lyonnais), où il a appris la rigueur et l'amour des beaux produits, David Rathgeber a choisi l'indépendance. Sa maison a remplacé le bistrot Chez Lulu – une institution et une ex-boucherie – mais en a gardé la convivialité et la patine d'origine. Dans la cuisine, visible à l'entrée, le chef et sa brigade mitonnent de bons petits plats classiques revus à la mode bistrot chic. Cassoulet maison, rillettes de jarret de cochon confit, tartare de crevettes bleues, crème caramel au beurre salé, soufflé au chocolat : c'est tout simplement bon, de saison et sans esbroufe, à l'image du décor, plaisant avec ses tables en bois et ses céramiques au plafond.

Aux Enfants Gâtés

Cuisine moderne ▶ **Plan : C2**

4 r. Danville
✆ 01 40 47 56 81
www.auxenfantsgates.fr
Ⓜ Denfert Rochereau

Fermé vacances de février, août, vacances de Noël, dimanche et lundi

Formule 28 € – Menu 36 € – Carte environ 43 € 

A/C

L'ancien petit bistrot de Julie Ferrault (L'Entêtée) est devenu un repaire... d'Enfants Gâtés ! L'intérieur, entièrement rénové, se pare de belles teintes contemporaines ; aux murs, des citations de grands chefs et quelques recettes donnent un côté presque "littéraire" à la salle, où l'on se sent vraiment à l'aise. Le chef est passé par plusieurs belles maisons, dont la Grande Cascade, au bois de Boulogne ; il compose des plats de caractère, agrémentant la tradition en fonction de son inspiration et de ce qu'il déniche au marché : terrine de faisan et compotée de chou rouge à l'aigre-doux ; poitrine de veau confite au four, endives caramélisées à l'orange ; figue pochée au vin épicé, chantilly et mascarpone... Des jus et bouillons délicieux, des saveurs percutantes : sans conteste, cette adresse nous gâte !

Bistrot Augustin

Cuisine traditionnelle ▶ **Plan : C1**

79 r. Daguerre — Fermé dimanche
01 43 21 92 29
www.augustin-bistrot.fr
Ⓜ Gaîté

Menu 38 € – Carte 40/65 €

Cette belle devanture de la partie supérieure de la rue Daguerre (stores noirs, lettrages dorés et baie vitrée) ouvre sur un charmant bistrot chic au cadre intimiste. On y concocte une cuisine du marché (et de saison) aux accents du sud, qui réveille la gourmandise, à l'image de ces asperges blanches des Landes aux sucs d'agrumes, ou de cet artichaut frais "farci à ma façon" et sa sauce périgueux. Les produits sont ici à la fête : foie gras de chez Duperrier, fromages de la ferme d'Alexandre... Quant aux viandes (superbe côte de cochon du Périgord, veau fermier du Limousin), elles vous convertiraient n'importe quel végétarien en carnivore prosélyte ! Table d'hôte au fond de la salle et appétissants menus-cartes.

Bistrotters

Cuisine classique ▶ **Plan : B2**

9 r. Decrès — Fermé dimanche et lundi
01 45 45 58 59
www.bistrotters.com
Ⓜ Plaisance

Formule 32 € – Menu 29 € (déjeuner en semaine)/36 €

Une bien jolie découverte que ce Bistrotters installé dans le sud du 14e arrondissement, près du métro Plaisance. À la lecture de la carte, une irrépressible fringale nous saisit : cromesquis de confit de canard, crème de parmesan et jeunes pousses de salade, ou encore croustillant de poitrine de cochon au fenouil et au cidre... On célèbre ici la bistronomie et l'épicurisme avec des plats gourmands et travaillés, de belles associations de saveurs et des présentations soignées ; on privilégie les petits producteurs d'Île-de-France, ce qui fait toute la différence. Quant au cadre, il joue – tiens donc ! – la carte du bistrot décontracté, en adéquation avec le service, simple et agréable.

La Cagouille

Poissons et fruits de mer ▶ **Plan : B1**

10 pl. Constantin-Brancusi
01 43 22 09 01
www.la-cagouille.fr
Gaîté

Formule 29 € – Menu 35/90 € – Carte 33/100 €

Une placette empreinte de quiétude et un programme 100 % poissons, coquillages et crustacés de très belle fraîcheur, cela vous tente ? Cette table du quartier Montparnasse porte le nom du petit gris charentais, mais point d'escargots à la carte ! Que des produits des mers et rivières travaillés sans fioriture. Couteaux grillés au beurre citronné, calamars frits ail et oignons, dorade farcie à la tapenade... La salle à manger dégage une sympathique atmosphère marine avec boiseries, poulies, cordages, coquillages et tables de bistrot en marbre. Et pour profiter des beaux jours, filez sur la délicieuse terrasse chlorophyllée. Belle collection de cognacs en prime.

La Cantine du Troquet

Cuisine traditionnelle ▶ **Plan : B2**

101 r. de l'Ouest
01 45 40 04 98 (sans réservation)
Pernety

Fermé 3 semaines en août, dimanche et lundi

Menu 34 € – Carte 30/40 €

Une Cantine, certes, mais la cantine du charismatique Christian Etchebest ! On s'y retrouve entre copains et l'on s'invite sans réserver, pour échanger une franche part de convivialité. Ambiance décontractée et décor de néobistrot : zinc, banquettes rouges, couverts et serviettes dans des pots à même les tables, photos des camarades. Sur la grande ardoise murale – ni menu ni carte –, les plats aux influences basques (cochonnailles, poulet des Landes, piquillos, fromages des Pyrénées servis avec une bonne confiture de cerise noire, etc.) fraternisent avec les classiques bistrotiers (œuf mayo, frites maison, riz au lait, tarte du jour...). Tous à la Cantine !

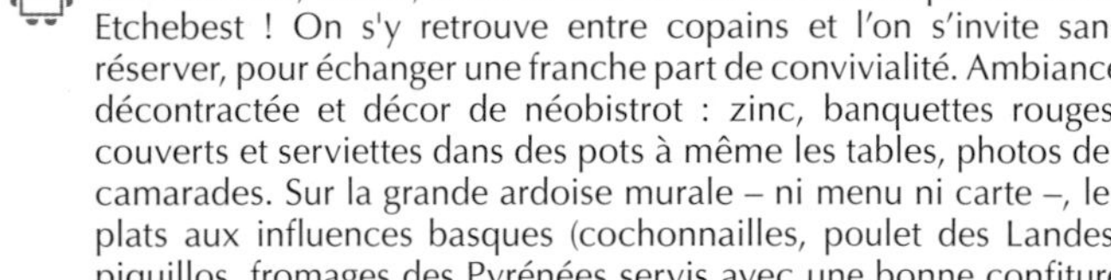

La Cantine du Troquet Daguerre

Cuisine traditionnelle ▶ **Plan : C1**

89 r. Daguerre
01 43 20 20 09 (sans réservation)
Gaîté

Fermé 9-21 août, samedi midi et dimanche

Carte 29/43 €

On connaît le soin avec lequel le chef béarnais Christian Etchebest (associé cette fois-ci à son ami de longue date Nicolas Gras, ex-Ledoyen) s'implique dans la création de ses troquets. Cette adresse, la troisième du genre, ne déroge pas à la règle. Les vertus cardinales du "troquet façon Etchebest" sont respectées à la lettre : zinc ouvragé, carrelage à l'ancienne, banquette en bois et mur-ardoise, avec les incontournables œufs mayo. Sans oublier les trois spécialités de la maison, couteaux à la plancha, oreilles de cochon grillées et terrine de pâté de chez Ospital, bien entendu ! Citons aussi, parmi tant d'autres, le merlu aux légumes croquants, et le filet de poulet fermier accompagné (en saison) de girolles : imbattable. Pour un plaisir canaille !

Le Cette

Cuisine traditionnelle ▶ **Plan : C1**

7 r. Campagne-Première
01 43 21 05 47
www.lecette.fr
Raspail

Fermé 3 semaines en août, samedi et dimanche

Formule 20 € – Menu 24 € (déjeuner) – Carte 46/70 €

À deux pas du boulevard du Montparnasse, cette rue est entrée dans l'histoire pour avoir accueilli en 1960 le tournage du film *À bout de souffle*, de Jean-Luc Godard. C'est donc dans ce quartier éminemment parisien qu'un restaurateur sétois ("Cette" est l'ancienne graphie de la ville) a repris le troquet du coin pour en faire un repaire gourmand. Il a confié les fourneaux de son restaurant à une équipe japonaise très motivée... qui réalise de jolies assiettes très françaises : carré de veau, rattes et truffes d'été ; turbot rôti et bouillon de mer ; carpaccio de veau et herbes folles, etc. Les cuissons sont bien exécutées et les mariages de saveurs sont toujours heureux : on passe un excellent moment.

Cobéa ✿

Cuisine moderne ▶ **Plan : B1**

11 r. Raymond-Losserand
✆ 01 43 20 21 39 (réservation conseillée)
www.cobea.fr
Ⓜ Gaité

Fermé semaine de Pâques, août, 1 semaine vacances de Noël, dimanche et lundi

Menu 50 € (déjeuner), 70/120 €

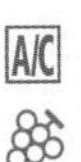

Restaurant Cobéa

Cobéa ? Une plante d'Amérique du Sud et un clin d'œil aux propriétaires : **Co** comme Jérôme Cobou en salle, **Bé** comme Philippe Bélissent aux fourneaux et **A** comme Associés. Mais avant d'être associés, ces deux compères sont surtout amis et... passionnés de gastronomie ! Après avoir fait leurs armes dans de belles maisons, Philippe et Jérôme décident de se lancer en 2011, pleins d'enthousiasme... Monsieur Lapin – institution du 14e arrondissement fondée dans les années 1920 – se libère : qu'à cela ne tienne, Cobéa est né ! Dans ce restaurant à la déco sage et élégante, on se sent tout simplement bien et l'on a tout loisir d'admirer Philippe Bélissent s'activer en cuisine, toujours inspiré... Déjà étoilé au Restaurant de l'Hôtel, dans le 6e arrondissement, il n'a rien perdu de son talent. Sens du produit, goût du bon, harmonie des saveurs et subtilité... Ses assiettes sont franches et fines. Couteaux en persillade, lotte confite à l'avocat grillé, foie gras poêlé, châtaignes et champignons : **Co** comme Contentement, **Bé** comme Béatitude et **A** comme Allez-y sans tarder !

Entrées

- Couteaux de plongée, concombre et céleri du bassin parisien
- Pomme de terre, cèpes et truffe

Plats

- Lotte en kadaïf, carotte et orange
- Pigeonneau fermier de Nemours, pleurotes et aubergine

Desserts

- Fraises et meringue
- Dessert au chocolat 75%

La Contre Allée

Cuisine moderne

▶ **Plan : C1**

83 av. Denfert Rochereau
01 43 54 99 86
www.contre-allee.com
Denfert Rochereau

Fermé 2 semaines en août, 21-27 décembre, samedi et dimanche

Formule 31 € – Menu 37/70 € – Carte 50/61 €

Sur une discrète contre-allée de l'avenue Denfert-Rochereau, avec son grand auvent rouge et son cadre plutôt classique, l'adresse a tout du restaurant parisien traditionnel... Et pourtant ! On y découvre une vraie cuisine de cuisinier, appuyée sur de solides bases classiques parfaitement accommodées aux goûts d'aujourd'hui. Les assiettes sont joliment dressées, les saveurs bien marquées, les associations relevées. Bref, une cuisine vivante et sans chichis, qui sait faire résonner l'époque en toute simplicité. De surcroît, les prix sont mesurés, et l'ambiance extrêmement conviviale. Voilà une formule qui mérite d'être encouragée sans contre-indication !

Le Cornichon

Cuisine moderne

▶ **Plan : C2**

34 r. Gassendi
01 43 20 40 19
www.lecornichon.fr
Denfert Rochereau

Fermé août, 1 semaine vacances de Noël, samedi et dimanche

Menu 35/50 € – Carte 45/86 €

Rassurez-vous, ce bistrot du quartier Denfert-Rochereau n'a rien d'un cornichon – si ce n'est quelques touches de couleur verte ! Cette affaire, c'est la seconde vie de Franck Bellanger, un ingénieur informatique hier salarié d'une fameuse chaîne de télévision privée, et depuis toujours passionné de restauration. Ce qui a fait basculer sa vie professionnelle ? La rencontre du jeune chef Matthieu Nadjar, formé à bonne école et avec lequel il a décidé de se lancer. On ne le regrettera pas : beaux produits, jolies recettes, beaucoup de saveurs, etc., leur Cornichon est un joli bistrot d'aujourd'hui plein de croquant et de peps !

La Coupole

Cuisine traditionnelle ►**Plan : C1**

102 bd Montparnasse
01 43 20 14 20
www.lacoupole-paris.com
Vavin

Formule 31 € – Menu 38/60 € – Carte 40/78 €

On manque d'adjectifs pour qualifier l'aura de cette Coupole, l'une des dernières véritables brasseries parisiennes. Mythique ? Pour le moins ! Créée en 1927, signée par les architectes Barillet et Le Bouc, elle fut au cœur des nuits parisiennes des Années folles. Restaurant phare du Montparnasse artistique et littéraire, ses hôtes illustres se nommaient Kessel, Picasso, Man Ray, Sartre, Giacometti ou Hemingway. Attablé dans une immense – et magnifique – salle Art déco, on assiste au ballet incessant des garçons, qui escortent d'un bout à l'autre du restaurant les classiques de la maison : escargots de Bourgogne marinés au chablis, curry d'agneau fermier à l'indienne, cœur de filet de bœuf poêlé au poivre et flambé à l'armagnac... Des plats fidèles à la tradition, accompagnés de sauces maison. Intemporel !

Le Dôme

Poissons et fruits de mer ►**Plan : C1**

108 bd Montparnasse
01 43 35 25 81
Vavin

Carte 75/140 €

Bienvenue dans ce qui fut l'un des temples de la bohème littéraire et artistique des Années folles. Le Dôme... La célèbre brasserie marine de Montparnasse, à l'atmosphère unique, chic et animée. Orné de photos d'époque et d'une fresque du peintre Carzou – un habitué –, le bel intérieur Art déco témoigne de ce glorieux âge d'or. Boiseries omniprésentes, banquettes en cuir fauve et vert, vitraux colorés, lumières tamisées par des abat-jour... Chaque détail participe à l'âme du lieu, précieusement conservée au fil du temps. La cuisine et le service sont au diapason. Les produits de la mer occupent la scène, préparés au gré des arrivages et joliment présentés dans des assiettes généreuses à souhait – les vins aussi font honneur à la table. Comme au temps des Montparnos.

Le Duc

Poissons et fruits de mer ▶ **Plan : C1**

243 bd Raspail
01 43 20 96 30
www.restaurantleduc.com
Raspail

Fermé 1er-24 août, 23 décembre-5 janvier, dimanche et lundi

Menu 55 € (déjeuner) – Carte 70/167 €

On a beau être au cœur de la rive gauche, on se croirait dans une cabine de yacht... Peut-être celle d'un duc épris de voyages au long cours et de saveurs iodées ? Cette atmosphère chic et surannée a séduit bon nombre de fidèles de longue date, toujours ravis de déguster des plats goûteux et raffinés. Le chef, Pascal Hélard, ne sélectionne que des poissons et fruits de mer de tout premier choix – en provenance directe des ports de pêche –, et s'attache à les travailler avec simplicité, pour en magnifier la saveur... Un beurre émulsionné, une huile d'olive bien choisie : aller à l'essentiel, sans chichis mais avec savoir-faire. Évidemment, on se réjouit aussi à l'arrivée du chariot des desserts, qui regorge de délices incontournables : baba au rhum, millefeuille, île flottante, etc. Embarquement immédiat !

L'Essentiel

Cuisine traditionnelle ▶ **Plan : B2**

168 r. d'Alesia
01 45 42 64 80 (réservation conseillée)
Plaisance

Formule 15 € – Menu 18 € (déjeuner en semaine) – Carte 27/34 €

Vous aimez les ambiances animées ? Ce café-bistrot du 14e arrondissement est pour vous : dans sa toute petite salle, souvent archi-comble, on mange au coude-à-coude... serrés comme des sardines dans une boîte ! Le service, qui peut être un peu anarchique, invite aussi à la convivialité, comme l'esprit de la cuisine, entre plats canailles (terrine maison, onglet de bœuf à l'échalote) et recettes de saison bien tournées (salade de girolles, dos de cabillaud aux petits légumes). Difficile de résister, d'autant que le tout s'accompagne d'une belle sélection de vins. En bref, l'adresse sait cultiver l'Essentiel... et l'addition reste extraordinairement légère !

Les Fils de la Ferme

Cuisine traditionnelle ► **Plan : C2**

5 r. Mouton-Duvernet
01 45 39 39 61
www.filsdelaferme.com
Mouton Duvernet

Fermé 3 semaines en août, 2 semaines début janvier, dimanche et lundi

Formule 25 € – Menu 35 € – Carte environ 42 €

Issus d'une famille de restaurateurs – leurs parents tenaient La Ferme du Périgord dans le 5e arrondissement, – Jean-Christophe et Stéphane Dutter, après avoir fait leurs classes chez Ducasse et Robuchon pour l'un, chez Georges Blanc et Christian Morisset pour l'autre, ont ressenti le besoin de se poser sur leur propre territoire. Chose faite depuis 2004 avec cette table d'esprit très bon enfant, où ils concoctent à quatre mains une cuisine de bistrot légèrement modernisée – pelmenis croustillants au gorgonzola, concombre et menthe poivrée ; filet de canette de Challans rôti aux pêches et risotto... Le cadre aux airs d'auberge, avec pierres apparentes, comptoir en zinc et mobilier rustique en bois sombre, a quelque chose d'attachant. À noter : prix sages et vins sélectionnés directement auprès de petits producteurs.

La Grande Ourse

Cuisine moderne ► **Plan : C2**

9 r. Georges-Saché
01 40 44 67 85
www.restaurantlagrandeourse.fr
Mouton Duvernet

Fermé août, samedi midi, dimanche et lundi

Formule 19 € – Menu 23 € (déjeuner)/38 €

Inutile d'attendre la nuit tombée et de scruter le ciel pour profiter de la Grande Ourse. Il suffit de sillonner le quartier pour découvrir, campé sur une petite place, ce bistrot tout ce qu'il y a de terrien. Le cadre n'atteint pas la Lune et n'en est que plus chaleureux (tons prune et orange, tables en bois). Quant à la cuisine, elle rend bien hommage à la "Grande Casserole" (un clin d'œil ?) dont elle fait son enseigne : le chef dévoile une carte alléchante où les poissons tiennent les premiers rôles, et où le plaisir est partout. Les cuissons sont bien maîtrisées (gambas et morue), les saveurs franches (bouillon de tomate au gingembre), et les produits de toute première qualité... On finit la soirée le nez en l'air, pour apprécier les scintillements de l'autre Grande Ourse.

Le Jeu de Quilles

Cuisine traditionnelle ▶**Plan : C2**

45 r. Boulard
01 53 90 76 22 (réservation conseillée)
www.jdequilles.fr
Mouton Duvernet

Fermé 3 semaines en août, 24-29 décembre, mardi midi, dimanche et lundi

Formule 18 € – Menu 21 € (déjeuner en semaine), 38/50 € – Carte 32/65 €

A/C Une adresse minuscule, conviviale et sans prétention. Esprit dépouillé – à l'entrée, un coin épicerie, et, au fond, une cuisine-comptoir communiquant avec la salle – car l'essentiel se joue autour des produits. Il faut dire que Benoît Reix (ex-Triporteur, Wadja, Fines Gueules) se fournit auprès des meilleurs commerçants de la place parisienne : le boucher Hugo Desnoyer pour les viandes, la Cave des Papilles pour les vins, Jean-Yves Bordier pour les fromages... et cela fait toute la différence. L'ardoise du jour propose un choix volontairement limité ; à la simplicité des intitulés répondent des saveurs intactes (saumon d'Écosse, mousse d'avocat et blinis d'oursin au tarama, tarte fine poire et amande). À l'heure du déjeuner comme le soir, la réservation est conseillée, pour ne pas arriver... comme un chien dans un jeu de quilles !

Kigawa

Cuisine traditionnelle ▶**Plan : C2**

186 r. du Château
01 43 35 31 61 (réservation conseillée)
www.kigawa.fr
Mouton Duvernet

Fermé lundi midi et mardi

Formule 22 € – Menu 47 € – Carte 45/80 €

A/C Kigawa comme Michihiro Kigawa, le chef et patron de cet établissement tout simple... et comme Junko, sa femme, qui accueille les clients avec toute la politesse propre au pays du Soleil-Levant. Ne vous attendez pas pour autant à déguster makis ou sushis : le jeune chef a travaillé pendant une dizaine d'années dans un restaurant français d'Osaka avant de venir à Paris. En goûtant son pressé de caille au foie gras sauce ravigote, ou son filet de lieu jaune poêlé à la sauge, vous comprendrez mieux toute l'étendue de sa maîtrise de la gastronomie hexagonale, qu'il revisite avec tact !

Maison Courtine

Cuisine moderne ▸ **Plan : C2**

157 av. du Maine
01 45 43 08 04
www.lamaisoncourtine.com
Mouton Duvernet

Fermé 1 semaine en février, 3 semaines en août, lundi midi, samedi midi et dimanche

Formule 26 € – Menu 40/46 €

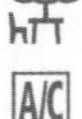

Jadis bastion bien connu de la cuisine du Sud-Ouest entre Montparnasse et Alésia, la Maison Courtine est désormais un restaurant contemporain, intime, frais et coloré... On y savoure une cuisine du marché bien ancrée dans son époque, rehaussée de touches méridionales. Au gré de son inspiration, le chef vous propose par exemple une pièce de bœuf Hereford aux échalotes confites, fondant de pomme de terre à la crème d'Isigny et champignons ; ou encore de fines ravioles à la chair de crabe, fondue de jeunes poireaux, jus mousseux et piment d'Espelette... Pour accompagner tous ces mets, la carte des vins se révèle intéressante, avec un choix opportun de demi-bouteilles. Un dernier mot sur le service efficace, assuré par une équipe jeune et dynamique.

Nina

Créative ▸ **Plan : B1**

139 r. du Château
09 83 01 88 40
www.nina-restaurant.fr
Mouton Duvernet

Ferme dimanche et lundi

Formule 17 € – Menu 20 € (déjeuner en semaine)/38 € – Carte 25/44 €

Le parcours d'Alexandre Morin – Ze Kitchen Galerie à 15 ans, deux ans passés en Suisse, le Gallopin, puis un tour du monde culinaire de six mois – explique peut-être le plaisir de ce chef à bousculer les codes, à être là où on ne l'attend pas ; on parie que les affamés de Montparnasse-sud, eux, l'attendaient avec impatience ! Son choix de produits de qualité (maigre, rascasse, bœuf de Galice...), sa maîtrise des cuissons sur les viandes et les poissons, voilà déjà de quoi nous réjouir ; mais on est surtout bluffé par le traitement qu'il réserve aux légumes, sa passion : poireaux, courgettes, carottes et artichauts sont travaillés sous toutes les formes, avec une grande variété de textures (toute l'échelle entre croquant et fondant !) et une aisance technique évidente. Viva Nina !

Les Petits Plats

Cuisine traditionnelle ▶ **Plan : B2**

39 r. des Plantes
01 45 42 50 52 (réservation conseillée)
Alésia

Fermé 4-25 août et dimanche

Formule 18 € – Carte 35/70 €

Moulures immaculées, miroirs, très beau comptoir en bois, parquet et grande ardoise présentant les mets du moment : un petit bistrot élégant, dans son jus 1910 ! Alexis Minot, le jeune patron, mène son affaire selon ce credo : faire partager son goût de la bonne chère et des jolis vins. Pari réussi : les petits plats bistrotiers du chef côtoient une cuisine ménagère goûteuse, simple et de saison ; la formule du jour, joliment canaille, s'affiche à prix très doux. Terrine de lapereau, croustillant de pied de porc et son jus à la sauge, viande d'Aubrac, vacherin à la vanille ou mi-cuit au chocolat servi en cocotte... C'est savoureux, convivial et sans chichis, avec la possibilité de choisir certains plats en demi-portion, pas bête ! Conséquence : la réservation s'impose.

La Régalade

Cuisine traditionnelle ▶ **Plan : B3**

49 av. Jean-Moulin
01 45 45 68 58 (réservation conseillée)
Porte d'Orléans

Fermé 1er-21 août, 1er-10 janvier, lundi midi, samedi et dimanche

Formule 31 € – Menu 37 €

A/C

Ce bistrot qu'on ne présente plus ne désemplit pas, si bien que deux autres Régalade ont ouvert dans les 1er et 9e arrondissements ! Aux fourneaux depuis 2004, Bruno Doucet (Gagnaire, Apicius...) propose une cuisine mi-terroir, mi-marché et toujours généreuse. Pour preuve, cette terrine déposée sur la table en guise d'amuse-bouche, à déguster avec du bon pain de campagne... La suite du repas est à l'avenant : les plats sont copieux, accompagnés de beaux vins de propriétaires, et mettent en valeur les produits. Authenticité, gentillesse, plaisir... On comprend le succès du lieu. Seul regret : on ne se régale qu'en semaine !

Severo

Viandes

▶ **Plan : C2**

8 r. des Plantes
01 45 40 40 91 (réservation conseillée)
Mouton Duvernet

Fermé vacances de Pâques, 25 juillet-17 août, vacances de la Toussaint et de Noël, samedi et dimanche

Carte 29/70 €

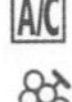

Ce bistrot de viande, sans chichi ni manière, s'est taillé une bonne petite réputation. Il faut dire qu'à sa tête, William Bernet se démène. En véritable passionné, il sait partager avec ses convives son amour des bons nectars. Une passion qui s'exprime aussi dans l'amplitude d'une carte des vins qu'il fait évoluer... au fil de ses découvertes. On peut y choisir des vins de propriété en provenance de tous les terroirs et accessibles à toutes les bourses. Spécialisée dans les grillades, la carte honore également la belle tradition bistrotière. Et rappelons qu'ici le patron – un ancien boucher – rassit lui-même sa viande !

Déjeunons dehors, il fait si beau ! Optez pour une terrasse, repérable au symbole .

15e

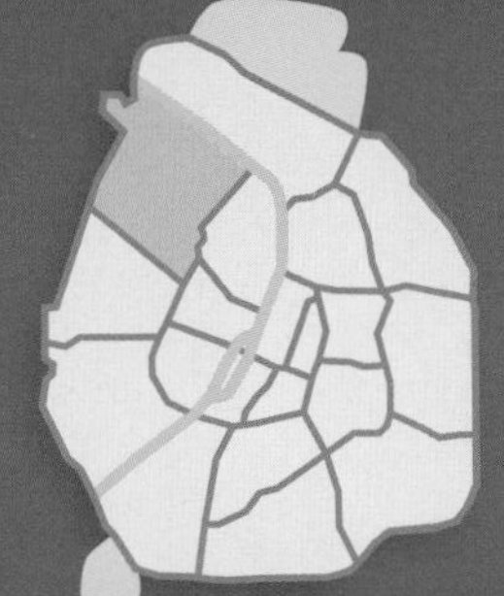

Porte de Versailles · Vaugirard · Beaugrenelle

F. Guiziou / hemis.fr

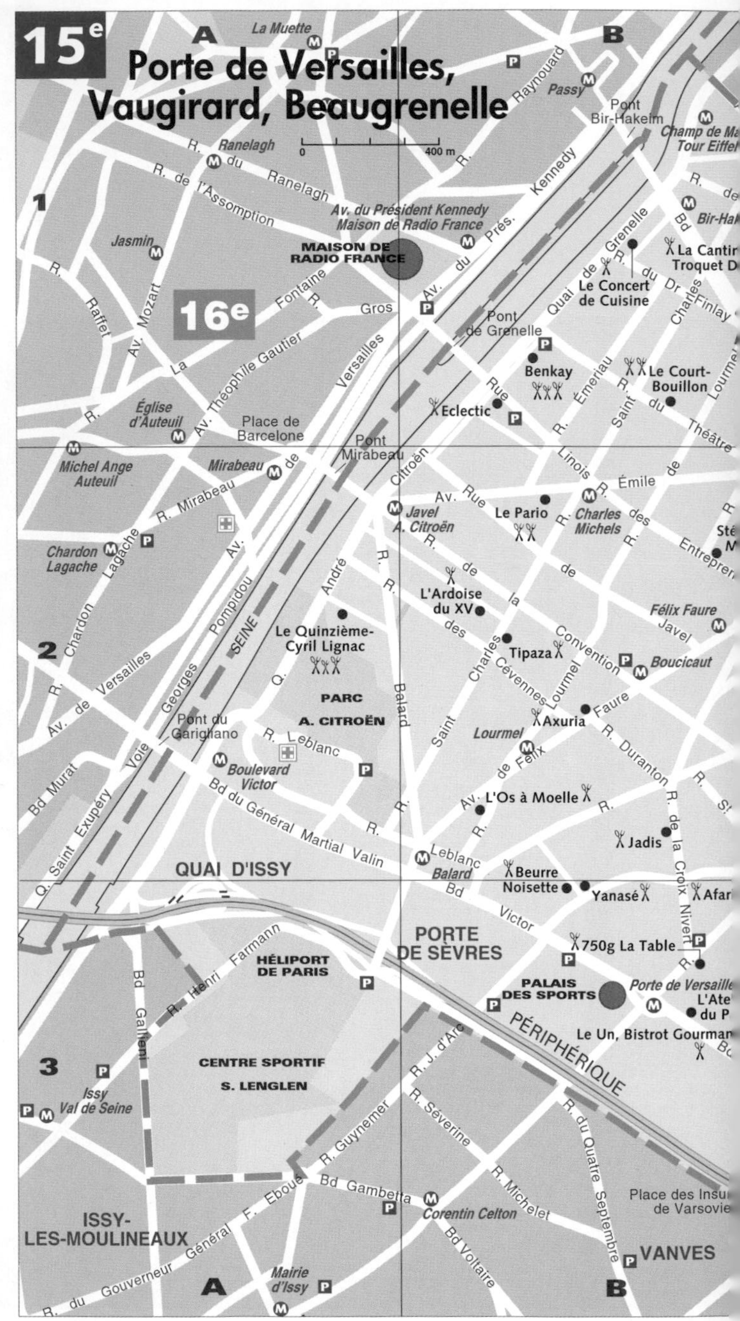
15e
Porte de Versailles, Vaugirard, Beaugrenelle
16e
MAISON DE RADIO FRANCE
Le Concert de Cuisine
Benkay
Le Court-Bouillon
Eclectic
Le Pario
L'Ardoise du XV
Le Quinzième-Cyril Lignac
Tipaza
PARC A. CITROËN
Axuria
L'Os à Moelle
Jadis
Beurre Noisette
Yanasé
750g La Table
QUAI D'ISSY
PORTE DE SÈVRES
HÉLIPORT DE PARIS
PALAIS DES SPORTS
Le Un, Bistrot Gourman
PÉRIPHÉRIQUE
CENTRE SPORTIF S. LENGLEN
ISSY-LES-MOULINEAUX
VANVES
SEINE

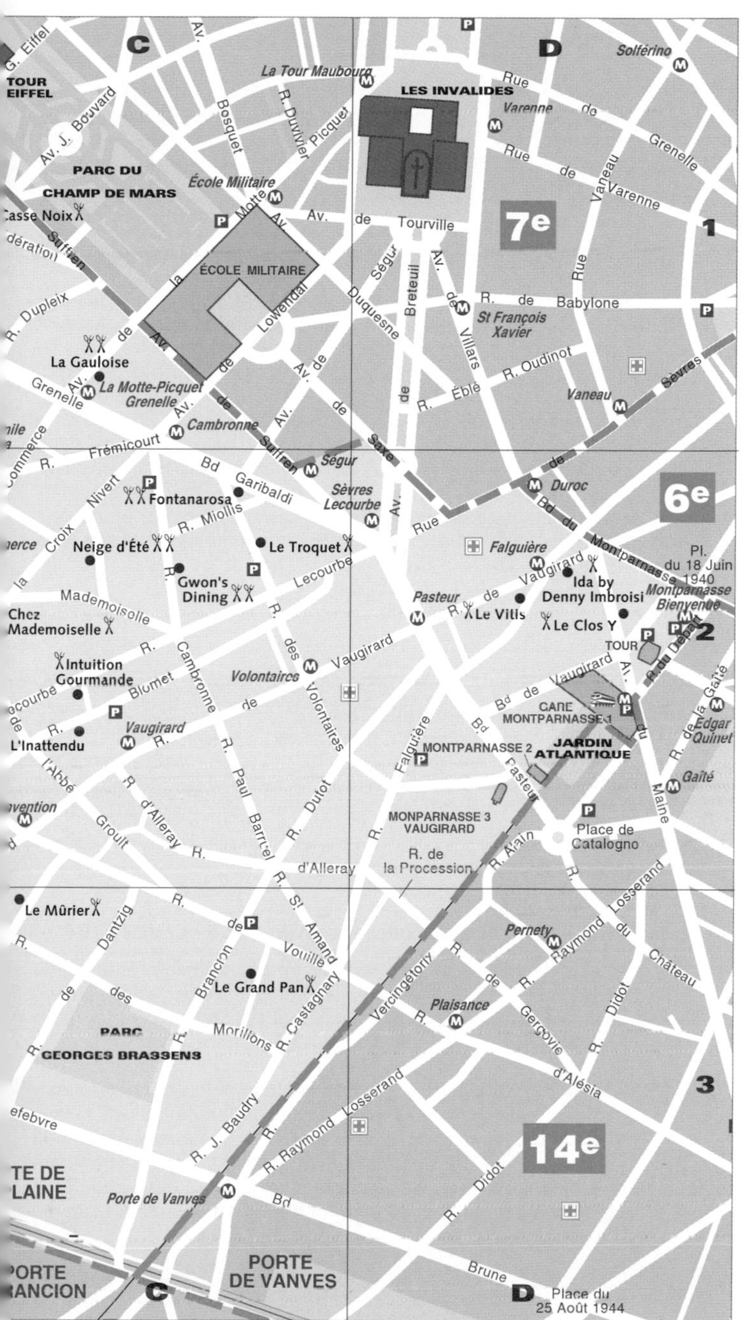

C
D
TOUR EIFFEL
PARC DU CHAMP DE MARS
LES INVALIDES
ÉCOLE MILITAIRE
7e
6e
14e
1
2
3
La Tour Maubourg
Solférino
Varenne
École Militaire
Cambronne
La Motte-Picquet Grenelle
St François Xavier
Vaneau
Ségur
Sèvres Lecourbe
Duroc
Falguière
Pasteur
Volontaires
Vaugirard
Montparnasse Bienvenüe
Edgar Quinet
Gaîté
Pernety
Plaisance
Porte de Vanves
Casse Noix
La Gauloise
Fontanarosa
Neige d'Été
Le Troquet
Gwon's Dining
Chez Mademoiselle
Intuition Gourmande
L'Inattendu
Le Vilis
Ida by Denny Imbroisi
Le Clos Y
Le Mûrier
Le Grand Pan
GARE MONTPARNASSE 1
MONTPARNASSE 2
MONPARNASSE 3 VAUGIRARD
JARDIN ATLANTIQUE
TOUR
Pl. du 18 Juin 1940
Place de Catalogne
PARC GEORGES BRASSENS
PORTE DE VANVES
Place du 25 Août 1944

Afaria

Cuisine traditionnelle ▶ **Plan : B3**

15 r. Desnouettes
✆ 01 48 42 95 90
www.afaria.fr
Ⓜ Convention

Fermé 31 juillet-22 août, vacances de Noël, dimanche et lundi

Formule 23 € – Menu 27 € (déjeuner en semaine)/45 € – Carte 35/51 €

A/C

Afaria signifie "À table" en basque. Tel est le cri de ralliement de Ludivine et Frédérique, anciennes secondes de ce restaurant proche de la porte de Versailles, dont elles ont repris les rênes en 2013. Un changement dans la continuité ! À l'heure de l'apéritif, on déguste toujours de belles tapas autour de la table d'hôte ; côté restaurant, on s'éloigne du Sud-Ouest, dans un décor de bistrot, pour découvrir les surprises concoctées par les deux complices. Laissez-vous tenter par une terrine d'artichaut au lard fumé et au vieux comté, un magret de canard cuit aux sarments de vigne et accompagné de grosses frites, ou encore une cuisse de sanglier farcie au chorizo... Et pour accompagner tout cela, la sélection de vins est affichée sur les grands miroirs de la salle. Difficile de résister à l'invitation !

L'Ardoise du XV

Cuisine moderne ▶ **Plan : B2**

70 r. Sébastien-Mercier
✆ 01 45 78 91 38
www.lardoiseduxv.fr
Ⓜ Charles Michels

Fermé août, 1 semaine à Noël, dimanche soir et lundi

Formule 19 € – Menu 24 € (déjeuner en semaine)/35 € – Carte 34/49 € 

Os à moelle en tartine, œuf cocotte aux champignons et sa crème truffée, noix de Saint-Jacques de Bretagne cuites à la plancha, volaille rôtie au foie gras, millefeuille à la vanille, baba au rhum et sa chantilly... Tels sont les intitulés que l'on peut lire sur la belle ardoise de cette Ardoise nichée à l'ouest du 15e arrondissement ! Vous l'aurez compris : la cuisine remet la tradition au goût du jour, et ce avec fraîcheur et saveurs... Comment s'en étonner de la part d'un chef qui a longtemps travaillé au sein des fameux Ateliers de Joël Robuchon ? C'est en 2012 qu'il a ouvert ce petit restaurant avec son épouse, laquelle assure le service dans la salle, au décor tout en sobriété. Bref, voilà bien un bistrot d'aujourd'hui avide de saveurs...

L'Atelier du Parc

Cuisine moderne ▶ **Plan : B3**

35 bd Lefèbvre
✆ 01 42 50 68 85
www.atelierduparc.fr
Ⓜ Porte de Versailles

Fermé 2 semaines en août, lundi midi et dimanche

Formule 22 € – Menu 27 € (déjeuner en semaine), 36/85 € – Carte 50/73 €

A/C

Voilà un établissement qui tranche avec les nombreuses brasseries traditionnelles de la porte de Versailles : bar en plexiglas changeant de couleur, teintes sobres et beaux sièges design qui donnent leur version d'un nouvel Art déco... Ce cadre chic et moderne sied parfaitement à la cuisine inventive et soignée d'un jeune chef plein d'allant. Les suggestions du jour sont annoncées de vive voix à la clientèle, et les plats de la carte sont renouvelés régulièrement. Saumon mi-fumé par nos soins, poutargue et sorbet granny smith ; épaule d'agneau confite 36 heures aux épices ; entremet noix de coco et pistache, sorbet griotte... Tout est fait maison ! Beaucoup de finesse, de la créativité et une belle surprise, juste en face au parc des expositions.

Axuria

Cuisine moderne ▶ **Plan : B2**

54 av. Félix-Faure
✆ 01 45 54 13 91
www.axuria-restaurant.fr
Ⓜ Boucicaut

Formule 26 € – Menu 37 € (dîner) – Carte 43/58 €

Axuria, c'est l'agneau de lait des Pyrénées, en basque... Et le Pays basque, c'est précisément la région du propriétaire, Olivier Amestoy ! Après avoir passé huit ans dans ce restaurant (alors nommé La Chaumière) en tant que chef, il décide de reprendre l'affaire en 2011, pour créer un lieu qui lui ressemble... Pari réussi : contemporain, chaleureux et très "nature", Axuria colle parfaitement à la cuisine d'Olivier, fraîche, centrée sur le beau produit, nourrie de classiques et néanmoins personnelle et tendance... Selon les saisons, vous vous régalerez de ravioles de foie gras et truffes à la crème de cèpes, d'un filet de bar servi avec un risotto crémeux et un jus de langoustine, de l'incontournable soufflé au Grand Marnier... ou, bien sûr, d'agneau de lait des Pyrénées – rôti au thym et à l'ail, spécialité de la maison !

Benkay

Japonaise ►**Plan : B1**

Novotel Tour Eiffel,
61 quai de Grenelle
01 40 58 21 26
www.restaurant-benkay.com
Ⓜ Bir-Hakeim

Fermé 24 juillet-24 août

Menu 59 € (déjeuner), 130/160 € – Carte 93/190 € 

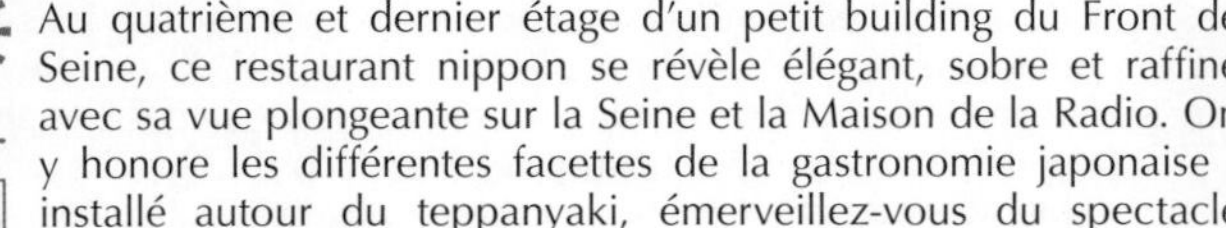

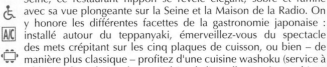

Au quatrième et dernier étage d'un petit building du Front de Seine, ce restaurant nippon se révèle élégant, sobre et raffiné avec sa vue plongeante sur la Seine et la Maison de la Radio. On y honore les différentes facettes de la gastronomie japonaise : installé autour du teppanyaki, émerveillez-vous du spectacle des mets crépitant sur les cinq plaques de cuisson, ou bien – de manière plus classique – profitez d'une cuisine washoku (service à table) ; enfin, admirez le savoir-faire de l'excellent maître sushi sur un comptoir dédié. Les produits sont de qualité, les préparations aussi alléchantes que spectaculaires : filet de bœuf saisi devant le convive, calamars sautés sur le vif et crêpes flambées avec leur neige carbonique, etc. Une belle expérience pour les amateurs.

Beurre Noisette

Cuisine traditionnelle ►**Plan : B3**

68 r. Vasco-de-Gama
01 48 56 82 49 (réservation conseillée)
Ⓜ Lourmel

Fermé 7-15 août,
dimanche et lundi

Formule 23 € – Menu 32 € (déjeuner), 36/55 € 

Dans sa rue tranquille entre Balard et Porte de Versailles, ce bistrot accueillant et chaleureux (avec une grande table d'hôte dans l'une des salles) est un petit havre de délices... Le chef, Thierry Blanqui, a travaillé pour les plus grandes maisons parisiennes et imagine les recettes du jour au gré du marché et de son inspiration. Et voilà qu'apparaissent sur l'ardoise pâté en croûte de canard et foie gras, épaule d'agneau de lait mitonnée en cocotte et légumes de saison ou gibier (en saison). Les produits canailles sont bien à l'honneur (pieds de cochon, ris de veau, etc.) et, cuisinés avec raffinement, ils révèlent un maximum de saveurs... Un pied dans la tradition, l'autre dans la nouveauté : on se régale ! Le tout accompagné, comme il se doit, d'une belle sélection de vins au verre ou au pichet.

La Cantine du Troquet Dupleix

Cuisine traditionnelle ▶ **Plan : B1**

53 bd de Grenelle
01 45 75 98 00
Dupleix

Carte 30/50 €

Création du sémillant Christian Etchebest, cette Cantine du Troquet version Dupleix surfe sur une recette éprouvée : pourquoi s'en plaindre ? Comme dans le 14e arrondissement, la carte joue sur un registre mi-brasserie mi-bistrot qui mise tout sur des recettes bien tournées... où transparaissent évidemment les origines basques du patron. Charcuteries Éric Ospital (terrines, oreilles de cochon grillées, jambons, etc.), couteaux cuits à la plancha, salade parisienne, ballotine de volaille fermière farcie, parmentier de pied de cochon, etc. On se régale ! Puisqu'il n'est pas possible de réserver, on vient en toute simplicité, et s'il faut attendre, on boit l'apéro au comptoir en faisant connaissance avec ses voisins...

Le Casse Noix

Cuisine traditionnelle ▶ **Plan : C1**

56 r. de la Fédération
01 45 66 09 01
www.le-cassenoix.fr
Bir-Hakeim

Fermé 3 semaines en août,
1 semaine à Noël,
samedi et dimanche

Formule 21 € – Menu 34/50 €

À moins de faire un tour à la maison de la culture du Japon, on n'avait que peu de raisons de traverser la tranquille rue de la Fédération... Et puis est arrivé le Casse Noix. En entrant, on est saisi par l'ambiance conviviale et les chaleureuses tablées au coude-à-coude ; le regard s'attarde sur les murs tapissés d'affiches anciennes, et sur les meubles anciens garnis de vieilles pendules et d'objets rétro... Côté petits plats, l'authenticité prime aussi : charcuteries et boudin en provenance directe de chez le papa du chef, Meilleur Ouvrier de France à Orléans, délicieuse cuisine canaille, bons vins... Ce Casse Noix casse des briques !

Chez Mademoiselle 

Russe ▶ **Plan : C2**

21 r. Mademoiselle
01 48 28 50 79
www.chezmademoiselle-parisastana.fr
Commerce

Fermé août, dimanche et lundi

Menu 27/35 € 

Dépaysement garanti chez Mademoiselle ! La salle, ornée de bibelots en tous genres (poupées, tableaux, chapeaux d'Asie centrale), évoque l'antre de quelque grand voyageur, et l'on s'y installe comme à la table familiale. La carte offre de son côté quelques indices probants sur l'origine des propriétaires : salade russe d'Olivier, bœuf Strogonoff, salade de saumon sous un manteau de fourrure... et Napoléon en dessert. Et l'assiette, alors ? Elle se distingue par sa générosité et ses associations de saveurs sans failles. Le menu, pédagogique, explicite tous les plats. En bref, une sympathique adresse pour qui souhaite s'initier aux gastronomies russe et kazakhe – avis aux puristes qui ne jurent que par la bistronomie : il est temps de tourner casaque ! Nazdarovie !

Le Clos Y

Créative ▶ **Plan : D2**

27 av. du Maine
01 45 49 07 35
www.leclosy.com
Montparnasse Bienvenüe

Fermé dimanche midi et lundi

Formule 23 € – Menu 45 € (dîner)/60 € 

Élégamment posés les uns à côté des autres, couverts à la française et baguettes à la japonaise semblent en communion sur les tables... Un véritable symbole : celui du dialogue entre ces deux arts culinaires originellement très lointains, mais qui ne cessent aujourd'hui de converger et de fusionner ! Le chef, Yoshitaka Ikeda, né à Osaka et formé en partie en France, rejoint avec ce Clos Y la longue liste des jeunes cuisiniers nippons qui font depuis quelques années le choix de s'installer dans l'Hexagone. Car ici en effet, il est bien question de dialogue et d'enrichissement mutuel. Qualité des produits, soin d'exécution, recherche de la subtilité : les assiettes révèlent toutes les affinités des gastronomies française et japonaise, dont le mariage semble de plus en plus logique et naturel.

Le Concert de Cuisine

Créative ▶ **Plan : B1**

14 r. Nélaton
01 40 58 10 15 (réservation conseillée)
Ⓜ Bir-Hakeim

Fermé 7-28 août, lundi midi, samedi midi et dimanche

Formule 27 € – Menu 33 € (déjeuner), 46/63 € 

A/C En véritable homme-orchestre, le chef japonais Naoto Masumoto plaque de beaux accords sur son teppanyaki... jouant souvent à guichets fermés ! Et pour cause, une semaine après l'ouverture en 2009, un certain Jacques Chirac et son épouse réservaient leurs places au parterre, suscitant un certain engouement médiatique... Point de cacophonie pour autant, la cuisine a conservé le goût de la simplicité et de la précision. Le chef travaille devant les clients et n'hésite pas à assurer lui-même le service. De mets en mets, thèmes japonais et gammes françaises se succèdent en une habile fusion : steak de thon mi-cuit au yuzu ; entrecôte cuite au teppanyaki accompagnée de vermicelles de patate douce et soja ; tiramisu au thé vert... De quoi vouloir un rappel !

Le Court-Bouillon

Cuisine moderne ▶ **Plan : B1**

51 r. du Théâtre
01 45 77 08 18
www.lecourtbouillon.com
Ⓜ Avenue Émile Zola

Fermé 9-28 août, vacances de Noël, samedi midi, dimanche et lundi

Formule 39 € – Menu 47 € – Carte 50/60 € 

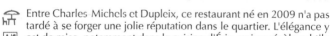

A/C Entre Charles Michels et Dupleix, ce restaurant né en 2009 n'a pas tardé à se forger une jolie réputation dans le quartier. L'élégance y est de mise, notamment dans la cuisine d'Éric, qui se révèle subtile et appétissante. Avec savoir-faire et passion, ce chef formé derrière les fourneaux de grandes maisons (Taillevent, Plaza Athénée) travaille de bons produits de saison et, sur des bases traditionnelles, concocte des plats pleins de fraîcheur. Foie gras de canard au sel de Guérande ; ravigote de crabe et salade d'herbes ; asperges au jus de veau, copeaux de parmesan et ail des ours ; tiramisu aux framboises... Dans ce Court-Bouillon gorgé de saveurs, le plaisir de la bonne chère ne tourne pas court !

Eclectic

N

Cuisine moderne ►**Plan : B1**

7 r. Linois
01 77 36 70 00
www.restauranteclectic.fr
Charles Michel

Formule 33 € – Menu 37 € (déjeuner en semaine) – Carte 35/70 € 

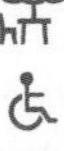

Et si vous alliez déjeuner au centre commercial ? Cette brasserie chic et tendance, nichée dans le nouveau centre commercial Beaugrenelle, se distingue autant par son décor résolument original (les années 1970 selon le designer Tom Dixon qui habille les murs de laiton doré) que par sa cuisine, à la rencontre entre la brasserie et la bistronomie, qui jongle hardiment entre cultures et saveurs. Jugez plutôt : avocat et tartare de thon épicé ; saumon "new style" sauce uzupon ; foie de veau Tom Dixon ; poulet croustillant "sweet & sour", etc. L'établissement ouvre dès 8 heures pour le petit-déjeuner et la carte est servie non-stop jusqu'à minuit. Le plus ? La belle terrasse ouverte sur les quais et la Maison de la radio. Assurément Eclectic !

Fontanarosa

Italienne ►**Plan : C2**

28 bd Garibaldi
01 45 66 97 84
www.restaurant-fontanarosa.eu
Cambronne

Menu 21 € (déjeuner)/30 € – Carte 49/69 €

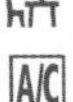

Cette sympathique trattoria est opportunément située sur le boulevard Garibaldi, qui porte le nom du père de l'unité italienne : en plein quartier de Grenelle, cette ambassade de la tradition culinaire sarde a su immédiatement trouver sa place. Façade d'un joli rose, verdoyante terrasse protégée et intérieur aux tons pastel rehaussé de tableaux végétaux évoquant la Sardaigne : c'est dans ce cadre typique que vous dégusterez de savoureuses spécialités italiennes, soignées et copieusement servies. Fregola aux palourdes, raviolis à la ricotta, zestes d'orange et safran, gnocchis sardes à la saucisse et au fenouil, et ce dessert typiquement sarde, les seadas : vous allez adorer la face gourmande de la "Botte" ! La carte des vins, très complète, couvre toutes les régions du pays ; une bonne partie des produits sont aussi disponibles à la boutique.

La Gauloise ꟾO

Cuisine traditionnelle ►**Plan : C1**

59 av. La Motte-Picquet
☏ 01 47 34 11 64
Ⓜ La Motte Picquet Grenelle

Formule 25 € – Menu 30 € – Carte 38/72 € XX

À en juger par l'abondance de photos dédicacées affichées fièrement sur ses murs, la Gauloise a accueilli, au cours de sa longue histoire, bon nombre de personnalités du monde politique et médiatique. Son décor façon 1900 rappelle les fameux bistrots d'antan et leur caractère bien trempé : vieilles banquettes au confort spartiate, miroirs vénérables et lustres en cascade, tout évoque l'âge d'or de la brasserie parisienne. Pas de surprise en cuisine, où l'on concocte des plats traditionnels classiques, simples et soignés : fricassée d'escargots, œuf mollet et sa frisée aux lardons, pot-au-feu à la viande d'Aubrac, paris-brest, etc. À noter, la plaisante terrasse aux beaux jours et le petit salon, pour recevoir les convives en toute intimité.

Le Grand Pan ꟾO

Viandes ►**Plan : C3**

20 r. Rosenwald
☏ 01 42 50 02 50
www.legrandpan.fr
Ⓜ Plaisance

Fermé 1 semaine en mai, 1er-25 août, vacances de Noël, samedi et dimanche

Menu 30 € (déjeuner) – Carte 35/60 €

Comptoir, tables et chaises en bois, ardoises aux murs et propositions inscrites à la craie : voilà un bistrot de quartier que n'aurait pas renié Georges Brassens, qui habita tout près (l'enseigne, tirée de l'une de ses chansons, lui rend d'ailleurs hommage). Après avoir longtemps secondé Christian Etchebest au Troquet, Benoît Gauthier poursuit ici sa route en solo. Avec d'alléchantes assiettes et des spécialités : soupes en entrée le midi et, le soir, de belles viandes – côte de porc ibaïona, côte de bœuf limousine, côte de veau d'Aquitaine de Mauléon – servies pour deux et merveilleusement cuites (à la plancha). Côté desserts, retour vers l'enfance garanti, avec par exemple une brioche dorée au four servie avec crème d'amande et compote de fruits...

Gwon's Dining

Coréenne ▶ Plan : C2

51 r. Cambronne
01 47 34 53 17
Cambronne

Fermé le midi

Carte 45/55 €

A/C En créant ce restaurant coréen, M. et Mme Gwon, respectivement philosophe et sociologue, souhaitaient faire connaître les saveurs les plus subtiles de leur pays, en ne servant que des plats authentiques. Objectif atteint, puisque cet élégant Gwon's Dining – le décor, tout en sobriété contemporaine, évoque le raffinement asiatique par moult jolis détails – a su séduire et fidéliser Coréens, Japonais et... Parisiens. Aux fourneaux, une chef passée par de grandes maisons de Séoul prépare des recettes devenues incontournables : tartare de bœuf mêlé au jaune d'œuf et à la poire, ragoût de bœuf pimenté, champignons et châtaignes ou ragoût de travers de porc aux épices. Quant au service, il est très prévenant. Une belle échappée culinaire !

Ida by Denny Imbroisi

N

Cuisine moderne ▶ Plan : D2

117 r. de Vaugirard
01 56 58 00 02 (réservation conseillée)
www.restaurant-ida.com
Falguière

Fermé 3 semaines en août, vacances de Noël et dimanche

Menu 30 € (déjeuner en semaine), 42/65 € – Carte 30/50 €

Une table petite par la taille... mais grande par la cuisine ! Dans un sympathique décor de trattoria, on se régale de recettes composées avec talent par un jeune chef déjà pétri d'expérience – Ze Kitchen Gallery et Jules Verne à Paris, Mirazur à Menton –, qui a baptisé ainsi la table en hommage à sa sœur... Les produits de première fraîcheur sont la matière première de sa cuisine, véritable déclaration d'amour aux belles saveurs italiennes et françaises, avec même quelques touches actuelles pour agrémenter le tout. On se régale de bout en bout, y compris au moment de payer : les prix sont loin d'être extravagants. Enfin, on ne manquera pas, en fin de repas, d'opter pour le fameux "Cappucc'Ida", un délicieux mélange de poudre de spéculos, de chocolat, de noisettes, de mousse de café et de glace aux noisettes...

L'Inattendu

Cuisine traditionnelle ▶ **Plan : C2**

99 r. Blomet
Fermé dimanche et lundi
01 55 76 93 12
www.restaurant-inattendu.fr
Vaugirard

Formule 20 € – Menu 37/50 €

A/C

Après un joli parcours au sein de grandes maisons, Patrick Delmas et Loïc Risse ont mis leurs expériences en commun pour ouvrir, il y a quelques années, ce petit restaurant au cœur du 15e arrondissement. Leur credo ? La fraîcheur et la qualité ! La carte change avec les saisons et se double de suggestions du jour qui varient selon l'humeur de Patrick – et parfois de Loïc : ravioles de langoustine à la crème d'estragon, fine tête de veau aux épices, ris de veau poêlé aux morilles, etc. Des propositions canailles, bien ficelées et parfois... inattendues, à déguster dans un cadre feutré et élégant.

Intuition Gourmande

Cuisine traditionnelle ▶ **Plan : C2**

4 r. Pételm
Fermé 2 semaines en août, dimanche et lundi
01 45 32 58 76
www.intuition-gourmande.com
Vaugirard

Formule 18 € – Menu 35 € – Carte environ 41 €

Le savoir-faire d'un cuisinier passé par la case Gagnaire, la qualité des produits qu'il sélectionne : cela compte bien sûr, mais que seraient ses recettes si elles n'étaient inspirées... par son intuition gourmande ? Telle est la leçon de ce sympathique bistrot, dont on imagine volontiers le chef (patron de l'affaire avec sa mère et son frère, lesquels œuvrent en salle) passer chacune de ses recettes au crible de sa gourmandise ! Terrine de lapin, lotte lardée aux légumes de printemps, tiramisu au beurre salé, etc. La dégustation peut se faire les yeux fermés... Quant au cadre, il joue la tradition parisienne, avec parquet, boiseries et miroirs, banquettes en velours rouge, petites chaises et tables en bois.

Jadis ꟾO

Cuisine traditionnelle ▶ **Plan : B2**

208 r. de la Croix-Nivert
✆ 01 45 57 73 20
www.bistrotjadisparis.com
Ⓜ Convention

Fermé samedi sauf salons et dimanche

Carte 34/67 € 

Il était une fois un chef doué qui décida de s'engager dans l'aventure de la bistronomie... Après plus de trois ans à la tête des cuisines du Gaya Rive Gauche de Pierre Gagnaire, Guillaume Delage a choisi de travailler en solo, et cela lui réussit plutôt bien. Son restaurant restitue un bel esprit bistrot, marqué par une douce nostalgie, celle du temps jadis... auquel il rend hommage en toute simplicité ! Terrine de saison, bisque de crustacés nappée d'une chantilly de raifort et accompagnée de billes de harengs, blanquette de veau ou encore jambon braisé au porto : le menu-carte change au fil des saisons et du marché. Joli choix de vin au verre. "Jadis" et pourtant tellement d'aujourd'hui !

Le Mûrier ꟾO

Cuisine traditionnelle ▶ **Plan : C3**

42 r. Olivier-de-Serres
✆ 01 45 32 81 88
Ⓜ Convention

Fermé 3 semaines en août, samedi et dimanche

Formule 21 € – Menu 24 € (déjeuner)/27 € 

Ambiance tranquille et conviviale pour cette petite adresse sans prétention et aux prix doux. Dans une rue plutôt paisible et proche du métro Convention, sa façade timide dissimule une salle à manger tout en longueur dans les tons jaunes, où les tables sont joliment dressées. Des affiches du début du siècle confèrent à l'endroit un vrai côté "vieux troquet", tandis que de petites touches de bleu et quelques éléments de verdure apportent de la gaieté. La cuisine, simple et soignée, est à l'image du cadre, et s'épanouit dans le respect de la tradition. Parmi les grands classiques, on notera la croustade de champignons à la crème, les rognons de veau à la moutarde ou les terrines maison. Le service est efficace et sympathique.

Neige d'Été ✿

Cuisine moderne ▶ **Plan : C2**

12 r. de l'Amiral-Roussin
✆ 01 42 73 66 66 (réservation conseillée)
www.neigedete.fr
Ⓜ Avenue Émile Zola

Fermé 2 semaines en août , 1 semaine vacances de Noël , dimanche et lundi

Menu 40 € (déjeuner), 70/100 € XX

Michelin Travel Partner

Neige d'Été... Un nom d'une poésie toute japonaise, et pour cause : l'adresse, née mi-2014, est l'œuvre d'un jeune chef nippon, Hideki Nishi, entouré d'une équipe venue elle aussi du pays du Soleil-Levant. Un nom en figure d'oxymore, surtout, qui annonce des jeux de contraste et une forme d'épure : telle est en effet la marque du cuisinier, en provenance du George V où il a parfait sa formation. Précision toute japonaise et répertoire technique hautement français s'allient donc à travers des recettes finement ciselées et subtiles, privilégiant les arrivages directs de Bretagne pour les légumes et les poissons, et les cuissons au charbon de bois pour les viandes. Un travail en justesse et en contrepoints, qui brille comme la neige en été...

Spécialités

- Cuisine du marché

L'Os à Moelle

Cuisine traditionnelle ▶ **Plan : B2**

3 r. Vasco-de-Gama
01 45 57 27 27
Ⓜ Lourmel

Fermé 3 semaines en août, dimanche et lundi

Formule 20 € – Menu 32/60 € – Carte environ 35 € 

Après avoir passé la main quelques années à une autre équipe (pour mieux se concentrer sur son séduisant Barbezingue, à Châtillon), Thierry Faucher a repris début 2014 les manettes de son Os à Moelle, son "bébé" historique, où il s'illustra comme l'un des précurseurs de la bistronomie au cours des années 2000. Pour ceux qui aurait manqué cette belle page de l'histoire gourmande de Paris, l'heure est venue d'un rattrapage en bonne et due forme. Ses assiettes disent tout de son ancrage canaille et traditionnel : caille rôtie au lard paysan et son œuf accompagné de lentilles vertes du Puy ; lotte à la plancha, mousseline de patates douces, pousses d'épinards... Une ardoise réécrite en fonction du marché et délivrée avec un savoir-faire éprouvé – selon la philosophie du chef, formé chez les plus grands.

Le Pario

Cuisine moderne ▶ **Plan : B2**

54 av. Émile-Zola
01 45 77 28 82 (réservation conseillée)
www.lepario.com
Ⓜ Charles Michels

Fermé dimanche

Formule 20 € – Menu 35 € – Carte 35/68 € 

A/C 

Le Pario, une table à égale distance de Paris et de Rio, deux villes-monde au caractère bien trempé... L'idée de cette fusion a germé dans l'esprit d'Eduardo Jacinto, un jeune chef brésilien qui a travaillé près de dix ans aux côtés de Christian Constant. Comment goûter l'étendue de son talent ? Peut-être en parcourant la carte : tartare de bar, saumon et huîtres ; pressé de paleron de bœuf et foie gras aux éclats de noix de cajou, gibier en saison ; éclair à la banane et caramel tiède à la fleur de sel... Une cuisine fine et équilibrée, qui fait toujours le choix de la légèreté, et que l'on déguste sur un rythme de bossa nova. Délicieux !

Le Quinzième - Cyril Lignac ✿

Cuisine moderne ▶ **Plan : A2**

14 r. Cauchy
✆ 01 45 54 43 43
www.restaurantlequinzieme.com
Ⓜ Javel

Fermé 2 semaines en août, samedi et dimanche

Menu 60 € (déjeuner), 120/150 €

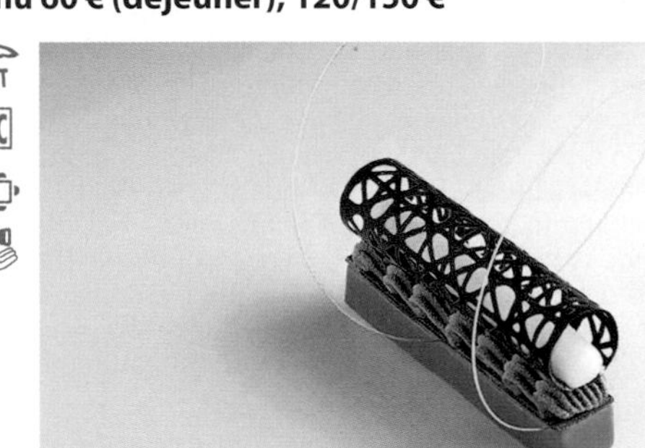

Le Quinzième - Cyril Lignac

Le restaurant de Cyril Lignac semble tout aussi sympathique que son – ô combien – médiatique chef ! À quelques enjambées du parc André-Citroën, voilà bien une adresse en vue : à la fois trendy et feutrée, chic et très contemporaine. Une élégante table d'hôte ouvre sur les fourneaux par une large baie vitrée, permettant d'admirer la brigade à l'œuvre. Aucun doute, les assiettes siglées Lignac font belle impression : esthétiquement très abouties, elles révèlent des associations de saveurs originales et flatteuses. Ainsi ces trois superbes noix de Saint-Jacques d'une fraîcheur incomparable, délicatement rôties à l'huile d'olive, surplombées de zestes et de mini-dés de clémentines, accompagnées d'une purée de carotte et d'une crème de tonka ultra-mousseuse... un plat que l'on n'oubliera pas de sitôt !

Entrées

- Foie gras de canard des Landes poêlé, vinaigrette aigre-douce
- Cèpes d'Auvergne poêlés, jaune d'œuf bio coulant et lard de Colonnata

Plats

- Homard au beurre de corail, petits pois et framboise, crème de homard à la menthe
- Ris de veau rôti au beurre noisette, jus acidulé aux piquillos

Desserts

- Crémeux chocolat Caraïbes et fruits exotiques, sorbet litchi et streusel
- Biscuit moelleux, mousse aux noisettes torréfiées et sablé au praliné

750g La Table

Cuisine traditionnelle ► **Plan : B3**

397 r. de Vaugirard
01 45 30 18 47
www.750glatable.com
Porte de Versailles

Formule 20 € – Menu 24 €

Damien Duquesne, fondateur du site de recettes 750g.com, a ouvert ce restaurant pour partager dans le "monde réel" sa passion pour les belles saveurs. Grand bien lui en a pris ! L'idée : proposer des plats sans chichis, à base de produits frais et de saisons, dans un esprit familial et convivial. Dès que possible, il se fournit directement auprès de producteurs de nos belles régions françaises – notamment le Lot pour les légumes –, et utilise de nombreux produits bio. L'ambiance est vraiment conviviale, avec les suggestions du jour présentées sur de petites ardoises au mur, et que les serveurs vous détailleront si vous le demandez. Enfin, dernier atout, et pas des moindres : le service est assuré non-stop de 11h à 23h... Pari gagnant !

Stéphane Martin

Cuisine moderne ► **Plan : B2**

67 r. des Entrepreneurs
01 45 79 03 31
www.stephanemartin.com
Charles Michels

Fermé 24 avril-2 mai, 31 juillet-22 août, 24 décembre- 4 janvier, dimanche et lundi

Menu 30 € (déjeuner en semaine)/38 € – Carte 49/75 €

Stéphane Martin jouit d'une réputation enviable auprès de tous les gourmets de la rive gauche. Il faut dire que le cadre est cosy et de bon goût : coloris à dominante lie-de-vin et caramel, mobilier en bois sombre et bibliothèque en trompe-l'œil pour les plaisirs de l'âme... Et une fois attablé, on déguste d'appétissantes recettes bien dans leur époque, réalisées par un chef qui met du cœur à l'ouvrage. Commandez donc un émincé de foie gras de canard cru aux herbes folles, un jarret de porc braisé au miel d'épices avec, pour finir, une tarte feuilletée aux pommes et caramel au beurre salé. Et en saison, le gibier fait son apparition : les amateurs ne manqueront ça pour rien au monde. Les lettres de noblesse du registre canaille !

Tipaza

Nord-africaine ▸ **Plan : B2**

155 r. St-Charles
01 45 54 01 17
www.tipaza.fr
Ⓜ Boucicaut

Formule 15 € – Menu 24/35 € – Carte 26/36 €

Poussez la porte de ce discret restaurant et laissez-vous emporter par vos sensations... Un parfum de bouillon de légumes et d'épices vient chatouiller votre imaginaire dans un décor de murs en stuc blanc réalisé par des artisans d'Afrique du Nord à grand renfort de tableaux orientaux, tandis que des outils agricoles évoquent la ferme berbère traditionnelle. Comme son nom l'indique, Tipaza (une ville côtière d'Algérie) rend hommage à la gastronomie du Maghreb... et quel hommage ! L'assiette est généreuse, et l'hésitation entre le coucous Tipaza (royal !) et le tajine dolma aux fruits secs et flambé à l'alcool de figue, devient une épreuve cruelle... En dessert, la tarte berbère met tout le monde d'accord. Attention : réservation indispensable le week-end.

Le Troquet

Cuisine traditionnelle ▸ **Plan : C2**

21 r. François-Bonvin
01 45 66 89 00
Ⓜ Cambronne

Fermé 1 semaine en mai, 3 semaines en août, 1 semaine en décembre, dimanche et lundi

Menu 32 € (déjeuner), 34/40 € – Carte environ 35 € déjeuner

Le "troquet" dans toute sa splendeur : décor bistrotier usé par les ans, banquettes en moleskine, ardoises, miroirs et petites tables au coude-à-coude invitant à la convivialité... Autant dire qu'on vient ici autant pour l'atmosphère que pour la cuisine ! Aux fourneaux, le jeune chef, Marc Mouton, concocte de délicieuses recettes – certaines avec l'accent du Sud-Ouest –, en valorisant des produits ultrafrais. Pour vous en convaincre, essayez la tartelette chaude aux piquillos et jambon cru, généreusement garnie de savoureux copeaux de parmesan, ou un filet de merlan accompagné de ratatouille. Alors, séduit ?

Le Un, Bistrot Gourmand

Cuisine moderne ▶ **Plan : B3**

1 r. Lefèbvre
01 42 50 82 16
www.leunbistrot.fr
Porte de Versailles

Fermé lundi soir et dimanche

Formule 24 € – Menu 35 € – Carte 37/49 €

Que l'on ne s'y trompe pas : ce petit restaurant, planqué dans une impasse non loin du Parc des expositions, mérite au contraire d'éclater au grand jour ! Il est l'œuvre d'une bande de trois copains issus de la profession : Thomas Clément, Olivier Hagege et le chef Christophe Alloy, qui a notamment travaillé au Jules Verne, à Paris. Ce dernier compose, avec l'aide d'Anna, son épouse capverdienne, de bonnes recettes qui rendent hommage à la tradition bistrotière, avec quelques touches originales : œuf poché cocotte, aubergine, émulsion au chorizo ; thon snacké au sésame noir, boulgour, chutney d'ananas-mangue ; ou encore l'incontournable "langue de chat" de bœuf aux échalotes confites et pommes grenailles... Une ode au métissage culinaire et à l'harmonie des saveurs. Le succès est au rendez-vous, et pour cause !

Le Vitis

Cuisine traditionnelle ▶ **Plan : D2**

8 r. Falguière
01 42 73 07 02 (réservation conseillée)
www.levitis.fr
Falguière

Fermé 2 semaines en août, 24 décembre-3 janvier, dimanche et lundi

Formule 16 € – Carte 32/47 €

Les frères Delacourcelle sont de retour ! On les avait notamment connus au Pré Verre (dans le 5e arrondissement), l'une des adresses phare de la vague "bistronome" à Paris... Ils sont aujourd'hui aux commandes de cette table familiale et conviviale, grande comme un mouchoir de poche ; depuis leur cuisine ouverte sur la salle, ils saluent chaleureusement les clients lors de leur arrivée. Comme prévu, la cuisine est bien dans l'air du temps : hure de cochon snackée servie avec une purée de dattes, terrine de canard accompagnée de fruits secs, ou encore l'incontournable de la maison, le cochon de lait fondant aux épices douces... Les recettes sont bien tournées, franches et parfumées : on passe un excellent moment.

Yanasé ‖O

Japonaise

▶ **Plan : B3**

75 r. Vasco-de-Gama
✆ 01 42 50 07 20
Ⓜ Lourmel

Fermé 2 semaines en août, dimanche et lundi

Menu 20 € (déjeuner en semaine)/50 € – Carte 38/76 €

Les amoureux du Japon se retrouveront chez Yanasé, qui doit son nom à un cèdre du sud de l'archipel nippon. Dans un intérieur de bois clair, épuré et serein, on se régale des traditionnels sushis, sashimis et brochettes (de poisson et de viande), mais aussi d'un menu autour de l'anguille. Les produits sont d'excellente qualité – poisson, riz blanc, bœuf tendre et parfumé – et la belle carte contient quelques merveilles de finesse... Mais ce qui ajoute vraiment au plaisir du repas, ce sont les cuisiniers qui s'affairent sous vos yeux, coupant, cuisant : spectacle garanti ! Enfin, pour ceux qui n'apprécient pas de manger au comptoir, quelques tables sont disponibles pour s'installer de façon plus "traditionnelle".

Le rouge est la couleur de la distinction : nos valeurs sûres ! Passé en rouge, le symbole ✗ repère donc les établissements les plus agréables.

16e

Trocadéro · Étoile · Passy · Bois de Boulogne

P. Escudero / hemis.fr

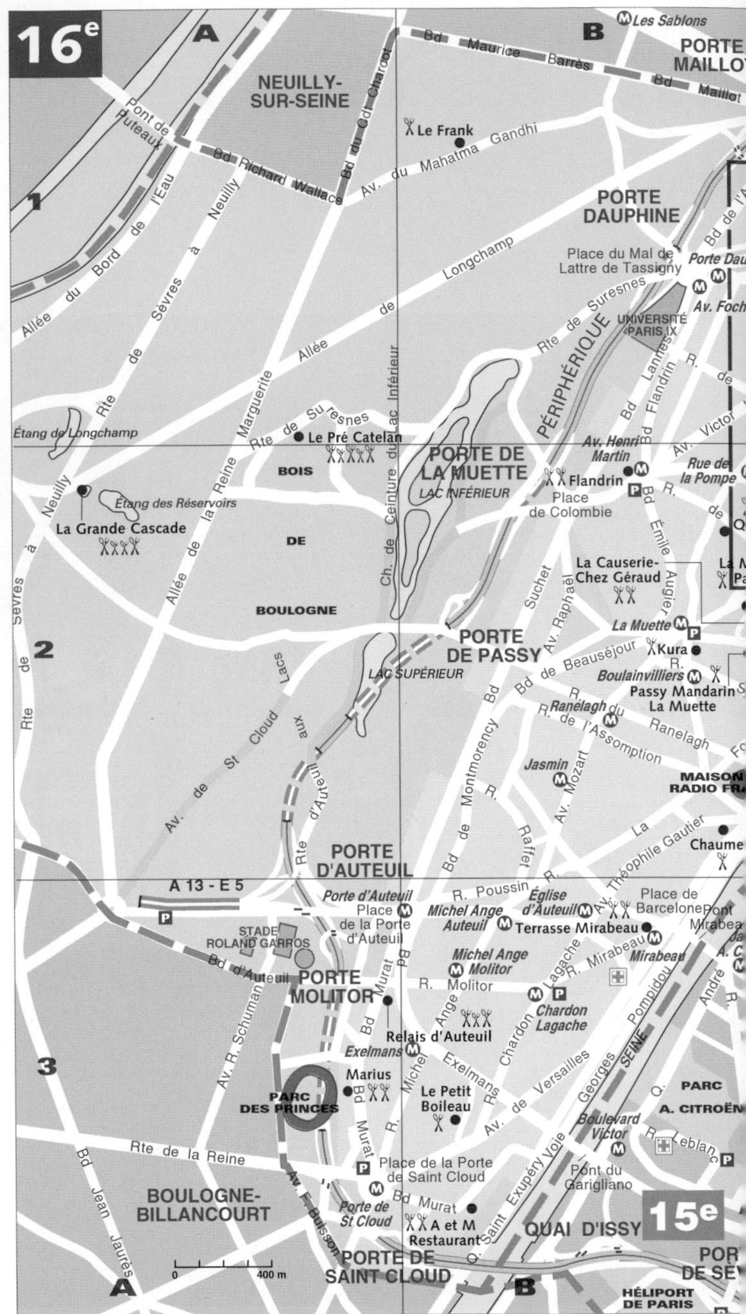
16e
A
B
NEUILLY-SUR-SEINE
PORTE MAILLOT
PORTE DAUPHINE
Les Sablons
Bd Maurice Barrès
Bd Maillot
Le Frank
Av. du Mahatma Gandhi
Bd Richard Wallace
Bd du Gal Charcot
Pont de Puteaux
Allée du Bord de l'Eau
Rte de Sèvres à Neuilly
Allée de Longchamp
Place du Mal de Lattre de Tassigny
Porte Dauphine
Av. Foch
UNIVERSITÉ PARIS IX
Rte de Suresnes
PÉRIPHÉRIQUE
Bd Lannes
Bd Flandrin
Av. Victor Hugo
Étang de Longchamp
Allée de la Reine Marguerite
Le Pré Catelan
Ch. de Ceinture du Lac Inférieur
BOIS DE BOULOGNE
PORTE DE LA MUETTE
LAC INFÉRIEUR
Av. Henri Martin
Rue de la Pompe
Flandrin
Place de Colombie
Étang des Réservoirs
La Grande Cascade
Bd Émile Augier
La Causerie-Chez Géraud
La Muette
Suchet
Av. Raphaël
PORTE DE PASSY
Kura
LAC SUPÉRIEUR
Bd de Beauséjour
Boulainvilliers
Passy Mandarin La Muette
R. du Ranelagh
Ranelagh
R. de l'Assomption
Av. de St Cloud
Rte des Lacs
Rte d'Auteuil aux Lacs
Bd de Montmorency
Jasmin
Av. Mozart
MAISON RADIO FR
R. Raffet
R. La Fontaine
R. Théophile Gautier
Chaume
PORTE D'AUTEUIL
A 13 - E 5
Porte d'Auteuil
Place de la Porte d'Auteuil
R. Poussin
Michel Ange Auteuil
Église d'Auteuil
Place de Barcelone
Pont Mirabeau
Terrasse Mirabeau
Mirabeau
R. Mirabeau
STADE ROLAND GARROS
Bd d'Auteuil
PORTE MOLITOR
Michel Ange Molitor
R. Molitor
Bd Murat
R. Michel Ange
R. Chardon Lagache
Chardon Lagache
Relais d'Auteuil
Exelmans
Bd Exelmans
Av. R. Schuman
Marius
PARC DES PRINCES
Le Petit Boileau
Av. de Versailles
Voie Georges Pompidou
SEINE
PARC A. CITROËN
Boulevard Victor
R. Leblanc
Rte de la Reine
Place de la Porte de Saint Cloud
Pont du Garigliano
BOULOGNE-BILLANCOURT
Bd Jean Jaurès
Av. F. Buisson
Porte de St Cloud
A et M Restaurant
Q. Saint Exupéry
QUAI D'ISSY
15e
PORTE DE SAINT CLOUD
HÉLIPORT DE PARIS
0
400 m
1
2
3

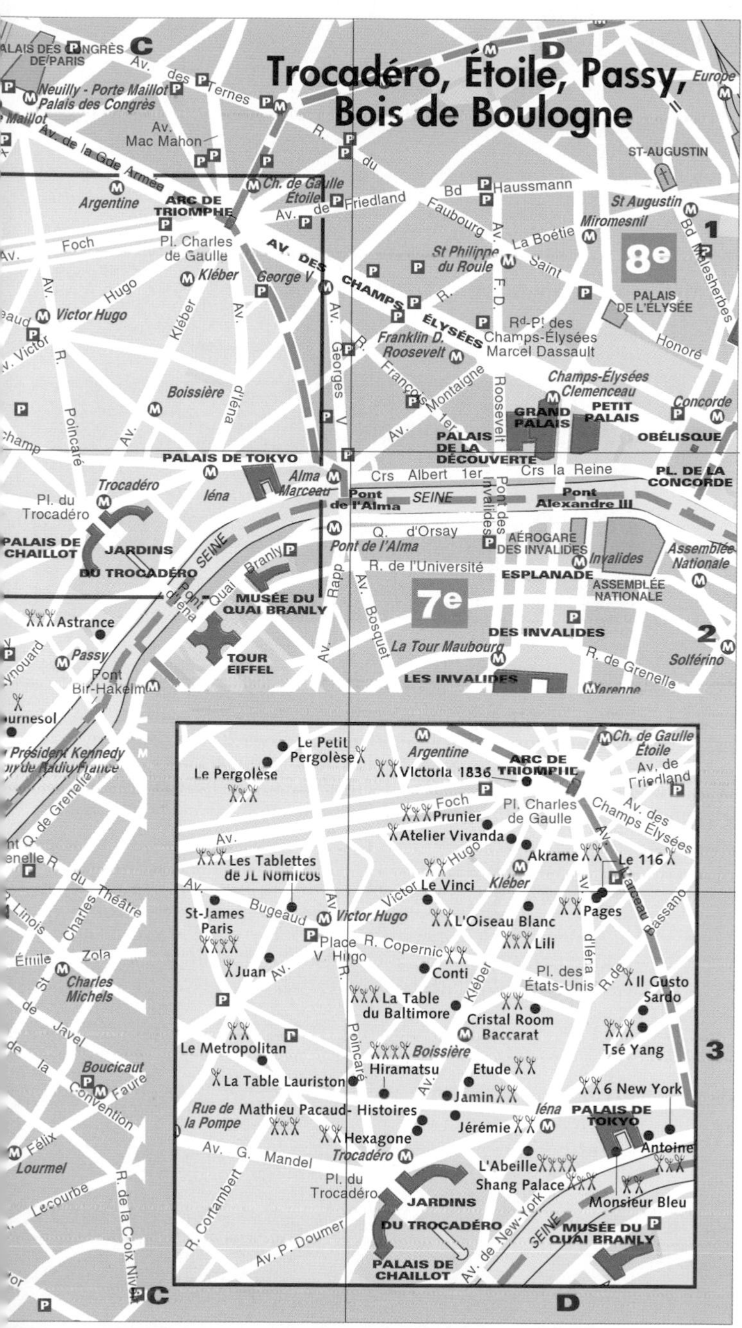
Trocadéro, Étoile, Passy, Bois de Boulogne
C
D
1
2
3
8e
7e
PALAIS DES CONGRÈS DE PARIS
Neuilly - Porte Maillot
Palais des Congrès
Av. des Ternes
Av. Mac Mahon
Av. de la Gde Armée
Argentine
ARC DE TRIOMPHE
Ch. de Gaulle Étoile
Av. de Friedland
Pl. Charles de Gaulle
Av. Foch
Av. Victor Hugo
Victor Hugo
Kléber
George V
AV. DES CHAMPS ÉLYSÉES
Bd Haussmann
R. du Faubourg Saint Honoré
La Boétie
St Philippe du Roule
Miromesnil
St Augustin
ST-AUGUSTIN
Bd Malesherbes
Europe
PALAIS DE L'ÉLYSÉE
Rd-Pt des Champs-Élysées Marcel Dassault
Franklin D. Roosevelt
Champs-Élysées Clemenceau
Concorde
GRAND PALAIS
PETIT PALAIS
OBÉLISQUE
PALAIS DE LA DÉCOUVERTE
PL. DE LA CONCORDE
Av. Montaigne
Av. Franklin D. Roosevelt
Boissière
Av. d'Iéna
R. Poincaré
PALAIS DE TOKYO
Iéna
Alma Marceau
Trocadéro
Pl. du Trocadéro
PALAIS DE CHAILLOT
JARDINS DU TROCADÉRO
Crs Albert 1er
Crs la Reine
Pont de l'Alma
SEINE
Pont des Invalides
Pont Alexandre III
Q. d'Orsay
Pont de l'Alma
AÉROGARE DES INVALIDES
Invalides
Assemblée Nationale
ASSEMBLÉE NATIONALE
R. de l'Université
ESPLANADE DES INVALIDES
Quai Branly
MUSÉE DU QUAI BRANLY
Pont d'Iéna
Av. Rapp
Av. Bosquet
La Tour Maubourg
Solférino
R. de Grenelle
LES INVALIDES
Varenne
TOUR EIFFEL
Astrance
Passy
Pont Bir-Hakeim
Président Kennedy
Q. de Grenelle
R. du Théâtre
Linois
Charles Michels
Émile Zola
R. de Javel
Boucicault
Félix Faure
R. de la Convention
Lourmel
Lecourbe
R. de la Croix Nivert
Le Petit Pergolèse
Le Pergolèse
Argentine
Victoria 1836
ARC DE TRIOMPHE
Ch. de Gaulle Étoile
Av. de Friedland
Pl. Charles de Gaulle
Av. des Champs Élysées
Foch
Prunier
Atelier Vivanda
Akrame
Le 116
Les Tablettes de JL Nomicos
Hugo
Le Vinci
Kléber
Av. Marceau
Bassano
St-James Paris
Bugeaud
Victor Hugo
L'Oiseau Blanc
Pages
Place V. Hugo
R. Copernic
Lili
Juan
Conti
Pl. des États-Unis
Il Gusto Sardo
La Table du Baltimore
Cristal Room Baccarat
Tsé Yang
Le Metropolitan
Boissière
Hiramatsu
Etude
La Table Lauriston
Jamin
6 New York
Rue de la Pompe
Mathieu Pacaud- Histoires
Iéna
Jérémie
PALAIS DE TOKYO
Hexagone
Antoine
Av. G. Mandel
Trocadéro
L'Abeille
Shang Palace
Pl. du Trocadéro
Monsieur Bleu
JARDINS DU TROCADÉRO
R. Cortambert
Av. de New-York
SEINE
MUSÉE DU QUAI BRANLY
Av. P. Doumer
PALAIS DE CHAILLOT

L'Abeille ❀❀

Cuisine moderne ▶ **Plan : D3**

Hôtel Shangri-La,
10 av. d'Iéna
✆ 01 53 67 19 90
www.shangri-la.com
Ⓜ Iéna

Fermé août, 20-30 décembre, mardi midi, mercredi midi, samedi midi, dimanche et lundi

Menu 88 € (déjeuner), 195/230 € 🍷 – Carte 165/195 € XXXX

L'Abeille - Shangri-La

Le "restaurant français" du Shangri-La – ce superbe palace parisien né au début des années 2010 –, baptisé du nom d'Abeille en hommage à l'emblème napoléonien. Moquette sombre, nuances de jaune et de gris clair, tables dressées avec soin et, çà et là, le motif de l'insecte rappelant les fastes napoléoniens : ne sommes-nous pas dans l'ancienne demeure du prince Roland Bonaparte ?

Côté assiette, la grande tradition hexagonale est logiquement à l'honneur : sous l'égide de Christophe Moret, chef au grand savoir-faire et véritable passionné de légumes, la carte se fait chantre du beau classicisme et de la noblesse des produits. Une ambiance feutrée et élégante d'une part, des compositions culinaires qui se donnent pour mission de cultiver la finesse et de l'harmonie d'autre part : voilà bien une véritable vitrine de l'art de vivre à la française, une table au goût de miel...

Entrées

- Oursin et caviar en délicate royale
- Langoustines raidies, agrumes et poivres

Plats

- Homard rôti, primeurs au sautoir, sucs savoureux
- Bar de ligne cuit à blanc, condiment marin

Desserts

- Citron de pays confit, perles du Japon au thé matcha d'Uji
- Chocolat en coque, yaourt au foin, confiture de lait et fleur de sel

Visitez sur rendez-vous notre galerie d'exposition :
7 rue de Tilsitt, 75017 Paris, Tél. 01 58 05 20 20.
www.gaggenau.com
GAGGENAU

MICHELIN

A et M Restaurant

Cuisine moderne ▶ **Plan : B3**

136 bd. Murat
✆ 01 45 27 39 60
www.am-restaurant.com
Ⓜ Porte de St-Cloud

Fermé août, samedi midi et dimanche

Menu 38 € – Carte 40/50 €

A pour Apicius, M pour Marius : de belles références pour cette adresse fondée par les deux patrons de ces tables renommées. Ce qui fait la différence ? Un décor plutôt chic, une ambiance conviviale et une cuisine de qualité à prix vraiment raisonnables ; en quelques mots, un "bistrot de chef" ! Aux fourneaux, on trouve Tsukasa Fukuyama, qui s'approprie avec aisance les grands classiques de la gastronomie de l'Hexagone. Pressé de tête de veau tiède et sa sauce ravigote, galettes de pied et d'oreille de cochon, gigot d'agneau au cumin et jus d'olives noires, ou encore ce coulis d'ananas à la cardamome pour finir : on passe un bon moment !

Atelier Vivanda - Lauriston 

Viandes ▶ **Plan : D2**

18 r. Lauriston
✆ 01 40 67 10 00 (réservation conseillée)
www.ateliervivanda.com
Ⓜ Kléber

Fermé 3 semaines en août, vacances de Noël, samedi et dimanche

Menu 35 € – Carte 50/70 € 

Joli néologisme que ce "Vivanda" qui célèbre aussi bien la vie que la viande... Originellement, le vivandier était celui qui assurait le ravitaillement des troupes en vivres ; aujourd'hui, ce bistrot original apaise tous les carnivores, à deux pas de l'Arc de Triomphe ! De protéines, il est donc ici essentiellement question : bœuf Black Angus, poulet fermier, etc. – le tout servi sur de petites tables en bois façon billot de boucher –, mais pas seulement, car la carte, très courte, cultive avant tout le goût des produits du marché et des saisons. Question qualité et traçabilité, la maison est bien lotie : elle est la deuxième adresse du jeune chef Akrame Benallal, dont le restaurant gastronomique, à deux pas, fut l'une des belles découvertes de ces dernières années.

Akrame ✿

Créative ► **Plan : D2**

19 r. Lauriston
✆ 01 40 67 11 16 (réservation conseillée)
www.akrame.com
Ⓜ Kléber

Fermé 16 avril-1er mai, août, 23 décembre-2 janvier, samedi et dimanche

Menu 60 € (déjeuner), 100/130 €

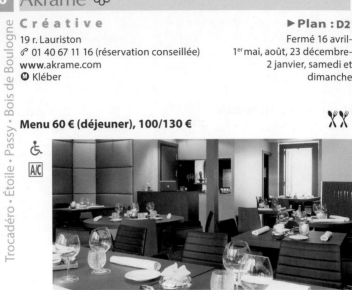

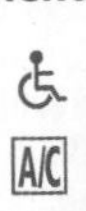

© yomgaille.com

Passé notamment chez Pierre Gagnaire et Ferran Adrià, le jeune et sémillant Akrame Benallal déploie aujourd'hui tout son talent : dans le cadre tendance de son restaurant voisin de l'Arc de Triomphe, rehaussé de clins d'œil branchés, il laisse libre cours à sa spontanéité et à son inventivité... Ses recettes se montrent aussi personnelles que décomplexées, osant l'inédit et la surprise ; les menus sont changés tous les mois, roulement indispensable pour ce chef qui hait par-dessus tout la routine.

Aujourd'hui, Akrame montre qu'il n'est jamais rassasié : non content de rencontrer un franc succès avec son restaurant gastronomique, il a développé le concept des "Ateliers Vivanda" (quatre établissements à ce jour !), qui régalent les carnivores parisiens et hongkongais avec des viandes soigneusement choisies.

Spécialités

- Cuisine du marché

Antoine ✿

Poissons et fruits de mer ▶ **Plan : D3**

10 av. de New-York
01 40 70 19 28
www.antoine-paris.fr
Ⓜ Alma Marceau

Fermé 3 semaines en août, 1 semaine à Noël, dimanche et lundi

Menu 48 € (déjeuner), 86/138 € – Carte 110/160 €

Charlotte Lascève

Le chef Thibault Sombardier (finaliste de l'émission Top Chef en 2014) est à la barre de ce haut lieu de la cuisine de la mer à Paris. La carte change chaque jour pour offrir le meilleur de la marée, en liaison directe avec les ports bretons, vendéens, basques ou méditerranéens. En cas d'arrivage surprise, on pourra même vous proposer quelques suggestions de dernière minute ! On se régale donc pour ainsi dire au gré des vagues... Que les carnivores se rassurent, un petit choix de viandes est prévu rien que pour eux – sans parler des très alléchants desserts (assiette tout chocolat, baba au rhum, etc.). Le chef a l'amour de l'excellent produit et des belles saveurs, qu'il sait exalter avec finesse et inventivité. Une salle agréable, baignée de lumière et sobrement décorée, permet de les apprécier à leur juste valeur. Et comme elle offre une jolie vue sur les cuisines, la mer n'est jamais vraiment loin...

Entrées

- Carpaccio de mulet noir, huile d'olive parfumée aux feuilles de citronnier
- Encornets pochés dans un bouillon de lard, crème d'œuf fumé

Plats

- Turbot laqué aux sucs de volaille, girolles et purée d'ail noir
- Saint-pierre confit lentement, tomates provençale en croûte d'amande herbacée

Desserts

- Galet chocolat ivoire et algue, compotée de cédrat et sorbet citron
- Soufflé chaud aux framboises et pralines roses, sorbet au lait fermenté

Astrance ❀❀❀

Créative

▶ Plan : C2

4 r. Beethoven
✆ 01 40 50 84 40 (réservation conseillée)
www.astrancerestaurant.com
Ⓜ Passy

Fermé 25 juillet-26 août, 1 semaine en novembre, vacances de Noël, samedi, dimanche, lundi et fériés

Menu 70 € (déjeuner), 150/230 €

Astrance

L'époque aime les sensations et l'Astrance en est une. Table unique, elle ménage son effet de surprise : d'une part, il faut y réserver des mois à l'avance – affres délicieuses de l'attente d'un grand moment – ; d'autre part, elle est à la pointe de l'avant-garde. Car ici, la cuisine se réinvente chaque jour, et ce n'est pas une façon de parler. Improvisation ? Nullement, même si le menu découverte est établi le matin même en fonction du marché et de l'humeur : c'est que le chef, Pascal Barbot, possède un sens inné du produit et des associations de saveurs. Avec son associé Christophe Rohat, rencontré chez Alain Passard, ils avaient l'expérience nécessaire pour se lancer, en 2000, dans le projet un peu fou de ce restaurant hors-normes. Près du Trocadéro, leur salle intimiste et contemporaine n'accueille que vingt-cinq convives. Vingt-cinq chanceux qui se prêtent au jeu de la maison et goûtent une cuisine experte, ouverte sur le monde et la modernité. Mariage de terroir et d'exotisme, belle carte des vins, subtilité, inventivité... Attention, il est impossible de réserver plus d'un mois à l'avance.

Entrées

- Ravioles de butternut, amande amère et chair de crabe épicée
- Millefeuille de champignons de Paris au foie gras

Plats

- Turbot vapeur, beurre noisette et miso blanc, jeunes poireaux
- Poularde des Landes rôtie, girolles et abricot

Desserts

- Tartelette aux agrumes, streusel au sucre muscovado
- Tuile caramélisée croustillante, pêche pochée et mousse citron

Hexagone ✿ (N)

Cuisine moderne

▶ **Plan : D3**

85 av. Kléber
Fermé dimanche
01 42 25 98 85
www.hexagone-paris.fr
Ⓜ Trocadéro

Menu 49 € (déjeuner), 125/175 € – Carte 75/95 €

Jacques Gavard

Après de longues années passées dans l'ombre du père – Bernard Pacaud, figure tutélaire de la gastronomie parisienne et chef de l'Ambroisie, trois étoiles place des Vosges –, Mathieu Pacaud s'est (on l'imagine) lancé dans cette nouvelle aventure gastronomique avec l'envie d'en découdre. Grand bien lui en a pris ! Il réinterprète les grands classiques de la cuisine française avec brio, se concentrant sur une manière, sur une alliance de saveurs, sur une sauce ; il régale ses convives avec des assiettes maîtrisées, construites, composées... en un mot, cuisinées !
Cette "Tempura", une langoustine en tronçons accompagnée de légumes marinés au beurre d'estragon, cette "Marquise", un œuf en blanc-manger déposé sur un cappuccino de petits pois... autant d'exemples éclatants d'une cuisine haute en couleurs et bien dans son époque. Un mot enfin sur le décor chaleureux, signé Gilles et Boissier, qui ouvre sur un petit jardin exotique. Mathieu Pacaud s'est enfin décidé à se faire un prénom, et de quelle manière !

Entrées

- Velouté de cèpes et jaune d'œuf bio coulant
- Beignet d'escargots, canneloni d'aubergine, ricotta et citrons confits

Plats

- Noix de ris de veau braisée, émulsion d'estragon, sauce diable
- Saint-pierre poêlé, marinière de coques, crémeux d'oseille et pois gourmands

Desserts

- Blanc d'œuf en neige, crème anglaise à la vanille, Melba de brioche et pralin rose
- Panna cotta fraises mara des bois, sorbet citron et gelée basilic

Chaumette

Cuisine traditionnelle ▸ **Plan : B2**

7 r. Gros
01 42 88 29 27
www.restaurant-chaumette.com
Ⓜ Mirabeau

Fermé 6-22 août, 24-27 décembre, 31 décembre-3 janvier, samedi midi, dimanche et fériés

Formule 25 € – Menu 29 € (déjeuner) – Carte 50/65 €

Derrière une jolie façade en bois se cache ce bistrot années 1920 : boiseries, petites tables serrées, comptoir, photos anciennes... et une collection de guides MICHELIN ! Une clientèle de journalistes le midi et d'habitants du quartier le soir se presse dans ce cadre chic, autrefois fréquenté par Philippe Noiret, Serge Gainsbourg et d'autres artistes. Mais ici la vedette est incontestablement la cuisine, traditionnelle et de qualité, proposée sur une courte carte enrichie de quelques plats à l'ardoise. À vous la terrine de gibier (en saison), la cuisse de volaille farcie aux morilles et l'incontournable pot-au-feu ! Et en dessert, que diriez-vous du millefeuille à la vanille Bourbon ? La formule déjeuner offre un excellent rapport qualité-prix.

La Causerie - chez Géraud

Cuisine moderne ▸ **Plan : B2**

31 r. Vital
01 45 20 33 00
www.chezgeraud.com
Ⓜ La Muette

Fermé 3 semaines en août, 20-28 décembre, samedi midi et dimanche

Formule 29 € – Menu 35 € – Carte 41/61 €

Un vent de renouveau souffle sur Chez Géraud, repris en 2013 par deux jeunes associés venus du Royal Monceau et bien décidés à faire parler de cette institution de La Muette ! Derrière les belles céramiques de la façade, la salle allie avec réussite cachet rétro et esprit contemporain (après un bon petit rafraîchissement), et ce décor à la fois bien pensé et chaleureux, comme le service très attentionné, mettent à l'aise. Tout est donc réuni pour découvrir la cuisine du chef, qui revisite la tradition avec grande fraîcheur, à travers une carte aussi carrée que gourmande : œuf de poule bio cuit mollet, tomates anciennes, mijotée de légumes, croûtons aillés et copeaux de comté ; souris d'agneau confite et légumes de pot-au-feu ; riz au lait ; etc. Un établissement à (re-)découvrir très vite !

116 ℩O

N

Créative

▶ **Plan : D3**

2 r. Auguste-Vacquerie
✆ 01 47 20 10 45
Ⓜ Kléber

Fermé 1er-21 août, samedi et dimanche

Formule 19 € – Menu 24 € (déjeuner en semaine) – Carte 30/40 € 

Le chef Ryuji Teshima, dit "Teshi", a ouvert cette belle table aux allures de loft juste à côté de son restaurant Pages. Si le style diffère quelque peu – béton et ciment apparents, tables en bois, chaises de réfectoire – l'exigence de qualité dans l'assiette est la même ! Au gré d'une carte volontairement courte, il décline une cuisine simple et fraîche, au fort accent japonais, préparée dans une mini-cuisine très fonctionnelle, avec son traditionnel sumibiyaki (barbecue). Poulpe grillé, thon rouge snacké, salade de poulet crudités... Le chef ne lésine pas sur la qualité et les gourmands l'ont bien compris, qui se pressent bruyamment sur le trottoir en espérant obtenir une table... D'autant que les prix sont plutôt doux !

Conti ℩O

Italienne

▶ **Plan : D3**

72 r. Lauriston
✆ 01 47 27 74 67
www.leconti.fr
Ⓜ Boissière

Fermé 1er-21 août, 24 décembre-2 janvier, samedi, dimanche et fériés

Menu 38 € – Carte 56/78 € 

Stendhal aurait sans doute apprécié ce restaurant où l'on célèbre, dans l'assiette, l'Italie qu'il aimait tant et, dans le décor, ses deux couleurs fétiches, le rouge et le noir (velours, tapisseries, boiseries, lustres en verre de Murano). Aux commandes de cette table, deux Français qui réinterprètent les recettes de la Botte avec des touches personnelles, associant les influences d'ici et de là-bas. Résultat, une cuisine de qualité appréciée par de nombreux habitués. Sur le menu du jour, on trouve par exemple : fricassée de légumes au parmesan, lasagne de homard ou de noix de Saint-Jacques (selon la saison), rognon de veau au citron, et pour la note sucrée, pannacotta au chocolat blanc. Belle carte des vins franco-italienne.

Cristal Room Baccarat

Cuisine moderne ▶ **Plan : D3**

11 pl. des Etats-Unis - Maison Baccarat (1er étage)
01 40 22 11 10
www.cristalroom.fr
Boissière

Fermé dimanche et fériés

Formule 36 € – Menu 55 € (déjeuner), 109/159 € – Carte 88/105 €

Le splendide hôtel particulier de Madame de Noailles est occupé depuis 2003 par la maison Baccarat : boutique, musée, salle de réception et restaurant. Celui-ci, situé au premier étage, jouit d'un cadre d'exception : haut plafond avec ciel en trompe l'œil, cheminée en marbre, moulures, dorures, somptueux lustres en cristal et touches de modernité apportées par Philippe Starck. Un décor qui ajoute au plaisir d'une cuisine au goût du jour, dans laquelle chacun devrait trouver son bonheur : émietté de tourteau en feuille de navets longs ; ris de veau au sautoir, purée d'échalotes confites et chou farci ; aiguillettes de turbot meunière, chou-fleur cru et cuit et bouillon mousseux au champagne ; saint-honoré au caramel au beurre salé... Cette "chambre de cristal" mérite une visite.

Étude

Cuisine moderne ▶ **Plan : D3**

14 r. Bouquet-de-Longchamp
01 45 05 11 41 (réservation conseillée)
Boissière

Fermé samedi midi, dimanche et lundi

Menu 45 € (déjeuner en semaine)/80 €

Une signature contemporaine, une leçon d'épure : ces mots font figure d'évidence lorsque l'on découvre les créations du chef, Keisuke Yamagishi. Il a choisi de nommer son restaurant "Étude", en hommage à la musique de Frédéric Chopin – une passion –, mais aussi parce que c'est ainsi qu'il considère son travail : une recherche inlassable sur cette matière toujours vivante qu'est la gastronomie. Chaque assiette apparaît très étudiée, le moindre ingrédient pesé, le dressage réalisé au millimètre. La générosité n'est pas un sujet à travers ces réalisations, qui semblent viser l'essentiel, par exemple en n'associant jamais plus de trois ingrédients. Le tout dans un décor lui aussi minimaliste. Une exigence totale.

Flandrin

Cuisine traditionnelle ▶ **Plan : B2**

80 av. Henri-Martin
01 45 04 34 69
Avenue Henri Martin

Carte 45/110 €

Emplacement original pour ce Flandrin, niché dans une ancienne gare de la Petite Ceinture – à l'architecture en briques typique – devenue station sur la ligne du RER C ! Hormis les légers échos de la circulation automobile sur les avenues voisines, l'endroit se révèle très chic et feutré : tons crème et brun, immenses miroirs, imposantes compositions florales et petits fauteuils en velours, dans le style des brasseries contemporaines. La carte sait satisfaire tous les goûts, en proposant avec soin à la fois de grands classiques (fruits de mer, filet de bœuf sauce béarnaise, millefeuille à la vanille) et des recettes plus originales (petits nems vietnamiens, gambas poêlées au chou croquant et riz au jasmin). Verdict : descendez à la station Avenue Henri-Martin !

Le Frank

Cuisine moderne ▶ **Plan : B1**

8 av. Mahatma-Gandhi (Fondation Louis-Vuitton)
01 58 44 25 70
www.restaurantlefrank.fr

Fermé lundi soir, mercredi soir, jeudi soir, dimanche soir et mardi

Formule 28 € – Carte 51/80 €

"L'art est partage, la cuisine aussi", proclame la fondation Louis Vuitton. Pour mettre en pratique cet aphorisme et animer les cuisines de son restaurant le Frank, la fondation méritait chef à sa (dé)mesure. Ils l'ont trouvé en la personne de Jean-Louis Nomicos, natif de Marseille, passé par la Grande Cascade et Lasserre. Il nous régale ici d'une salade césar déstructurée, cœur de sucrine en gros tronçons et lamelles de croustillant épicé, ou d'un tartare de bœuf au couteau, gingembre et wasabi... Au gré d'une carte courte et sûre – qui n'oublie pas le jambon-beurre dans l'après-midi –, de voyages asiatiques en escales italiennes, Jean-Louis Nomicos a parfaitement saisi l'esprit Vuitton – le voyage, l'échappée belle. Attention, l'accès au restaurant est payant (14€) : seule les 15 premières réservations sont gratuites.

La Grande Cascade ✿

Cuisine moderne **► Plan : A2**

au Bois de Boulogne - allée de Longchamp
✆ 01 45 27 33 51
www.restaurantsparisiens.com

Fermé
19 décembre-9 janvier

Menu 79/192 € – Carte 140/190 €

J.C. AMIEL

Le classicisme a toujours la cote dans cet ancien pavillon de chasse de Napoléon III. Transformé en restaurant pour l'Exposition universelle de 1900, il mêle les styles Empire, Belle Époque et Art nouveau : un charme incomparable se dégage de la rotonde, aménagée sous une grande verrière, et de la magnifique terrasse – prise d'assaut dès que le soleil fait son apparition. La clientèle d'affaires vient y respirer le chic du Paris d'autrefois et l'air de la campagne en plein bois de Boulogne. Georges et André Menut veillent jalousement sur leur Grande Cascade, prenant soin de cultiver son image de grande dame. Mais ils vivent aussi avec leur temps. Pour preuve, la présence de Frédéric Robert, un chef brillant, passé par Le Grand Véfour, le Vivarois et Lucas-Carton (où il a travaillé aux côtés de Senderens pendant dix ans). Il a carte blanche pour imaginer une cuisine subtile, aux saveurs bien marquées, qui hisse cette maison parmi les belles adresses gourmandes de la capitale. À noter, le "menu du marché à prix sage" servi midi et soir.

Entrées

- Tourteau au naturel, fine gelée iodée, chou-fleur, caviar d'Aquitaine
- Macaronis à la truffe noire, foie gras, céleri rave, gratinés au parmesan

Plats

- Carré d'agneau de Lozère au piment d'Espelette, épaule en pastilla et aubergine Riviera
- Turbot cuit au sel, fleurs de courgettes aux girolles

Desserts

- Chocolat grand cru de République Dominicaine, sorbet cacao
- Millefeuille à la vanille de Tahiti

Hiramatsu ✿

Cuisine moderne ▶ **Plan : D3**

52 r. Longchamp
✆ 01 56 81 08 80 (réservation conseillée)
www.hiramatsu.co.jp
Ⓜ Trocadéro

Fermé août,
24 décembre-2 janvier,
samedi et dimanche

Menu 48 € (déjeuner), 75/115 €

Hiramatsu

Un japonais dans le 16e ? Oui et non. Certes, à l'oreille l'enseigne du restaurant de la rue de Longchamp sonne asiatique, et pour cause, son propriétaire Hiroyuki Hiramatsu vient bel et bien de l'archipel nippon. Mais l'ancienne maison d'Henri Faugeron, connu à son époque comme l'ardent défenseur d'un certain académisme culinaire, reste toujours une ambassade de la cuisine française dans tout ce qu'elle a de classique. Et Hiramatsu n'a plus à rougir, lui qui se vit refuser la porte du lieu même alors qu'il faisait ses premières armes en France, à la fin des années 1970.

Ironie du sort ou heureuse coïncidence, il le dirige aujourd'hui avec talent. Mariage de la sobriété japonaise côté décor (une salle élégante ornée de tableaux et d'œuvres d'art) et des recettes hexagonales côté saveurs, harmonieusement préparées et rehaussées de touches contemporaines – déclinées, le soir, en un menu unique "carte blanche". Le choix de vins, quant à lui, porte sur plus de 800 références. Raffinement extrême, vous l'aurez compris, et service du même allant, discret et attentif.

Spécialités

- Cuisine du marché

Il Gusto Sardo

Italienne ▶ **Plan : D3**

18 r. Chaillot
✆ 01 47 20 08 90
www.restaurant-ilgustosardo.com
Ⓜ Alma Marceau

Fermé vacances de printemps, août, vacances de Noël, samedi midi, dimanche et fériés

Carte 45/90 €

Une authentique *trattoria*, au cœur du quartier chic de Chaillot. Murs habillés de boiseries jaune clair, photos en noir et blanc de stars du cinéma italien et, aux commandes, toute une famille italienne : la *mama* officie aux fourneaux, le *papà* en salle, l'un et l'autre aidés de leurs deux *figli*. Le lieu transporte en Méditerranée, et plus précisément en Sardaigne, dont la carte exhale tous les parfums grâce au savoir-faire de la maîtresse de maison. Antipasti dell'isola Piana (différentes préparations de thon), petites pâtes sardes aux palourdes, filet de dorade aux oignons et au fromage de brebis, pannacotta aux fruits des bois ou au caramel : le soleil sarde brille dans les assiettes, et aussi dans les verres, à travers un joli choix de vins.

Jamin

Cuisine moderne ▶ **Plan : D3**

32 r. de Longchamp
✆ 01 45 53 00 07
www.restaurant-jamin.com
Ⓜ Iéna

Fermé août, samedi midi et dimanche

Formule 30 € – Menu 37 € – Carte 40/50 €

Les gastronomes parisiens s'en souviennent-ils ? C'est au Jamin que Joël Robuchon obtint sa troisième étoile en 1984 ! Après avoir été reprise par la bien connue Babette de Rozières, l'adresse est aujourd'hui tenue par Alain Pras. Et ce, sans nulle nostalgie ! L'ambition revendiquée est de réveiller le 16e, et l'équipe s'en donne les moyens. Le décor est élégant et contemporain, dans des tons beige, tabac et taupe, créant une atmosphère chic sans être pesante. Côté cuisine, on apprécie des recettes savoureuses et bien troussées, toujours efficaces, à l'image de ce tartare d'écrevisses aux zestes de citron vert, de ce rognon de veau à la moutarde à l'ancienne, ou de ce canon d'agneau "croustillant rôti" et sa fine ratatouille croquante au thym. Cerise sur le gâteau, les prix sont abordables !

Jérémie ℗

Cuisine moderne

▶ **Plan : D3**

33 r. de Longchamp
✆ 01 47 04 96 81
www.restaurantjeremie.com
Ⓜ Boissière

Fermé 30 juillet-29 août, samedi midi et dimanche

Formule 30 € – Menu 40 € (déjeuner en semaine)/75 € – Carte 55/65 € 

C'est en lieu et place du restaurant Passiflore que Jérémie Tourdjman a pris ses quartiers en 2014. Une ère nouvelle pour l'adresse : si elle conserve un élégant décor, empreint de sobriété, le jeune chef est un tenant de la bistronomie, soucieux notamment de mettre en avant le produit de façon simple, franche et directe... sans rechigner cependant à livrer un vrai travail de cuisinier (il est auparavant passé par les cases Constant et Ducasse). De là de belles assiettes, centrées sur des ingrédients de qualité et aux saveurs bien marquées : raviole de langoustine à l'estragon et bisque à l'armoricaine ; soupe de poisson façon bouillabaisse ; ris de veau au sautoir, petits pois à la française ; millefeuille vanille et son caramel au beurre salé... Un travail à encourager !

Juan ℗

Japonaise

▶ **Plan : C1**

144 r. de la Pompe
✆ 01 47 27 43 51
Ⓜ Victor Hugo

Fermé 2 semaines en août, dimanche, lundi et fériés

Menu 35 € (déjeuner), 67/70 € 

¿ Viva España ? Nullement, car ce restaurant est japonais et compte même parmi les plus authentiques ! Une fois franchi la devanture aux vitres fumées, on découvre une salle minuscule, typiquement nippone. La cuisine elle aussi joue la carte de l'épure, si chère au pays du Soleil-Levant. Le midi, une seule formule ; le soir, pas de carte : on se laisse guider par l'inspiration du chef, au fil d'un menu dégustation (servi pour un minimum de deux personnes). Saveurs marquées et bien équilibrées, jeux sur les textures, mets présentés avec esthétisme : autant de qualités que l'on apprécie à travers la pâte de soja aux légumes et tofu à la cacahouète, les sushis et sashimis, les bulots et leur bouillon aromatique... Le service est assuré en costume traditionnel.

Kura

Japonaise ▶ **Plan : B2**

56 r. de Boulainvilliers
01 45 20 18 32
www.kuraparis.com
Ⓜ La Muette

Fermé dimanche en août

Menu 39/105 €

Un coin de Japon au cœur de Passy ? Mobilier en bois sombre, petit sushi-bar ; on se croirait dans une izakaya, une auberge japonaise. Au piano, deux chefs nippons confirment cette impression d'authenticité. L'un se charge de la préparation des sushis, sashimis et entrées froides – avec dextérité, est-il besoin de le préciser – tandis que l'autre s'occupe des plats chauds. La méthode idéale, sans doute, pour donner le meilleur de cette cuisine kaiseki. Outre la carte, le menu du soir permet de se laisser entièrement guider par l'inspiration et l'inventivité des chefs. L'occasion de s'abandonner à cette délicatesse toute japonaise, où la fraîcheur des produits se marie avec bonheur au raffinement des présentations.

Chinoise ▶ **Plan : D3**

Hôtel Peninsula,
19 av. Kléber
01 58 12 67 50
web http://paris.peninsula.com/fr/
Ⓜ Kléber

Fermé 22-29 février et
13-30 août

Menu 68 € (déjeuner), 115/160 € – Carte 70/250 €

Le groupe hôtelier de luxe hongkongais, Peninsula, a frappé fort avec l'inauguration, en 2014, de son premier établissement parisien, créé dans un superbe bâtiment de 1908, voisin de la place de l'Étoile. Parmi son offre gastronomique aussi riche que plurielle, il abrite comme il se doit une table chinoise : Lili, du nom d'une célèbre cantatrice d'opéra chinois des années 1920 – la thématique de l'opéra a d'ailleurs inspiré le décor profus de la salle, tout en hautes colonnes, boiseries sculptées, voilages précieux, etc. La longue carte réunit un large éventail de spécialités emblématiques des grandes régions gastronomiques chinoises (au premier rang desquelles celle de Canton) : une véritable ambassade de la cuisine extrême-orientale.

La Marée Passy

Poissons et fruits de mer ▶ **Plan : B2**

71 av. Paul-Doumer
01 45 04 12 81
www.lamareepassy.com
Ⓜ La Muette

Carte 45/60 €

L'enseigne annonce la couleur ! Ce restaurant est résolument orienté produits de la mer. Entrées et plats s'affichent sur l'ardoise du jour : huîtres, palourdes, gambas, langoustines, sardines, turbots, soles ou bars, tous de belle fraîcheur, provenant de mareyeurs de Bretagne ou de Vendée (Loctudy, Quiberon, baie du Mont-St-Michel, St-Gilles-Croix-de-Vie). Les préparations s'avèrent goûteuses, les cuissons bien maîtrisées, les garnitures soignées. Et les desserts ne sont pas en reste, tel ce baba au rhum pour deux. Côté décor, la salle à manger vous pousse vers les flots : impression d'être à bord d'un vieux bateau grâce aux parois de bois blond, tissus et lampes rouges, maquettes, gravures et instruments de navigation...

Marius

Poissons et fruits de mer ▶ **Plan : A3**

82 bd Murat
01 46 51 67 80
www.restaurantmarius.fr
Ⓜ Porte de St Cloud

Fermé août, samedi midi et dimanche

Carte 52/74 €

Véritable institution du quartier de la porte de St-Cloud, Marius est la table des amateurs de cuisine iodée, tendance provençale. Poissons et fruits de mer d'une qualité irréprochable se partagent les rôles dans des préparations bien faites et quelques spécialités, dont l'immanquable bouillabaisse, qui vaut le détour. Le chef renouvelle ses suggestions chaque jour : aujourd'hui, sardines grillées aux herbes ; demain, steak de thon au gingembre, citron et huile d'olive... Bien d'autres plats vous donneront à coup sûr envie de revenir dans ce restaurant où souffle le vent du large (mais où la carte compte quelques viandes pour satisfaire les irréductibles carnassiers). Cadre confortable – murs clairs, miroirs, stores en bois – et terrasse d'été bien protégée.

Mathieu Pacaud - Histoires ✿✿ N

Créative ▶ **Plan : D3**

85 av. Kléber
✆ 01 70 98 16 35 (réservation conseillée)
www.histoires-paris.fr
Ⓜ Trocadéro

Fermé 27 février-7 mars, 1er-29 août, dimanche, mardi midi et lundi

Menu 95 € (déjeuner), 195/250 € – Carte 220/290 €

Jérôme Galland

Pour se lancer en solo, après plusieurs années passées auprès de son père Bernard à l'Ambroisie, Mathieu Pacaud a vu les choses en grand : il a ouvert, au sein de son Hexagones, cette table où il raconte... de belles Histoires, évidemment ! Déjà, l'endroit a de l'allure : sobre et tamisée – tentures rose pâle, lignes épurées, étonnantes fresques végétales façon encre de Chine –, la salle accueille quelques alcôves intimistes...

Il aura fallu plusieurs mois au chef pour explorer, avec l'aide de son équipe, d'innombrables combinaisons et faire éclore une carte inédite et impeccablement ciselée. Il met à profit une poignée de techniques culinaires anciennes – infusion, macération, déglaçage, marinade, fumage, séchage, clarification... ouf ! – et y associe la technologie moderne : il en résulte des assiettes innovantes, dont chacune est une expérience à part. Une partition synonyme de plaisir, une cavalcade à la poursuite du goût : Mathieu Pacaud se fait un prénom, et de fort belle manière !

Entrées

- Écrevisses pattes rouges, gaspacho de cerise burlat et dernière russe rouge
- Langoustine royale et caviar golden, fleur de fenouil anisée

Plats

- Volaille de Bresse déglacée au xérès, gnocchis à la sauge
- Darne de turbot en croûte de sel, agrumes de Corse

Desserts

- Chocolat madong, croquant chocolat blanc et glace mascaprone
- Déclinaison d'abricots du Roussillon, thym et amandes amères

Le Metropolitan

Cuisine moderne **► Plan : C3**

Hôtel Metropolitan Radisson Blu,
10 pl. de Mexico
01 56 90 40 04
www.radissonblu.com/hotel-pariseiffel
Trocadéro

Fermé 3 semaines en août, dimanche et lundi

Menu 31 € (déjeuner)/59 € – Carte 46/61 €

L'ancien second du restaurant de l'hôtel Metropolitan est est devenu le chef, et a su donner du sens à ce passage de témoin. Oubliées les recettes internationales et autres touches japonisantes : il a réorienté la carte vers une belle cuisine traditionnelle revisitée, forte de saveurs bien marquées et de cuissons d'une extrême justesse. Blanquette de veau au riz basmati, chateaubriand à la sauce béarnaise, homard en cocotte, *fish and chips* sauce tartare, baba en vapeur de vanille, chariot de desserts... C'est bon, fin et goûteux : on passe un excellent moment. Et l'on profite encore davantage de ce savoir-faire le midi, avec un menu au rapport qualité-prix imbattable !

Monsieur Bleu

Cuisine moderne **► Plan : D3**

20 av. de New-York (Palais de Tokyo)
01 47 20 90 47
www.monsieurbleu.com
Iéna

Carte 42/80 €

Cette néobrasserie chic et imposante a alimenté la chronique mondaine dès son inauguration au printemps 2013... Son emplacement, au cœur du palais de Tokyo, n'y est bien sûr pas pour rien, mais ce n'est pas tout : ses volumes aériens (9 m sous plafond !), son décor inspiré par l'Art déco et le modernisme, tout en gris, vert et or – une réalisation du designer Joseph Dirant –, et sa terrasse toisant la Seine et la tour Eiffel : tout prête aux mondanités. Évidemment, l'assiette n'est pas en reste, à travers des plats actuels, francs et bien ficelés, évoluant au fil des saisons. Carpaccio de bar, cuisses de grenouilles, foie de veau poêlé, cochon de lait laqué aux épices, ou encore ce délicieux cabillaud aux morilles... Un endroit très en vue !

L'Oiseau Blanc

Cuisine moderne ► **Plan : D3**

Hôtel Peninsula,
19 av. Kléber
01 58 12 67 30
web http://paris.peninsula.com/fr/
Kléber

Formule 57 € – Menu 69 € (déjeuner), 99/109 €

Le restaurant de "gastronomie française contemporaine" du Peninsula, ce luxueux hôtel inauguré en 2014 par le groupe hongkongais éponyme, à deux pas de l'Arc de Triomphe. Son nom fait référence à l'avion avec lequel Nungesser et Coli tentèrent – sans succès – la première traversée de l'Atlantique nord en 1927 : une reproduction grandeur nature de l'appareil est suspendue au sommet de l'hôtel, comme si elle allait partir à l'assaut des cieux. Un bel hommage rendu aux deux pionniers... mais également au ciel de Paris ! Sous sa verrière posée sur les toits, le restaurant semble en effet voler au-dessus de la capitale, et la terrasse offre une vue magistrale de la tour Eiffel au Sacré-Cœur. Un cadre propice aux envolées lyriques, en profitant d'une cuisine douée elle aussi de beaux effets visuels.

Passy Mandarin La Muette

Chinoise ► **Plan : B2**

6 r. Bois-le-Vent
01 42 88 12 18
www.restaurant-passy-mandarin.fr
La Muette

Fermé août et dimanche en juillet

Formule 17 € – Menu 22 € (déjeuner en semaine) – Carte 30/60 €

Fondé en 1976 par le père de son actuel propriétaire, le Passy Mandarin La Muette joue la carte de la permanence : l'authenticité est de mise dans les assiettes, où l'on retrouve les grandes spécialités de la cuisine chinoise (en particulier cantonaise), mais aussi quelques plats thaïlandais et vietnamiens. Potage pékinois, dim sum, marmite de porc, filet de bœuf aux saveurs de la vie (associant l'amer, le salé, le sucré et l'acide à travers une association de haricots noirs, de zestes d'orange, d'une sauce aigre-douce et de piment), sans oublier le fameux canard laqué à la pékinoise. Quant au décor, il assume pleinement ses chinoiseries : paravents, boiseries sculptées, toiles tissées, vases, bibelots chinés, etc. Une certaine authenticité, oui !

Pages ✿

Créative

▶ Plan : D3

4 r. Auguste-Vacquerie
✆ 01 47 20 74 94 (réservation conseillée)
www.restaurantpages.fr
Ⓜ Charles de Gaulle-Etoile

Fermé 2 semaines en août, dimanche et lundi

Menu 40 € (déjeuner), 65/80 €

Rina Nurra

La passion des chefs japonais pour la gastronomie française s'illustre une nouvelle fois à travers ce restaurant ouvert en 2014. Passé par de belles maisons, Ryuji Teshima, dit Teshi, propose une version contemporaine et très personnelle de la cuisine de l'Hexagone. Autour de menus "surprise", il imagine des mélanges de saveurs qui peuvent paraître improbables sur le papier, mais réellement percutants dans l'assiette !
Ainsi le tartare de veau rencontre le zeste de citron, la poutargue et la crème d'anchois ; le céleri rave épouse la langoustine ainsi qu'une crème au saint-nectaire ; le filet de lieu jaune flirte avec le maïs... Le tout dans un décor épuré, avec cuisines visibles de la salle. Un ensemble résolument à la page.

Spécialités

- Cuisine du marché

Le Pergolèse ✿

Cuisine moderne ▶ **Plan : C2**

40 r. Pergolèse
✆ 01 45 00 21 40
www.lepergolese.com
Ⓜ Porte Maillot

Fermé 3 semaines en août, 25 décembre-1er janvier, samedi midi et dimanche

Menu 58 € 🍷 (déjeuner), 110/125 € – Carte 80/145 €

A/C

Le Pergolèse

Dès le début, Stéphane Gaborieau voulait faire du Pergolèse une "belle maison bourgeoise où l'on reçoit les clients comme chez soi". Véritable passionné, ce chef lyonnais, Meilleur Ouvrier de France, a fait ses classes dans des maisons prestigieuses aux côtés de grands noms (Georges Paccard, Pierre Orsi). Épaulé en salle par son épouse Chantal, il a réussi à en faire une des belles adresses du très chic 16e arrondissement. Un mariage confondant de convivialité, de bourgeoisie et de saveurs haut de gamme. La cuisine, respectueuse des produits, révèle des notes ensoleillées, parfois ponctuées de touches japonisantes. Logique, c'est dans le Sud que Stéphane Gaborieau a fait ses débuts. Quant au décor, il se montre élégant : tentures crème, fauteuils de velours rouge, tableaux contemporains... Côté vins enfin, la carte, riche de près de 300 références, ne manque pas de belles bouteilles. Le plaisir est complet !

Entrées

- Moelleux de filets de sardines marinés aux épices, poivron à la basquaise et sorbet tomate
- Grenadin de foie gras poêlé, symphonie de fruits et jus au vin chaud

Plats

- Sole meunière
- Gigotin de lotte rôti, déclinaison de champignons du moment et bouillon de pot-au-feu réduit

Desserts

- Soufflé chaud aux saveurs de saison
- Tarte tiède au chocolat noir, cœur à la vanille et glace caramel

Le Petit Boileau

N

Cuisine traditionnelle — ►**Plan : B3**

98 r. Boileau
01 42 24 48 67
www.lapetitboileau.com
Porte de St Cloud

Fermé 1er-24 août,
dimanche et lundi

Formule 18 € – Carte 30/44 € 

A/C

L'ancien chef du Petel, dans le 15e arrondissement, n'a pas changé de politique. Tables en bois, banquette en moleskine orange, grand bar de service : son bistrot respecte tous les canons du genre... avec un soupçon de chic supplémentaire. Côté cuisine, pas de révolution non plus ; vous me direz, pourquoi changer une formule qui marche ? Il nous présente donc de bonnes recettes bistrotières bien maîtrisées : escalope de foie gras aux figues fraîches, rognon de veau à l'ancienne et purée maison, nougat glacé au pain d'épices et écrasé de framboises... Le tout servi dans une ambiance conviviale et décontractée, et à des prix très sages. On ne boude pas notre plaisir !

Le Petit Pergolèse

Cuisine traditionnelle — ►**Plan : C2**

38 r. Pergolèse
01 45 00 23 66
Porte Maillot

Fermé août,
samedi et dimanche

Carte 44/74 € 

A/C

Le Petit Pergolèse vise la qualité dans la simplicité : décor moderne original (tables en ardoise lustrées à l'huile de lin, banquettes, tons rouge et noir) et mise en place sans prétention avec tables serrées... La salle semble surtout une véritable galerie d'art contemporain, avec des expositions renouvelées au fil des mois – la passion du patron. Ce cadre actuel et vivant attire une large clientèle qui vient "entre copains" apprécier une cuisine traditionnelle joliment revisitée et pleine de saveurs. La carte fait la part belle à des plats simples et soignés (salade de homard à la vinaigrette de truffe, filet de bœuf au poivre vert, mousse chaude au chocolat et sa glace vanille), et l'ardoise évolue au gré du marché, tout comme les suggestions – formulées oralement – qui ont la faveur du chef.

Le Pré Catelan ✿✿✿

Créative ▶ **Plan : A1**

au Bois de Boulogne - rte de Suresnes
✆ 01 44 14 41 14
www.precatelanparis.com

Fermé 21 février-7 mars, 31 juillet-22 août, 23-31 octobre, dimanche et lundi

Menu 130 € (déjeuner), 220/280 € – Carte 250/300 €

Pré Catelan

Une enclave enchantée au cœur du bois de Boulogne, tel est Le Pré Catelan. Somptueux et chargé d'histoire, le lieu dévoile un décor de jardins et d'architectures classiques. Pierre-Yves Rochon a révolutionné l'esprit du pavillon Napoléon III en le parant d'un mobilier design et de tons vert, blanc et argent, tandis que l'orangerie attenante livre un cadre contemporain à la verdure qui l'entoure...

C'est dans ce cadre rêvé que l'on peut déguster depuis quelques années la cuisine savoureuse et inventive de Frédéric Anton. Ce Meilleur Ouvrier de France révèle son talent à travers une carte alliant équilibre, harmonie et générosité. Pour chaque assiette, il recherche la perfection, soignant jusqu'à la composition graphique. La précision et la rigueur transmises par ses mentors (dont Robuchon) sont sa signature, ainsi que son goût pour les associations inédites et la vraie nature des produits. Le tout sublimé par une cave prestigieuse et un accueil irréprochable. Autant d'arguments en faveur de cette noble maison aux murs d'argent et... aux plats d'or.

Entrées

- Langoustine en ravioli, bouillon à l'huile d'olive et en nem frit
- Os à moelle parfumé de poivre noir, grillé en coque, farci de champignons et ragoût de petits pois

Plats

- Crabe parfumé au curry, crème légère au caviar, saveur thaïe
- Ris de veau, fleur d'acacia, asperges vertes et jus gras

Desserts

- Pomme soufflée croustillante, crème glacée au caramel
- Citron comme une Tarte, meringue croustillante et sorbet au basilic

Prunier

Poissons et fruits de mer ►**Plan : D2**

16 av. Victor-Hugo
01 44 17 35 85
www.prunier.com
Charles de Gaulle-Etoile

Fermé août, samedi midi, dimanche et fériés

Menu 47 € (déjeuner), 65/155 € – Carte 69/204 €

Cette brasserie de luxe classée, née en 1925, reste de première fraîcheur. Grâce au talent d'Éric Coisel, qui porte haut son vénérable éclat et sa signature séculaire : "Tout ce qui vient de la mer"... Avec son banc d'écailler à l'entrée, la maison célèbre toujours les nobles produits marins. Mais pas seulement ! Sachez que la maison Prunier produit son propre caviar dans le Sud-Ouest. Sans oublier les autres incontournables : caviars d'ailleurs et saumons (Balik, Tsar Nikolaj, etc.). Des classiques auxquels s'ajoutent des créations régulièrement renouvelées (fricassée de coquillages ; rouget barbet, tapenade et basilic ; etc.). Une cuisine de qualité, une belle carte des vins avec un bon choix de bourgognes blancs, le tout dans un cadre d'exception, imaginé par les plus grands mosaïstes, graveurs et sculpteurs de l'époque Art déco. Les amateurs du style sont au paradis !

Quinte

Cuisine moderne ►**Plan : B2**

79 r. de la Tour
01 40 72 84 46
www.quinte-restaurant.com
Rue de la Pompe

Fermé 3 semaines en août, 22 décembre-3 janvier, samedi midi, dimanche et lundi

Formule 29 € – Carte 45/70 €

Prenez une ancienne boulangerie, deux copains passés par de grandes adresses, un vrai sens du goût – dans la déco comme dans l'assiette – ; portez à ébullition et vous obtenez cette... Quinte, pensée comme un hommage à nos cinq sens. On la doit à David Alberge (en salle) et Gaël Boulay (en cuisine), qui ont métamorphosé leur restaurant au cours de l'année 2014. Le décor exprime une légère inspiration scandinave : bois clair, petits fauteuils en cuir beige, tables hautes... Un ensemble stylé et chaleureux ! C'est donc avec un plaisir renouvelé que l'on découvre les créations du chef, percutantes et centrées sur le produit : poulpe, épinards vapeur, ail rose ; pluma ibérique, oignons doux, harissa ; chocolat, noisettes du Piémont et glace café... La vue, l'ouïe, le goût, l'odorat et le toucher : le compte est bon.

Relais d'Auteuil ✿

Cuisine moderne ▶ **Plan : A3**

31 bd Murat
✆ 01 46 51 09 54
www.relaisdauteuil-pignol.fr
Ⓜ Michel Ange Molitor

Fermé août, vacances de Noël, samedi midi, dimanche et lundi

Menu 100 € (déjeuner), 125/145 € – Carte 90/125 €

Relais d'Auteuil

Patrick Pignol reçoit comme chez lui dans sa maison cossue et chaleureuse. Depuis son ouverture en 1984, elle a vu défiler une clientèle chic qui a vite pris ses habitudes. De fait, on revient chaque fois avec plaisir dans ce lieu marqué par l'hédonisme et la convivialité. Service discret et personnalisé, assuré par Laurence Pignol, atmosphère raffinée et fleurie, décor contemporain (belle collection de peintures et sculptures) créent les conditions parfaites pour apprécier le repas. N'en déplaise aux gourmets branchés, la cuisine, généreuse et dans l'air du temps, n'est pas à la poursuite du spectaculaire ou des audaces visuelles. Le chef, amoureux du gibier – pendant la saison, son restaurant prend l'allure d'un relais de chasse –, mise plutôt sur la finesse des saveurs et le respect des produits du terroir. Ajoutez à cela un livre des vins dont la lecture donne le vertige (2 500 références) et une carte de 250 champagnes, le tout conseillé par un sommelier passionné...

Entrées

- Amandine de foie gras
- Fricassée de moules de bouchot et girolles

Plats

- Épais filet de bar de ligne cuit au four, peau croustillante au poivre et vinaigre balsamique
- Cochon de lait légèrement pimenté au gingembre et coriandre

Desserts

- Profiteroles, glace à la vanille Bourbon et sauce au chocolat de St-Domingue
- Feuillantine croustillante aux fruits de saison parfumés aux épices

Shang Palace ✿

Chinoise

Hôtel Shangri La,
10 av. d'Iéna
✆ 01 53 67 19 92
www.shangri-la.com
Ⓜ Iéna

▶ **Plan : D3**
Fermé 12 juillet-3 août, mardi et mercredi

Menu 52 € 🍷 (déjeuner), 78/128 € – Carte 60/280 €

Shangri-La Paris

Shangri-La… Le nom résonne comme un voyage aux confins de l'Asie, vers un paradis luxueux et imaginaire. Le célèbre hôtel parisien, né en 2010, a su donner le même éclat à ses restaurants, dont ce Shang Palace. Situé au niveau inférieur de l'établissement, il transporte ses hôtes dans un Hong Kong merveilleux, entre raffinement extrême-oriental et élégance Art déco. Colonnes incrustées de jade, paravents sculptés et lustres en cristal promettent un dîner aussi feutré qu'étincelant. La cuisine cantonaise est à l'honneur ; on peut partager en toute convivialité un assortiment de plats servis au centre de la table. Les cuissons se révèlent précises, les parfums subtils. Les dim sum sont moelleux à souhait et le goût de la sole cuite à la vapeur s'envole accompagné de champignons noirs et de tofu soyeux. Pour finir, entre autres douceurs, une crème de mangue, garnie de pomélo et de perles de sagou, laisse une belle impression de fraîcheur…

Entrées

- Saumon Lo Hei
- Soupe Wonton

Plats

- Canard laqué façon pékinoise en deux services
- Porc à la sauce aigre-douce

Desserts

- Crème de mangue, pomélo et perles de sagou
- Tartelette aux œufs

6 New York

Cuisine moderne ▶ **Plan : D3**

6 av. de New-York
01 40 70 03 30
www.6newyork.fr
Ⓜ Alma Marceau

Fermé août, samedi midi et dimanche

Menu 38 € (déjeuner), 70 € 🍷/90 € 🍷 – Carte 45/80 €

L'enseigne vous dit tout sur l'adresse... postale, loin d'une table nord-américaine ! Au 6 avenue de New-York, donc, sur les quais de Seine, avec la tour Eiffel en point de mire : aucun doute, vous êtes bien à Paris. Une telle situation ne manque d'ailleurs pas d'attirer les touristes en quête de bonnes adresses, tout en fidélisant de nombreux habitués qui ne se lassent ni de la vue ni du cadre contemporain, bien dans l'air du temps. Et la cuisine ? Au goût du jour, elle aussi, plutôt diététique et subtilement inventive. Au moment de la commande, le patron saura vous conseiller au mieux : pizzaleta de langoustines et pousses d'épinard, duo de rognon rôti et ris de veau braisé, riz au lait avec son pain perdu brioché. Quant au service, il est convivial et chaleureux : on est accueilli comme à la maison...

La Table du Baltimore

Cuisine moderne ▶ **Plan : D3**

Hôtel Baltimore,
1 r. Léo-Delibes
01 44 34 54 34
www.hotel-baltimore-paris.com
Ⓜ Boissière

Fermé août, samedi, dimanche et fériés

Formule 40 € 🍷 – Menu 95 € – Carte 81/102 €

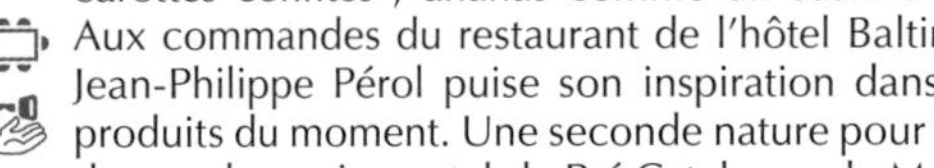

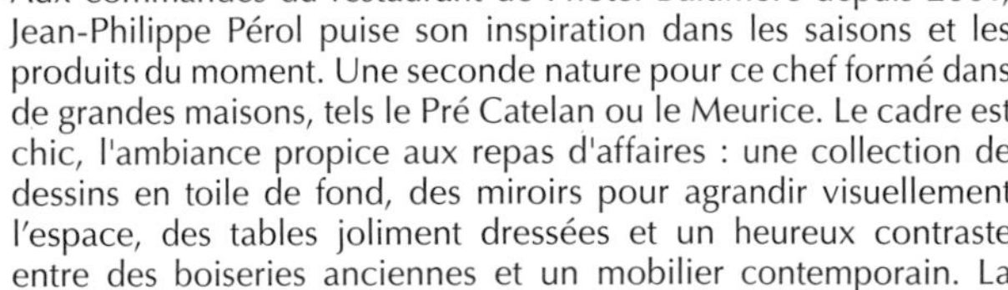

Tourteau à la tomate séchée et ciboule ; ris et joue de veau aux carottes confites ; ananas comme un sushi à la noix de coco... Aux commandes du restaurant de l'hôtel Baltimore depuis 2001, Jean-Philippe Pérol puise son inspiration dans les saisons et les produits du moment. Une seconde nature pour ce chef formé dans de grandes maisons, tels le Pré Catelan ou le Meurice. Le cadre est chic, l'ambiance propice aux repas d'affaires : une collection de dessins en toile de fond, des miroirs pour agrandir visuellement l'espace, des tables joliment dressées et un heureux contraste entre des boiseries anciennes et un mobilier contemporain. La Table du Baltimore se révèle cossue et feutrée.

St-James Paris ✿

Cuisine moderne

Hôtel St-James Paris,
43 av. Bugeaud
✆ 01 44 05 81 81
www.saint-james-paris.com
Ⓜ Porte Dauphine

▶Plan : C3
Fermé dimanche soir et le midi

Menu 135 € – Carte 106/155 €

Saint James Paris

Érigé en 1892, cet hôtel particulier a des airs de véritable petit château environné de verdure, en plein cœur de Paris – une rareté ! Propriété anglaise à partir de 1986, il accueille dès lors un club, dans la pure tradition des cercles londoniens. C'est au début des années 1990 qu'il devient hôtel, et en 2013 seulement que son restaurant s'ouvre à la clientèle extérieure... bien qu'il demeure réservé aux membres du Saint-James Club au déjeuner en semaine. L'occasion est belle d'aller découvrir cet établissement parmi les plus exclusifs de la capitale !

Le cadre est superbe, aussi chic qu'élégant avec ses boiseries, ses tissus mordorés, son haut plafond en trompe l'œil et son jardin très secret, où les tables s'abritent aux beaux jours sous de magnifiques tentes en forme de montgolfières anciennes. La cuisine est à l'avenant, raffinée, précise et bien construite. Elle est l'œuvre d'une jeune chef discrète, Virginie Basselot, qui allie délicatesse et savoir-faire, toujours à l'avantage du beau produit. Le plaisir est complet... pour tous les membres du grand club des gourmets !

Entrées

- Tartare de bar et huîtres, crème légère au citron et caviar Astara
- Tourteau de Roscoff en vinaigrette, tomate cœur de bœuf

Plats

- Dos de cabillaud cuit au plat, légumes de saison, beurre citron-mélisse
- Filet d'agneau, olives, anchois, gnocchis au citron

Desserts

- Café moka d'éthiopie en crème légère, crème glacée à la fève tonka
- Chocolat équatorial en ganache, coulis de cacao, glace thé bergamote

La Table Lauriston

Cuisine traditionnelle ▶ **Plan : C3**

129 r. Lauriston
✆ 01 47 27 00 07
www.restaurantlatablelauriston.com
Ⓜ Trocadéro

Fermé 30 juillet-29 août, samedi midi et dimanche

Formule 28 € – Carte 43/95 €

Pour changer de l'ambiance ouatée et chic des nombreux restaurants gastronomiques du quartier, voici l'adresse idéale. La Table Lauriston n'est autre qu'un bistrot convivial, à deux pas de la rue de Longchamp et de l'avenue Poincaré. Généreuse, bien faite et sans esbroufe, sa cuisine bistrotière a tout pour séduire les gourmands. Jetez un coup d'œil sur l'ardoise et lancez-vous sans plus attendre, tous les classiques sont là, figurant en bonne place selon les saisons : tournedos de foie de veau au vinaigre, entrecôte de premier choix, harengs pommes à l'huile, baba au rhum. Un florilège de saveurs franches et rassurantes. Détail qui ne gâche rien : le beau choix de vins au verre, sélectionnés par le chef lui-même, fils de vigneron.

Terrasse Mirabeau

Cuisine moderne ▶ **Plan : B3**

5 pl. de Barcelone
✆ 01 42 24 41 51
www.terrasse-mirabeau.com
Ⓜ Mirabeau

Fermé 3 semaines en août, 1 semaine fin décembre, samedi et dimanche

Formule 25 € – Menu 42/75 € – Carte 50/65 €

Queues de langoustines rôties en cappuccino. Lieu jaune en tournedos au chorizo. Pied de cochon désossé et pané au homard. Cocotte de légumes à la vapeur, beurre à la fleur de sel de Noirmoutier parfumé à l'agastache. Millefeuille à la crème légère de citron. La carte interpelle et… les assiettes tiennent toutes leurs promesses : Pierre Négrevergne (formé auprès de Michel Rostang) signe une belle cuisine d'aujourd'hui, appuyée sur de solides bases classiques – et des produits de qualité bien mis en valeur. L'assurance d'un bon moment, dans un cadre contemporain à la fois sobre et coloré (tons blanc, brun et rouge, miroirs, toiles abstraites) et, dès les premiers jours du printemps, sur une jolie terrasse verdoyante, à deux pas du pont Mirabeau. L'enseigne ne ment pas ; l'assiette non plus.

Les Tablettes de Jean-Louis Nomicos ✿

Cuisine moderne ▶**Plan : C1**

16 av. Bugeaud
✆ 01 56 28 16 16
www.lestablettesjeanlouisnomicos.com
Ⓜ Victor Hugo

Menu 58 € 🍷 (déjeuner), 80 € 🍷/145 € – Carte 100/145 € XXX

Les Tablettes de JL Nomicos

Après avoir dirigé de nombreuses années durant les cuisines du restaurant Lasserre – l'un des temples de la cuisine classique –, Jean-Louis Nomicos a créé ces Tablettes où il a souhaité apposé son propre nom.

À l'heure frénétique des écrans tactiles, le lieu, élégant et feutré, évoque de manière très contemporaine le panier du marché provençal avec, sur ses murs, un beau tressage de larges lattes de noyer... Il est vrai que la cuisine de Jean-Louis Nomicos a conservé une pointe d'accent du Midi. Pour ce chantre de la belle tradition, qui est né à Marseille et a grandi dans le culte de la bouillabaisse, l'art et la technique doivent avant tout rester au service des sens et du plaisir. Telle est la condition pour révéler toutes les potentialités des grandes recettes et des produits de choix ! Et si la carte peut dorénavant s'écrire en pixels, sous la conduite d'un chef aussi talentueux, les saveurs, elles, n'ont rien de virtuel...

Entrées

- Macaroni, truffe noire, foie gras de canard, céleri et jus de veau
- Fin sablé au parmesan, velouté de courgette et d'artichaut poivrade

Plats

- Rouget croustillant, marjolaine, pulpe d'olives noires et oignon doux
- Filet de bœuf de Salers, aubergine, basilic et pommes soufflées

Desserts

- Tarte soufflée chocolat grand cru, sorbet cacao et émulsion mascarpone
- Framboises à l'eau de rose et granité à la Chartreuse

Le Tournesol

Cuisine traditionnelle ▶ **Plan : C2**

2 av. de Lamballe
Fermé 1 semaine en août
01 45 25 95 94
www.le-tournesol.fr
Ⓜ Avenue du Président Kennedy

Carte 37/73 €

Au pied de cet immeuble bourgeois, dès les premiers beaux jours venus, les Parisiens semblent jouer aux tournesols, pivotant en cœur face au soleil pour ne pas en rater un rayon... Il faut avouer qu'elle est bien agréable, la terrasse de ce restaurant, d'où la vue porte jusque sur la Seine ! Et l'on ne se détournera pas si l'on doit gagner la salle intérieure, très réussie dans son inspiration années 1920 : murs blanc et or, motifs floraux, banquettes en velours noir, photos anciennes... Dans un tel cadre, on ne s'étonnera pas de retrouver à la carte de grands classiques de la brasserie, mais des recettes plus originales y ont aussi cours : crabe-avocat ou salade de bœuf façon thaïlandaise ? Pavlova aux fruits rouges ou cheesecake ? Le tout bien parfumé... Ce Tournesol a déjà fait tourner quelques têtes !

Tsé Yang

Chinoise ▶ **Plan : D3**

25 av. Pierre-1er-de-Serbie
01 47 20 70 22
Ⓜ Iéna

Menu 39 € (déjeuner), 49/59 € – Carte 50/100 €

Situé à deux pas du palais de Tokyo, cet élégant restaurant chinois vous transporte aussitôt l'entrée franchie dans les corridors de la Cité Interdite. Lions de jade monumentaux à la porte, intérieur riche de ses tissus sombres et plafonds dorés, mobilier en bois noir sculpté de motifs typiques : le décor relooké par James Tinel et Emmanuel Benet puise aux sources de l'Empire du Milieu. La carte présente un éventail de plats issus des régions de Pékin, de Shanghai et du Sichuan. Entre autres spécialités maison : assortiment de raviolis (dim-sum), canard rôti au thé de Chine, bar étouffé dans sa vapeur, véritable canard laqué (à la pékinoise). Un établissement qui séduira les palais occidentaux... même les plus endurcis !

Victoria 1836 ⓃN

Cuisine moderne ▶ **Plan : C1**

12 r. de Presbourg
01 44 17 97 72
www.victoria-1836.com
Charles de Gaulle-Etoile

Fermé samedi midi et dimanche

Formule 36 € – Menu 45 € – Carte environ 100 € XX

Après dix ans (!) passés auprès de Yannick Alléno au Meurice, Alexandre Auger a pris son envol et atterri dans cette superbe brasserie du dernier chic, installée au coin de la rue de Presbourg : l'Arc de Triomphe est à deux pas... Le chef ne jure que par la qualité et l'authenticité des produits – son papa boucher y est probablement pour quelque chose – et se révèle un cuisiner perfectionniste : une double exigence que l'on retrouve dans chacune de ses assiettes. Avec des propositions variées (tartares, salades, hamburgers, mais aussi caviar, homard, sole...), la carte devrait satisfaire tous les appétits. Quant au cadre, il ne manque pas de charme, avec ses boiseries et ses vastes fenêtres offrant une vue imprenable sur la place de l'Étoile... L'élégance même !

Le Vinci

Italienne ▶ **Plan : D2**

23 r. Paul-Valéry
01 45 01 68 18
www.restaurantlevinci.fr
Victor Hugo

Fermé 1er-21 août, samedi et dimanche

Menu 35 € – Carte 46/81 € 

Dans une rue calme, près de l'avenue Victor-Hugo, ce "ristorante" offre une belle carte de cuisine italienne, agrémentée de touches contemporaines françaises : cette table transalpine est ouverte aux influences locales. Le décor, coloré, fleure bon la péninsule et met tout de suite dans l'ambiance. Confortablement attablé, attaquez-vous à la lecture de la carte qui décline les spécialités de la maison, parfaitement exécutées : émietté de tourteau, suprême d'agrumes surmonté d'un carpaccio de Saint-Jacques à l'huile d'olive et basilic... Sans compter le cappuccino "café café" et sa mousse de lait, un vrai délice, et une attrayante carte de vins italiens. Inutile de préciser que cette adresse fait souvent salle comble !

17e

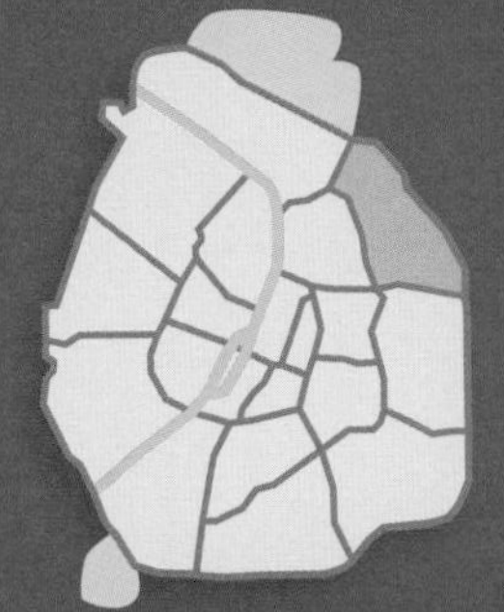

Palais des Congrès · Wagram · Ternes · Batignolles

H. Hughes / hemis.fr

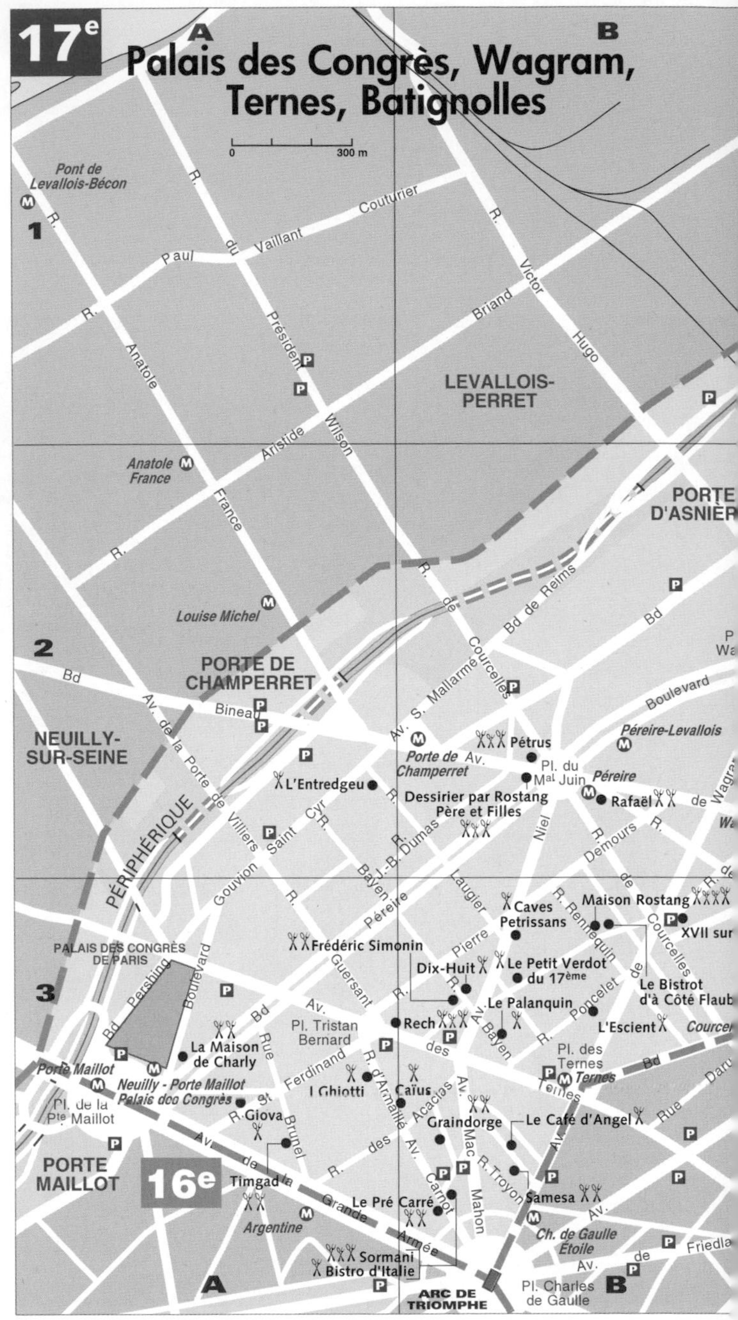

17e
Palais des Congrès, Wagram, Ternes, Batignolles
0
300 m
Pont de Levallois-Bécon
LEVALLOIS-PERRET
Anatole France
Louise Michel
PORTE DE CHAMPERRET
NEUILLY-SUR-SEINE
PÉRIPHÉRIQUE
PORTE D'ASNIÈR
Porte de Champerret
Péreire-Levallois
Pereire
PALAIS DES CONGRÈS DE PARIS
Porte Maillot
Neuilly - Porte Maillot Palais des Congrès
Pl. de la Pte Maillot
PORTE MAILLOT
16e
Argentine
Ch. de Gaulle Étoile
Ternes
Courcel
ARC DE TRIOMPHE
Pl. Charles de Gaulle
Pl. du Mal Juin
Pl. Tristan Bernard
Pl. des Ternes
Pétrus
L'Entredgeu
Dessirier par Rostang Père et Filles
Rafaël
Maison Rostang
XVII sur
Caves Petrissans
Frédéric Simonin
Dix-Huit
Le Petit Verdot du 17ème
Le Bistrot d'à Côté Flaub
Le Palanquin
L'Escient
Rech
La Maison de Charly
I Ghiotti
Caïus
Giova
Graindorge
Le Café d'Angel
Timgad
Samesa
Le Pré Carré
Sormani
Bistro d'Italie

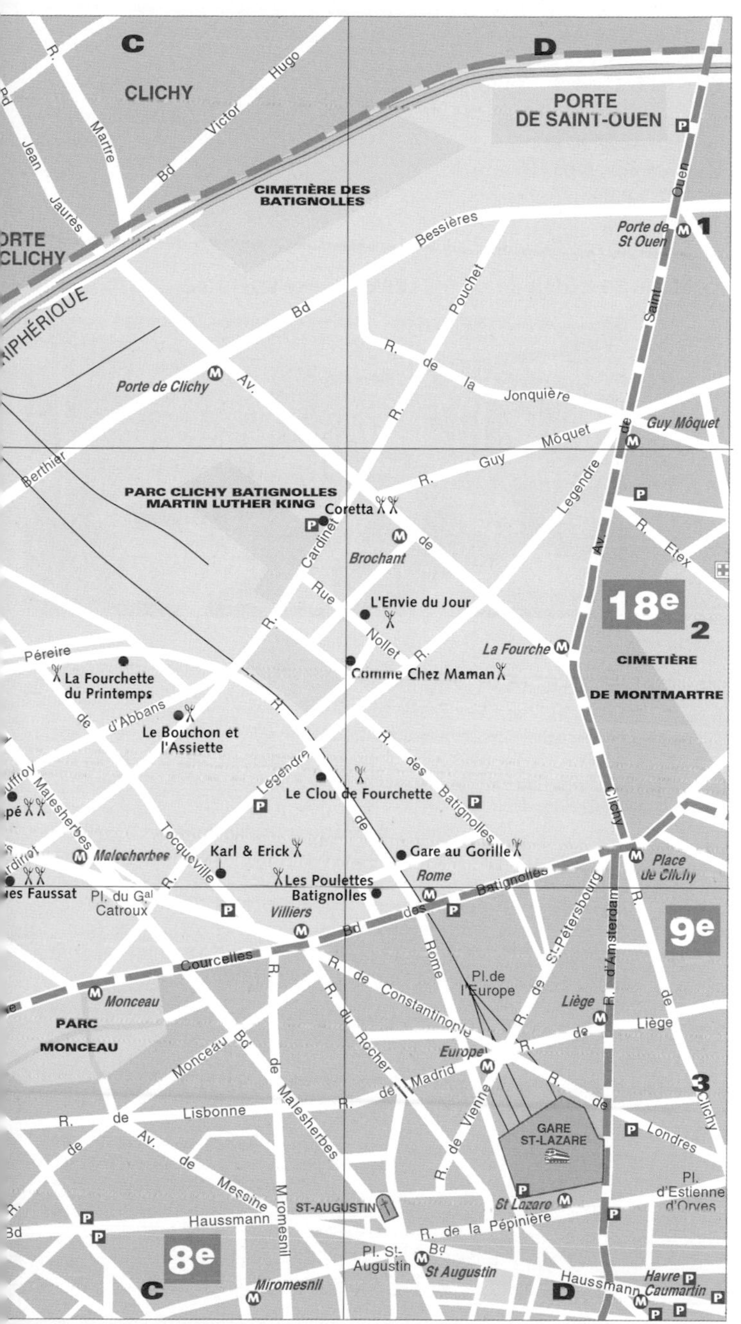
C
D
CLICHY
PORTE DE SAINT-OUEN
CIMETIÈRE DES BATIGNOLLES
PARC CLICHY BATIGNOLLES MARTIN LUTHER KING
Coretta
Brochant
L'Envie du Jour
Comme Chez Maman
La Fourche
18e
CIMETIÈRE DE MONTMARTRE
La Fourchette du Printemps
Le Bouchon et l'Assiette
Le Clou de Fourchette
Karl & Erick
Gare au Gorille
Les Poulettes Batignolles
Rome
Villiers
Place de Clichy
9e
PARC MONCEAU
Monceau
Malesherbes
Porte de Clichy
Porte de St Ouen
Guy Môquet
Liège
Europe
GARE ST-LAZARE
St Lazare
ST-AUGUSTIN
St Augustin
Miromesnil
Havre Caumartin
8e
Pl. de l'Europe
Pl. du Gal Catroux
Pl. St-Augustin
Pl. d'Estienne d'Orves
Bd Victor Hugo
Bd Jean Jaurès
R. Martre
Bd Bessières
R. Pouchet
R. de la Jonquière
Av. de Saint Ouen
R. Guy Môquet
R. Legendre
Av. de Clichy
R. Etex
Rue Nollet
R. Cardinet
R. de Tocqueville
R. des Batignolles
Bd des Batignolles
Bd de Courcelles
R. de Rome
R. de Constantinople
R. du Rocher
R. de St-Pétersbourg
R. d'Amsterdam
R. de Liège
R. de Londres
R. de Clichy
R. de Madrid
R. de Vienne
R. de Lisbonne
Av. de Messine
Bd de Malesherbes
Bd Haussmann
R. de la Pépinière
R. Miromesnil
Bd Berthier
Pereire
R. d'Abbans
1
2
3

Agapé ✿

Cuisine moderne ▶ **Plan : C2**

51 r. Jouffroy-d'Abbans
01 42 27 20 18
www.agape-paris.fr
Ⓜ Wagram

Fermé samedi et dimanche

Menu 39 € (déjeuner), 99/129 € – Carte 90/150 €

L'Agapé

Agapè… En Grèce ancienne, ce mot désignait l'amour inconditionnel de l'autre. Un nom qui augure des moments exclusifs, dans un décor chic et tendance, parfaitement adapté. La maison, hissée au rang de valeur sûre, compte une clientèle fidèle et conquise… Le fruit d'un mariage réussi entre salle et cuisine. L'accueil et le service se révèlent très professionnels, avec des conseils avisés sur le choix des mets et leur alliance avec les vins (plus de 600 références). La carte elle-même, assez courte, fait profession de transparence en mentionnant la provenance des produits, triés sur le volet. Il ne reste alors qu'à se laisser bercer, en toute confiance, par une jolie romance : celle de la finesse des saveurs, de la justesse des assaisonnements, de la précision des cuissons… le tout porté au point subtil où l'harmonie rencontre la surprise. L'arme de séduction de l'Agapé !

Entrées

- Œuf florentine, parmesan et jambon de Paris
- Noix de veau fumée au bois de hêtre, huître et chou-fleur

Plats

- Pêche côtière de Noirmoutier
- Lapin rex du Poitou, cresson, huître et salicorne

Desserts

- Arabica du Brésil, whisky pur malt et chocolat grand cru
- Paris-brest, fromage blanc

Le Bistrot d'À Côté Flaubert

Cuisine traditionnelle ▶ **Plan : B3**

10 r. Gustave-Flaubert
01 42 67 05 81
www.bistrotflaubert.com
Ternes

Fermé 2 semaines en août, samedi midi, dimanche et lundi

Formule 29 € – Menu 36 € – Carte 41/60 €

Côté assiette, une cuisine gourmande et généreuse, inspirée par les bouchons lyonnais. Côté décor, une salle chaleureuse, véritable petite bonbonnière rétro aux murs recouverts de carafes provençales anthropomorphes – aux allures grotesques et enjouées. Pas de doute, on est bien dans un bistrot ! Et il est "d'à côté" car il jouxte le restaurant gastronomique de Michel Rostang, auquel il appartient également. Aux commandes en ces lieux ? Un jeune chef plein d'enthousiasme, qui réalise de beaux classiques : pâté en croûte de canard et foie gras à l'ancienne, quenelle de brochet sauce Nantua, fricassée de rognons de veau, etc. Les desserts sont dans un registre tout aussi traditionnel et... savoureux : petits pots de crème au chocolat, tatin, etc. Un bon prétexte pour se diriger du côté de la rue Flaubert.

Bistro d'Italie

Italienne ▶ **Plan : B3**

4 r. Gén.-Lanzerac
01 40 55 90 00
Charles de Gaulle-Etoile

Fermé samedi midi et les weekends en août

Carte 30/55 €

Son nom dit tout : on pourrait très bien imaginer que cette adresse, mi-bistrot, mi-trattoria, ait été copiée-collée depuis l'autre côté des Alpes. Une déclinaison dans la simplicité, où la gourmandise reste chose sérieuse – comme toujours en Italie ! La carte se divise en deux grands chapitres : les pizzas d'une part (garnies de produits de premier choix, tels la truffe et le jambon de Parme) et les pâtes d'autre part (spaghettis all'arrabbiata, alla puttanesca – olives, câpres et anchois –, etc.), mais l'on trouve aussi d'appétissants classiques, telle cette côte de veau façon osso-buco. En dessert, place aux inévitables glaces italiennes. En un mot : une cuisine droit dans sa Botte !

Le Bouchon et l'Assiette

Cuisine traditionnelle ▶ **Plan : C2**

127 r. Cardinet
01 42 27 83 93 (réservation conseillée)
Ⓜ Malesherbes

Fermé 3-10 mai, 3 semaines en août, 31 décembre-10 janvier, dimanche et lundi

Menu 25 € (déjeuner en semaine)/37 €

Le jeune couple à la tête de cette affaire a su créer une formule épatante. Au déjeuner, l'ardoise du jour (qui change vraiment chaque jour) propose, à un prix très compétitif, un joli panaché de petits plats gourmands. Le soir, place à des plaisirs plus subtils, par exemple autour d'une fricassée d'escargots au lard, pousses d'épinards et bouillon mousseux de tourin à l'ail. En dessert, le gâteau basque fait un clin d'œil aux origines du chef... Mais la marque de ce dernier, c'est plus largement celle d'une cuisine du marché avide de jolies saveurs. Quant à la carte des vins, elle met en avant d'intéressants petits producteurs. Rue Cardinet, le bouchon et l'assiette forment un couple épatant.

Le Café d'Angel

Cuisine traditionnelle ▶ **Plan : B3**

16 r. Brey
01 47 54 03 33
www.lecafedangel.com
Ⓜ Charles de Gaulle-Etoile

Fermé 2-24 août, 24 décembre-2 janvier, samedi, dimanche et fériés

Formule 27 € – Menu 33 € – Carte 48/57 €

Ce joli café a tout pour plaire avec ses banquettes en skaï, ses faïences aux murs, ses petites tables carrées garnies de sets en papier et ses cuisines visibles derrière le vieux comptoir... Une adresse fétiche pour les nostalgiques des bistrots parisiens d'antan ! D'autant que l'on y mange exactement ce qu'on s'attend à trouver en pareil lieu : de bonnes recettes traditionnelles, 100 % maison. Comme elles changent tous les jours, il vous suffit de guetter l'ardoise en passant : supions poêlés aux herbes, porcelet caramélisé aux épices, rognons de veau aux champignons, liégeoise au chocolat... Il y a fort à parier que, sans vous en rendre compte, le Café d'Angel devienne votre cantine préférée !

Caïus

Créative ► **Plan : B3**

6 r. d'Armaillé
01 42 27 19 20
www.caius-restaurant.fr
Charles de Gaulle-Etoile

Fermé 3 semaines en août, samedi et dimanche

Formule 33 € – Menu 42 € (semaine), 65 € /120 € – Carte 55/120 €

Cette adresse cache bien son jeu derrière sa devanture en bois plutôt sage : de belles banquettes, des chaises design en cuir, des nappes blanches... Et beaucoup d'inventivité derrière les fourneaux ! Le chef, Jean-Marc Notelet, pourrait presque être comparé à un alchimiste. Exhumant épices et produits oubliés pour en faire des ingrédients magiques, il a l'art de transformer des recettes ordinaires avec ici une pincée de vanille, là un filet d'huile d'argan... Et les idées fusent : chaque jour, il efface la monumentale ardoise et recommence ! Résultat, impossible de se lasser, d'autant que l'atmosphère ne gâche rien. La petite salle moderne est accueillante avec ses boiseries blondes et ses photos glorifiant les précieux condiments. Pour le plaisir... de tous les sens.

Cap

Cuisine moderne ► **Plan : C2**

42 bd Péreire
01 44 40 04 15
www.restaurantcap.fr
Wagram

Fermé août, mardi soir, samedi midi, dimanche et lundi

Formule 28 € – Menu 39/55 € – Carte 45/60 €

Cap sur Le Cap, ville d'origine du jeune chef qui dirige cet élégant petit restaurant avec son épouse, sur le boulevard Pereire. On s'en doute, sa cuisine a le goût de l'ailleurs, associant techniques d'ici, souvenirs sud-africains et même notes d'Asie (avec notamment pour fil rouge le salé-sucré). Ainsi cet orzo façon risotto et son bouillon de poule crémé parsemé de copeaux de parmesan et de biltong (une viande épicée et séchée typique de l'Afrique du Sud), ou encore ce tiramisu à l'amarula (liqueur tirée du fruit du marula). Autant de recettes bien tournées et pleines de vivacité ! La carte des vins donne également l'occasion de découvrir les crus australs, et dans la jolie salle, quelques objets font écho à l'Afrique du Sud, si lointaine et... décidément très proche.

Caves Petrissans

Cuisine traditionnelle ▶ **Plan : B3**

30 bis av. Niel
✆ 01 42 27 52 03 (réservation conseillée)
www.cavespetrissans.fr
Ⓜ Pereire

Fermé août, samedi, dimanche et fériés

Menu 36 € – Carte 43/84 €

On ne compte plus les habitués de ces caves plus que centenaires. Et l'adorable Marie-Christine Allemoz – quatrième génération ! – accueille avec la même gentillesse les nouveaux venus. En un clin d'œil, elle vous installe à une table où Céline, Abel Gance ou Roland Dorgelès se sont peut-être déjà assis. "Je vous sers un verre de blanc ?" Répondre par l'affirmative est tentant, mais que choisir ? Suivez les conseils avisés des patrons, ils sauront vous dénicher "la" bouteille qu'il vous faut dans leur incroyable boutique attenante. La terrine maison, la tête de veau sauce ravigote, le baba au rhum, l'île flottante, les cerises à l'eau-de-vie ou l'un des nombreux classiques bistrotiers à la carte prendront alors une autre dimension. Arrière-salle plus intime et terrasse entourée de... ceps de vigne, pour réviser ses cépages !

Le Clou de Fourchette

Cuisine moderne ▶ **Plan : C2**

121 r. de Rome
✆ 01 48 88 09 97
www.lecloudefourchette.com
Ⓜ Rome

Fermé 2 semaines en août, 1 semaine fin décembre, dimanche et lundi

Formule 22 € – Carte 35/60 €

Voilà un restaurant qui plante fièrement le nom de son propriétaire ! Avec ses associés, Christian Leclou invite à un bon "coup de fourchette" rue de Rome. Il serait dommage de bouder ce précieux ustensile quand la façade annonce en toutes lettres : "Boire... et manger". On profite ici de plats fort joliment cuisinés et savoureux, accompagnés d'un bon choix de vins au verre (une quinzaine de références) : os à moelle, escargots et sauce à l'ail ; épaule d'agneau confite aux agrumes et navets au miel de romarin ; lièvre à la royale (entre autres gibiers à l'automne) ; baba au rhum ; etc. Autant de recettes qui invitent à la convivialité entre amis ou collègues : le Clou du spectacle !

Comme Chez Maman ꟾO

Cuisine traditionnelle ►**Plan : D2**

5 r. des Moines
✆ 01 42 28 89 53
www.comme-chez-maman.com
Ⓜ Brochant

Fermé 10-23 août et 23-27 décembre

Formule 18 € – Carte 40/60 €

Au cœur des Batignolles, près d'un square, un bistrot contemporain – briques blanches, murs jaune paille – où l'on se sent... comme chez maman ! Le jeune chef belge, Wim Van Gorp, a pour lui un très beau parcours l'ayant mené, après un apprentissage chez Alain Ducasse, à prendre les rênes du Market de Jean-Georges Vongerichten (8e arrondissement). Désormais bien installé dans son fief du 17e, il joue la carte des jolies recettes ménagères : rognon de veau grillé aux aromates, gnocchis maison au beurre et à la sauge, gaufre – un délicieux hommage à ses origines flamandes... Tout est généreux et goûteux : maman peut être fière !

Coretta ꟾO

Cuisine moderne ►**Plan : C2**

151b r. Cardinet
✆ 01 42 26 55 55
Ⓜ Brochant

Fermé dimanche soir

Formule 25 € – Menu 35/41 € – Carte 48/68 €

A/C

Dans ce quartier Clichy-Batignolles en plein renouveau, au pied d'un immeuble contemporain toisant le parc Martin-Luther-King (dont l'épouse s'appelait Coretta), cette table née en 2014 creuse un sillon original et fertile ! Le décor adopte une posture éco-responsable : dans une veine épurée, les matériaux bruts dominent (l'ardoise, le marbre mais surtout le chêne), ce qui sied comme un gant à la salle de l'étage, grande ouverte sur les cimes des arbres voisins. Une démarche naturelle que l'on retrouve dans l'assiette : le jeune chef, Jean-François Pantaleon, signe une belle cuisine bistronomique, fondée sur des produits sélectionnés avec soin. Ainsi ces deux beaux tronçons de lotte à la chair nacrée, juteuse et fondante, servis sur un délicieux écrasé de vitelottes et des girolles poêlées. Le goût de la nature...

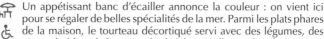

Dessirier par Rostang Père et Filles

Poissons et fruits de mer ▶ **Plan : B2**

9 pl. Mar.-Juin
01 42 27 82 14
www.restaurantdessirier.com
Pereire

Fermé samedi et dimanche en juillet-août

Formule 40 € – Menu 48 € – Carte 62/128 €

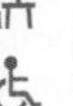

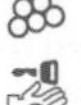
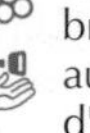

Un appétissant banc d'écailler annonce la couleur : on vient ici pour se régaler de belles spécialités de la mer. Parmi les plats phares de la maison, le tourteau décortiqué servi avec des légumes, des citrons beldi et de la coriandre fraîche. D'ailleurs, dans les cuisines se concoctent une multitude d'alléchantes recettes iodées, préparées à partir de produits que Michel Rostang – propriétaire de cinq autres "bistrots" – sélectionne avec le plus grand soin. Le décor, contemporain, arty et chic, renouvelle le genre des grandes brasseries parisiennes : banquettes de cuir gris, mosaïques, murs aux courbes élancées rappelant les ondulations océanes, œuvres d'artistes comme Combas, Arman, Folon... Pas étonnant que le lieu soit aussi prisé, particulièrement par la clientèle d'affaires.

Dix-Huit

Cuisine moderne ▶ **Plan : B3**

18 r. de Bayen
01 53 81 79 77
www.dix-huit.fr
Ternes

Fermé 1er-24 août, 24 décembre-2 janvier, samedi midi, dimanche et lundi

Formule 19 € – Menu 24 € – Carte 37/55 €

"En ces temps de crise, le client doit pouvoir consommer mieux et moins cher." Voici la profession de foi de Julien Péret, le jeune patron de ce Dix-Huit installé dans le... 17e. Avec la ferme intention de "casser les codes" de la restauration à la française, il a créé une table protéiforme, un repaire inévitablement bobo mais sans prétention, dans lequel l'épure quelque peu scandinave du décor répond à la belle simplicité de l'assiette. On y dévore notamment de savoureux couteaux émincés, assortis de petits légumes croquants, ou un joli tronçon de maigre, rosé à l'arête... Ajoutez à cela un excellent rapport qualité-prix (notamment au déjeuner), un service au diapason, et vous voilà en présence d'une belle adresse de quartier, qui mérite autant votre curiosité que votre gourmandise !

XVII sur Vin

Cuisine traditionnelle ► **Plan : B3**

99 r. Jouffroy-d'Abbans
01 42 27 26 16
www.xviisurvin-lebistrot.com
Wagram

Fermé dimanche et lundi

Carte 41/60 €

Nouvellement repris par un chef patron et son associé, ce restaurant fait le délice d'une clientèle de quartier et de bureaux. On traverse une terrasse d'été, protégée du soleil (et du brouhaha urbain) par des buis pour gagner la salle, tout en longueur, au décor d'inspiration bistrotière. Bistrotière, la cuisine l'est aussi, à l'instar de cet onglet de bœuf beurre maître d'hôtel, ou du suprême de volaille fermière rôti au romarin, mais pas seulement... Le filet de bar sauce vierge et sa purée de pommes de terre à l'huile d'olive ravira les amoureux des produits de la mer. Le chef fait régulièrement évoluer la carte, au gré du marché et des saisons, afin d'éviter toute lassitude. XVII sur Vin ? Le jeu de mots est un peu facile, mais la note est amplement méritée.

L'Entredgeu

Cuisine traditionnelle ► **Plan : A2**

83 r. Laugier
01 40 54 97 24
Porte de Champerret

Fermé 2 semaines en août, 1 semaine à Noël et dimanche

Formule 26 € – Menu 36 €

Quelle ambiance dans ce troquet ! À croire que tout le 17e en a fait sa cantine. Non sans raison : de beaux produits ramenés du marché, des recettes traditionnelles parfaitement maîtrisées, des prix tenus... la recette fonctionne à merveille. Rançon du succès, on joue souvent à guichets fermés et le service presse parfois un peu le pas. Mais la bonne humeur qui règne fait tout pardonner. De fait, que serait cette salle de bistrot sans les plaisanteries qui fusent et les tintements de verres ? L'un des meilleurs rapports qualité-prix de la capitale.

L'Envie du Jour

Cuisine moderne ▶ **Plan : D2**

106 r. Nollet
✆ 01 42 26 01 02
www.lenviedujour.com
Ⓜ Brochant

Fermé dimanche soir et lundi

Formule 24 € – Menu 32 €

A/C Les gastronomes parisiens se souviennent de feu La Bigarrade ; en lieu et place s'épanouit aujourd'hui cette Envie du Jour, création signée Sergio Dias Lino, jeune chef qui ne manque pas d'envies. Ouvertes sur la petite salle, les cuisines concentrent toute l'attention et l'on peut même ne rien rater des fourneaux en s'installant sur le comptoir central : le geste du cuisinier prime ! Un geste plein d'attentions et inspiré : les beaux produits sont bichonnés pour qu'ils donnent le meilleur d'eux-mêmes, et les assiettes révèlent force couleurs et parfums. Ainsi ce délicat velouté de chou-fleur parsemé de pétales croquants de radis, d'éclats de noisette grillés, d'un original pesto à l'oseille et de lamelles de pata negra de première qualité... Voilà qui stimule notre envie.

L'Escient

Cuisine moderne ▶ **Plan : B3**

28 r. Poncelet
✆ 01 47 64 49 13
www.restaurantescient.fr
Ⓜ Ternes

Fermé 6-17 août, dimanche et fériés

Formule 28 € – Menu 37/55 € – Carte environ 47 €

Gambas, tarama, daïkon, citron vert et gingembre ; morue fraîche, croûte de figues sèches, chorizo doux et citron confit ; chaud-froid chocolat-framboise ; etc. À la carte de cet Escient, les associations originales ne manquent pas, et elles sont toujours réalisées... à bon escient ! Créée mi-2011, l'affaire est familiale : aux fourneaux œuvrent Pierre et sa fille Claire, duo visiblement complémentaire. Les recettes se révèlent bien tournées, très parfumées, évoluant au gré des saisons et du marché. Influences maîtresses : l'Asie et l'Espagne, mais aussi de grands classiques français. Bref, un joli métissage...

H. Hughes / r.emis.fr

La Fourchette du Printemps ✿

Cuisine moderne ▶ **Plan : C2**

30 r. du Printemps
✆ 01 42 27 26 97 (réservation conseillée)
www.lafourchetteduprintemps.com
Ⓜ Wagram

Fermé août, 24 décembre-2 janvier, dimanche et lundi

Menu 55/75 € – Carte environ 60 €

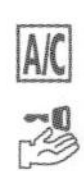

La Fourchette du Printemps

Et si une fourchette faisait le printemps ? Un vœu exaucé en toute saison dans ce bistrot contemporain où l'on sait exalter, avec autant de réussite que de simplicité, les belles saveurs. Aux fourneaux, Nicolas Mouton fait preuve d'un vrai sens du produit, des cuissons, des jeux de textures... La carte est courte et diablement alléchante, réussissant par exemple le mariage d'un gravlax de saumon et d'une gaufre tiède (clin d'œil à ce Nord dont Nicolas est originaire), revisitant avec subtilité le suprême de volaille en croûte de parmesan, créant la surprise avec une sphère au chocolat blanc garnie de fruits de saison... Le menu change en permanence en fonction du marché : voilà ce qui fait le sel de la vie, voilà tout le piment de cet endroit, au demeurant sans prétention. Comptoir en zinc, banquettes bistrotières : l'atmosphère est décontractée, sans chichi et chaleureuse. Pas de doute, cette Fourchette-là a de belles saisons devant elle.

Entrées

- Gambas croustillantes, tête de veau et sauce gribiche
- Pressé de foie gras de canard, crème de prune noire

Plats

- Le Merlan - « de ligne rôti dans une pomme darphin » sauce choron.
- Lapin en potjevlesch et en rillettes, le râble rôti

Desserts

- Tarte au chocolat, sablé chocolat craquant, brownie, ganache légère aux chocolats noir et lait
- Mont-blanc, meringue et crème de marron, glace vanille

Frédéric Simonin ✿

Cuisine moderne ▶ **Plan : B3**

25 r. Bayen
✆ 01 45 74 74 74
www.fredericsimonin.com
Ⓜ Ternes

Fermé 31juillet-24 août, dimanche et lundi

Formule 38 € – Menu 49 € (déjeuner), 86/139 € – Carte 95/155 € XX

A/C

Francis Amiand

Le moins que l'on puisse dire de Frédéric Simonin, c'est qu'il a fait un beau parcours ! Ledoyen, le Meurice, Taillevent, le Seize au Seize, et enfin la Table de Joël Robuchon, où il a gagné ses derniers galons... Rien que des grands noms, à la suite desquels il vient aujourd'hui écrire le sien, non loin de la place des Ternes (pour les connaisseurs : en lieu et place du restaurant Bath's, qu'il a entièrement transformé). Moquette noir et blanc, banquettes de velours sombre, panneaux de verre, déclinaisons élégantes de formes géométriques...

Le design des lieux sied à la cuisine du chef, fine et pleine de justesse. Ne dédaignant pas les touches inventives et parfois japonisantes, il ose les associations originales. L'équation est subtile, maîtrisée... À découvrir à la carte ou à travers le beau menu dégustation. Voilà bel et bien une table raffinée !

Entrées

- Tourteau, gelée de tomate, onctuosité d'avocat légèrement épicé
- Pomme fondante fumée au bois de hêtre et caviar schrenki

Plats

- Veau de Normandie en cocotte, lard de colonnata, polenta de Savoie
- Rouget de petite pêche, pissaladière et vierge à l'olive taggiasche

Desserts

- Dessert tout chocolat, biscuit Oreo et sorbet cacao
- Soufflé chaud aux fruits de la passion, sorbet banane-passion

Gare au Gorille

N

Cuisine moderne ▶ **Plan : D2**

68 r. des Dames
01 42 94 24 02 (réservation conseillée)
Rome

Fermé 3 semaines en août, vacances de Noël, samedi et dimanche

Menu 27 € (déjeuner en semaine)/45 € – Carte 38/50 € 

On ne peut pas dire que ce restaurant, installé au-dessus des voies de la gare St-Lazare et en face d'un supermarché, ait hérité de l'emplacement le plus "glamour" qui soit... Mais ne vous y trompez pas ! Depuis son ouverture en 2014, c'est l'une des tables en vogue de la place parisienne. On y vient pour découvrir les créations d'un jeune chef, Marc Cordonnier, qui fait chaque jour la preuve que son curriculum vitæ – Agapé, Arpège, Septime, entre autres – ne doit rien au hasard... et tout au talent ! Il se distingue notamment par cette capacité à faire graviter une poignée de saveurs autour d'un beau produit sans le dénaturer, comme avec ce maquereau, féta et groseille, ou encore ce bœuf cru, anchois et pecorino... Une cuisine franche et originale, à ne manquer sous aucun prétexte.

Giova

Italienne ▶ **Plan : A3**

34 r. St-Ferdinand
01 83 98 92 85
Argentine

Fermé 2 semaines en août et décembre, samedi midi et dimanche

Menu 19 € (déjeuner)/29 € – Carte 35/50 € 

Vous rêvez d'une belle cuisine italienne légèrement revisitée à la française ? Vous avez frappé à la bonne porte ! Risotto de riz arborio aux copeaux de foie gras – joli mariage avec la douceur du vin blanc et du vieux parmesan – ; parmigiana d'aubergines, courgettes et mozzarella di bufala (bien gratinée et relevée d'un émincé de basilic frais) ; tiramisu réalisé dans les règles de l'art… Il est évident que le jeune chef transalpin a su compiler le meilleur de toutes ses expériences passées (en Italie et en France), en particulier en apportant un soin tout particulier à la présentation des plats, mais aussi au choix des produits, aux cuissons et aux assaisonnements. Le tout dans un décor plutôt sobre : parements de pierre, tons clairs… L'essentiel est dans l'assiette !

Graindorge

Flamande ▶ **Plan : B3**

15 r. Arc-de-Triomphe
01 47 54 00 28
www.le-graindorge.fr
Charles de Gaulle-Étoile

Fermé 2 semaines en août, samedi midi et dimanche

Formule 26 € – Menu 30 € (déjeuner), 36/59 € – Carte 45/65 €

Le climat de l'Étoile réussit plutôt bien à Bernard Broux, sans doute parce qu'il a su adapter au goût parisien ce qui fait le charme des auberges de son "Ch'Nord" natal ! Dans la salle d'esprit Art déco, on s'attable volontiers devant un potjevlesch, des bintjes farcies à la brandade de morue, un waterzoï de la mer aux crevettes grises d'Ostende ou des kippers de Boulogne grillés et oignons frits. De généreuses recettes flamandes, complétées de suggestions du marché. Le tout se déguste avec de belles bières artisanales d'outre-Quiévrain (Angélus, Moinette Blonde), mais que les amateurs de vin se rassurent, ils trouveront aussi leur bonheur !

I Ghiotti

Italienne ▶ **Plan : A3**

11 r. d'Armaillé
01 44 09 05 10 (réserver)
Charles de Gaulle-Etoile

Fermé 3 semaines en août, 1 semaine vacances de Noël, dimanche et lundi

Formule 20 € – Carte 42/53 €

I Ghiotti, ce sont "les gourmands" en italien... Tout est dit ! Cette petite table (une vingtaine de couverts) sort assurément du lot. Elle est l'œuvre d'un jeune chef venu de Sicile, secondé côté salle par son frère et sa compagne, elle-même originaire de Toscane. De là les dominantes sicilienne et toscane de la carte ! Pâtes artisanales aux pistaches, tomates cerises et copeaux de ricotta salée ; entrecôte façon tagliata aux cèpes et crème à la truffe ; salade tiède de poulpe et légumes de saison ; timbale de raie et pois chiches à la mayonnaise aux citron bio et origan de Sicile ; tiramisu aux noisettes du Piémont, crumble ricotta, poires et chocolat fondant... Une grande partie des produits est importée directement d'Italie, les assiettes sont généreuses et colorées : voilà bien un royaume pour la *golosità !*

Jacques Faussat ✿

Cuisine traditionnelle ▶**Plan : C2**

54 r. Cardinet
✆ 01 47 63 40 37
www.jacquesfaussat.com
Ⓜ Malesherbes

Fermé août, 24 décembre-2 janvier, samedi sauf le soir d'octobre à avril, dimanche et fériés

Menu 40 € (déjeuner), 98/138 € – Carte 75/90 €

A/C

La Braisière

Un petit bout de province à Paris, cela paraît impossible. C'est pourtant la gageure que relève le chef de ce restaurant du quartier des Ternes, gersois et fier de l'être. Jacques Faussat n'aime rien tant que la simplicité inspirée de ses racines et de son enfance. Une simplicité également apprise auprès de Michel Guérard et surtout d'Alain Dutournier – sa rencontre avec cet homme de passion qui partage les mêmes origines sera déterminante dans sa carrière, à commencer par dix années passées aux fourneaux du Trou Gascon. Avec quelques réminiscences du Sud-Ouest, sa cuisine joue donc surtout la carte de la générosité et des saveurs, misant tout sur de bons produits travaillés pour en faire ressortir... le meilleur.

Enfin, on peut remercier la maîtresse de maison chargée de l'accueil et de la salle, ainsi que le service, sans manières, pour leur gentillesse. À La Braisière, on se sent bien, tout simplement.

Entrées

- Soupe de langoustines au lait de coco
- Gâteau de pommes de terre au foie gras

Plats

- Écrevisses pattes rouges mariées à l'aileron de poulet laqué au poivre du Sichuan
- Épaule d'agneau de lait des Pyrénées rôtie sur l'os

Desserts

- Soufflé chaud aux fruits de saison.
- Chocolat noir et poivre sarawak en sablé

Karl & Erick ꟾO

Cuisine moderne ▶ **Plan : C2**

20 r. de Tocqueville
✆ 01 42 27 03 71
Ⓜ Villiers

Fermé août, samedi midi et dimanche

Formule 33 € – Menu 39 €

Qu'est-ce qui caractérise un vrai bistrot contemporain ? Son atmosphère d'abord, conviviale et tendance, puis la cuisine de son chef, idéalement passé par de grandes maisons et réussissant à marier classicisme et créativité. Pour vous en convaincre, découvrez cette table tenue par de talentueux jumeaux. Erick se charge de l'accueil dans la salle aux airs de loft (sol en béton, banquettes rouge et chocolat, mezzanine). Karl s'épanouit aux fourneaux, proposant, à travers un menu-carte, d'alléchantes recettes : terrine de lapin à l'estragon ; suprême de volaille fermière du Périgord ; daurade royale, pak-choï, pamplemousse et cacahouètes. Fin de la démonstration, il est temps de passer aux travaux pratiques : bon appétit !

La Maison de Charly ꟾO

Nord-africaine ▶ **Plan : A3**

97 bd Gouvion-St-Cyr
✆ 01 45 74 34 62
www.lamaisondecharly.fr
Ⓜ Porte Maillot

Fermé 3 semaines en août et lundi

Formule 35 € – Carte 37/53 €

Pour point de repère, deux oliviers devant une sobre façade ocre. En entrant dans la Maison de Charly, on est immédiatement séduit par son ravissant décor mauresque parsemé de touches contemporaines, tout en élégance et en sobriété. Des matériaux nobles provenant d'Afrique du Nord, des portes sculptées et même un palmier sous sa grande verrière : la belle ambiance orientale fait son effet ! On y apprécie doublement le traditionnel trio couscous-tajine-pastilla. Et quelques spécialités qui donnent envie de revenir comme, par exemple, la "tanjia" (agneau de dix heures confit aux épices).

Maison Rostang ✿✿

Cuisine classique ▶ **Plan : B3**

20 r. Rennequin
01 47 63 40 77
www.maisonrostang.com
Ⓜ Ternes

Fermé 2 semaines en août, samedi midi et dimanche

Menu 80 € (déjeuner), 185/225 € – Carte 150/215 €

A/C

Maison Rostang

Le parcours de Michel Rostang était tout tracé. Un vrai destin de chef dans la pure tradition française, à l'image de son père, de son grand-père, etc. C'est bien simple, chez les Rostang, la gastronomie est une affaire de famille depuis cinq générations ! C'est après de belles années d'apprentissage (notamment chez Lasserre, Lucas-Carton et Pierre Laporte) que Michel ouvre un restaurant parisien à son nom. Sa cuisine s'inscrit alors dans la lignée des plus grandes tables. Bien qu'il s'autorise quelques incursions dans le registre contemporain, il affirme sa préférence pour le classicisme. Produits magnifiques, liés au rythme des saisons (gibier en automne, truffe en hiver), vins au diapason (tout spécialement les côtes-du-rhône) ; il mise sur des valeurs sûres, il recherche l'excellence. Le décor, luxueux et insolite, fait ressentir la même impression : salon Art nouveau, salon Lalique, salon Robj ouvert sur le spectacle des fourneaux, collection d'œuvres d'art (César, Arman, porcelaines...). Plus qu'une escale gourmande, un rendez-vous d'esthètes !

Entrées

- Homard bleu confit, risotto d'artichaut et jus de presse au Condrieu
- Foie gras de canard, consommé corsé, féra fumée et légumes de printemps

Plats

- Ris de veau croustillant, pâtes farcies de champignons et écrevisses au vin jaune
- Saint-pierre rôti au beurre salé

Desserts

- Cigare croustillant au tabac Havane et mousseline Cognac
- Fraise au naturel, crémeux yaourt, hibiscus et sorbet betterave

Le Palanquin ꟾO

Vietnamienne ▶ **Plan : B3**

4 pl. Boulnois
✆ 01 43 80 46 90 (réservation conseillée)
Ⓜ Ternes

Fermé août, samedi et dimanche

Carte 32/51 €

A/C À table, qualité rime souvent avec simplicité. Parfaite démonstration avec ce petit restaurant vietnamien où l'on savoure, sans retenue, une cuisine authentique et très parfumée (brochettes de crevettes, porc épicé à la citronnelle et crème de coco, petits cakes à la feuille de bananier, etc.), avec des recettes végétariennes et des suggestions qui changent chaque semaine. Madame Someaud œuvre seule aux fourneaux, tandis que ses enfants assurent le service avec une gentillesse désarmante. Le restaurant est petit (pas plus de vingt couverts, réservez !) mais convivial et chaleureux : exactement ce qu'il faut pour se concentrer sur son assiette. Et c'est parfait, car la cuisine de la patronne vous transporte très loin...

Le Petit Verdot du 17ème

Cuisine traditionnelle ▶ **Plan : B3**

9 r. Fourcroy
✆ 01 42 27 47 42
Ⓜ Ternes

Fermé 3 semaines en août, samedi midi et dimanche

Carte 25/49 €

Deux jeunes trentenaires se sont associés pour donner un coup de fouet à cette antique adresse du quartier des Ternes. Et le moins que l'on puisse dire, c'est que ça déménage ! Mettant à profit une expérience déjà riche – Vincent vient de l'Atelier de Joël Robuchon, Guillaume a fait ses classes au sein de tables étoilées en Bretagne –, ils déclinent ici une cuisine de bistrot généreuse et sincère, fraîche et goûteuse : terrine de lapin maison, fricassée de rognons de veau à la moutarde, daubes et blanquettes... On dévore ces plats sur de grosses tables rustiques, parmi les habitués, à la bonne franquette ! Et pour ne rien gâcher, l'accueil est impeccable, et le service plein de gaieté. On y retourne quand ?

Pétrus

Cuisine moderne ► **Plan : B2**

12 pl. du Mar.-Juin
01 43 80 15 95
Pereire

Fermé 3 semaines en août et samedi midi

Carte 52/103 €

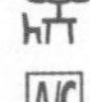

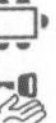

La brasserie du 21e s. par excellence ! Un beau plancher, des chaises en cuir, des lustres design, le tout dans des tons beige et taupe. Portée par une équipe dynamique, cette institution parisienne continue à honorer avec style poissons et fruits de mer. Du haddock, du turbot, un dos de cabillaud à la crème de morilles ; les produits sont incontestablement de grande qualité. Une tradition revisitée qui fait également merveille pour les entrées et les desserts. Millefeuille à la vanille, macarons aux framboises... les pâtisseries sont légères et soignées. Les fidèles sont au rendez-vous, et on les comprend. D'autant qu'en été il est possible de manger en terrasse sur la place du Maréchal-Juin.

Les Poulettes Batignolles

Cuisine moderne ► **Plan : D3**

10 r. de Chéroy
01 42 93 10 11
www.lespoulettes-batignolles.fr
Villiers

Fermé 1 semaine vacances de printemps, 3 semaines en août, 1er-8 janvier, dimanche et lundi

Formule 20 € – Carte 44/53 €

Voilà l'adresse idéale pour poursuivre, en douceur, votre soirée théâtrale. Située dans une rue calme, à deux pas du théâtre Hébertot (boulevard des Batignolles), ce bistrot bien tenu, aux accents espagnols, propose une ardoise appétissante qui change en fonction des saisons, et du marché. En entrée, l'œuf bio croustillant "Les Poulettes", artichaut, pata negra et sauce tartare ne devrait pas laisser indifférent les partisans d'une cuisine qui s'encanaille ! La gourmandise est aussi pleinement assumée avec cette pièce de cochon ibérique rôtie et ses macaronis au chorizo. Ici, l'Espagne pousse un peu sa corne, aurait dit Nougaro. Enfin, en période estivale, les parois vitrées s'ouvrent et laissent pénétrer les vents du sud qui portent un rythme flamenco...

Le Pré Carré

Cuisine traditionnelle ▶ **Plan : B3**

Hôtel Splendid Étoile,
1 bis av. Carnot
01 46 22 57 35
www.restaurant-le-pre-carre.com
Charles de Gaulle-Etoile

Fermé 3 semaines en août, 1 semaine vacances de Noël, samedi midi et dimanche

Menu 39 € (dîner) – Carte 45/75 €

A/C Juste à côté de la place de l'Étoile et de l'Arc de Triomphe, le restaurant de l'hôtel Splendid Étoile réussit l'amalgame de l'élégance et du charme. Deux miroirs face à face reflètent à l'infini l'élégant et chaleureux décor, tout en nuances de beige et de gris, fleurs aux lignes graphiques et banquettes confortables. On dîne également en terrasse ou à l'abri d'une verrière, histoire de profiter de l'animation du quartier. À la carte, des classiques comme la sole meunière, le tartare ou l'entrecôte de salers, mais aussi l'aubergine crétoise au four, la poêlée de chipirons, le turbot cuit à la vapeur. Les produits sont bien choisis... et le plaisir des papilles garanti.

Rafaël

N

Cuisine moderne ▶ **Plan : B2**

105 r. de Prony
01 44 40 05 88
www.lerafael.fr
Péreire

Fermé 7-22 août, vendredi et samedi

Formule 48 € – Menu 70/110 € – Carte 79/106 €

Le premier restaurant casher de Paris révèle des ambitions gastronomiques ! Vous êtes accueillis au sein d'une vaste salle, éclairée par un puits de lumière : nappage blanc, assise confortable, décor élégant – le bal des saveurs peut débuter. Raviole de veau, bar accompagné de sa purée de panais, et côté coupable, mousse de cassis : la carte, actuelle, met à l'honneur les produits de saison, et évolue deux fois l'an. En coulisse, Simone Zanoni, chef doublement étoilé au Trianon Palace, à Versailles, joue les conseillers culinaires de luxe. Enfin, la grande "bibliothèque" en verre permet de lire les crus.

Rech

Poissons et fruits de mer ▶ **Plan : A-B3**

62 av. des Ternes
01 45 72 29 47
www.restaurant-rech.fr
Ⓜ Ternes

Fermé août, dimanche et lundi

Menu 44 € (déjeuner), 54/76 € – Carte 80/130 € 

Illustre adresse que ce bistrot créé en 1925 par l'Alsacien August Rech, et entré il y a quelques années dans la galaxie du groupe Ducasse. Parquet, tons clairs, persiennes d'esprit marin et photos rétro, avec un parti pris général épuré : sur deux niveaux, les salles ne manquent pas d'allure (mais, un conseil : préférez celle de l'étage, plus agréable). En cuisine, on rend hommage aux produits de la mer : poissons et coquillages, préparés avec rigueur, révèlent de belles saveurs naturelles. Les amateurs seront donc aux anges – sans bouder la fin du repas, marquée par l'incontournable camembert Rech ou encore l'éclair XXL, au chocolat ou au café selon les goûts...

Samesa

Italienne ▶ **Plan : B3**

13 r. Brey
01 43 80 69 34
www.samesa.fr
Ⓜ Charles de Gaulle-Etoile

Fermé 3 semaines en août, samedi midi et dimanche

Menu 19 € (déjeuner en semaine)/31 € – Carte 38/54 € 

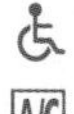

Ouverte fin 2008 par deux associés, Flavio Mascia (du restaurant Fontanarosa, 15e) et Claudio Sammarone (Le Perron, 7e), cette table transalpine offre un décor très chaleureux : la salle est lumineuse (baie vitrée et verrière), tout en longueur, avec des murs en pierres blondes et des tons beiges. Tables et chaises de bistrot s'y alignent avec une élégance simple (nappes blanches), et l'assiette fait honneur aux bonnes recettes italiennes : aubergines au parmesan, tagliatelles aux langoustines flambées au cognac, bar grillé farci à la ratatouille à la sicilienne, etc., le tout accompagné d'un bon choix de vins du pays. Gardez aussi une petite place pour le tiramisu, léger et parfumé à souhait. On vient pour les saveurs ensoleillées du Sud ; on revient aussi pour la convivialité.

Sormani

Italienne ▶ **Plan : B3**

4 r. Gén.-Lanrezac
✆ 01 43 80 13 91
www.restaurantsormani.fr
Ⓜ Charles de Gaulle-Etoile

Fermé 3 semaines en août, samedi, dimanche et fériés

Carte 65/145 €

Tissus tendus, majestueux lustres en verre de Murano, moulures et miroirs : toute l'élégance de l'Italie s'exprime dans ce restaurant chic, dont les multiples petites salles distillent une ambiance feutrée. La cuisine de Pascal Fayet donne la réplique à ces airs de "dolce vita" : une carte résolument transalpine, pour moitié consacrée – en saison – à la précieuse truffe (œufs au plat à la truffe, lasagnes à la truffe noire et foie gras poêlé...). Même refrain pour le livre de cave, dont les superbes intitulés évoquent les plus belles provinces viticoles de la Botte, sans oublier un large choix de grappa afin de conclure en beauté ces agapes. Parmi les fidèles de cette adresse haut de gamme, une clientèle d'affaires notamment, qui apprécie l'intimité du salon situé au rez-de-chaussée.

Timgad

Nord-africaine ▶ **Plan : A3**

21 r. Brunel
✆ 01 45 74 23 70
www.timgad.fr
Ⓜ Argentine

Menu 79 € 🍷/125 € 🍷 – Carte 45/90 €

Bienvenue au temps où Timgad rayonnait ! Ce petit coin d'Orient, qui emprunte son nom à une antique cité nord-africaine, vaut le détour pour son seul décor : lustres dorés, mobilier mauresque et – clou du spectacle – de superbes stucs finement ouvragés, taillés au couteau par des artisans marocains et dont la réalisation a duré plus d'un an ! La carte est au diapason : riche sélection de couscous (la semoule est d'une rare finesse), tajines et pastillas appréciés pour leur générosité et pour leurs mille et un parfums. Quoi de plus agréable, ensuite, que de prolonger le repas dans le joli salon feutré où murmure une fontaine... Dépaysement garanti !

18e

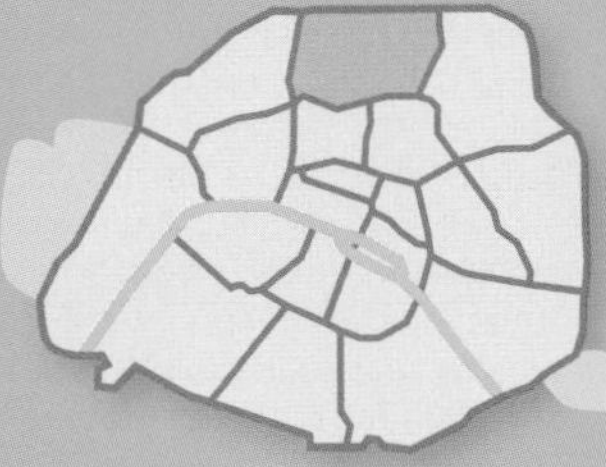

Montmartre · Pigalle

B. Rieger / hemis.fr

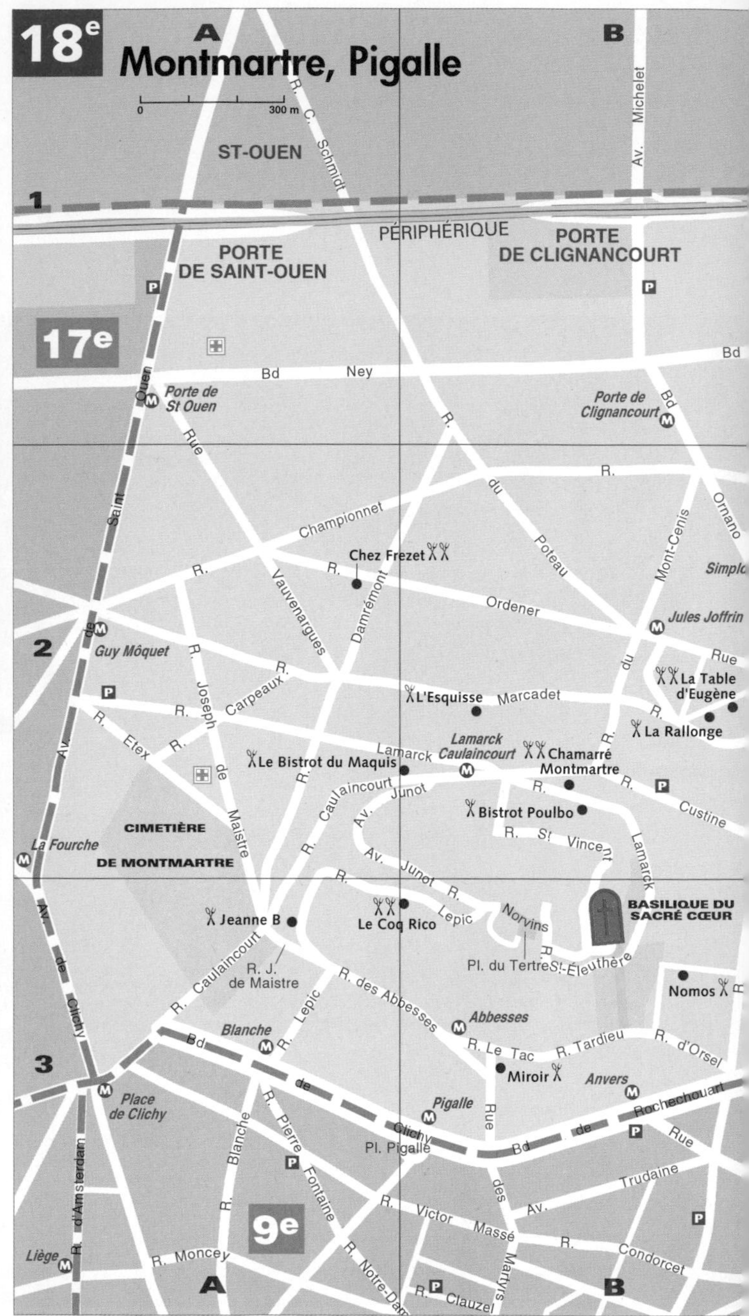
18e
Montmartre, Pigalle
A
B
0
300 m
ST-OUEN
PÉRIPHÉRIQUE
PORTE DE SAINT-OUEN
PORTE DE CLIGNANCOURT
17e
Porte de St Ouen
Porte de Clignancourt
Chez Frezet
Jules Joffrin
Guy Môquet
La Table d'Eugène
L'Esquisse
La Rallonge
Lamarck Caulaincourt
Le Bistrot du Maquis
Chamarré Montmartre
Bistrot Poulbo
CIMETIÈRE DE MONTMARTRE
La Fourche
Jeanne B
Le Coq Rico
BASILIQUE DU SACRÉ CŒUR
Pl. du Tertre
Nomos
Abbesses
Blanche
Miroir
Anvers
Place de Clichy
Pigalle
Pl. Pigalle
9e
Liège

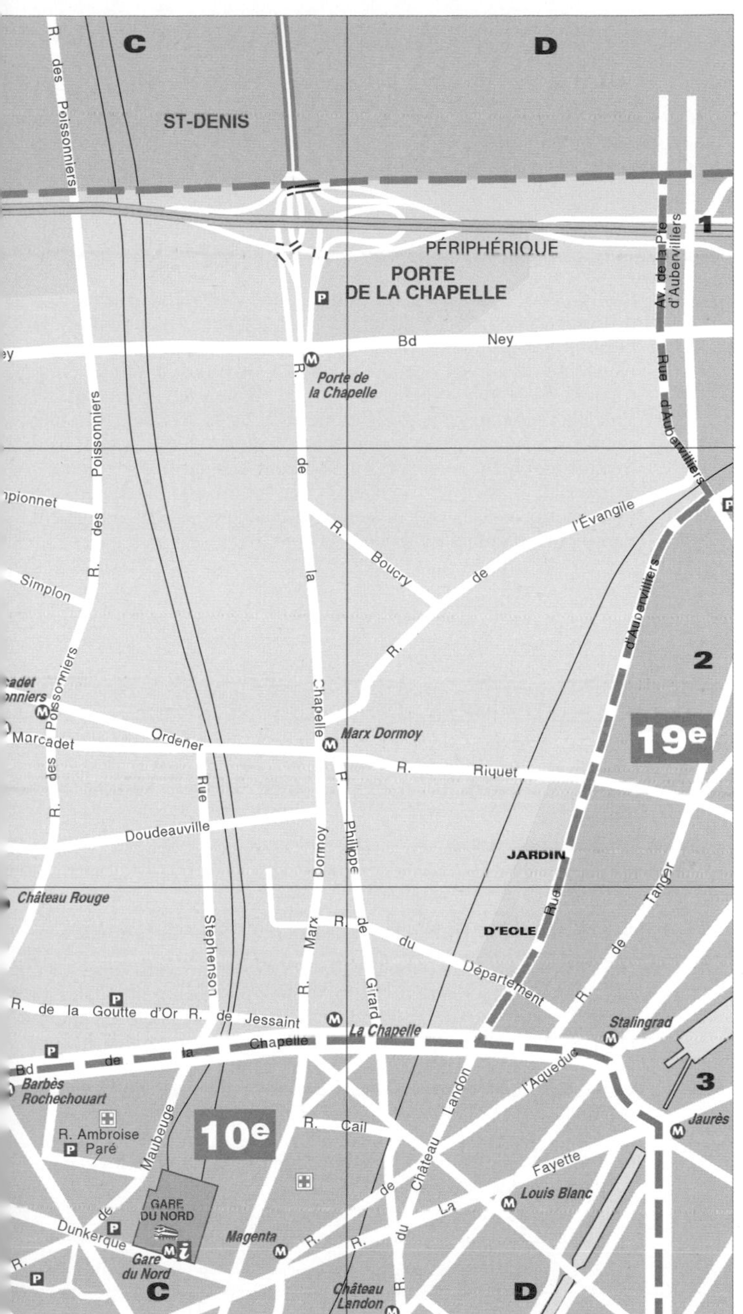
C
D
ST-DENIS
PÉRIPHÉRIQUE
PORTE DE LA CHAPELLE
1
2
3
19e
10e
Bd Ney
Porte de la Chapelle
R. de la Chapelle
R. des Poissonniers
Av. de la Pte d'Aubervilliers
Rue d'Aubervilliers
R. Boucry
R. de l'Évangile
Simplon
Marcadet Poissonniers
R. Marcadet
R. Ordener
Marx Dormoy
R. Riquet
Rue Stephenson
R. Doudeauville
P. Philippe de Girard
R. Marx Dormoy
JARDIN D'EOLE
Rue d'Aubervilliers
R. de Tanger
R. du Département
Château Rouge
R. de la Goutte d'Or
R. de Jessaint
La Chapelle
Bd de la Chapelle
Stalingrad
Barbès Rochechouart
R. Ambroise Paré
R. Maubeuge
R. Cail
R. Château Landon
R. de l'Aqueduc
Jaurès
R. La Fayette
Louis Blanc
GARE DU NORD
R. de Dunkerque
Gare du Nord
Magenta
R. du Château Landon
Château Landon

Le Bistrot du Maquis

Cuisine traditionnelle ▶ **Plan : A-B2**

69 r. Caulaincourt
01 46 06 06 64
Ⓜ Lamarck Caulaincourt

Fermé mercredi midi et mardi

Formule 16 € – Menu 20 € (déjeuner en semaine)/36 € – Carte 42/60 €

C'est en 2013 qu'André Le Letty, ancien de la Tour d'Argent, a posé ses valises dans la fameuse rue Caulaincourt, au nord de la butte. Il y a installé ce bistrot typique, dans lequel il célèbre les classiques du genre : compressé de joue de bœuf au citron confit, rognons de veau à la moutarde, dos de merlu rôti... et, bien sûr, sa spécialité : le canard au sang en deux services. Évidemment, tout est fait maison, les assaisonnements son précis et les cuissons bien maîtrisées. Quant au décor, il ne joue pas une partition différente : le parquet massif, le mobilier et les tables au coude-à-coude nous plongent dans une atmosphère chaleureuse et typiquement parisienne... Un vrai bonheur !

Bistro Poulbot

Cuisine traditionnelle ▶ **Plan : B2**

39 r. Lamarck
01 46 06 86 00
www.bistropoulbot.com
Ⓜ Lamarck Caulaincourt

Fermé août, dimanche et lundi

Formule 22 € – Menu 27 € (déjeuner en semaine)/39 € – Carte 43/60 €

Dans ce plaisant et tranquille quartier du 18e arrondissement, en remontant vers le Sacré-Cœur, n'hésitez pas à faire une halte au Bistro Poulbot : vous comprendrez aisément pourquoi le restaurant fait parler de lui aux alentours ! Lorenzo Torrini, le chef italien, y revisite la gastronomie française en y incorporant des produits venus de l'autre côté des Alpes. Il en résulte une cuisine aérienne et ensoleillée, au bon goût d'Italie : carpaccio de courgettes, ceviche de dorade, oignons rouges et coriandre, ou encore pigeonneau roti et oignons en dolce-forte. Une belle petite adresse pour les gamins de Paris... et tous les autres !

Chamarré Montmartre

Créative ▶ **Plan : B2**

52 r. Lamarck
01 42 55 05 42
www.chamarre-montmartre.com
Ⓜ Lamarck Caulaincourt

Formule 24 € – Menu 32 € (déjeuner), 39/70 € – Carte 61/71 €

Voilà un restaurant attachant de la butte Montmartre, côté Lamarck, à l'écart des flux et des adresses touristiques. Vous aurez le choix entre la belle salle contemporaine, avec (petite) vue sur les cuisines, la terrasse protégée ou, pour les plus courageux, le bar et ses tables hautes dites "mange-debout". Dans l'assiette, les origines mauriciennes du chef, Antoine Heerah, s'expriment dans des plats métissés, marqués par le jeu des épices et des couleurs, à l'instar d'un filet de bar à la seychelloise, d'un homard au jus de kalamansi ou d'un savarin punché. Service souriant et précis. La pause finie, vous retrouverez immédiatement les escaliers de la butte pour rejoindre le Sacré-Cœur, tout proche, et... ses touristes.

Chez Frezet

N

Cuisine traditionnelle ▶ **Plan : A2**

181 r. Ordener
01 46 06 64 20
www.chezfrezet.com
Ⓜ Jules Joffrin

Formule 17 € – Menu 33/48 € – Carte 33/67 €

C'est en 1946 que Félix et Germaine Frézet, fameux couple de restaurateurs lyonnais, sont montés à Paris pour y installer cette brasserie traditionnelle. "Papa Frézet" entretenait les habitués au comptoir, tandis que "Maman" s'affairait aux fourneaux... Après plusieurs changements de propriétaires – et d'époques ! – l'affaire a été reprise en 2012 par une équipe dynamique, bien décidée à faire revivre l'esprit des lieux. Les grands classiques de la cuisine bourgeoise sont à l'honneur, réalisés avec attention et dans les règles de l'art : tête de veau sauce gribiche, coq au vin, rognons... sans oublier la star des lieux : le homard, tiré d'un imposant vivier au fond du restaurant et flambé au cognac. Une cuisine copieuse et goûteuse, fidèle à la grande tradition française : un véritable régal !

Le Coq Rico

Cuisine traditionnelle ►**Plan : B3**

98 r. Lepic
01 42 59 82 89
www.lecoqrico.com
Lamarck Caulaincourt

Carte 45/85 €

Cocorico ! La volaille française a trouvé son ambassade à Paris, sur la butte Montmartre, avec cette adresse chic et discrète créée par le fameux chef strasbourgeois, Antoine Westermann. Les suaves parfums du poulet rôti méritaient bien une telle attention... Poularde de Bresse, pintade et canette fermières de Challans, géline de Touraine, "cou nu" des Landes : à la carte ne trônent que les meilleures pièces de l'Hexagone – avec aussi de la palombe, du perdreau, du pigeon, etc. –, le tout rôti dans les règles de l'art. Chairs moelleuses et fondantes, peaux croustillantes et caramélisées : les amateurs sont comblés ! À noter : les volailles sont servies entières pour deux à quatre personnes, mais les prix restent relativement élevés, tant ce Coq Rico cultive le meilleur. Quand on aime, on ne compte pas...

L'Esquisse

Cuisine moderne ►**Plan : B2**

151 bis r. Marcadet
01 53 41 63 04
Lamarck-Caulaincourt

Fermé 3 semaines en août, dimanche et lundi

Formule 17 € – Menu 22 € (déjeuner en semaine) – Carte 35/42 €

La vague de la bistronomie branchée ne s'est pas arrêtée aux arrondissements de l'est parisien : le nord de la butte Montmartre est le prochain sur la liste ! Deux jeunes passionnés se sont associés pour créer ici ce bistrot vintage et accueillant : parquet massif, chaises Tolix et banquettes en bois... Laetitia, en cuisine, réalise des assiettes graphiques et sans chichis, en s'attachant surtout à mettre en valeur la qualité des produits utilisés. Cuissons impeccables, assaisonnements contrastés : elle montre qu'elle maîtrise bien son sujet. Pendant ce temps, Thomas assure en salle un service chaleureux et efficace, et ne manque pas de bons conseils en matière de sélection de vins – surtout naturels. Sa passion est communicative : on passe un excellent moment.

Jeanne B

Cuisine moderne ▶ **Plan : A3**

61 r. Lepic
01 42 51 17 53
www.jeanne-b-comestibles.com
Lamarck Caulincourt

Formule 15 € – Menu 24 € (déjeuner en semaine)/29 € – Carte 35/48 €

Difficile de décrire cette agréable adresse, installée à mi-hauteur de la rue Lepic, bien connue des (malheureux) cyclistes de la butte Montmartre. Rôtisserie, épicerie, table d'hôte ? Un peu des trois, mon général ! On retrouve ici l'esprit chic et bobo de son grand frère, le Jeanne A, dans le 11e arrondissement, avec des fauteuils en cuir et de petites tables de bistrot, mais dans un décor original, voire carrément onirique – ces bouleaux sur fond bleu... La cuisine met à l'honneur de beaux produits du marché (poulet patte noire de Challans, agneau de lait) ; c'est coloré et goûteux, à dévorer sur place ou à emporter sous le bras. Surtout, ne manquez pas ce plat incontournable, dont bruisse le Tout-Paris... le Croq'Homard !

Miroir

Cuisine traditionnelle ▶ **Plan : B3**

94 r. des Martyrs
01 46 06 50 73
www.restaurantmiroir.com
Abbesses

Fermé 3 semaines en août

Formule 20 € – Menu 28/69 €

À deux pas de la pittoresque place des Abbesses, un charmant bistrot où la qualité du produit est un impératif : légumes bio, poisson sauvage, viande d'origine France... L'ardoise varie au gré du marché, avec des recettes aussi appétissantes qu'une tartine aux artichauts poivrade, une côte de porc ibaïona rôtie, un bœuf braisé aux cèpes, un sablé aux pommes confites ou un chocolat liégeois – le tout accompagné de belles bouteilles. Le succès de l'adresse tient aussi à sa convivialité et à son décor d'un pur style bistrot : vieux comptoir, carrelage rétro, lithographies, verrière... Tout est là. Une aubaine dans le quartier des Abbesses, où l'on se presse aussi le dimanche midi, pour le brunch.

Nomos 

Créative 

▶ Plan : B3

15 r. André-del-Sarte
06 95 84 75 97
www.nomosrestaurant.com
Ⓜ Château Rouge

Fermé 15-30 août, dimanche et lundi

Formule 25 € – Menu 39/70 €

Le 18e attendait impatiemment l'ouverture de ce bistrot branché en lieu et place de l'ancien – et très couru – Chéri Bibi. Guillaume Sanchez, le jeune chef de Nomos, attire irrémédiablement l'attention : son allure plutôt dark et anticonformiste, ses tatouages, mais aussi et surtout ce talent de pâtissier révélé à la télévision (Qui sera le prochain grand pâtissier ?) et son rôle de consultant pour certains grands établissements... Ce restaurant est à son image : branché et décalé ! Au fil d'un menu unique en 5 ou 9 plats, il dévoile des plats précis et créatifs, totalement dans l'époque, en utilisant des produits de bons fournisseurs et les légumes qu'il cultive lui-même à quelques kilomètres de Paris. Atypique et attachant !

La Rallonge

Cuisine moderne

▶ Plan : B2

16 r. Eugène-Sue
01 42 59 43 24
www.larallonge.fr
Ⓜ Jules Joffrin

Fermé vacances de Noël, dimanche et lundi

Formule 15 € – Menu 19 € (déjeuner) – Carte 23/33 € 

A/C

Le chef de la fameuse Table d'Eugène décline dorénavant son talent en mode "bistrot de poche" avec cette Rallonge (quel nom bien trouvé !) créée un peu plus haut dans la rue Eugène-Sue. Une petite façade attrayante, quelques tables installées sur le trottoir, un décor mêlant carrelage en ciment, parquet en chêne, murs blancs et gris... L'endroit a du cachet ! À l'ardoise, on pioche parmi de belles recettes du marché, servies sous forme de petites portions, dans un esprit "tapas" : risotto de coquillettes à la truffe, suprêmes de caille et mousseline de potiron... Les plats sont délicats et font merveille, à l'image de ceux de la maison mère, mais dans un format idéal pour les soirées entre amis. Attention : on ne réserve pas, arrivez tôt !

La Table d'Eugène ✿

Cuisine moderne

▶ Plan : B2

18 r. Eugène-Sue
✆ 01 42 55 61 64 (réservation conseillée)
www.latabledeugene.com
Ⓜ Jules Joffrin

Fermé août, 1 semaine vacances de Noël, dimanche et lundi

Formule 31 € – Menu 38 € (déjeuner), 79/99 €

Alain Gelberger

L'enseigne sonne comme un slogan bobo, mais fait en réalité référence à Eugène Sue, l'auteur des *Mystères de Paris,* et au nom de la rue ! Non loin de la mairie du 18e, l'adresse compte dorénavant parmi les meilleures tables de la capitale, par la grâce de son chef, Geoffroy Maillard. À force de travail, sa cuisine est montée régulièrement en puissance au fil des ans, comme en témoignent ces créations très personnelles dans lesquelles il magnifie des produits "coup de cœur" : Saint-Jacques et bouillon au lapsang souchong ; côte de cochon et son incontournable risotto de coquillettes sauce cèpes-truffes... Couleurs et parfums, finesse et précision : chaque plat porte la patte du chef et son envie de régaler ses convives.
Un mot aussi pour l'intérieur, moderne et épuré, avec de grands tableaux contemporains et des tables en bois clair, dans lequel on se sent parfaitement à l'aise. Une table qui attire, à juste titre, nombre d'aficionados : la réservation est impérative !

Entrées

- Calamars de ligne black and white
- Maquereau mariné, raifort et salade de pomme de terre

Plats

- Pigeon en croûte de noisettes
- Cabillaud vapeur, fenouil, menthe, poire et radis

Desserts

- Sphère chocolat et fève tonka
- Glace pop-corn, café et fruits de la passion

19e

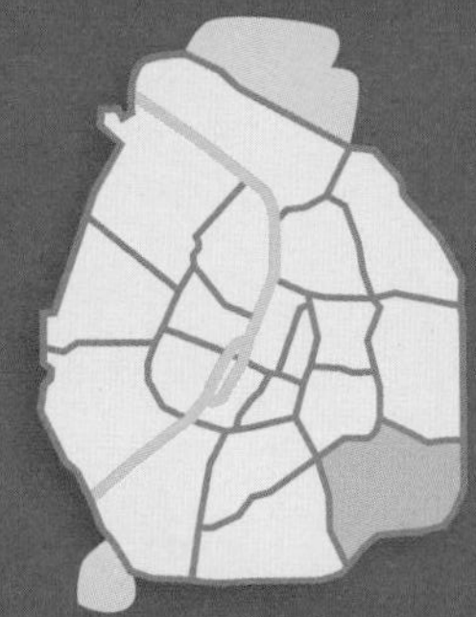

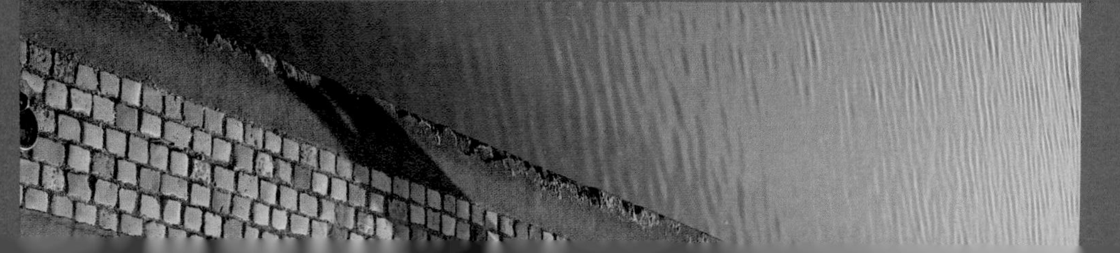

Parc de la Villette · Parc des Buttes-Chaumont

F. Guiziou / hemis.fr

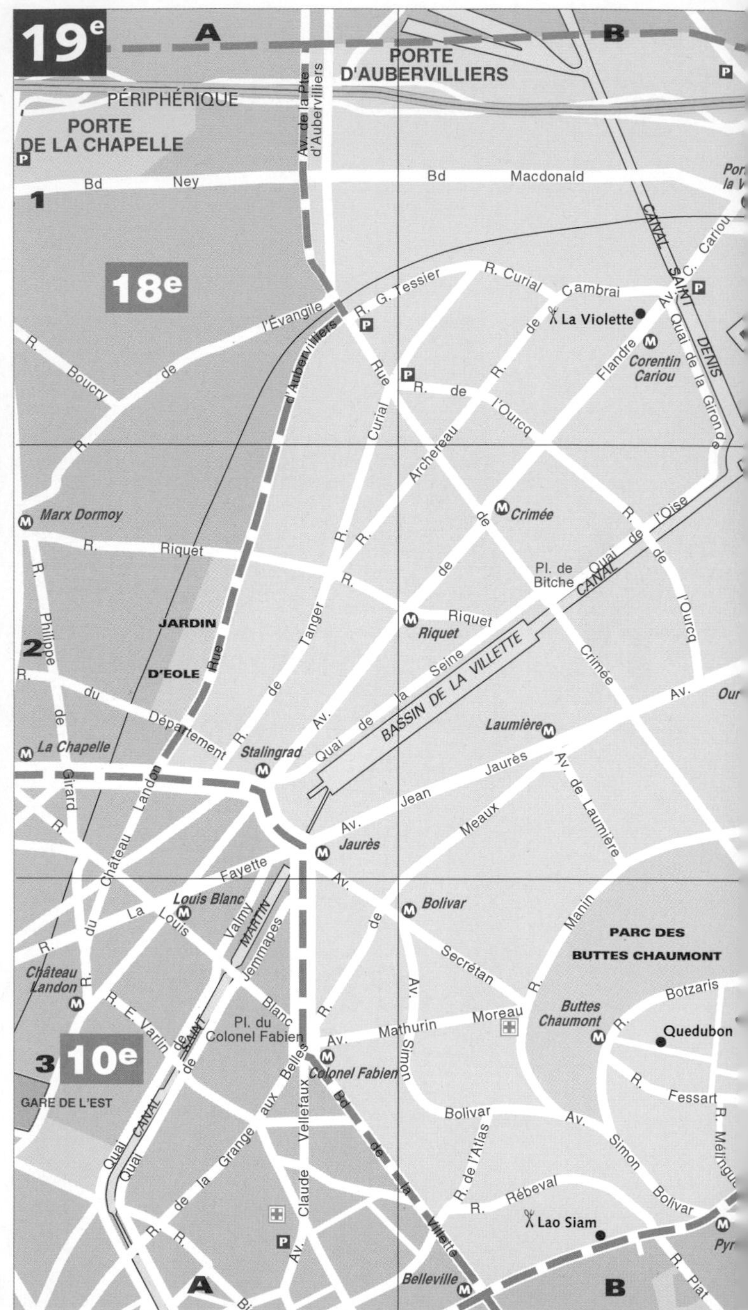
19e
A
B
PORTE D'AUBERVILLIERS
PÉRIPHÉRIQUE
PORTE DE LA CHAPELLE
Av. de la Pte d'Aubervilliers
Bd Ney
Bd Macdonald
1
18e
R. G. Tessier
R. Curial
Cambrai
La Violette
CANAL SAINT DENIS
Av. de Flandre
Corentin Cariou
Quai de la Gironde
R. de l'Évangile
R. Boucry
Rue Curial
R. de l'Ourcq
R. Archereau
Marx Dormoy
R. Riquet
Crimée
R. de Tanger
R. de Crimée
R. de l'Oise
Pl. de Bitche
Quai de l'Oise
CANAL
R. de l'Ourcq
Riquet
JARDIN D'EOLE
Rue d'Aubervilliers
R. Philippe de Girard
2
R. du Département
Quai de la Seine
BASSIN DE LA VILLETTE
Av. Jean Jaurès
Laumière
Av. de Laumière
La Chapelle
Stalingrad
R. Château Landon
Jaurès
Av. de Meaux
R. La Fayette
Louis Blanc
R. Louis Blanc
Valmy
MARTIN
Jemmapes
Bolivar
Av. Secrétan
R. Manin
PARC DES BUTTES CHAUMONT
R. Botzaris
Château Landon
R. E. Varlin
Pl. du Colonel Fabien
Av. Mathurin Moreau
Buttes Chaumont
Quedubon
3
10e
Colonel Fabien
Av. Simon Bolivar
R. Fessart
R. Mélingue
GARE DE L'EST
Quai de Valmy
Quai de Jemmapes
R. de la Grange aux Belles
Av. Claude Vellefaux
Bd de la Villette
R. de l'Atlas
R. Rébeval
Lao Siam
Bolivar
Pyr
R. Piat
Belleville
Or

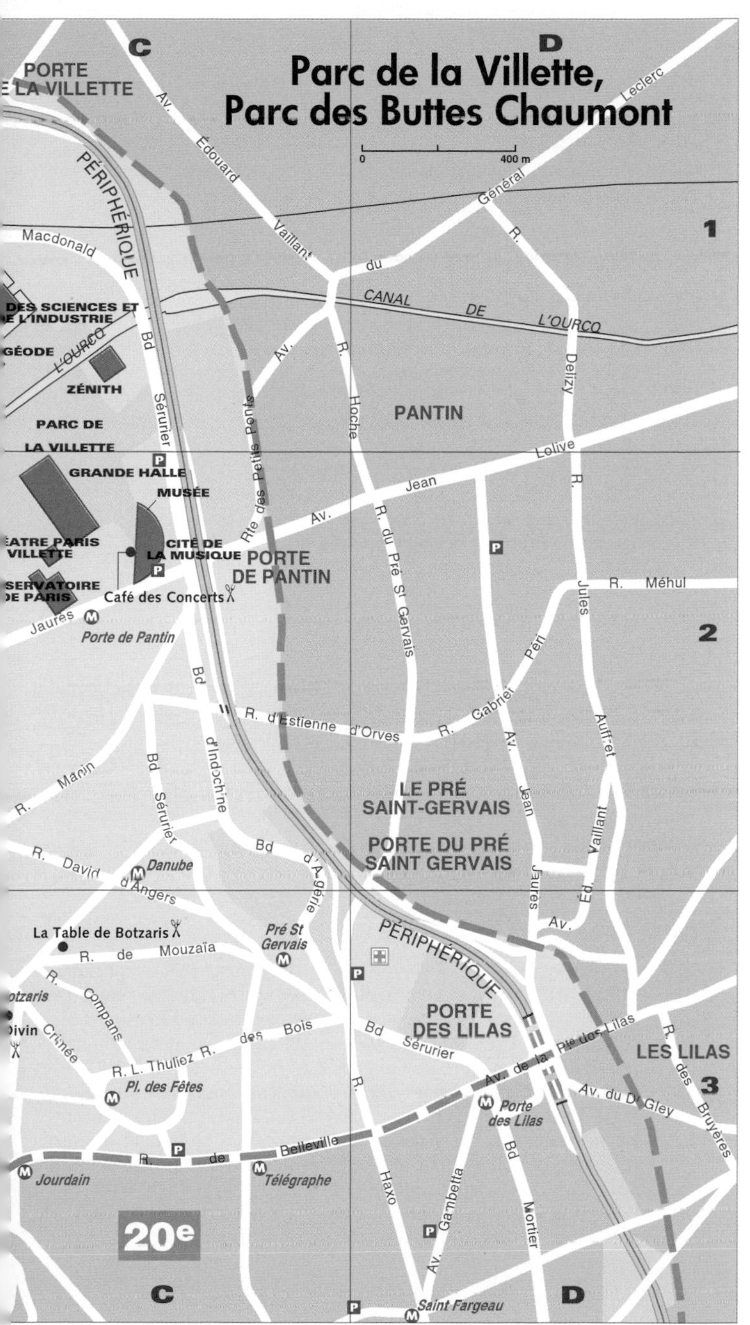
Parc de la Villette,
Parc des Buttes Chaumont
C
D
0
400 m
1
2
3
PORTE DE LA VILLETTE
PÉRIPHÉRIQUE
Av. Édouard Vaillant
Av. du Général Leclerc
R. Général
Macdonald
CANAL DE L'OURCQ
L'OURCQ
DES SCIENCES ET DE L'INDUSTRIE
GÉODE
ZÉNITH
PARC DE LA VILLETTE
GRANDE HALLE
MUSÉE
CITÉ DE LA MUSIQUE
THÉATRE PARIS VILLETTE
CONSERVATOIRE DE PARIS
Café des Concerts
Jaurès
Porte de Pantin
Bd Sérurier
Rte des Petits Ponts
Av.
R. Hoche
PANTIN
R. Delizy
Av. Jean Lolive
R. du Pré St Gervais
PORTE DE PANTIN
R. Jules Auffret
R. Méhul
R. Gabriel Péri
R. d'Estienne d'Orves
Bd d'Indochine
R. Manin
LE PRÉ SAINT-GERVAIS
PORTE DU PRÉ SAINT GERVAIS
Av. Jean Jaurès
Av. Éd. Vaillant
R. David d'Angers
Danube
Bd d'Algérie
La Table de Botzaris
R. de Mouzaïa
Pré St Gervais
R. Compans
Botzaris
Divin
Crimée
R. L. Thuliez
R. des Bois
Bd Sérurier
PORTE DES LILAS
LES LILAS
R. des Bruyères
Av. de la Pte des Lilas
Av. du Dr Gley
Pl. des Fêtes
Porte des Lilas
R. de Belleville
Jourdain
Télégraphe
R. Haxo
Av. Gambetta
Bd Mortier
20e
Saint Fargeau

Café des Concerts

Cuisine traditionnelle ▶ **Plan : C2**

211 av. Jean-Jaurès — Fermé août
01 42 49 74 74
www.cafedesconcerts.com
Porte de Pantin

Formule 20 € – Carte 30/45 € 

A/C

À l'entrée de la Cité de la musique, une vaste brasserie moderne au décor épuré, aménagée par l'architecte Nelson Wilmotte. Le bar est entièrement constitué de marbre de Carrare et la superbe cuisine vitrée, où l'on s'agite derrière les fourneaux, ouvre sur la salle à manger... Et que dire de cette belle terrasse, qui s'étend langoureusement devant la Halle de la Villette ! Dans l'assiette, on retrouve de belles déclinaisons, naviguant entre classiques de brasserie et recettes plus contemporaines : steak tartare, fish and chips, saumon rôti, cheeseburger aux fines tranches de comté, etc., le tout réalisé avec une jolie gamme de produits frais. Dernier atout : l'adresse reste ouverte jusqu'à 2h du matin, idéal après un concert à la Cité voisine !

Lao Siam

Thaïlandaise ▶ **Plan : B3**

49 r. de Belleville
01 40 40 09 68
Pyrénées

Carte 18/46 € 

Dans le quartier de Belleville, ni sa devanture, tout à fait banale, ni sa carte, a priori semblable à celle de nombreux restaurants asiatiques du secteur, ne laissent présager que cette petite table... sort du lot ! Créée par les parents de l'actuel patron, originaires de Thaïlande et du Laos, elle met à l'honneur les belles cuisines de ces deux pays. Salade de fleurs de bananier, tigre qui pleure, tourteau à la diable : tout est fait maison, nems et fritures compris, les produits sont frais, les sauces ignorent le glutamate et autres épaississants. C'est simple, fin, bien assaisonné ; bref, authentique comme si l'on faisait irruption chez une famille au fin fond de l'Asie – enfin presque... De fait, aux heures d'affluence (20h-21h30), la file d'attente s'étire, d'autant plus qu'on ne peut réserver.

Ô Divin

Créative ▶ **Plan : C3**

35 r. des Annelets
01 40 40 79 41 (réservation conseillée)
Ⓜ Botzaris

Fermé 1 semaine en août, le midi du lundi au mercredi, samedi et dimanche

Formule 18 € – Menu 20 € (déjeuner) – Carte 28/50 €

A/C

Avez-vous déjà entendu parler du studio Plus 30, tout près des Buttes-Chaumont ? Dans les années 1980, les plus grands musiciens (David Bowie, Serge Gainsbourg et d'autres) venaient y traîner leurs guêtres – et accessoirement y enregistrer des morceaux devenus mythiques. Voilà pour le passé ! Ô Divin est aujourd'hui le fief de Federico Colombo, chef italien instinctif et talentueux. Sa cuisine, spontanée et pleine de fraîcheur, va à l'essentiel, et il n'a pas son pareil pour sublimer les beaux produits du marché. L'attention portée au dressage des assiettes, la qualité des jus et marinades, mais aussi l'ambiance conviviale et décalée : tout cela fait de cette table une adresse à ne pas manquer. Un lieu atypique et attachant, d'ores et déjà adopté par les riverains !

Quedubon

Cuisine traditionnelle ▶ **Plan : B3**

22 r. du Plateau
01 42 38 18 65
Ⓜ Buttes-Chaumont

Fermé 1er-7 janvier, samedi midi, dimanche et lundi

Formule 15 € – Menu 18 € (déjeuner) – Carte 35/55 € 

Dès la porte franchie, on sait où l'on met les pieds : une immense ardoise annonce fièrement la collection de vins de petits producteurs, tandis que les bouteilles attendent, sagement alignées dans leurs casiers. Une collection de tire-bouchons rappelle que tous ces flacons ne sont pas simplement là pour la décoration ! Le midi, les propositions ont beau être simples, le soir, les suggestions à l'ardoise savent se faire sophistiquées. Et c'est au coude-à-coude que vous dégusterez un ragoût d'artichauts violets au citron ou une pintade "excellence Miéral" rôtie aux oignons. Inutile de résister également au sablé breton aux fruits de saison ou à ce pain perdu au caramel au beurre salé. La vente de vins à emporter permet de prolonger le plaisir...

La Table de Botzaris

Cuisine moderne ▶ **Plan : C3**

10 r. du Gén.-Brunet
✆ 01 40 40 03 30
www.latabledebotzaris.fr
Ⓜ Botzaris

Fermé 27 juillet-18 août, dimanche soir et lundi

Menu 35/39 € 

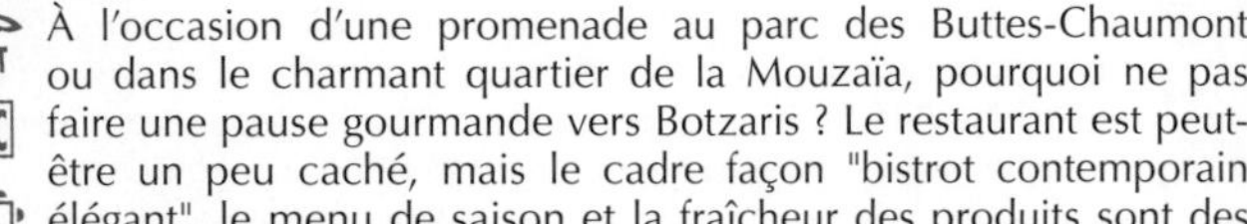

À l'occasion d'une promenade au parc des Buttes-Chaumont ou dans le charmant quartier de la Mouzaïa, pourquoi ne pas faire une pause gourmande vers Botzaris ? Le restaurant est peut-être un peu caché, mais le cadre façon "bistrot contemporain élégant", le menu de saison et la fraîcheur des produits sont des atouts de poids. En cuisine, on retrouve Medhi Corthier, un chef au parcours déjà riche, qui revisite les classiques, joue avec les herbes et les épices, flirte avec les parfums méditerranéens… Épigramme de saumon mariné aux agrumes, dos de saint-pierre à l'infusion de macis, brioche façon pain perdu à la vanille. À table !

La Violette

Cuisine moderne ▶ **Plan : B1**

11 av. Corentin-Cariou
✆ 01 40 35 20 45 (réservation conseillée)
www.restaurant-laviolette.com
Ⓜ Corentin Cariou

Fermé 8-31 août, 24 décembre-1er janvier, samedi et dimanche

Formule 24 € – Carte 45/56 € 

Le décor "black and white" de ce restaurant ne souffre qu'une exception : une banquette... violette ! Changez une lettre de cette Violette et vous aurez la Villette, un quartier où la culture a eu le bon goût de rester populaire. Des photos de la capitale et une thématique viticole – caisses de vins, casiers à bouteilles, etc. – donnent au lieu un style à la fois moderne et cosy. D'ailleurs, chaque table porte le nom d'un vin. Le nouveau chef signe une carte qui se veut ambitieuse : tourteau crémeux et son eau de tomate ; pavé de thon, mousseline de petits pois à la menthe ; cheesecake aux fruits de saison... Inutile de préciser que la formule est plébiscitée par les employés de bureau à l'heure du déjeuner ou, le soir, après le spectacle. Accueil chaleureux et belle terrasse en saison.

20e

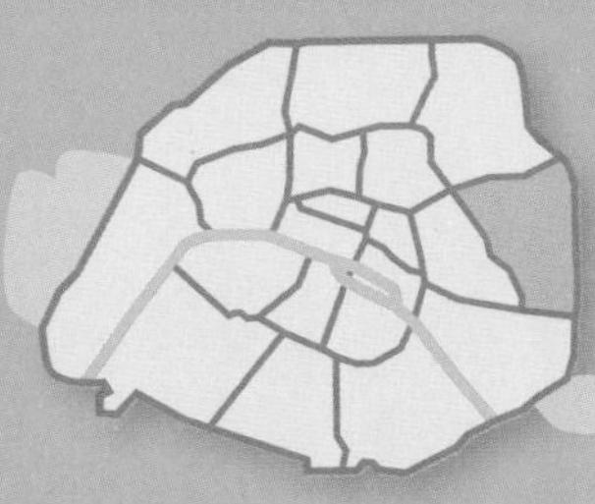

Cimetière du Père-Lachaise · Gambetta · Belleville

ᴮ. Merle / Photononstop

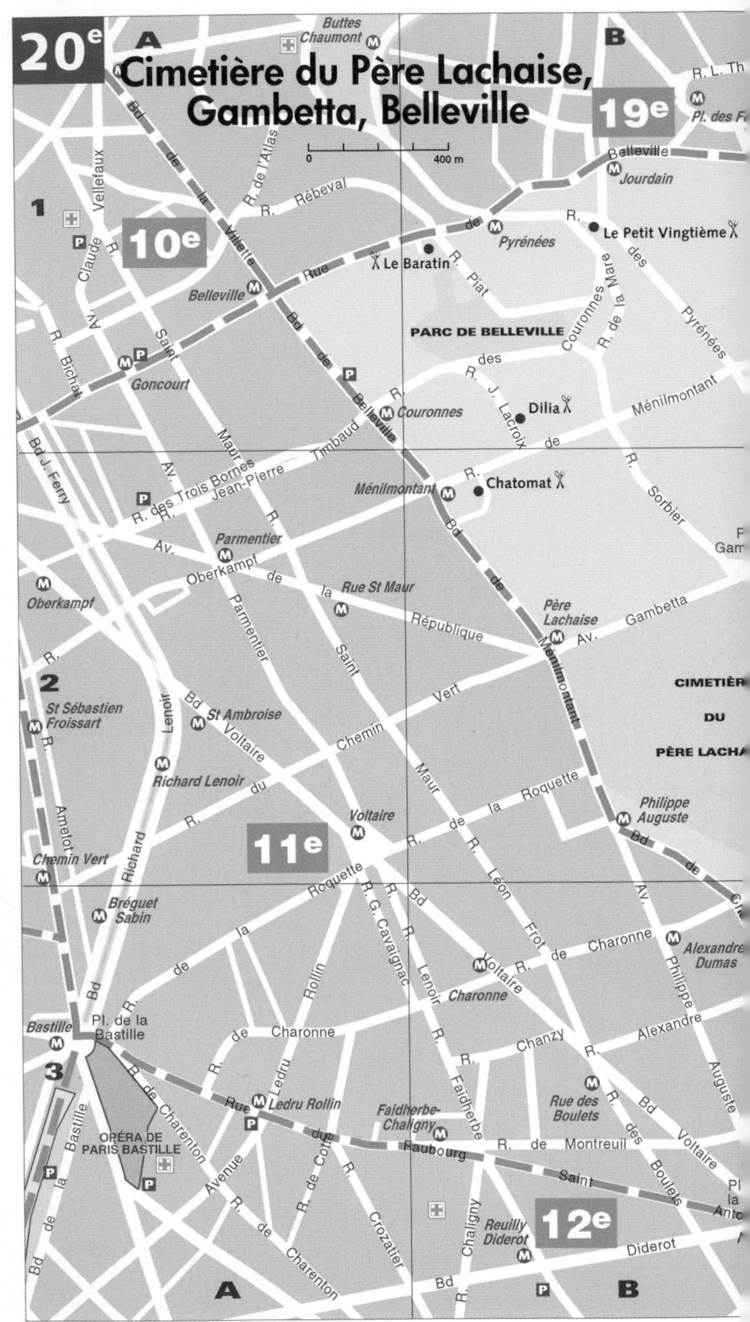
20e
Cimetière du Père Lachaise, Gambetta, Belleville
A
B
1
2
3
0
400 m
10e
11e
12e
19e
Buttes Chaumont
Belleville
Jourdain
Pyrénées
Le Petit Vingtième
Le Baratin
PARC DE BELLEVILLE
Dilia
Chatomat
Couronnes
Goncourt
Ménilmontant
Parmentier
Oberkampf
Rue St Maur
Père Lachaise
St Sébastien Froissart
St Ambroise
Richard Lenoir
Voltaire
Philippe Auguste
Chemin Vert
Bréguet Sabin
Alexandre Dumas
Charonne
Bastille
Pl. de la Bastille
Ledru Rollin
Faidherbe-Chaligny
Rue des Boulets
OPÉRA DE PARIS BASTILLE
Reuilly Diderot
CIMETIÈRE DU PÈRE LACHAISE
R. Rébeval
R. de l'Atlas
Bd de la Villette
Rue de Belleville
Bd de Belleville
R. Piat
R. des Couronnes
R. de la Mare
R. des Pyrénées
R. J. Lacroix
R. de Ménilmontant
R. Sorbier
Av. Claude Vellefaux
R. Bichat
Av. Parmentier
R. Saint Maur
R. Jean-Pierre Timbaud
R. des Trois Bornes
Bd J. Ferry
Av. de la République
Av. Gambetta
Bd de Ménilmontant
R. du Chemin Vert
Bd Voltaire
Bd Richard Lenoir
R. Amelot
R. de la Roquette
R. Léon Frot
R. de Charonne
R. Alexandre
Av. Philippe Auguste
R. Chanzy
R. Faidherbe
R. G. Cavaignac
R. Lenoir
R. Rollin
R. Ledru
R. de Montreuil
Rue du Faubourg Saint
R. des Boulets
Avenue
R. de Cotte
R. Crozatier
R. de Charenton
Bd de la Bastille
Chaligny
Bd Diderot

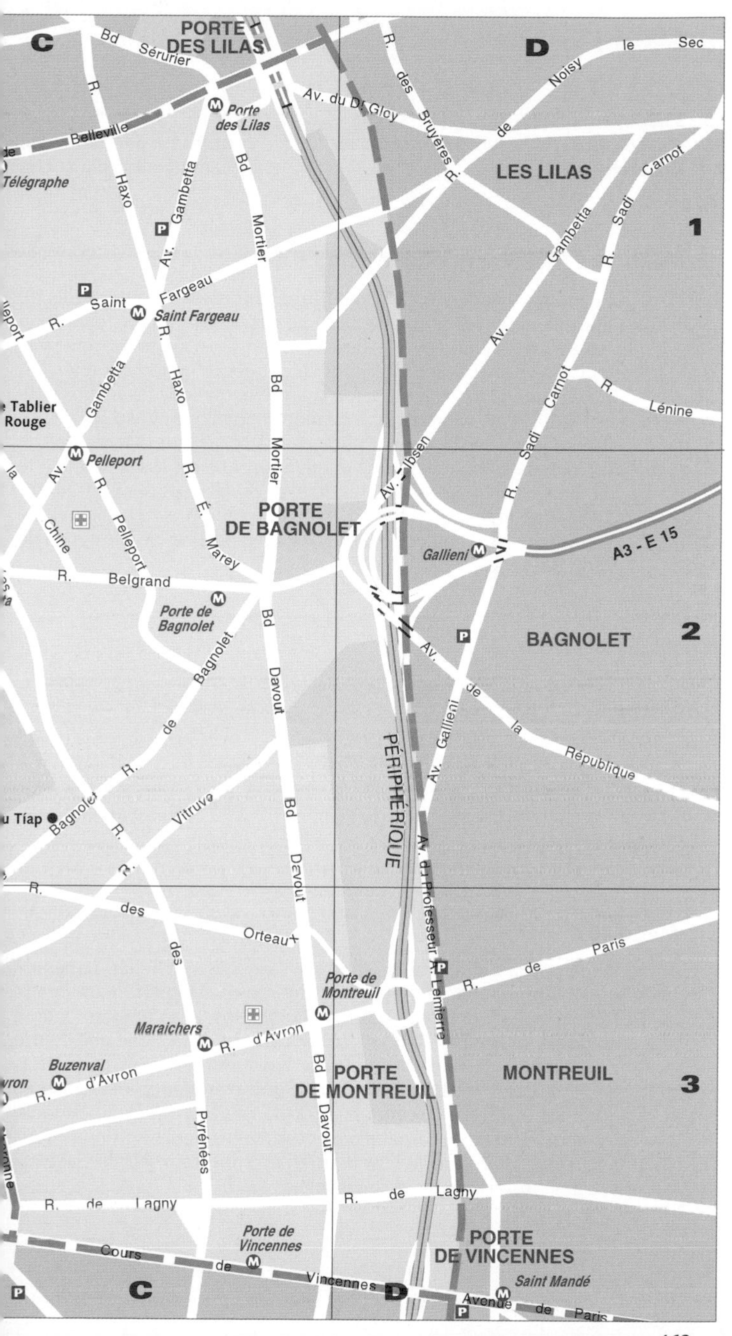

PORTE DES LILAS
Bd Sérurier
Porte des Lilas
Av. du Dr Gley
R. des Bruyères
R. de Noisy le Sec
LES LILAS
R. Sadi Carnot
Av. Gambetta
Bd Belleville
Télégraphe
R. Haxo
Bd Mortier
R. Saint Fargeau
Saint Fargeau
R. Lénine
Tablier Rouge
Pelleport
R. Pelleport
R. É. Marey
Av. Ibsen
PORTE DE BAGNOLET
Gallieni
A3 - E 15
R. Belgrand
Porte de Bagnolet
R. de Bagnolet
Bd Davout
BAGNOLET
Av. de la République
Av. Gallieni
PÉRIPHÉRIQUE
Av. du Professeur A. Lemierre
R. Vitruve
Tiap
R. des Orteaux
R. de Paris
Porte de Montreuil
Maraichers
R. d'Avron
Buzenval
PORTE DE MONTREUIL
MONTREUIL
R. des Pyrénées
R. de Lagny
Porte de Vincennes
Cours de Vincennes
PORTE DE VINCENNES
Saint Mandé
Avenue de Paris
C
D
1
2
3

Le Baratin

Cuisine traditionnelle ▶ **Plan : B1**

3 r. Jouye-Rouve
01 43 49 39 70 (réservation conseillée)
Pyrénées

Fermé 1 semaine en mai, août, 1 semaine en février, samedi midi, dimanche et lundi

Menu 19 € (déjeuner) – Carte 38/55 € dîner

Les modes changent, pas ce bistrot, ancré dans une ruelle de Belleville depuis plus de vingt ans. Le décor, tout simple, contribue à son authenticité : étroite devanture en bois, comptoir en zinc, etc. On vient ici avant tout pour se régaler de plats mitonnés par Raquel Carena, la chef d'origine argentine, qui tous les matins note sur l'ardoise les recettes du moment : cervelle de veau au beurre citronné, travers de veau du limousin aux agrumes, sablé breton aux fraises des bois... Au déjeuner, la formule est assez simple ; le soir, en revanche, les plats à la carte se révèlent plus sophistiqués. Côté vins, Philippe Pinoteau, le patron-sommelier, sélectionne personnellement chaque cru et parle avec passion de ses coups de cœur. Réservation conseillée !

Chatomat

Cuisine moderne ▶ **Plan : B2**

6 r. Victor-Letalle
01 47 97 25 77 (réservation conseillée)
Ménilmontant

Fermé le midi, lundi et dimanche

Menu 40 €

Petite par la taille, mais grande par la qualité ! Nichée dans une ruelle improbable à deux pas du métro Ménilmontant, cette table discrète compte nombre d'aficionados. À sa tête, un couple de talent – Alice Di Cagno et Victor Gaillard – qui signe une courte carte aussi vive que savoureuse... Trois entrées, trois plats, trois desserts, mais tous les bénéfices d'une expérience déjà longue, d'un vrai sens de l'invention et de la passion du beau produit. Création d'un jour : carpaccio de veau, huîtres et chou-fleur... Tous les jeunes gourmets de l'Est parisien en sont "fans" sur les réseaux sociaux : réservation indispensable.

Dilia

Créative

1 r. d'Eupatoria
09 53 56 24 14
www.dilia.fr
Ménilmontant

▶ Plan : B1

Fermé dimanche et lundi

Formule 16 € – Menu 20 € (déjeuner en semaine), 44/60 €

Dans un angle de rue à l'ombre de Notre-Dame-de-la-Croix, l'ancien Roseval a fait peau neuve sous la houlette d'un chef italien aux solides références. Sa cuisine est construite autour de quelques bons produits : gnocchis à la betterave, huître et raifort ; pigeon, oignon, arroches rouges et groseilles... Des intitulés volontairement simples, mais qui cachent de jolies associations de saveurs et une inventivité de tous les instants. Quant au décor, il la joue volontairement vintage, avec ces tables en bois patinées par le temps et ces murs légèrement décrépits... Pile dans l'air du temps parisien !

Lou Tíap

Cuisine du Sud-Ouest

81 r. de Bagnolet
01 43 70 77 93
www.loutiap.fr
Alexandre Dumas

▶ Plan : C2

Fermé 1 semaine en février, 1 semaine en avril, 3 semaines en août, mercredi midi, dimanche, lundi et fériés

Menu 19 € (déjeuner en semaine)/35 € – Carte 39/68 €

Les habitants de l'Est parisien connaissent bien Anne Escoffier et Olivier Laterrot, qui ont fait pendant 17 ans les beaux jours de L'Hermès, dans le 19e arrondissement. Les voici dorénavant voisins du Père-Lachaise, à la tête de ce Lou Tíap dédié à la cuisine du Sud-Ouest. Les deux comparses se considèrent comme des "aubergistes" au sens noble du terme. Experts en convivialité, ils font régner une atmosphère pleine de vie dans leur repaire au décor mi-contemporain, mi-rustique. Aux fourneaux, Olivier mitonne asperges rôties, côte de cochon noir de Bigorre, soufflé au pruneau d'Agen, et, en saison, le fameux lièvre à la royale "comme le faisait mon oncle Claude"... Le tout accompagné des vins choisis par Anne, qui évoque chaque producteur avec passion. De vrais aubergistes, oui !

Le Petit Vingtième

Cuisine traditionnelle ►**Plan : B1**

381 r. des Pyrénées
01 43 49 34 50
www.petit20.com
Ⓜ Jourdain

Fermé 1er-22 août, 24 décembre-2 janvier, lundi midi, mardi midi, mercredi midi et dimanche

Formule 17 € – Menu 20 € (déjeuner en semaine) – Carte 29/42 €

Un ancien professeur de français, reconverti dans la cuisine, a réhabilité cet atelier textile du quartier Jourdain : en guise de résultat, on découvre un restaurant charmant, avec son parquet, son carrelage bleuté au sol, ses poutres apparentes et son mobilier de bistrot... À la carte, pas d'esbroufe mais une vraie volonté de faire plaisir, à travers une savoureuse cuisine de tradition, qui privilégie le bio et les artisans du quartier (fromager, boucher, etc.). Crème de cèpes aux girolles, magret de canard en teriyaki, poire pochée au vin rouge... Les produits frais sont cuisinés avec sincérité et justesse, dans le respect des saisons, et c'est bien là le principal.

Le Tablier Rouge

Cuisine traditionnelle ►**Plan : C1**

40 r. de la Chine
01 46 36 18 30 (réservation conseillée)
www.letablierrouge.com
Ⓜ Gambetta

Fermé 1 semaine début mai, 3 semaines en août, samedi midi, lundi soir et dimanche

Formule 16 € – Menu 19 € (déjeuner)/35 € – Carte 35/45 € 

Geoffroy Cesbron Lavau est ce que l'on appelle... un passionné ! Amoureux des bons vins, il a d'abord mené une affaire d'importation viticole au Royaume-Uni, avant de se jeter à corps perdu dans sa deuxième passion : la cuisine. Il est aujourd'hui à la tête de ce Tablier Rouge, situé à deux pas de la place Gambetta : un sympathique bistrot à vins, qu'il tient avec Tara, son épouse britannique. La carte célèbre joliment la tradition française – poitrine de veau farcie, gigot d'agneau rôti, profiteroles – avec une pointe d'Angleterre, of course (fish and chips, notamment). Le tout s'accompagne, comme on peut l'imaginer, d'un beau choix de vins : près de 150 références, dont 70 % bio et naturels, entre grands crus et petits prix !

G. Bouchet / Photononstop

...et autour de Paris

Toutes les adresses par département et par localité, de A à Z, jusqu'à 40 kilomètres autour de Paris.

B. Rieger / hemis.fr

A
B
Autour de Paris
Localité possédant au moins un restaurant cité dans le guide
Hérouville
Auvers-sur-Oise
Pontoise
CERGY
Méry-sur-Oise
95
VAL-D'OIS
1
St-Prix
Montmorency
Triel-sur-Seine
Conflans-Ste-Honorine
Deuil-la-Barre
Maisons-Laffitte
Argenteuil
Gennevillie
St-Germain-en-Laye
Orgeval
Bois-Colombes
Asnières-s-Seine
La Garenne-Colombes
Courbevoie
Clichy
Fourqueux
NANTERRE
Levallois-Perret
Rueil-Malmaison
Puteaux
Neuilly-s-Seine
2
Marly-le-Roi
92
PAR
Suresnes
Bougival
HAUTS-DE-SEINE
78
YVELINES
St-Cloud
Boulogne-Billancourt
Le Chesnay
Ville-d'Avray
Issy-les-Moulineaux
Ste-Apolline
Versailles
Meudon
Châtillon
Voisins-le-Bretonneux
Antony
Châteaufort
Wisso
Dampierre-en-Yvelines
Gif-sur-Yvette
91
ESSONNE
3
St-Jean-de-Beauregard
Ste-Geneviève-des-Bois
Janvry
A
B

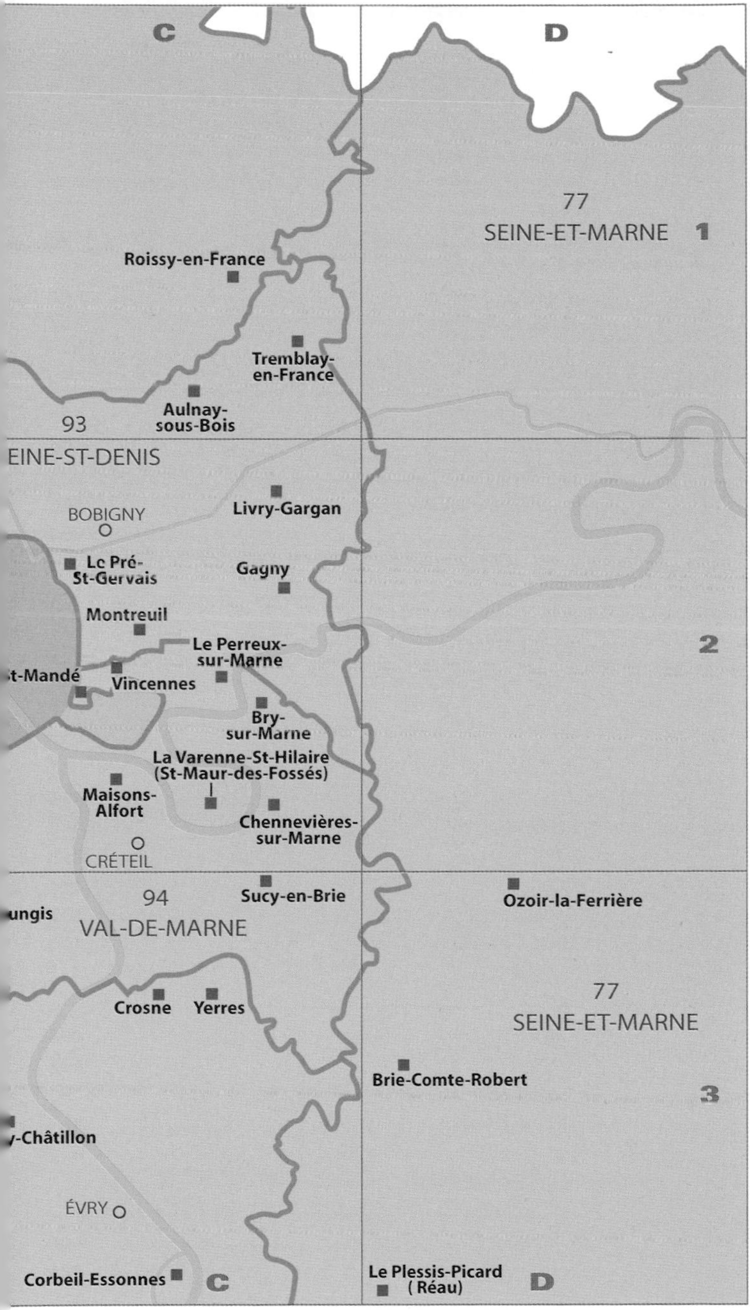

C
D
77
SEINE-ET-MARNE
1
Roissy-en-France
Tremblay-en-France
Aulnay-sous-Bois
93
EINE-ST-DENIS
Livry-Gargan
BOBIGNY
Le Pré-St-Gervais
Gagny
Montreuil
Le Perreux-sur-Marne
2
t-Mandé
Vincennes
Bry-sur-Marne
La Varenne-St-Hilaire (St-Maur-des-Fossés)
Maisons-Alfort
Chennevières-sur-Marne
CRÉTEIL
94
Sucy-en-Brie
Ozoir-la-Ferrière
ungis
VAL-DE-MARNE
77
SEINE-ET-MARNE
Crosne
Yerres
Brie-Comte-Robert
3
-Châtillon
ÉVRY
Corbeil-Essonnes
C
Le Plessis-Picard (Réau)
D

Autour de Paris : index des localités citées

L – M

N – O

P – R – S

T – V

W

Essonne

✉ 91

CORBEIL-ESSONNES

✉ 91100 – 46 017 hab – Plan : C3
▶ Paris 36 km – Carte Michelin **101** 37

Aux Armes de France

1 bd Jean-Jaurès – ✆ 01 60 89 27 10 – www.aux-armes-de-france.fr
– Fermé 1er-15 août, lundi soir, samedi midi et dimanche
Menu 37 € (déjeuner), 48/69 €
Il souffle comme un vent de fraîcheur sur cet ancien relais de poste tenu par un jeune chef passé par plusieurs maisons étoilées. Au menu : des recettes généreuses en saveurs, à l'image de ces macaronis farcis au foie gras et céleri-rave, gratinés au parmesan. Ambiance feutrée, accueil charmant.

CROSNE

✉ 91560 – 9 191 hab – Plan : C3
▶ Paris 23 km – Carte Michelin **101** 37

La Maison du Pressoir

34 av. Jean-Jaurès – ✆ 01 69 06 49 83 – www.lamaisondupressoir.fr
– Fermé 29 février-8 mars, 24 juillet-16 août, dimanche soir, lundi et mardi
Formule 21 € – Menu 26 € (déjeuner), 38/58 €
Dehors, une pancarte annonce la couleur : "Restaurant au feu de bois" ! Dans cette ancienne auberge traditionnelle dont le décor a été modernisé, la cheminée reste une carte maîtresse. Le chef signe de jolies recettes, qui ne manquent ni d'idées ni de saveurs... Et la terrasse est au calme.

GIF-SUR-YVETTE

✉ 91190 – 20 346 hab – Plan : B3
▶ Paris 34 km – Carte Michelin **101** 33

Les Saveurs Sauvages

4 r. Croix-Grignon, (face à la gare RER) – ✆ 01 69 07 01 16
– Fermé 5-25 août, vacances de Noël, dimanche et lundi
Formule 21 € – Menu 29 € (déjeuner), 31/44 € – Carte environ 42 €
Face à la petite gare RER de Gif-sur-Yvette, cette adresse entre bistrot et gastro nous accueille dans un bel intérieur contemporain. La cuisine, soignée et goûteuse, est traversée de quelques touches asiatiques – l'un des deux chefs est d'origine vietnamienne. Vous y retournerez avec plaisir : le menu change tous les jours !

JANVRY

✉ 91640 – 603 hab – Plan : **B3**
▶ Paris 35 km – Carte Michelin **101** 33

Bonne Franquette

XX A/C

1 r. du Marchais – ✆ 01 64 90 72 06 – www.bonnefranquette.fr – Fermé 2 semaines en mai, 21 août-13 septembre, 18 décembre-3 janvier, samedi midi, dimanche et lundi

Formule 33 € – Menu 41 €

Ex-relais de poste situé face au château (17e s.) d'un joli village francilien. Deux grandes ardoises annoncent la cuisine du jour servie dans un cadre de bistrot chaleureux. Spécialité : cervelle de veau meunière aux câpres.

ST-JEAN-DE-BEAUREGARD

✉ 91940 – 284 hab – Plan : **B3**
▶ Paris 35 km – Carte Michelin **101** 33

L'Atelier Gourmand

XX P

5 Grande-Rue – ✆ 01 60 12 31 01 – www.lateliergourmand-restaurant.fr – Fermé 28 février-6 mars, 7-28 août, 24 décembre-3 janvier, samedi midi et dimanche

Menu 39 € (semaine) – Carte 54/65 €

Au cœur du village, dans une ancienne ferme, une table bien nommée : on y apprécie une cuisine de tradition bien tournée et toute fraîche (le chef s'approvisionne auprès du maraîcher voisin). Cadre classique et agréable, face au jardin clos de murs.

STE-GENEVIÈVE-DES-BOIS

✉ 91700 – 35 035 hab – Plan : **B3**
▶ Paris 27 km – Carte Michelin **101** 35

La Table d'Antan

XX A/C

38 av. Grande-Charmille-du-Parc, (près de l'hôtel de ville) – ✆ 01 60 15 71 53 – www.latabledantan.fr – Fermé 5-25 août, dimanche soir, mardi soir, mercredi soir et lundi sauf fériés

Formule 26 € – Menu 32/50 € – Carte 45/80 €

Vous serez d'abord séduit par un accueil prévenant en ce restaurant d'un quartier résidentiel. On y savoure une cuisine classique et des spécialités du Sud-Ouest de qualité.

VIRY-CHÂTILLON

✉ **91170 – 31 221 hab – Plan : C3**

Paris 26 km – Carte Michelin 101 36

Le Marcigny

X A/C

27 r. Danielle-Casanova – ✆ 01 69 44 04 09 – www.lemarcigny.fr – Fermé dimanche soir et lundi

Menu 29 €

La Bourgogne mise à l'honneur ! Ce petit restaurant à succès porte le nom du village dont est originaire l'épouse du chef. Plats traditionnels, pain maison et vins régionaux.

WISSOUS

✉ **91320 – 6 624 hab – Plan : B3**

Paris 22 km – Carte Michelin 101 25

La Grange aux Dîmes

XX P

3 r. André-Dolimier – ✆ 01 69 81 70 08 – www.grangeauxdimes.com – Fermé 1 semaine en février, une semaine à Pâques, 3 semaines en août, samedi, dimanche et fêriés

Menu 36 € – Carte 58/81 €

Vieilles pierres, cheminée monumentale, haute charpente en bois... Cette belle grange aux dîmes du 13e s. transporte dans l'Île-de-France d'hier ! Pour autant, la cuisine joue la carte de la gastronomie d'aujourd'hui, sous l'égide d'un chef venu de grandes maisons parisiennes. Saveurs flatteuses et accueil aimable.

Hauts-de-Seine

✉ 92

ANTONY

✉ 92160 – 61 624 hab – Plan : **B3**
▶ Paris 13 km – Carte Michelin **101** 25

La Tour de Marrakech

72 av. Division-Leclerc – ✆ 01 46 66 00 54 – www.latourdemarrakech.com – Fermé août et lundi
Menu 22 € (déjeuner en semaine), 34 € 🍷/58 € 🍷 – Carte 30/50 €
Un Paris-Marrakech par voie express ! Décor délicieusement mauresque, plats du pays joliment mitonnés – notamment la pastilla de pigeon et amandes, une valeur sûre de la maison –, desserts faits maison... avec, pour ne rien gâcher, un accueil et un service très prévenants.

ASNIÈRES-SUR-SEINE

✉ 92600 – 83 845 hab – Plan : **B2**
▶ Paris 10 km – Carte Michelin **101** 15

Le Van Gogh

1 Port Van-Gogh, (accès par le Pont de Clichy) – ✆ 01 47 91 05 10 – www.levangogh.com – Fermé 7-29 août, 19-26 décembre, lundi en août, samedi midi et dimanche soir
Menu 39 € – Carte 48/67 €
Sur les bords de Seine immortalisés par Van Gogh, presque les pieds dans l'eau ! Sur la jolie terrasse, on voit passer les péniches en se délectant d'une cuisine d'aujourd'hui honorant les poissons de l'Atlantique... Et dans la salle à la déco très "bateau", on apprécie la vue sur les cuisines.

BOIS-COLOMBES

✉ 92270 – 28 709 hab – Plan : **B2**
▶ Paris 12 km – Carte Michelin **101** 15

Le Chefson

17 r. Ch.-Chefson – ✆ 01 42 42 12 05 (réservation conseillée) – Fermé 1 semaine vacances de février, août, lundi soir, samedi et dimanche
Formule 24 € – Menu 30/40 €
Le Chefson ? Tout le quartier en parle ! Si vous ne connaissez pas, imaginez une cuisine traditionnelle simple et généreuse, une atmosphère bistrotière (ou plus cossue dans la deuxième salle), sans oublier de jolies suggestions du marché à l'ardoise. Plutôt rare dans une banlieue résidentielle très paisible.

BOULOGNE-BILLANCOURT

⊠ 92100 – 117 126 hab – Plan : **B2**

▶ Paris 10 km – Carte Michelin **101** 24

Chez Madeleine

39 r. de Paris Ⓜ Boulogne Jean Jaurès– ✆ 01 46 89 46 57 – chezmadeleine.perso.sfr.fr – Fermé août, 1 semaine à Noël, samedi midi, dimanche et lundi soir

Menu 17 € (déjeuner en semaine), 25 € 🍷/40 € – Carte 33/40 €

En toute convivialité – on est accueilli ici comme si l'on faisait partie de la famille –, Madeleine régale ses clients d'une cuisine libanaise gorgée de soleil : mezzes chauds et froids, brochettes de viande marinées et grillées, mouhalabieh en dessert, etc. Des préparations goûteuses et pleines de fraîcheur : un régal !

Chez Michel

4 r. Henry-Martin Ⓜ Porte de St-Cloud– ✆ 01 46 09 08 10 – Fermé août, 24 décembre-2 janvier, samedi midi et dimanche

Formule 14 € – Menu 18 € (déjeuner)/30 €

Lasagnes d'asperges vertes, turbot aux girolles, meringue aux fruits rouges... Dans le bistrot de Michel, les plats varient avec le marché : fraîcheur et simplicité. Une adresse sympathique, appréciée par la clientèle d'affaires au déjeuner.

La Machine à Coudes

35 r. Nationale Ⓜ Billancourt – ✆ 01 47 79 05 06 (réservation conseillée) – www.lamachineacoudes.fr – Fermé 1 semaine en août, 1 semaine en décembre, samedi midi, dimanche et lundi

Menu 32 € (semaine), 37/45 € *(menu unique)*

La jeune propriétaire, Marlène Alexandre-Buisson, a imaginé ce petit bistrot attachant, avec son décor de briques apparentes, ses vieilles étagères et ses... machines à coudre en guise de tables ! Elle s'est adjoint les services d'un chef talentueux, qui joue la partition néo-bistrot avec finesse et efficacité : on se régale.

MaSa(Hervé Rodriguez)

112 av. Victor-Hugo Ⓜ Marcel Sembat– ✆ 01 48 25 49 20 – www.masa-paris.fr – Fermé 3 semaines en août, samedi et dimanche

Formule 42 € – Menu 49 € (déjeuner), 70/115 € – Carte environ 80 €

Œuf de Marans, bœuf de Coutancie, canette de Challans... Le chef utilise de bons produits pour composer une cuisine volontiers ludique et créative, qui n'hésite pas à jouer la carte de la surprise. Autant de couleurs et de saveurs ne peuvent laisser indifférent !

➜ Couteaux, riz vénéré comme une polenta et chorizo. Cabillaud, potiron-passion et fève tonka. Chocolat grand cru, poivron et piment d'Espelette.

Mon Bistrot

33 r. Marcel-Dassault Porte de St-Cloud– 01 47 61 90 10 – www.mon-bistrot.fr – Fermé 1 semaine en février, 3 semaines en août, samedi, dimanche et fériés

Formule 29 € – Carte 34/57 €

Tourteau décortiqué et flan de crustacés, tarte au citron revisitée à la façon du chef, et, tous les jeudis, viande d'Argentine cuite à la plancha... Un néobistrot convivial et plutôt cosy pour une cuisine bistrotière d'aujourd'hui, fraîche et bien ficelée.

La Plantxa

58 r. Gallieni Porte de St-Cloud– 01 46 20 50 93 (réservation conseillée) – www.plantxa.com – Fermé 2 semaines en août, dimanche et lundi

Menu 50 € – Carte 30/45 €

Depuis l'arrivée de Juan Arbelaez, jeune chef colombien, la recherche et l'originalité règnent en maîtres dans les cuisines de la Plantxa. En toute décontraction, "comme à la maison", on se régale de ses assiettes percutantes et soignées, où les associations de saveurs tombent toujours juste. Décoiffant !

La Table de Cybèle

38 r. de Meudon Billancourt– 01 46 21 75 90 – www.latabledecybele.com – Fermé dimanche et lundi

Formule 24 € – Menu 29 € (déjeuner en semaine) – Carte 40/50 € dîner

À la tête de ce néobistrot né à Billancourt en 2013 œuvre un couple franco-américain, et c'est Cybèle, née à San Francisco, qui officie en cuisine, signant des recettes originales, axées sur les bons produits. La Table de Cybèle est si jolie...

CHÂTILLON

92320 – 34 960 hab – Plan : B2

Paris 10 km – Carte Michelin 101 25

Barbezingue

14 bd de la Liberté – 01 49 85 83 50 – www.barbezingue.com – Fermé 3 semaines en août, dimanche soir et lundi

Menu 20 € (déjeuner), 23/42 € – Carte 20/35 €

Drôle de nom pour un étonnant concept : le Barbezingue fait restaurant, table d'hôte (buffet à l'étage) et... barbier le vendredi matin ! On y déguste une généreuse cuisine canaille, avec, en prime, une terrasse pour l'apéritif et un terrain de pétanque. Plus qu'un concept, un lieu de vie plein de gourmandise.

CLICHY

92110 – 59 240 hab – Plan : B2
Paris 9 km – Carte Michelin 101 15

La Barrière de Clichy

XX A/C

1 r. de Paris Mairie de Clichy – 01 47 37 05 18
– Fermé août, samedi, dimanche et fériés
Formule 29 € – Menu 36/60 € – Carte 50/90 €
Nappes blanches, argenterie, décor feutré, menu dégustation qui change avec les saisons : un bon restaurant traditionnel, tenu par un couple avenant et animé par le désir de bien faire.

La Romantica

XXX

73 bd Jean-Jaurès Mairie de Clichy – 01 47 37 29 71 – www.laromantica.fr
– Fermé samedi midi et dimanche
Menu 41 € (déjeuner), 51/92 € – Carte 50/100 €
Derrière une porte cochère, une étonnante cour intérieure (avec une terrasse pavée de marbre blanc) et une salle d'une belle élégance, pour un festival de saveurs italiennes. On recommande les pâtes maison, comme ces tagliolinis à la crème légère de sauge, flambées dans une roue de fromage de bufflonne : *gustoso !*

COURBEVOIE

92400 – 86 854 hab – Plan : B2
Paris 10 km – Carte Michelin 101 15

Les Trois Marmites

X A/C

215 bd St-Denis – 01 43 33 25 35
– Fermé août, le soir en semaine et le week-end
Formule 39 € – Menu 44 € (déjeuner en semaine)/69 €
Face au parc de Bécon et tout près des quais, un petit restaurant de quartier tenu en couple – monsieur aux fourneaux, madame en salle. À la carte, honneur à la belle tradition : turbot poché au beurre blanc, rognons de veau rôtis...

LA GARENNE-COLOMBES

92250 – 28 371 hab – Plan : B2
Paris 13 km – Carte Michelin 101 14

Le St-Joseph

X A/C

100 bd de la République – 01 42 42 64 49 – www.restaurantlesaintjoseph.fr
– Fermé 2 semaines en mai, 3 semaines en août, samedi midi, dimanche et le soir du lundi au jeudi
Menu 31 € – Carte 32/57 €
Ce bistrot de quartier ne paie pas de mine, pourtant c'est une pépite. La salle est toute simple, le service sans chichi, mais l'assiette... est à tomber ! Le chef concocte une belle cuisine bistrotière, avec les meilleurs produits de saison. Quant à la sélection de vins, elle est tout à fait judicieuse.

GENNEVILLIERS

✉ 92230 – 42 919 hab – Plan : **B1**

▶ Paris 15 km – Carte Michelin **101** 15

L'Ambassade des Terroirs

45 r. Pierre-Timbaud – ✆ 01 47 98 39 26 – www.ambassadedesterroirs.com – Fermé 3 semaines en août, samedi midi, lundi soir et dimanche

Formule 20 € – Menu 34 € – Carte 40/70 €

La philosophie de la maison ? Des produits labellisés rigoureusement sélectionnés, du circuit court, du bio ! Avec tout cela, les deux associés proposent une bonne cuisine du terroir, savoureuse et cuisinée avec application. La bonne adresse des environs.

ISSY-LES-MOULINEAUX

✉ 92130 – 65 322 hab – Plan : **B2**

▶ Paris 8 km – Carte Michelin **101** 25

Manufacture

20 espl. Manufacture, (face au 30 r. E.-Renan) Ⓜ Corentin-Celton – ✆ 01 40 93 08 98 – www.restaurantmanufacture.com – Fermé 3 semaines en août, samedi et dimanche

Formule 31 € – Menu 39 €

Cette manufacture de tabac (1904) est devenue un sympathique restaurant design. Petit comptoir, cuisines ouvertes sur la salle, jolie terrasse, carte classique – joue de bœuf braisé au vin rouge, poêlée d'encornets et piments doux – et propositions de saison : reconversion réussie !

La Passerelle

172 quai de Stalingrad – ✆ 01 46 48 80 81 – www.lapasserelle-issy.com – Fermé août, dimanche et lundi

Formule 34 € – Menu 40 € (déjeuner en semaine), 85/100 €

Des produits rigoureusement sélectionnés, une cuisine fine et colorée où la Méditerranée fait de fréquentes incursions, le tout réalisé par un jeune chef talentueux et motivé... On emprunte joyeusement cette Passerelle pour se rendre sur les terres de la gourmandise et des saveurs !

Le 7 à Issy

7 rond-point Victor-Hugo Ⓜ Corentin-Celton – ✆ 01 46 45 22 12 – www.7aissy.fr – Fermé 1er-25 août, 24-30 décembre, lundi soir, samedi midi et dimanche

Formule 27 € – Menu 35/49 € – Carte 44/62 €

Jarret et fondant de veau cuits façon pot-au-feu, dos de cabillaud à la plancha et vinaigrette de betterave... Ici, on savoure une cuisine traditionnelle copieuse et bien ficelée. Habitués et hommes d'affaires ne boudent pas leur plaisir !

LEVALLOIS-PERRET

✉ 92300 – 64 654 hab – Plan : **B2**

▶ Paris 9 km – Carte Michelin **101** 15

L'Audacieux

51 r. Danton Ⓜ Anatole France– ✆ 01 47 59 94 17 – www.laudacieux.com – Fermé 1 semaine en février, 3 semaines en août, samedi midi, dimanche et lundi

Menu 35 € (déjeuner en semaine), 42/78 €

"De l'audace, encore de l'audace, toujours de l'audace", disait Danton. De cela, Pierre Lambert, le chef de ce restaurant de poche, n'en manque pas, signant une cuisine inspirée et originale, où les saveurs asiatiques surprennent et la technique sublime le produit. Essayez le menu-surprise, c'est un bol d'air frais !

Le Bistrot d'Oscar

1 pl. du Maréchal-de-Tassigny Ⓜ Louise Michel– ✆ 01 47 59 00 82 – Fermé 2 semaines en août, samedi, dimanche et fériés

Formule 22 € – Menu 30 € (déjeuner en semaine) – Carte 33/52 €

Ici, on joue la carte bistrot ! Cabillaud façon "fish and chips", selle d'agneau farcie à la mozzarella... Les plats sont généreux et bien ficelés, parfumés à souhait, et surfent entre les saveurs d'hier et d'aujourd'hui. Et pour ceux qui veulent profiter du grand air, direction la terrasse !

MEUDON

✉ 92190 – 45 107 hab – Plan : **B2**

▶ Paris 11 km – Carte Michelin **101** 24

L'Escarbille (Régis Douysset)

8 r. Vélizy – ✆ 01 45 34 12 03 – www.lescarbille.fr – Fermé 3 semaines en août, 24 décembre-2 janvier, dimanche et lundi

Menu 56/108 € – Carte 60/75 €

Un buffet de gare ? Oui... et non ! Un passé "ferroviaire" certes, mais un présent résolument gourmet, dans une atmosphère chic et contemporaine. Amoureux du beau produit, le chef réalise ici une élégante cuisine du marché : c'est frais, bien tourné et très bon !

→ Tarte aux girolles, purée de cèleri et œuf de caille poché. Turbot meunière, endives caramélisées et émulsion à la citronnelle. Éclair garni de fruits rouges et crème glacée au basilic.

Quai de Meudon

10 rte des Gardes – ✆ 01 40 95 24 60 – www.quaidemeudon.com – Fermé 2 semaines en août et dimanche soir

Formule 26 € – Carte 32/58 €

Cette ancienne gare, avec ses poutres métalliques et ses rivets, vous rappelle quelque chose ? Normal : elle a été bâtie par les équipes d'Eiffel pour l'exposition universelle de 1889... Les plats sont intéressants et bien réalisés ; la terrasse, au deuxième étage, offre une belle vue sur les îles de la Seine... Courez-y !

NEUILLY-SUR-SEINE

✉ 92200 – 62 021 hab – Plan : **B2**

Paris 9 km – Carte Michelin **101** 15

À La Coupole

3 r. de Chartres Ⓜ Porte Maillot– ✆ 01 46 24 82 90
– Fermé vacances de printemps, août, samedi, dimanche et fériés
Formule 31 € – Menu 40 €
Un lieu chic et sobre, d'esprit feutré (boiseries sombres, tons crème et chocolat), où l'on savoure une bonne cuisine traditionnelle. Parmi les spécialités de la maison : le foie gras et les abats, ris et rognons en tête !

La Boutarde

4 r. Boutard Ⓜ Pont de Neuilly ✆ 01 47 45 34 55 (réservation conseillée) – www.laboutarde.com
– Fermé 3 semaines en août, vacances de Noël, samedi et dimanche
Formule 30 € – Menu 36 € – Carte 36/55 €
Un vrai bistrot ! Service décontracté, boiseries, ardoise du jour suivant l'inspiration du chef, et belle cuisine traditionnelle dans l'assiette : Saint-Jacques rôties, côte de veau, brioche caramélisée et glace à la vanille... C'est bon, tout simplement.

Jarrasse L'Écailler de Paris

4 av. de Madrid Ⓜ Pont de Neuilly– ✆ 01 46 24 07 56 (réservation conseillée) – www.jarrasse.com
– Fermé samedi et dimanche du 7 au 21 août
Menu 42 € – Carte 60/85 €
Un restaurant au décor intimiste et original où les luminaires ont, par exemple, la forme d'oursins. Dans l'assiette, on se régale de produits de la mer en provenance directe des petits bateaux de pêche bretons. Fraîcheur garantie !

Ribote

17 r. Paul-Chatrousse Ⓜ Pont de Neuilly– ✆ 01 47 47 73 17
– Fermé 3 semaines en août, 1 semaine à Noël, samedi et dimanche
Formule 22 € – Carte 35/48 €
Fringant, ce néo-bistrot ouvert au début 2015 ! En cuisine, on trouve un duo de chef trentenaires ; ils composent une cuisine légère et parfumée, bien dans l'air du temps, dans un esprit "so bistronomie" : ceviche de haddock au fenouil, filet de canette au jus de wasabi... Un souffle d'air frais sur Neuilly !

PUTEAUX

✉ 92800 – 44 514 hab – Plan : **B2**

▶ Paris 11 km – Carte Michelin **101** 14

Saperlipopette !

9 pl. du Théâtre – ✆ 01 41 37 00 00 (réservation conseillée) – www.saperlipopette1.fr

Menu 39/54 €

N'hésitez pas à venir vous restaurer de ce côté de Puteaux, non loin de la Défense : cette ancienne brasserie a subi un sacré lifting, devenant un restaurant chaleureux et branché. La cuisine, façon bistrot chic – côte de bœuf et côte de veau sont toujours à l'ardoise – est généreuse et bien tournée. Service attentionné.

RUEIL-MALMAISON

✉ 92500 – 79 563 hab – Plan : **B2**

▶ Paris 16 km – Carte Michelin **101** 14

Le Patte Noire

56 r. du Gué – ✆ 09 81 20 81 69 – www.lepattenoire.com – Fermé 1er-4 janvier, 15 août-8 septembre, dimanche soir et lundi

Formule 29 € – Menu 35/65 € – Carte 56/74 €

Inutile de montrer patte blanche pour espérer manger dans ce restaurant du centre-ville ! Derrière les fourneaux, le chef réalise une cuisine bien dans l'air du temps avec de beaux produits. Dans l'assiette, les assaisonnements sont bons, les cuissons réussies. Accueil et service tout sourire.

Les Écuries de Richelieu

21 r. du Dr-Zamenhof – ✆ 01 47 08 63 54 – www.ecuries-richelieu.com – Fermé août, samedi midi, dimanche soir et lundi

Formule 15 € – Menu 18 € (déjeuner en semaine)/35 €

Nichées dans une élégante bâtisse du 17e s., ces Écuries de Richelieu vous accueillent dans une salle voûtée et fraîche, où vous dégusterez une jolie cuisine traditionnelle autour d'un court menu. Bon rapport qualité-prix.

ST-CLOUD

✉ 92210 – 29 436 hab – Plan : **B2**

▶ Paris 12 km – Carte Michelin **101** 14

Le Garde-Manger

21 r. d'Orléans – ✆ 01 46 02 03 66 – www.legardemanger.com – Fermé dimanche

Formule 17 € – Carte 20/38 €

Dans son garde-manger, le chef stocke de beaux produits et concocte une jolie cuisine bistrotière, pile dans la tendance. Et tendance, son restaurant l'est aussi, avec ses grandes ardoises, ses lampes indus' et son comptoir très... néobistrot !

SURESNES

✉ 92150 – 47 263 hab – Plan : **B2**

Paris 12 km – Carte Michelin 101 14

Au Père Lapin

10 r. du Calvaire – 01 45 06 72 89 – www.auperelapin.com – Fermé dimanche soir

Formule 28 € – Menu 32 € (déjeuner en semaine) – Carte 39/50 €

Dîner face à la tour Eiffel, ça vous dit ? Dans ce cas, installez-vous sur la terrasse du Père Lapin, pour savourer une bonne cuisine de bistrot sans prétention. Un conseil : ne passez pas à côté des glaces artisanales. Par mauvais temps, on prend place dans une salle au décor contemporain... et l'on n'est pas malheureux !

Les Jardins de Camille

70 av. Franklin-Roosevelt – 01 45 06 22 66 – www.lesjardinsdecamille.com – Fermé dimanche soir

Formule 28 € – Menu 42 € – Carte 50/58 €

Aux abords du mont Valérien, les Jardins de Camille offrent une vue magnifique sur Paris et la Défense, en terrasse comme en salle. On y apprécie une bonne cuisine actuelle (par exemple, un filet de maquereau fumé minute et espuma de wasabi) avant de passer la nuit dans l'une des chambres d'hôtes, calmes et jolies.

VILLE-D'AVRAY

✉ 92410 – 11 027 hab – Plan : **B2**

Paris 14 km – Carte Michelin 101 24

Le Café des Artistes Hôtel Les Étangs de Corot

A/C

55 r. de Versailles – 01 41 15 37 00 – www.etangs-corot.com

Menu 35 € – Carte environ 45 €

Gaspacho poivrons tomates et glace basilic, œuf parfait aux girolles et velouté de foie gras, échine de cochon confite au curry... Une cuisine contemporaine goûteuse et inspirée, réalisée avec de beaux produits, que l'on ira volontiers déguster en terrasse, en contemplant distraitement le charmant jardin. Bucolique !

Le Corot Hôtel Les Étangs de Corot

A/C

55 r. de Versailles – 01 41 15 37 00 (réservation conseillée) – www.etangs-corot.com – Fermé 26 juillet-26 août, 4-14 janvier, dimanche soir, mercredi midi, lundi et mardi

Menu 48 € (déjeuner en semaine), 95/130 € – Carte 95/105 €

Le jeune chef, excellent technicien, met un point d'honneur à inscrire pleinement sa cuisine dans l'époque : fraîcheur, légèreté et esthétisme distinguent ses assiettes. Joli moment de gastronomie en ces lieux qui préservent avec élégance le souvenir de Camille Corot, qui immortalisa les étangs voisins...

→ Ballottine de volaille, poêlée de champignons de nos forêts. Ris de veau doré au sautoir, pimprenelle, carottes confites aux noix et jus de veau. Crémeux pistache de Sicile, sorbet carotte-orange.

Seine-et-Marne

✉ 77

BRIE-COMTE-ROBERT

✉ 77170 – 16 415 hab – Plan : D3
▶ Paris 30 km – Carte Michelin **101** 39

La Fabrique

XX ♿ P

1 bis r. du Coq-Gaulois – ✆ 01 60 02 10 10 – www.restaurantlafabrique.fr – Fermé 1 semaine en mars, août, 24 décembre-2 janvier, mardi soir, mercredi soir, samedi midi, dimanche et lundi

Formule 28 € – Menu 35 € (déjeuner) – Carte 50/65 €

Ce loft d'esprit industriel est bien caché au bout d'une petite allée, et il fait bon s'y régaler dans une belle atmosphère conviviale... Une adresse d'aujourd'hui, qui décline les nouveaux codes de la gastronomie bistrotière et gourmande !

OZOIR-LA-FERRIÈRE

✉ 77330 – 20 074 hab – Plan : D3
▶ Paris 34 km – Carte Michelin **101** 30

La Gueulardière

XXX ♿ P

66 av. du Gén.-de-Gaulle – ✆ 01 60 02 94 56 – www.la-gueulardiere.com – Fermé dimanche soir

Formule 27 € – Menu 39/78 € – Carte 64/117 €

En place depuis plus de 25 ans, Alain Bureau est un vrai chef à l'ancienne, un authentique artisan, inconditionnel du "fait maison", du foie gras au saumon fumé en passant par le pain et les glaces. Classique par ses racines, actuelle par son inspiration, sa cuisine séduit ! Cadre élégant et raffiné, dont une superbe terrasse.

LE PLESSIS-PICARD

✉ 77550– Plan : D3
▶ Paris 41 km – Carte Michelin **101** 39

La Mare au Diable

XX P

– ✆ 01 64 10 20 90 – www.lamareaudiable.fr – Fermé 3 semaines en août, dimanche soir et lundi sauf fériés

Menu 35 € 🍷 (semaine)/47 € – Carte 50/80 €

Amateurs de vieilles pierres, vous apprécierez cette demeure du 15e s. tapissée de vigne vierge et de glycine, ses poutres, sa grande cheminée, son parc bucolique… Un décor qui charma en son temps George Sand ! Le classicisme est de mise dans l'assiette, mais aussi quelques spécialités italiennes, origines du chef obligent.

Seine-St-Denis

93

AULNAY-SOUS-BOIS

93600 – 81 899 hab – Plan : C1
Paris 19 km – Carte Michelin 101 18

Auberge des Saints Pères(Jean-Claude Cahagnet)

XXX A/C

212 av. de Nonneville – 01 48 66 62 11 – www.auberge-des-saints-peres.fr – Fermé 3 semaines en août, mercredi soir, samedi et dimanche

Menu 44/105 €

Jus de coquillage en gelée, sésame de wasabi et huîtres ; poitrine de cochon et gambas... Des assiettes sophistiquées, originales et techniques, où dialoguent de nombreux ingrédients, accompagnés d'épices et d'herbes : telle est la savoureuse signature de ces Saints Pères, au cadre épuré et élégant.

→ Carpaccio de veau et de tourteau, marinade pamplemousse, coriandre et soja. Dorade marinée sur un lit de légumes et purée d'ail nougatine. Tartare fraise-rhubarbe, sorbet au poivre.

GAGNY

93220 – 39 172 hab – Plan : C2
Paris 17 km – Carte Michelin 101 18

Le Vilgacy

XX P

45 av. H.-Barbusse – 01 43 81 23 33 – www.vilgacy.com – Fermé 1 semaine en février, 30 juillet-23 août, dimanche soir, lundi et mardi sauf fériés

Formule 22 € – Menu 27 € (semaine) – Carte 50/70 €

Marbré de canard et foie gras, filet de bœuf au ragoût d'escargots, tarte fine aux pommes, etc. : le goût de la tradition dans cet établissement au cadre bourgeois, situé dans un quartier pavillonnaire de Gagny. Tables en extérieur aux beaux jours.

LIVRY-GARGAN

93190 – 42 699 hab – Plan : C2
Paris 19 km – Carte Michelin 101 18

La Petite Marmite

XX A/C

8 bd de la République – 01 43 81 29 15 – www.lapetitemarmite-livry gargan .com – Fermé vacances de février, 8-31 août, dimanche soir et mercredi

Menu 35 € – Carte 48/75 €

Un auvent couvert de chaume, une salle tout en bois, des banquettes douillettes... Cette Petite Marmite réchauffe les cœurs ! Aux commandes œuvre un duo complémentaire ; monsieur au marché et madame en cuisine : saumon fumé au bois de hêtre, tatin, profiteroles, etc., le tout accompagné de bons bordeaux.

MONTREUIL

⊠ **93100 – 103 520 hab – Plan : C2**
Paris 11 km – Carte Michelin 101 17

L'Amourette

54 r. Robespierre Ⓜ Robespierre – 01 48 59 99 94 – www.lamourette.fr
– Fermé 1er-8 mai, 24 décembre-1er janvier, samedi, dimanche et fériés
Formule 15 € – Menu 19 € (déjeuner en semaine)/30 € – Carte 27/60 €

Il se dit que les Parisiens n'aiment pas passer le périph'... Et si les "banlieusards" avaient de bonnes raisons de snober la capitale ? C'est le cas à Montreuil avec cet amour de bistrot contemporain. Au menu, point de parigots, mais une superbe tête de veau !

Villa9Trois

28 r. Colbert Ⓜ Mairie de Montreuil – 01 48 58 17 37 – www.villa9trois.com
– Fermé dimanche soir
Menu 39/48 € – Carte 49/60 €

Une jolie demeure ancienne, un décor bourgeois et design, une grande terrasse sous les arbres, une cuisine en prise sur les dernières tendances... Cette Villa du "9Trois" est un havre pour une clientèle, disons-le, dorée. Dress code : chic et décontracté.

LE PRÉ-ST-GERVAIS

⊠ **93310 – 18 025 hab – Plan : C2**
Paris 8 km – Carte Michelin 101 16

Au Pouilly Reuilly

68 r. André-Joineau – 01 48 45 14 59
– Fermé août, samedi midi, lundi soir et dimanche
Menu 25 € – Carte 37/83 €

Un bistrot dans son jus, pour une cuisine qui ne l'est pas moins : ris de veau aux morilles, rognons émincés sauce moutarde, boudin noir grillé, côte de bœuf... Le respect de la tradition, avec des produits de qualité.

ST-OUEN

⊠ **93400 – 47 499 hab – Plan : B2**
Paris 9 km – Carte Michelin 101 16

Le Coq de la Maison Blanche

37 bd Jean-Jaurès Ⓜ Mairie de St-Ouen – 01 40 11 01 23 – www.lecoqdelamaisonblanche.com
– Fermé samedi en juillet-août et dimanche
Menu 32 € – Carte 40/85 €

Une cuisine très traditionnelle (tête de veau sauce ravigote, coq au vin, etc.), un authentique décor estampillé 1950, des serveurs efficaces et de nombreux habitués de longue date : cette adresse, incontournable à St-Ouen, ressuscite un film d'Audiard !

Ma Cocotte

106 r. des Rosiers Ⓜ *Porte de Clignancourt* – ✆ *01 49 51 70 00* – *www.macocotte-lespuces.fr*
Menu 26 € (semaine) – Carte 30/60 €
Nichée dans les puces de St-Ouen, une cantine chic signée "by Philippe Starck". La déco joue la carte du loft contemporain chaleureux, la cuisine celle des classiques – bien troussés – dont on ne se lasse pas : poulet fermier à la broche, tarte Tatin, etc. Cette cocotte a la cote !

La Puce

17 r. Ernest-Renan Ⓜ *Mairie de St-Ouen* – ✆ *01 40 12 63 75*
– Fermé 2 semaines en février, 3 semaines en août, dimanche et lundi
Formule 18 € – Menu 36 € – Carte 35/40 €
À un saut de puce des puces de St-Ouen, cette Puce-là ne fait pas faux bond à la qualité : dans ce bistrot sympathique, on apprécie ravioles au foie gras et lentilles à la crème de porto blanc, ch'tiramisu aux spéculos, etc. Des plats bien tournés, aux prix raisonnables, comme les vins. De quoi mettre la puce à l'oreille !

TREMBLAY-VIEUX-PAYS

✉ **93290 – Plan : C1**
Paris 33 km – Carte Michelin 101 18

Le Cénacle

1 r. de la Mairie – ✆ *01 48 61 32 91* – *www.restaurantcenacle.com*
– Fermé samedi midi et dimanche soir
Menu 30 € (déjeuner en semaine), 45/130 € – Carte 56/91 €
Rien de confidentiel dans ce Cénacle, mais la tradition dans toute sa générosité – menu homard – et un décor qui joue une carte très classique (poutres peintes, chaises de style, etc.).

La Jument Verte

43 rte de Roissy – ✆ *01 48 60 69 90* – *www.aubergelajumentverte.fr*
– Fermé août, samedi, dimanche et fériés
Formule 26 € – Menu 30/46 € – Carte 48/71 €
Dans un hameau qui semble tranquille... et pourtant stratégiquement situé, tout près du parc des expositions de Villepinte et de l'aéroport de Roissy, voici une escale gourmande toute trouvée. On y déguste une belle cuisine tout en fraîcheur et saveurs, recherchée juste comme il faut. Décor à la fois simple et avenant.

Val-de-Marne

94

BRY-SUR-MARNE

94360 – 16 319 hab – Plan : C2
Paris 16 km – Carte Michelin 101 18

Auberge du Pont de Bry - La Grappille

XX A/C
3 av. du Gén.-Leclerc – ✆ 01 48 82 27 70 – www.lagrappille.fr
– Fermé 16-31 août, lundi et mardi
Formule 25 € – Menu 35/65 € – Carte 49/65 €
Aux commandes de cette auberge, un chef de métier qui fait preuve de savoir-faire pour sélectionner des ingrédients de qualité et rehausser les saveurs des recettes – même les plus traditionnelles. Pour un résultat très convaincant !

CHENNEVIÈRES-SUR-MARNE

94430 – 18 304 hab – Plan : C2
Paris 18 km – Carte Michelin 101 28

L'Écu de France

XXX P
31 r. de Champigny – ✆ 01 45 76 00 03 – www.ecudefrance.com
– Fermé dimanche soir et lundi
Menu 38/69 € – Carte 98/132 €
Sur les rives de la Marne, dans un site bucolique, une bâtisse de 1717 tout en colombages et toits de tuiles : un ensemble très pittoresque, même les salles intérieures au cachet vieille France assumé. Dans un tel décor, la cuisine surprend par... son inventivité ! Superbes millésimes à la carte des vins.

CRÉTEIL

94000 – 89 845 hab – Plan : C2
Paris 13 km – Carte Michelin 101 27

Les Mets de Mo

N

XXX A/C P
29 av. Pierre-Brossolette – ✆ 01 48 98 49 52 – www.lesmetsdemo.com
– Fermé 7-21 août et dimanche soir de mai à octobre
Formule 29 € – Menu 32 € (déjeuner en semaine), 46/110 €
– Carte 55/90 €
Des plats créatifs et instinctifs, aux influences multiples, dans lesquelles les épices sont utilisés à bon escient ; de bons produits frais issus des circuits courts... Pas besoin d'avoir fait de grandes études pour comprendre comment cette table a gagné les cœurs (et les ventres) des Cristoliens. Irrésistible !

MAISONS-ALFORT

94700 – 54 186 hab – Plan : C2
Paris 10 km – Carte Michelin **101** 27

La Bourgogne

XX A/C

164 r. Jean-Jaurès – 01 43 75 12 75 – www.restaurant-labourgogne.com – Fermé 5-23 août, 23 décembre-2 janvier, samedi midi et dimanche
Menu 36/71 € – Carte 55/83 €
La bonne table de Maisons-Alfort et au-delà. Ses atouts : un cadre très moderne, chaleureux et intime, et surtout de belles saveurs. La cuisine est ici une chose sérieuse, fondée sur les meilleurs produits et savoir-faire... sans craindre la nouveauté !

LE PERREUX-SUR-MARNE

94170 – 33 248 hab – Plan : C2
Paris 16 km – Carte Michelin **101** 18

L'Ardoise

X

22 bd de la Liberté – 01 43 24 18 31 – Fermé août, dimanche, lundi et fériés
Formule 18 € – Carte 30/50 €
Le credo du patron : "je ne fais que ce que je maîtrise bien." Son baron d'agneau aux herbes, son parmentier de boudin basque ou encore son riz au lait lui donnent raison ! Son petit bistrot – avec le mobilier patiné et les murs couleur beurre frais qui vont bien – est épatant.

Les Magnolias

XXX A/C

48 av. de Bry – 01 48 72 47 43 – www.lesmagnolias.com – Fermé 1er-9 mai, 7-29 août, samedi midi, dimanche et lundi
Formule 39 € – Menu 58/97 €
Un jeune chef est désormais aux fourneaux de ces agréables Magnolias. Il met un soin particulier dans la présentation de ses plats, goûteux et traversés d'influences asiatiques. Autour de lui, en cuisine et dans l'élégante salle, s'affaire une jeune équipe soucieuse de bien faire.

RUNGIS

94150 – 5 691 hab – Plan : C3
Paris 14 km – Carte Michelin **101** 26

La Grange des Halles

XX P

28 r. Notre-Dame – 01 46 87 08 91 – www.restaurant-lagrange-rungis.com – Fermé 3 semaines en août, dimanche et lundi
Menu 27 € (déjeuner en semaine) – Carte 37/63 €
Rungis, ce n'est pas seulement le célèbre marché connu de tous les chefs, mais aussi un vieux bourg, où se trouve cette Grange au look atypique – tableaux contemporains, banquettes en velours... Homard du vivier, macaroni de foie gras et céleri : la cuisine, bien travaillée, est calée sur les saisons et, évidemment, le marché.

ST-MANDÉ

94160 – 21 846 hab – Plan : C2
Paris 7 km – Carte Michelin 101 27

L'Ambassade de Pékin

6 av. Joffre St-Mandé-Tourelle– 01 43 98 13 82
Menu 13 € (déjeuner en semaine)/24 € – Carte 35/75 €
Cette Ambassade au décor typique représente non seulement Pékin, mais aussi le Sichuan, le Vietnam, la Thaïlande, etc. Au menu, donc, un joli éventail de spécialités asiatiques, parmi lesquelles les crevettes à l'ail et au poivre, ou le canard laqué.

LA VARENNE-ST-HILAIRE

94210– Plan : C2
Paris 15 km – Carte Michelin 101 28

Château des Îles

85 quai Winston-Churchill – 01 48 89 65 65 – www.chateau-des-iles.com – Fermé lundi en août et dimanche soir
Menu 45/80 € – Carte 57/85 €
Dans le calme de cette charmante adresse, le chef réalise une cuisine au goût du jour, évoluant au fil des saisons ; on l'accompagne d'un vin de Bordeaux choisi dans une imposante carte. À savourer en terrasse pendant les beaux jours !

Faim et Soif

28 r. St-Hilaire – 01 48 86 55 76 – www.faimetsoif.com – Fermé 1 semaine en août, dimanche et lundi
Carte 55/67 €
Imaginez une bonbonnière version très contemporaine : alors vous aurez une petite idée de Faim et Soif. Chaleureuse, cette petite table l'est assurément. On s'y retrouve pour déguster des mets appétissants, ceux d'une vraie cuisine de produits.

VINCENNES

94300 – 49 831 hab – Plan : C2
Paris 7 km – Carte Michelin 101 17

La Rigadelle

23 r. de Montreuil Château de Vincennes– 01 43 28 04 23 (réservation conseillée) – Fermé 14 août-6 septembre, dimanche, lundi et mardi
Formule 26 € – Menu 28/56 € – Carte 45/69 €
Spécialité du lieu : le poisson, d'une grande fraîcheur (arrivages de Bretagne) et préparé dans les règles. Le chef fait tout lui-même et travaille comme un artisan (il s'investit aussi dans la formation des jeunes). Une adresse pleine de goût... et de mérite !

Val-d'Oise

✉ 95

ARGENTEUIL

✉ **95100 – 104 962 hab – Plan : B1**
Paris 16 km – Carte Michelin 101 14

La Ferme d'Argenteuil

2 bis r. Verte – ✆ 01 39 61 00 62 – www.lafermedargenteuil.com
– Fermé 1er-8 mai, 1er-22 août, lundi soir, mardi soir, mercredi soir, samedi midi et dimanche
Menu 35/55 €
Il n'y a rien d'agricole dans cette jolie ferme ! Tout est feutré, douillet, mignon... Aux commandes, deux sœurs soucieuses de bien faire. Amélia vous reçoit, tandis que Marie, aux fourneaux, concocte une sympathique cuisine d'aujourd'hui.

AUVERS-SUR-OISE

✉ **95430 – 6 846 hab – Plan : B1**
Paris 36 km – Carte Michelin 101 3

Auberge Ravoux

52 r. du Gén.-de-Gaulle, (face à la mairie) – ✆ 01 30 36 60 60 (réservation conseillée) – www.maisondevangogh.fr
– Ouvert début mars à fin novembre et fermé dimanche soir, mercredi soir, jeudi soir, lundi et mardi
Formule 29 € – Menu 34/75 € – Carte 41/63 €
Bienvenue en terre artiste… Non loin de l'église qu'il a rendue célèbre et du cimetière où il repose, l'âme de Van Gogh plane encore sur "sa" dernière auberge. Ici, la cuisine cultive les recettes d'antan, entre tradition populaire et manières familiales... À noter : la petite chambre du peintre se visite.

Hostellerie du Nord

6 r. du Gén.-de-Gaulle – ✆ 01 30 36 70 74 – www.hostelleriedunord.fr
– Fermé samedi midi, dimanche soir et lundi
Formule 55 € – Menu 65/85 €
Élégance et confort distinguent cet ancien relais de poste, fréquenté au 19e s. par de nombreux peintres. Le chef, Joël Boilleaut, est une vraie figure, dont le rigoureux savoir-faire s'exprime à travers une palette de recettes sûres et soignées. Idéal pour marcher sur les traces des impressionnistes !

DEUIL-LA-BARRE

95170 – 21 983 hab – Plan : B1
Paris 19 km – Carte Michelin 101 5

Verre Chez Moi

75 av. de la Division-Leclerc – 01 39 64 04 34 – www.restaurant-verrechezmoi.com
– Fermé vacances de février, 3 semaines en août, lundi soir, samedi midi et dimanche
Formule 28 € – Menu 36 € (déjeuner) – Carte 40/66 €
Une belle surprise que cette discrète maison de ville, tenue par un jeune sommelier passionné : à l'unisson de ses vins "coup de cœur" – surtout de petits propriétaires –, on déguste une cuisine très appétissante, fine et parfumée. L'été venu, profitez de la jolie cour sur l'arrière. Arrêt recommandé Verre Chez Moi !

HÉROUVILLE

95300 – 609 hab – Plan : B1
Paris 41 km

Les Vignes Rouges

3 pl. de l'Église – 01 34 66 54 73 – www.vignesrouges.fr
– Fermé 4-13 mai, 3 semaines en août, 4-15 janvier, dimanche soir, lundi et mardi
Menu 38 € – Carte 45/70 €
La tradition est de mise dans cette maison surannée, au cœur de ce village proche d'Auvers-sur-Oise (l'enseigne fait d'ailleurs référence à une œuvre de Van Gogh). De bonnes saveurs au menu : foie gras poêlé, andouillette braisée au chablis...

MÉRY-SUR-OISE

95540 – 9 320 hab – Plan : B1
Paris 35 km – Carte Michelin 101 4

Le Chiquito (Alain Mihura)

3 r. de l'Oise, La Bonneville, 1,5 km par D922, rte de Pontoise – 01 30 36 40 23 – www.lechiquito.fr
– Fermé dimanche et lundi
Menu 62/76 € – Carte environ 63 €
Tout est plaisir dans cette maison francilienne du 17e s. : le cadre, élégant et plein de cachet ; l'accueil, des plus prévenants... et que dire de la cuisine d'Alain Mihura, sinon qu'elle honore le plus beau classicisme, par sa précision et la finesse de ses saveurs ? Une demeure tout en délicatesse, vivement recommandable...
→ Foie gras poêlé, fruit de saison et gelée de citron. Lotte cuite sur l'os et langouste poêlée, nem végétal et tajine de légumes en mousseline. Sablé chocolat, crème au basilic et framboises fraîches.

MONTMORENCY

✉ 95160 – 20 842 hab – Plan : **B1**
▶ Paris 19 km – Carte Michelin **101** 5

Au Cœur de la Forêt

XX P

av. du Repos-de-Diane, accès par chemin forestier – ✆ 01 39 64 99 19 – www.aucoeurdelaforet.com – Fermé 15-25 février, août, jeudi soir, dimanche soir et lundi
Menu 48 €

À l'issue d'un chemin cahotant, vous voilà bien au cœur de la forêt... Si le dépaysement est garanti, la cuisine suit sans détour la voie de la tradition : au menu, rien que des valeurs sûres, au gré du marché ! Cadre élégant et champêtre, comme il se doit, avec une jolie terrasse face aux frondaisons.

PONTOISE

✉ 95000 – 30 164 hab – Plan : **A1**
▶ Paris 38 km – Carte Michelin **101** 3

Auberge du Cheval Blanc

XX

47 r. de Gisors – ✆ 01 30 32 25 05 – www.chevalblanc95.net – Fermé 1er-25 août, samedi midi, dimanche et lundi
Menu 25 € (semaine)/43 € – Carte 42/79 €

L'Auberge du Cheval Blanc, c'est surtout la personnalité de Laurence Ravail, chef truculente et passionnée, intarissable sur les produits et les vignerons qu'elle adore (belle sélection de vins). Ses assiettes ne mentent pas : colorées et savoureuses, elles mêlent recettes nouvelles et ingrédients bio.

ROISSY-EN-FRANCE

✉ 95700 – 2 816 hab – Plan : **C1**
▶ Paris 26 km – Carte Michelin **305** G6

Les Étoiles Hôtel Sheraton

XXX AC P

Roissy-en-France – ✆ 01 49 19 70 70 – www.sheraton.com/parisairport – Fermé août, vacances de Noël, samedi, dimanche et fériés
Formule 51 € – Menu 63 € – Carte 64/79 €

La table qui sort du lot dans le périmètre de l'aéroport, au sein de l'hôtel Sheraton. L'endroit mise avec réussite sur une atmosphère feutrée et une cuisine classique. À noter : le menu "100 % local", réalisé exclusivement avec des produits des environs de Paris, et le menu "Affaires", servi en moins d'1h !

ST-PRIX

95390 – 7 214 hab – Plan : **B1**
Paris 26 km – Carte Michelin **305** E6

Hostellerie du Prieuré

74 r. Auguste-Rey – 01 34 27 51 51 – www.restaurantduprieure.com – Fermé 31 juillet-17 août, 27-31 décembre, samedi midi, lundi midi et dimanche
Formule 24 € – Carte 45/60 €
Banquettes, nappes à carreaux, objets anciens... Dans ce village pittoresque, cette jolie auberge ravit les amoureux d'autrefois – et la salle avec sa cheminée, les romantiques ! À la carte, pas de nostalgie : foie gras poêlé aux girolles, fricassée d'écrevisses et ris de veau, macaron glacé au caramel...

Yvelines

78

BOUGIVAL

78380 – 8 498 hab – Plan : **B2**
Paris 21 km – Carte Michelin **101** 13

Le Camélia (Thierry Conte)

7 quai Georges-Clemenceau – 01 39 18 36 06 – www.lecamelia.com – Fermé 1 semaine vacances de printemps, 3 semaines en août, 1 semaine vacances de Noël, dimanche et lundi
Formule 32 € – Menu 47/120 € – Carte 95/135 €
L'enseigne évoque le passé artistique de cette charmante auberge, récemment transformée dans l'esprit d'un bistrot chic et feutré, avec cuisines ouvertes sur la salle : une métamorphose réussie. On apprécie d'autant mieux l'œuvre du chef : des recettes inventives, suaves et délicates, réalisées au gré du marché.
→ Royale de foie gras aux girolles. Sole au jus de rôti et herbes du jardin. Soufflé citron vert et griottes.

CHÂTEAUFORT

78117 – 1 401 hab – Plan : **A3**
Paris 28 km – Carte Michelin **101** 22

La Belle Époque

10 pl. de la Mairie – 01 39 56 95 48 – www.labelleepoque78.fr – Fermé 2-22 août, dimanche et lundi
Formule 30 € – Menu 39 € (semaine), 59/80 € – Carte 65/80 €
L'enseigne ne ment pas : derrière une devanture digne d'une auberge d'autrefois, on découvre un décor d'une sobre élégance, au noir et blanc très "début de siècle", assorti d'une jolie terrasse dominant la vallée de Chevreuse. Mais le chef signe une cuisine dans le goût de... notre époque.

LE CHESNAY

✉ 78150 – 28 980 hab – Plan : B2

▶ Paris 22 km – Carte Michelin **101** 23

L'Armoise

41 rte de Rueil – ✆ 01 39 55 63 07 – www.restaurant-larmoise.fr
– Fermé août, samedi midi, dimanche soir et lundi
Formule 25 € – Menu 29 € (déjeuner) – Carte 50/65 €
Le jeune chef délivre une cuisine du marché rythmée par les saisons, mêlant subtilement les bons produits frais et les saveurs. Décor contemporain épuré, relevé de couleurs vives.

CONFLANS-STE-HONORINE

✉ 78700 – 35 135 hab – Plan : A1

▶ Paris 38 km – Carte Michelin **101** 3

Au Bord de l'Eau

15 quai Martyrs-de-la-Résistance – ✆ 01 39 72 86 51
– Fermé 3 semaines en août, 26 décembre-5 janvier, lundi sauf fériés et le soir sauf samedi
Menu 31 € (déjeuner en semaine), 45/67 €
Cet ancien bistrot de bateliers des bords de Seine abrite un sympathique restaurant familial. Le décor intérieur rend hommage à la batellerie conflanaise. Cuisine traditionnelle.

DAMPIERRE-EN-YVELINES

✉ 78720 – 1 087 hab – Plan : A3

▶ Paris 38 km – Carte Michelin **101** 31

La Table des Blot - Auberge du Château (Christophe Blot)

1 Grande-Rue – ✆ 01 30 47 56 56 – www.latabledesblot.com
– Fermé en février, en août, en décembre, dimanche soir, lundi et mardi
Menu 50/80 € – Carte 55/80 €
Une belle et élégante auberge du 17e s., où le talent du chef et les saisons rythment la créativité des recettes. L'accueil se révèle chaleureux et, pour prolonger l'étape, on peut réserver une jolie chambre façon maison de campagne.
→ Raviole de langoustines, jus des carapaces crémé et tomate au yuzu. Homard poêlé fumé à la livèche. Chocolat soufflé, mi-cuit et glacé.

FOURQUEUX

⊠ **78112 – 4 055 hab – Plan : A2**

Paris 29 km – Carte Michelin 101 12

Au Fulcosa

2 r. du Mal.-Foch – 01 39 21 17 13 – www.aufulcosa.fr
– Fermé vacances de février, 1 semaine en juillet, 3 semaines en août, dimanche et lundi

Formule 27 € – Menu 36/39 €

Au Moyen Âge, Fourqueux portait le nom de Fulcosa, "fougère" en latin, car la plante tapissait les forêts alentour... Les jeunes propriétaires ont le sens de l'histoire ! Dans un décor chaleureux – mobilier en bois, tableaux en exposition –, ils nous régalent d'une bonne cuisine de saison, entre tradition et innovation.

MAISONS-LAFFITTE

⊠ **78600 – 23 215 hab – Plan : B2**

Paris 21 km – Carte Michelin 101 13

La Plancha

5 av. de St-Germain – 01 39 12 03 75
– Fermé 26 février-8 mars, 15 juillet-22 août, dimanche soir, mardi et mercredi

Formule 26 € – Menu 36 € – Carte 50/70 €

Ambiance "voyage" dans ce restaurant à deux pas de la gare du RER A. La carte, assez originale, propose des recettes combinant avec succès les produits français, espagnols et japonais.

Le Tastevin

N

9 av. Eglé – 01 39 62 73 09 – www.letastevin.com
– Fermé 2 semaines en août, dimanche soir et lundi

Formule 39 € – Menu 48/96 € – Carte 75/95 €

En bordure de parc, cette maison bourgeoise élégamment décorée cultive un certain art de vivre à la française... et chante son amour des beaux produits ! Le chef, d'origine italienne, maîtrise bien son sujet ; il revisite les classiques en y apportant quelques touches méditerranéennes. Jolie carte des vins.

MARLY-LE-ROI

⊠ **78160 – 16 600 hab – Plan : A2**

Paris 24 km – Carte Michelin 101 12

Le Village(Uido Tomohiro)

A/C

3 Grande-Rue – 01 39 16 28 14 (réservation conseillée) – www.restaurant-levillage.fr
– Fermé 3 semaines en août, 1 semaine en janvier, samedi midi, dimanche soir et lundi

Formule 40 € – Menu 50/100 € – Carte 125/240 €

Une jolie auberge dans une ruelle pittoresque du vieux Marly. Le chef, né au Japon, signe une cuisine très maîtrisée, avec de jolis accords de textures et de saveurs. La France inspire l'Asie, et réciproquement...

➜ Goï cuôn de homard breton et foie gras en terrine au vieux calvados. Pigeonneau d'Anjou en croûte de gros sel de Guérande au café-vanille, cuisses confites. Soufflé chaud au yuzu de Kôchi.

ORGEVAL

✉ **78630 – 5 978 hab – Plan : A2**

▶ **Paris 32 km – Carte Michelin 101 11**

Moulin d'Orgeval

200 r. de l'Abbaye, 1,5 km au Sud – ✆ 01 39 75 85 74 – www.moulindorgeval.com
– Fermé 21 décembre-5 janvier et dimanche soir

Formule 31 € – Menu 41 € (déjeuner en semaine), 50/75 € – Carte 52/73 €

La grande salle de restaurant donnant sur la pièce d'eau, le mobilier en rotin, les tentures... Tout ici a un petit côté rétro. Plusieurs menus sont proposés (cuisine du monde, de la mer, de saison ; beau chariot de desserts...) et l'on vient là comme à la campagne. Option "brasserie" au déjeuner.

ST-GERMAIN-EN-LAYE

✉ **78100 – 39 476 hab – Plan : A2**

▶ **Paris 25 km – Carte Michelin 101 13**

Cazaudehore Hôtel La Forestière

1 av. du Président-Kennedy – ✆ 01 30 61 64 64 – www.cazaudehore.fr
– Fermé dimanche soir en août et de novembre à mars et lundi

Formule 39 € – Menu 59/110 € – Carte 60/90 €

Ambiance chic et cosy, décor dans l'air du temps, délicieuse terrasse sous les acacias, cuisine soignée et belle carte des vins... Une vraie histoire de famille depuis 1928.

Pavillon Henri IV Hôtel Pavillon Henri IV

19 r. Thiers – ✆ 01 39 10 15 15 – www.pavillonhenri4.fr
– Fermé samedi midi et dimanche soir

Formule 35 € – Menu 51 € (semaine)/57 € – Carte 60/89 €

L'un des atouts de ce restaurant est sans conteste son superbe panorama sur la vallée de la Seine. Un cadre exceptionnel où l'on vient savourer une cuisine classique et de beaux produits ; on y inventa les pommes soufflées et la béarnaise !

Le Wauthier by Cagna

31 r. Wauthier – ✆ 01 39 73 10 84 – www.restaurant-wauthier-by-cagna.fr
– Fermé 3 semaines en août, 1 semaine en janvier, mercredi midi, dimanche et lundi

Formule 28 € – Menu 34 € (déjeuner en semaine)/68 € – Carte environ 55 €

Risotto du Piémont au homard et beurre blanc, escalopes de ris de veau braisées, mousseline de céleri et sauce Albufera... Une cuisine bien dans l'air du temps, réalisée avec de bons produits du marché : voilà la promesse de cette sympathique maison sangermanoise au joli intérieur de bistrot chic. Service attentionné.

STE-APOLLINE

✉ 78370 – Plan : **A2**

▶ Paris 36 km – Carte Michelin **101** 21

La Maison des Bois

av. d'Armorique – ✆ 01 30 54 23 17 – www.lamaisondesbois.fr
– Fermé dimanche soir, mardi soir et mercredi
Carte 63/82 €

Dans la même famille depuis 1926, cette auberge typique, couverte de vigne vierge, affiche un décor des plus classiques. Même esprit à la carte, avec des recettes traditionnelles et des suggestions du marché. Terrasse ombragée sous un vieux marronnier.

TRIEL-SUR-SEINE

✉ 78510 – 11 431 hab – Plan : **A1**

▶ Paris 39 km – Carte Michelin **101** 10

St-Martin

2 r. Galande, (face à la poste) – ✆ 01 39 70 32 00 (réservation conseillée)
– www.restaurantsaintmartin.com
– Fermé 2 semaines en août, vacances de Noël, mercredi et dimanche
Formule 21 € – Menu 26 € (déjeuner en semaine), 41/67 €

Proche d'une jolie église gothique du 13e s. et des bords de Seine, un restaurant à l'atmosphère familiale. Au menu, des recettes de tradition ou plus actuelles, et des suggestions qui varient selon le marché. Simple et bien tourné.

VERSAILLES

✉ 78000 – 85 424 hab – Plan : **A2**

▶ Paris 22 km – Carte Michelin **101** 23

✿ **L'Angélique**(Régis Douysset)

27 av. de St-Cloud – ✆ 01 30 84 98 85 – www.langelique.fr
– Fermé 3 semaines en août, 24 décembre-5 janvier, dimanche et lundi
Menu 56/108 € – Carte 62/74 €

Régis Douysset, chef de l'Escarbille à Meudon, fait coup double : il a placé ici des fidèles en salle comme en cuisine, tous au service d'une cuisine gastronomique travaillée dans les règles. Un conseil : préférez la salle de l'étage, plus élégante et chaleureuse.

➜ Homard mariné au gingembre, julienne de mangue et cappuccino des sucs des têtes. Pavé de maigre, pousses d'épinard au beurre, salade tiède de pois chiche et citron jaune. Tarte soufflée au chocolat noir et aux fruits de la passion, sorbet cacao.

Gordon Ramsay au Trianon Hôtel Trianon Palace

XXXX

1 bd de la Reine – 01 30 84 50 18 – www.trianonpalace.com – Fermé 1er janvier-9 février, 7 août-5 septembre, mardi soir et vendredi midi de février à avril et en novembre, dimanche, lundi et le midi sauf samedi

Menu 90 € (déjeuner), 143/199 € – Carte 135/170 €

À la lisière du parc du château, un cadre baroque, chic et d'une élégance rare. La carte, signée Gordon Ramsay, se pare de jolies touches méditerranéennes ; elle est joliment interprétée par le chef italien Simone Zanoni.

➜ Raviolo de langoustines d'Écosse à la vapeur de riesling, marmelade citron vert. Saint-Jacques de plongée de l'île de Skye. Pomme rôtie au caramel demi-sel et fruits de la passion, sabayon glacé à la noisette.

La Table du 11 (Jean-Baptiste Lavergne Morazzani) N

XX

11 r. St-Honoré – 09 83 34 76 00 – www.latabledu11.com – Fermé 3 semaines en août, dimanche et lundi

Formule 29 € – Menu 38 € (déjeuner en semaine), 49/65 €

Au centre de Versailles, en face de la cathédrale Saint-Louis, deux générations (le fils en cuisine, le père en salle) mettent en valeur le produit, rien que le produit ! Leur cuisine est pleine de saveurs, comme ce cabillaud, maïs, et haricot beurre. En prime, la carte change tous les mois : courez-y !

➜ Cuisine du marché.

La Tour

X

6 r. Carnot – 01 39 50 58 46 – www.restaurant-yvelines.com

Formule 25 € – Carte 31/69 €

Avis aux amateurs de viande ! Ici, on est expert en la matière : choix des morceaux, maturation, etc. Dans la salle, on a même accroché les plaques émaillées remportées par des éleveurs de bovins. Le cadre est celui d'un bistrot pur jus : tables serrées, comptoir... Ambiance conviviale.

Zin's à l'Étape Gourmande

XX

125 r. Yves-Le-Coz – 01 30 21 01 63 (réservation conseillée) – www.arti-zins.fr – Fermé 2 semaines en août, samedi midi, dimanche et lundi

Formule 30 € – Menu 38 € (dîner en semaine)/45 €

Une vraie étape gourmande, dans le quartier de Porchefontaine. Faire le marché tous les deux jours, ne proposer que du fait-maison (à part le pain) et une large collection de vins : tel est le sacerdoce du chef, Alain Zinsmeister ! L'hiver, on mange au coin du feu et, l'été, sur la jolie terrasse à l'arrière...

VOISINS-LE-BRETONNEUX

78960 – 11 470 hab– Plan : A2

Paris 36 km – Carte Michelin **101** 22

La Ferme de Voisins

XX

4 r. Port-Royal – 01 30 44 18 18 – www.lafermedevoisins.fr – Fermé 1er-15 août, samedi midi, dimanche et fériés.

Formule 27 € – Menu 44/68 €

On accède à ce joli corps de ferme du 19e s. par une cour fleurie, qui fait office de terrasse l'été venu. La carte, plutôt courte, met en valeur les incontournables de la maison – sucettes de gambas, tête de veau "irremplaçable" – et recèle des plats goûteux et créatifs. Une belle adresse à découvrir au plus vite.

Parce que le monde est mobile, **Michelin** améliore notre mobilité

PAR TOUS LES MOYENS ET SUR TOUTES LES ROUTES

Depuis l'avènement de l'entreprise – il y a plus d'un siècle ! –, Michelin n'a eu qu'un objectif : aider l'homme à toujours mieux avancer. Un défi technologique, d'abord, avec des pneumatiques toujours plus performants, mais aussi un engagement constant vis-à-vis du voyageur, pour l'aider à se déplacer dans les meilleures conditions. Voilà pourquoi Michelin développe, en parallèle, toute une collection de produits et de services : cartes, atlas, guides de voyage, accessoires automobiles, mais aussi applications mobiles, itinéraires et assistance en ligne : Michelin met tout en œuvre pour que bouger soit un plaisir !

Michelin Apps

Parce que le confort et la sécurité sont des notions essentielles, pour vous comme pour nous, Michelin a créé un bouquet de 6 applications mobiles gratuites. Un équipement complet pour que la route soit synonyme de bien-être...

Michelin MyCar • *Pour obtenir le meilleur de vos pneus, des services et des infos pour préparer sereinement vos trajets.*

Michelin Navigation • *Une nouvelle approche de la navigation : le trafic en temps réel avec une nouvelle fonctionnalité de guidage connecté.*

ViaMichelin • *Calcul d'itinéraires et données cartographiques : un incontournable pour se déplacer sans perdre de temps.*

Michelin Restaurants • *Parce que la route doit être un plaisir, retrouvez un très large choix de restaurants, en France et en Allemagne, dont la sélection complète du Guide MICHELIN.*

Michelin Hôtels • *Pour réservez votre chambre d'hôtel au meilleur tarif, partout dans le monde !*

Michelin Voyage • *85 pays et 30 000 sites touristiques sélectionnés par le Guide Vert Michelin. Et un outil pour réaliser votre propre carnet de route.*

Un pneu
→ c'est quoi ?

Rond, noir, à la fois souple et solide, le pneumatique est à la roue ce que le pied est à la course. Mais de quoi est-il fait ? Avant tout de gomme, mais aussi de divers matériaux textiles et / ou métalliques... et d'air ! Ce sont les savants assemblages de tous ces composants qui assurent aux pneumatiques leurs qualités : adhérence à la route, amortissement des chocs, en deux mots : confort et sécurité du voyageur.

1 ***BANDE DE ROULEMENT***
Une épaisse couche de gomme assure le contact avec le sol. Elle doit évacuer l'eau et durer très longtemps.

2 ***ARMATURE DE SOMMET***
Cette double ou triple ceinture armée est à la fois souple verticalement et très rigide transversalement. Elle procure la puissance de guidage.

3 ***FLANCS***
Ils recouvrent et protègent la carcasse textile dont le rôle est de relier la bande de roulement du pneu à la jante.

4 ***TALONS D'ACCROCHAGE À LA JANTE***
Grâce aux tringles internes, ils serrent solidement le pneu à la jante pour les rendre solidaires.

5 ***GOMME INTÉRIEURE D'ÉTANCHÉITÉ***
Elle procure au pneu l'étanchéité qui maintient le gonflage à la bonne pression.

Michelin
l'innovation en mouvement

Créé et breveté par Michelin en 1946, le pneu radial ceinturé a révolutionné le monde du pneumatique. Mais Michelin ne s'est pas arrêté là : au fil des ans, d'autres solutions nouvelles et originales ont vu le jour, tel le pneu diagonal, confirmant Michelin dans sa position de leader en matière de recherche et d'innovations, pour répondre sans cesse aux exigences des nouvelles technologies des véhicules.

la juste pression !

L'une des priorités de Michelin, c'est une mobilité plus sûre. En bref, innover pour avancer mieux. C'est tout l'enjeu des chercheurs, qui travaillent à mettre au point des pneumatiques capables de "freiner plus court" et d'offrir la meilleure adhérence possible à la route. Aussi, pour accompagner les automobilistes, Michelin organise, partout dans le monde, des campagnes de sensibilisation à la sécurité routière : les opérations "Faites le plein d'air" rappellent à tous que la juste pression des pneumatiques est un facteur essentiel de sécurité.

La mobilité durable

c'est une mobilité propre... et pour tous

La mobilité durable c'est permettre aux hommes de se déplacer d'une façon plus propre, plus sûre, plus économique et plus accessible à tous, quel que soit le lieu où ils vivent.

Tous les jours, les 113 000 collaborateurs que Michelin comptent dans le monde innovent :

- en créant des pneus et des services qui répondent aux nouveaux besoins de la société,
- en sensibilisant les jeunes à la sécurité routière,
- en inventant de nouvelles solutions de transport qui consomment moins d'énergie et émettent moins de CO_2.

Michelin Challenge Bibendum

La mobilité durable, c'est permettre la pérennité du transport des biens et des personnes, afin d'assurer un développement économique, social et sociétal responsable. Face à la raréfaction des matières premières et au réchauffement climatique, Michelin s'engage pour le respect de l'environnement et de la santé publique. De manière régulière, Michelin organise ainsi le Michelin Challenge Bibendum, le seul événement mondial axé sur la **mobilité routière durable.**

Index des plans

Ph. Robic / MICHELIN

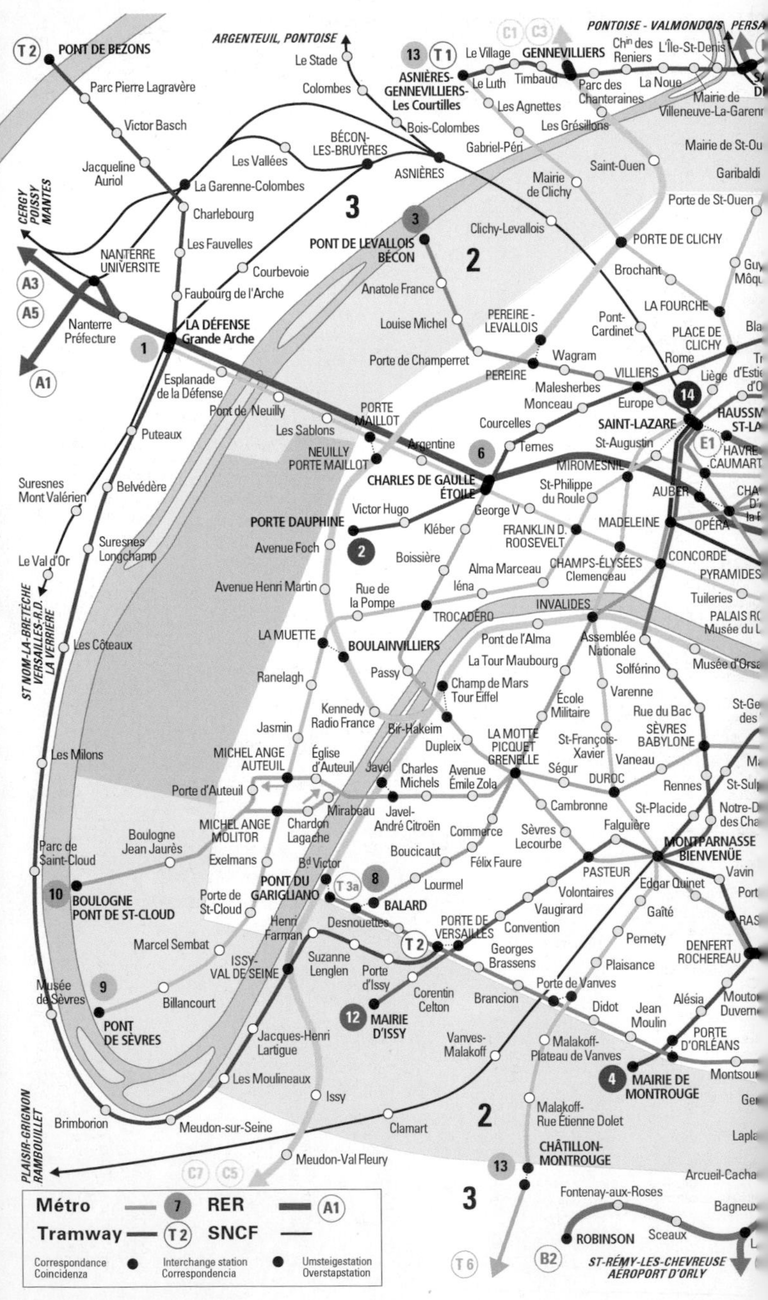

PONT DE BEZONS
Parc Pierre Lagravère
Victor Basch
Jacqueline Auriol
La Garenne-Colombes
Charlebourg
Les Fauvelles
Faubourg de l'Arche
LA DÉFENSE Grande Arche
NANTERRE UNIVERSITÉ
Nanterre Préfecture
CERGY POISSY MANTES
ARGENTEUIL, PONTOISE
Le Stade
Colombes
Bois-Colombes
BÉCON-LES-BRUYÈRES
Les Vallées
ASNIÈRES
Courbevoie
ASNIÈRES-GENNEVILLIERS-Les Courtilles
Le Village
GENNEVILLIERS
Chin des Reniers
L'Île-St-Denis
Le Luth
Timbaud
Parc des Chanteraines
La Noue
Les Agnettes
Les Grésillons
Mairie de Villeneuve-La-Garenne
Gabriel-Péri
Saint-Ouen
Mairie de Clichy
Garibaldi
Porte de St-Ouen
Clichy-Levallois
PONTOISE - VALMONDOIS
PORTE DE CLICHY
Brochant
LA FOURCHE
PLACE DE CLICHY
PONT DE LEVALLOIS BÉCON
Anatole France
Louise Michel
PEREIRE - LEVALLOIS
Pont-Cardinet
Porte de Champerret
Wagram
PEREIRE
Malesherbes
VILLIERS
Rome
Liège
Europe
Monceau
SAINT-LAZARE
Courcelles
Ternes
St-Augustin
HAVRE CAUMARTIN
MIROMESNIL
St-Philippe du Roule
AUBER
OPÉRA
MADELEINE
CONCORDE
PYRAMIDES
Tuileries
Esplanade de la Défense
Pont de Neuilly
Puteaux
Les Sablons
PORTE MAILLOT
NEUILLY PORTE MAILLOT
Argentine
CHARLES DE GAULLE ÉTOILE
George V
Victor Hugo
PORTE DAUPHINE
Kléber
FRANKLIN D. ROOSEVELT
Avenue Foch
Boissière
CHAMPS-ÉLYSÉES Clemenceau
Alma Marceau
Iéna
Avenue Henri Martin
Rue de la Pompe
TROCADÉRO
INVALIDES
Suresnes Mont Valérien
Belvédère
Suresnes Longchamp
Le Val d'Or
ST NOM-LA-BRETÈCHE VERSAILLES-R.D. LA VERRIÈRE
Les Côteaux
LA MUETTE
BOULAINVILLIERS
Pont de l'Alma
Assemblée Nationale
La Tour Maubourg
Solférino
Musée d'Orsay
Ranelagh
Passy
Champ de Mars Tour Eiffel
École Militaire
Varenne
Rue du Bac
Kennedy Radio France
Bir-Hakeim
Jasmin
LA MOTTE PICQUET GRENELLE
St-François-Xavier
SÈVRES BABYLONE
Dupleix
Les Milons
MICHEL ANGE AUTEUIL
Église d'Auteuil
Javel
Charles Michels
Avenue Émile Zola
Ségur
Vaneau
DUROC
Rennes
Porte d'Auteuil
Mirabeau
Javel-André Citroën
Cambronne
St-Placide
MICHEL ANGE MOLITOR
Chardon Lagache
Commerce
Sèvres Lecourbe
Falguière
MONTPARNASSE BIENVENÜE
Boulogne Jean Jaurès
Parc de Saint-Cloud
Exelmans
Bd Victor
Boucicaut
Félix Faure
PASTEUR
Vavin
BOULOGNE PONT DE ST-CLOUD
Porte de St-Cloud
PONT DU GARIGLIANO
T 3a
Lourmel
BALARD
Volontaires
Edgar Quinet
Vaugirard
Gaîté
Henri Farman
Desnouettes
PORTE DE VERSAILLES
Convention
Marcel Sembat
Suzanne Lenglen
Georges Brassens
Pernety
DENFERT ROCHEREAU
ISSY-VAL DE SEINE
Porte d'Issy
Plaisance
Musée de Sèvres
Billancourt
Corentin Celton
Brancion
Porte de Vanves
Didot
Jean Moulin
Alésia
PONT DE SÈVRES
MAIRIE D'ISSY
Jacques-Henri Lartigue
Vanves-Malakoff
Malakoff-Plateau de Vanves
PORTE D'ORLÉANS
Les Moulineaux
MAIRIE DE MONTROUGE
Issy
Malakoff-Rue Étienne Dolet
Brimborion
Meudon-sur-Seine
Clamart
CHÂTILLON-MONTROUGE
Meudon-Val Fleury
PLAISIR-GRIGNON RAMBOUILLET
Arcueil-Cachan
Fontenay-aux-Roses
Bagneux
ROBINSON
Sceaux
ST-RÉMY-LES-CHEVREUSE AÉROPORT D'ORLY
Métro
RER
Tramway
SNCF
Correspondance Coincidenza
Interchange station Correspondencia
Umsteigestation Overstapstation

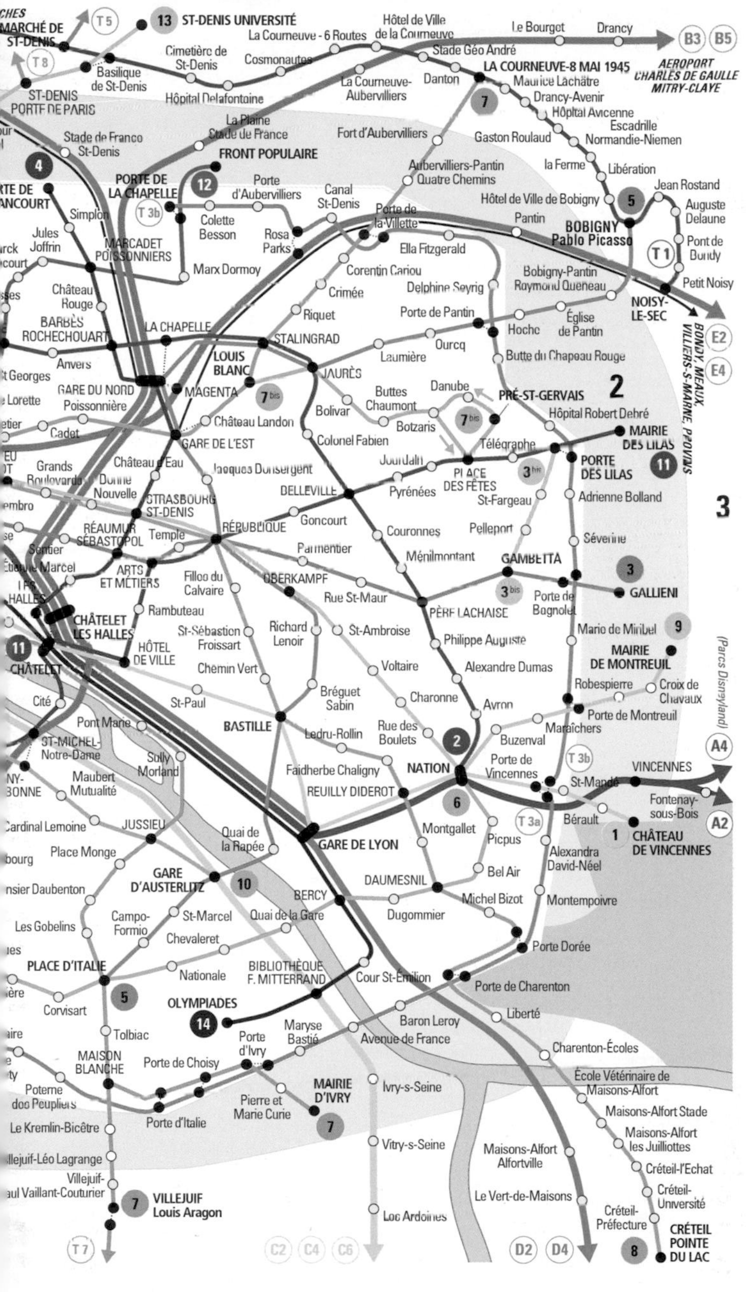
ST-DENIS UNIVERSITÉ
MARCHÉ DE ST-DENIS
Basilique de St-Denis
ST-DENIS PORTE DE PARIS
LA COURNEUVE-8 MAI 1945
AEROPORT CHARLES DE GAULLE MITRY-CLAYE
FRONT POPULAIRE
PORTE DE LA CHAPELLE
MARCADET POISSONNIERS
BOBIGNY Pablo Picasso
NOISY-LE-SEC
BONDY, MEAUX, VILLIERS-S-MARNE, PROVINS
BARBÈS ROCHECHOUART
LA CHAPELLE
STALINGRAD
LOUIS BLANC
JAURÈS
GARE DU NORD
MAGENTA
GARE DE L'EST
PRÉ-ST-GERVAIS
MAIRIE DES LILAS
PORTE DES LILAS
PLACE DES FÊTES
BELLEVILLE
RÉPUBLIQUE
STRASBOURG ST-DENIS
RÉAUMUR SÉBASTOPOL
ARTS ET MÉTIERS
GAMBETTA
GALLIENI
PÈRE LACHAISE
OBERKAMPF
CHÂTELET LES HALLES
CHÂTELET
HÔTEL DE VILLE
MAIRIE DE MONTREUIL
BASTILLE
NATION
VINCENNES
CHÂTEAU DE VINCENNES
(Parcs Disneyland)
GARE DE LYON
REUILLY DIDEROT
DAUMESNIL
BERCY
GARE D'AUSTERLITZ
JUSSIEU
PLACE D'ITALIE
BIBLIOTHÈQUE F. MITTERRAND
OLYMPIADES
MAISON BLANCHE
MAIRIE D'IVRY
VILLEJUIF Louis Aragon
CRÉTEIL POINTE DU LAC
2
3

Michelin Travel Partner
Société par actions simplifiées au capital de 11 288 880 EUR
27 cours de l'Île Seguin - 92100 Boulogne Billancourt (France)
R.C.S. Nanterre 433 677 721

Dépot légal décembre 2015

Imprimé en Italie

Compogravure : Nord Compo, Villeneuve-d'Ascq (France)

Impression, Brochure : Printer Trento, Trento (Italie)

Sur papier issu de forêts gérées durablement

L'équipe éditoriale a apporté le plus grand soin à la rédaction de ce guide et à sa vérification. Toutefois, les informations pratiques (formalités administratives, prix, adresses, numéros de téléphone, adresses internet...) doivent être considérées comme des indications du fait de l'évolution constante de ces données : il n'est pas totalement exclu que certaines d'entre elles ne soient plus, à la date de parution du guide, tout à fait exactes ou exhaustives. Avant d'entamer toutes démarches (formalités administratives et douanières notamment), vous êtes invités à vous renseigner auprès des organismes officiels. Ces informations ne sauraient de ce fait engager notre responsabilité.